Dictionnaire anglais - français du cheval

Equine French - English Dictionary

Dictionnaire anglais - français du cheval

Equine French - English Dictionary

Jean-Claude Boulet

© 2009 Jean-Claude Boulet
(couverture et contenu)

Dépôt légal : août 2009

Édition : Jean-Claude Boulet

Imprimé par Books on Demand GmbH, Norderstedt, Allemagne

ISBN 978-2-9804600-8-1 pour la présente publication
(978-2-9804600-7-4 pour la 1ère publication reliée spirale)

ABRÉVIATIONS ET SYMBOLES ABBREVIATIONS & SYMBOLS

abréviation	abr / abbr	abbreviation
équitation académique	acad	academic riding
adjectif	adj	adjective
allemand	all.	German
américanisme	amér / amer	americanism
anatomie	anat	anatomy
ancien / vieilli	anc	old
anglais	ang.	English
attelage	att	harness driving (hd)
Belgique / belge	Bel	Belgium / Belgian
Grande-Bretagne / britannique	Brit	Britain / British
courses	c	races / racing (r)
courses attelées	ca	harness racing (hr)
Canada / canadianisme	Can.	Canada / Canadian
concours complet	cc	horse trials (ht)
équitation à l'anglaise	class.	classical, English style riding
chasseurs-sauteurs	cs	hunters and jumpers (hj)
courses de thoroughbred	ct	Thouroughbred racing (tr)
Europe / européen	Eur	Europe / European
féminin	f	feminine
France	Fr	France
attelage (att)	hd	harness driving
chasseurs-sauteurs (cs)	hj	hunters / jumpers
courses attelées (ca)	hr	harness racing
concours complet (cc)	ht	horse trials
invariable	inv	invariable
latin	lat	Latin
masculin	m	masculine
médecine / médical	méd / med	medicine / medical
substantif / nom	n	noun / substantive
Nomina anatomica veterinaria	NAV	Nomina anatomica veterinaria
vieilli (anc)	old	old / dated
pluriel	pl	plural
courses (c)	r	races / racing
voir aussi (v.a.)	s.a.	see also
singulier	sg	singular
courses de thoroughbred (ct)	tr	Thouroughbred racing
États-Unis d'Amérique (E.U.)	US	United States of America
verbe	v	verb
voir aussi	v.a.	see also (s.a.)
équitation western	west.	western style riding
variantes	/	alternatives
termes s'excluent mutuellement	//	terms excluding one the other
renvoi	=>	cross-reference

À qui s'intéresse au cheval,

par le cheval, l'entente amicale.

ENGLISH
FRANÇAIS - LATIN

abasia abasie

abattoir => slaughterhouse

abdomen abdomen *lat Abdomen*
Portion of the horse's body between the diaphragm and the pelvis.
Sa partie avant (ou crâniale) correspond à la région du passage des sangles. Il comprend aussi le rein, le ventre, le flanc et la région prépubienne (base du prépuce ou des mamelles).

abdominal aorta aorte abdominale *lat Aorta abdominalis*

abdominal cavity cavité abdominale *lat Cavum abdominis*

abdominal paracentesis paracentèse abdominale

abdominal tunic ; tunica flava tunique abdominale *lat Tunica flava abdominis*

abduction abduction

abductor *n* abducteur *adj & n*

above the bit ; over the bit au-dessus de la main

abrachia abracie
Congenital absence of the forelegs.
Absence des membres antérieurs.

abrasion abrasion

abscess (in a hoof) ; pus pocket ; gravel abcès (dans un pied)

abuse of the whip abus de la cravache

academic riding équitation académique / savante

accessorioulnar ligament ligament pisi-ulnaire *lat Ligamentum pisoulnare*

accessory carpal bone ; pisiform bone os accessoire du carpe ; os pisiforme ; os sus-carpien *anc lat Os carpi accessorium ; Os pisiforme*

accessory cephalic vein veine céphalique accessoire *lat Vena cephalica accessoria*

accessory ligament ligament accessoire *lat Ligamentum accessorium*

accessory ligament of the deep digital flexor (tendon) *frontlimb* **; check ligament (inferior / subcarpal ~)** *old* ligament accessoire du fléchisseur profond ; bride carpienne *lat Ligamentum accessorium*
Prolongement du ligament commun palmaire du carpe, il se termine sur le tendon fléchisseur profond du doigt.

accessory ligament of the deep digital flexor (tendon) *hind limb* **; check ligament of the deep digital flexor** *hind limb, old* **; subtarsal (check) ligament** *old* ligament accessoire plantaire ; bride tarsienne *lat Ligamentum accessorium*
It is weak and occasionally absent.
Provenant du ligament plantaire distal du tarse, plus faible que la bride carpienne et pouvant même être absent(e).

accessory ligament of the femur ligament accessoire du fémur *lat Ligamentum accessorium ossis femoris*

accessory ligament of the superficial digital flexor ; radial (check) ligament *old* **; superior check ligament** *old* **; check ligament of the superficial digital flexor** *old* ligament accessoire du fléchisseur superficiel du doigt ; bride radiale ; ligament accessoire du perforé

accessory nerve nerf accessoire *lat Nervus accessorius*

acepromazin acépromazine

acetabulum ; hip socket acétabulum ; cavité cotyloïde *anc lat Acetabulum*

Achilles' tendon => common calcanean tendon

acne acné
Small bald circles on the skin.

acquired mark tache accidentelle
Adventitious mark, permanent and not congenital.
Marque dans la robe, qui est la conséquence d'une blessure.

acre acre
Can.: Mesure de superficie valant 4047 m.c. ou 43560 pi. ca..

action action
Descriptive of the movement of the horse's leg. *s.a. knee action*
Effet de la force qui préside aux mouvements du cheval, par extension, façon dont se manifeste cette force. Le mot est parfois utilisé pour ne désigner que les mouvements des membres.

action of one leg only jambe isolée (action d'une ~)
Jambe qui travaille seule, c'est-à-dire sans que l'autre intervienne positivement pour guider le cheval.

action of the loin action du rein

action of the seat action de l'assiette
v.a. aide du poids du corps

action of the seat aide du poids du corps

active leg jambe active

added money sommes ajoutées
Fournies par un commanditaire ou l'organisateur de l'évènement, et faisant partie de la bourse offerte.

adduction adduction

adductor adducteur

adductor magnus // brevis muscle (of the thigh) muscle grand // court adducteur (de la cuisse) *lat Musculus adductor magnus // brevis*

adjust the reins *v* ajuster les rênes

ad-lib => free choice

adrenal gland glande surrénale *lat Glandula suprarenalis*

advance bet / wager(ing) pari anticipé ; mise anticipée

advertised purse bourse annoncée

aerophagia ; air swallowing aérophagie ; déglutition d'air

afraid => frightened

African horse sickness ; equine plague peste équine africaine *lat pestis equorum*

after dusk race course nocturne

agalactia agalactie ; agalaxie

aid ; riding aid aide

aid of the legs action des jambes

aids ; riding aids aides
Moyens employés pour communiquer / imposer la volonté de l'homme au cheval.

air swallowing => aerophagia

airs above the ground airs relevés *voir haute école*

airs on the ground airs bas

Akhal-teké *breed* akhal teke ; akhal-teké
Race originaire de Russie, ancienne, résistante et descendante du cheval turkmène. Sa crinière et sa queue sont courtes et ses robes ont souvent des reflets dorés ou argentés.

Albanian pony *breed* poney albanien *race*

albino ; white (true ~) albinos *adj & n*
True white, with no pigmentation of the skin (which is pink) or hairs. Eyes are also devoid of pigment and pink or bluish.
Très blanc dès sa naissance, sa peau est plutôt rose et dépourvue de pigmentation, elle est très sensible à la lumière solaire. Ses yeux sont bleu pâle, presque translucide, ou roses, et présentent souvent une défectuosité de la vue. *v.a. mélados*

albumin albumine

alfalfa ; lucerne luzerne *lat Medicago sativa*

alfalfa pellets / cubes luzerne en comprimés / cubes ; comprimés / cubes de luzerne

alkalizing agents => milkshake

all of arena (using ~) tout le manège (utilisant ~)

allele allèle

allergic dermatitis => sweet itch

alloimmune haemolytic anaemia of the newborn ; isoerythrolysis of the newborn *old* ; **neonatal isoerythrolysis** *old* maladie hémolytique du nouveau-né ; isoérythrolyse néo-natale
Faiblesse et anémie du poulain causée par l'absorption, dans le colostrum, d'anticorps qui lui sont défavorables. Ceci est le résultat du fait que la mère s'est allo-immunisée contre le sang du foetus qui est passé dans le sien au cours de la gestation.

allotriophagia => pica

all-purpose saddle selle tout-usage ; selle mixte

alternate grazing pâturage alternatif / en alternance
The technique of periodically changing the type of livestock that graze on a given pasture, reducing the parasite load on pasture with different animals being affected by different parasites.

Alter-Real *breed* alter-réal
Race d'origine portugaise et de souche andalouse.

aluminium shoe / plate fer en aluminium

amateur amateur

amble *n* ; **pace** *n br* amble
Gait in which the horse moves both legs of one side together, then the legs of the other side.
Allure du cheval qui déplace, en alternance, ses deux membres de gauche puis ses deux de droite. En course, en Amérique du Nord surtout, l'amble devient une allure à quatre temps (appelée parfois amble volant), autrement c'est une allure rapide et confortable pour le cavalier qui doit parcourir de longues distances. En Angleterre et en Europe continentale, on dressa donc des ambleurs pour les dames, pour les médecins et les voyageurs, aussi bien pour la selle que pour la voiture. Le dressage à l'amble se pratique aussi dans le nord de l'Afrique et au Pérou.

amble *v* ; **pace** *v br* ambler

ambler ; **pacer** *br* ambleur

American Saddlebred ; **Kentucky Saddler / Saddlebred** cheval de selle américain
Breed originating from USA.
Race originaire des E.U., les chevaux sont souvent présentés en position campée, la queue artificiellement relevée.

American Spotted horse tacheté américain

American trotter => Standardbred

amnion amnios

amount of a fine chiffre d'une amende *Fr* ; montant d'une amende

amount paid out *r* rapport *c*

anaemia *Brit* ; **anemia** *US* anémie

anal canal canal anal *lat Canalis analis*

analgesic analgésique

anasarca ; **generalized edema / oedema** anasarque
Affection vasculaire non contagieuse, caractérisée par l'apparition d'oedèmes.

ancestry ascendance *s.a. pedigree v.a. pedigree*

anconeus muscle muscle anconé *lat Musculus anconeus*

Andalusian andalou ; cheval ibérique
Spanish horse breed.
Race issue de chevaux orientaux introduits en Espagne durant l'occupation maure.

anemia *US* => anaemia *Brit*

anesthetic ; **anaesthetic** anesthésique

anestrus ; **anoestrus** anoestrus ; absence de chaleurs

aneurysm anévrisme

anfractuous anfractueux

angle of the approach angle de l'approche

angles of the sole => seat of corn

Anglo-Arab(ian) (horse) anglo-arabe
Croisement de thoroughbred et d'arabe. La taille varie de 1,45 à 1,60 mètres. Un livre généalogique a été établi en France en 1942.

Anglo-Norman => French Saddle (horse) *breed*

animal unit *abbr: A.U.* unité animale *abr: U.A.*

ankle cheville

ankle and tendon boot guêtre / protecteur de tendon et boulet ; botte de boulet et tendon
Fournissant principalement une protection pour l'arrière du membre.

ankle boot ; **fetlock brushing boot** protège-boulet ; botte de boulet

ankle boot => paddock boot

announcer (house / track ~) annonceur (officiel)

annular ligament (palmar // plantar ~) ligament annulaire (palmaire // plantaire) *lat Ligamentum anulare (palmare // plantare)*

annulment rédhibition
Annulation d'une vente par l'acheteur quand l'objet de la transaction présente un vice dit rédhibitoire.

anorchid *adj* anorchide *adj*

anorchidism ; **anorchism** anorchidie ; anorchie
Being without testes for an uncastrated male horse. Might be said of a castrated horse or with the testis not in the scrotum. May be said to be unilateral when one testis is missing.
Absence de testicules chez un mâle, congénitale dans le sens strict.

antebrachiocarpal joint articulation antébrachio-carpienne *lat Articulatio antebrachiocarpea*

anterior digital extensor muscle *old* => common digital extensor muscle

anterior pectoral muscle *old* => subclavian pectoral muscle

anthelmintic (drug) ; wormer ; dewormer ; vermicide vermifuge ; anthelmintique ; vermicide
Drug used to eliminate parasites from the host.
Qualifie ou désigne un médicament destiné à lutter contre les parasites. Dans le cas du cheval, on les désigne habituellement sous le nom de vers.

anthrax charbon
Maladie infectieuse.

antibiotic antibiotique

antibody anticorps

antidoping (control) antidopage (contrôle ~)

anti-inflammatory *n & adj* anti-inflammatoire *n & adj*

antiparasitic product antiparasitaire *adj & n*

anti-rearing bit => Chifney

anti-snowball pad => inner tube rim

antitetanus serum ; tetanus immune serum sérum antitétanique

antivenene ; antivenin sérum antivenimeux

anus anus *lat Anus*

anvil enclume

anvil (of the ear) enclume (de l'oreille) ; incus *lat Incus*

anvil (portable ~) bigorne
Enclume portative.

aorta aorte *lat Aorta*

aortic arch crosse de l'aorte ; arc de l'aorte *lat Arcus aortae*

apex of frog ; point of frog pointe de la fourchette *lat Apex cunei*

apex of the nose => muzzle

aponeurose aponévrose *lat Aponeurosis*
A sheet of connective tissue covering a muscle and attaching it to the bones.
Membrane conjonctive qui enveloppe un muscle et dont les prolongements forment les tendons qui le fixent aux os.

Appaloosa *breed* appaloosa *race*
The Appaloosa Horse Club (US established in 1938) recognizes six varieties of patterns: frost, leopard, varnish roan (marble), snowflake, spotted blanket and white blanket.
L'Appaloosa Horse Club (formé en 1938 aux E.U.) reconnaît six types de robes: givrée, léopard, marbrée, neigée (flocon de neige), croupe tachetée et croupe blanche.

appaloosa appaloosa
The symmetric patterns of white are often thought of in connection with the Appaloosa or the Pony of the Americas (both breed registry originating in USA), but they appear in a variety of breeds worldwide, from ponies to draught horses.
L'on utilise parfois ce mot avec une certaine confusion entre un type de robe, comportant des taches blanches pouvant aller jusqu'à constituer le fond de la robe, et la race appaloosa. Ces types de robes apparaissent dans différents endroits du monde, présentement et à différents moments de l'histoire, sur des chevaux de différentes tailles. *voir autre inscription*

appeal pourvoi *c* ; appel

appeal a ruling *v* interjeter appel

appeal committee commission d'appel

appeal judge juge d'appel

appellant appelant

appendicular skeleton squelette appendiculaire *lat Skeleton appendiculare*
Squelette des quatre membres.

apple pomme

apprentice apprenti

apprenticeship apprentissage

approach an obstacle *v* aborder un obstacle

approach of an obstacle approche d'un obstacle

approved *stallion* approuvé *étalon*

approximate odds / rating at post time cote approximative au départ

apron (shoeing / farrier's ~) tablier (de maréchal-ferrant)
Leather horseshoeing aprons are sometimes called shoeing chaps.

aptitude => disposition

Arab ; Arabian *breed* arabe *race*
Sa taille varie de 1,40 à 1,55 mètres. Race très ancienne dont les origines se perdent dans le temps.

arch *v* arquer

arch *n* arcade
The front arch of the saddle tree is usually formed by a gullet plate and a head plate riveted together. *see pommel and cantle*
Rigide et correspondant à chacune des parties relevées de la selle: le pommeau et le troussequin.

arch-back ; roach-back ; hog-back dos convexe ; dos de carpe ; dos de mulet
Convex spinal column.

arched neck ; peacock-neck ; swan neck (1) ; turned-over neck encolure de cygne
1) This type of shape is sometimes described as tending to become ewe-necked at its lower end,

sometimes as looking thin and underdeveloped below the throat, and sometimes as having a downward arch on both the lower and upper sides.

Encolure concave à la base et rouée (convexe) dans sa partie supérieure.

Ardennais ; Ardennes (horse) *breed* ardennais *race*

are are
Measuring one hundred square metres.

area of expansion => fullness (of a horseshoe)

arena ; ring manège

arm boot guêtre d'avant-bras ; botte de bras
Protecting an inside part of the forearm.
Elle protège une partie de l'intérieur de l'avant-bras.

arm (upper / true ~) bras *lat Brachium*
Correspondant à la région de l'humérus, entre la pointe de l'épaule, l'avant-bras, le poitrail et les côtes.

art of equestrian riding art équestre *équitation*

artery artère

arthritis of the fetlock joint (traumatic ~) => osselets

arthritis of the knee => carpitis

arthropod arthropode

articular cartilage cartilage articulaire *lat Cartilago articularis pl: Cartilagines articulares*
Couvre une surface qui fait face aux os voisins dans les articulations synoviales.

articular cavity cavité articulaire
Partie concave des articulations.

articular ringbone ; periarticular ringbone forme vraie
Elle implique une articulation.

articular surface surface articulaire *lat Facies articularis*

artificial aid aide artificielle
Une des suivantes: la cravache, la chambrière, les éperons, les innombrables
mors, les diverses martingales et les divers enrênements.

artificial insemination *abbr: A.I.* insémination artificielle *abr: I.A.*

artificial pace allure artificielle

artificial vagina vagin artificiel

ascarid ascaride ; ascaris

ascending aorta aorte ascendante *lat Aorta ascendens*

ascending colon côlon ascendant *lat Colon ascendens*

ascending oxer oxer ascendant
Dont la deuxième partie est plus haute que la première.

ascending pectoral muscle ; pectoralis ascendens / profundus muscle muscle pectoral ascendant *lat Musculus pectoralis ascendens / profundus*

ass => donkey

Assateague ; Chincoteague assateague ; chincoteague
Nom des poneys qui vivent dans les îles portant ces noms sur la côte des E.U..

assess a fine *v* imposer une amende

assistant instructor assistant-instructeur

assistant judge juge auxiliaire

assistant racing secretary secrétaire adjoint des courses

associate judge juge associé

ass's foal => donkey foal

asternal ribs côtes asternales ; fausses côtes *lat Costae asternales / spuriae*
Dont les cartilages n'atteignent pas directement le sternum.

asthma ; chronic obstructive pulmonary disease *abbr: COPD* asthme ; maladie obstructive respiratoire chronique
Contraction of bronchi and bronchioles, trapping air in alveoli that eventually rupture and fuse (this being irreversible). This is often accompanied by bronchitis. Breathing problems are the most evident signs. *s.a. broken wind*
Rétrécissement du calibre des voies respiratoires.

astragalus *old* => talus

Asturian pony *breed* asturçon *race* ; poney asturçon

ataxia ataxie *see wobbler syndrome*
Problème de coordination. *v.a. wobbler (syndrome de ~)*

athlete athlète

atlanto-axial articulation articulation atlanto-axiale *lat Articulatio atlantoaxialis*

atlas ; first (cervical) vertebra atlas *lat Atlas*
La première vertèbre cervicale, sa face articulaire avec la tête ne permet que des mouvements d'extension et de flexion.

atresia atrésie

atrial fibrillation ; auricular fibrillation fibrillation auriculaire

atrium (right // left ~) oreillette (droite // gauche) *lat Atrium (dextrum // sinistrum)*

attendance assistance
Personnes rassemblées à un évènement.

attractive-looking fence ; inviting fence obstacle sautant

auction *v* mettre à l'encan
Présenter un animal ou quelque chose pour qu'il soit vendu à l'encan.

auction *v* vendre à l'encan ; vendre aux enchères

auction pools ; calcuttas *US* calcutta
r: Used instead of pari-mutuel to bet on horses.

auction (sale) encan ; vente aux enchères

auctioneer encanteur ; commissaire-priseur

auditory ossicles osselets de l'ouïe *lat Ossicula auditus*

auditory tube trompe auditive ; trompe d'Eustache *anc lat Tuba auditiva*

auricle ; pinna oreille (pavillon de l'~) ; auricule *lat Auricula*

auricular fibrillation => atrial fibrillation

Australian loose-ring (cheek) snaffle => loose-ring cheek snaffle

Australian Stock horse => Waler

Australian stock saddle selle australienne

authorized agent agent autorisé ; mandataire

automatic claim *r* intervention d'office *c*

automatic timing device ; teletimer chronomètre électronique ; système de chronométrage électronique ; chronomètre à déclenchement automatique

automatic waterer (floater ~) abreuvoir automatique

autonomic nervous system ; visceral nervous system système nerveux autonome / végétatif *abr: SNA lat Systema nervosum autonomicum*
Comprend le sympathique et le parasympathique. Règle les fonctions qui se déroulent normalement de façon automatique et inconsciente.

Auxois *breed* ardennais de l'Auxois *race* ; auxois

Avelignese (horse) *breed* avelignais
Race d'origine italienne.

avermectin avermectin

avulsion avulsion ; arrachement

award récompense

axial skeleton squelette axial *lat Skeleton axiale*
Squelette de la tête, de la colonne vertébrale, des côtes et du sternum.

axilla *pl: axillae* aisselle *lat Axilla*
The equivalent to the armpit, the area between shoulder and chest through which nerves and arteries travel. *voir ars*

axillary artery artère axillaire *lat Arteria axillaris*

axillary nerve nerf axillaire ; nerf circonflexe *lat Nervus axillaris*

axillary vein veine axillaire *lat Vena axillaris*

axis axis *lat Axis*
Second cervical vertebra.
Deuxième vertèbre cervicale, sa face articulaire avec l'atlas permet les mouvements de la tête perpendiculairement à l'encolure.

azoturia ; Monday morning sickness / disease ; myoglobinuria (paralytic ~) ; exertional myopathy / rhabdomyolisis *abbr: ER for (chronic) exertional rhabdo...* ; **tying-up (syndrome)** *(1)* myoglobinurie ; eau noire *pl: eaux noires* ; maladie du lundi ; rhabdomyolyse d'effort / induite à l'exercice ; hémoglobinurie
Disease characterized by red-brown urine and muscle weakness. It occurs after exercise following one or several days of inaction while still being fed a high-energy ration. Also known as setfast, myositis, cording up, weed and weedy leg. 1) Tying-up is a milder form affecting the muscles, in which the urine may not be dark-coloured.
Douleurs dans les masses musculaires (donc une myopathie) du dos et de la croupe et couleur foncée de l'urine, à la reprise du travail après un ou quelques jour(s) de repos, alors que le cheval a été maintenu à une ration très riche. Aussi parfois appelée coup de sang.

babesiasis ; babesiosis ; biliary fever ; tick fever ; piroplasmosis ; redwater fever babésiose ; piroplasmose
Due to a parasite (Babesia spp.), transmitted by blood-sucking ticks.
Affection due au babésia et transmise par des tiques.

bacillus *pl: bacilli* bacille

back dos *lat Dorsum s.a. loin(s) for the lower back v.a. rein(s) pour le bas du dos*

back *v* ; **rein-back** *v* ; **step back** *v* reculer *v*

back at the knees => calf-kneed

back foot pied arrière

back jockey (of a western saddle)

back off position *v r* retirer d'une position *c*

back pad *bd* => saddle pad *bd*

back punch *v* contre-percer
Back-punching a nail hole is done from the foot surface of a shoe.
L'on contre-perce le trou d'un clou à partir de la face supérieure du fer.

back straight => back stretch

back stretch ; backstretch ; back straight ; backside *US* autre droit (l'~) ; ligne d'en face
The straightaway opposite to the finishing line on the racetrack.
Ligne arrière de la piste de course, la plus éloignée de l'estrade principale.

back the wrong horse *v* miser sur le mauvais cheval

backside *US* => back stretch ; backstretch

back-strap *bd* dossière *att*
On parle de dossière quand elle passe sous ou sur une sellette, cette dernière ne serait-elle que décorative. *v.a.* contre-sanglon

bacteria bactérie

badly set (on) mal attaché
Describing a poor angle of meeting: one part of the body badly set on another.

badly set tail queue collée / vissée

badly shaped croup croupe mal conformée

balanced (well ~) aplomb (d'~) ; équilibre (en ~)

bald face => white face

bald faced => white faced

balding girth sangle croisée

baling twine corde à balles

ballotade ballotade ; ballottade
Un des airs relevés.

ball-up *v* encapuchonner (s'~)
For a horse, to curl the neck until the nose is pressing against the chest.

bandage ; wrap bandage ; bande
Morceau de matériel beaucoup plus long que large que l'on entoure autour des membres du cheval.

bandy-legged (in the forelimb) => knee-wide

bandy-legged (in the hindlimb) ; out at the hocks ; bowlegged / bow-legged (in the hindlimb) cambré des jarrets
L'adjectif «cambré» qualifie habituellement plutôt les jarrets que le cheval.

bank banquette ; talus

banked curve *r* virage en plan incliné *c*

banking (of a track) ; spirally graded surface ; slope dévers
Inclinaison d'une piste vers l'intérieur.

bar *bd* => swingle-tree

bar => rail

bar (hoof ~) barre *lat Pars inflexa (medialis // lateralis)*
The reflection of the hoof wall at the heel, there is one bar on each side of the frog.
Prolongement de la paroi du sabot, sous le talon et encadrant la fourchette.

bar (of the mouth) barre (de la bouche)
The space on the jaw, between the incisors, or the canine, and the molars. *s.a. interdental space*
Espace édenté et sensible, entre les molaires et le crochet, ou les incisives, sur lequel repose le canon du mors. *v.a.* espace inter-dentaire

bar shoe fer à planche *(1)* ; fer à traverse *(2)*
A shoe with a bar connecting the heels.
La distinction n'est pas toujours faite entre ces deux termes. 1) Dont les éponges sont prolongées et soudées ensemble. 2) Avec une lame (appelée le plus souvent traverse mais aussi barre) rivée ou soudée pour relier les éponges.

bar stock lopin ; barre de fer
With which one shoe is made.
A partir duquel / de laquelle on fabrique un fer.

barb *breed* barbe *race*

barbed wire barbelée *adj et n* ; fil barbelé

Bardi horse *breed* bardigien
Race d'origine italienne.

bardot => hinny

bare (horse) nu
Se dit du cheval chez qui il y a absence définitive des poils.

bare patch => flesh mark

bare-back bronc riding monte à cru de chevaux sauvages

barley orge *lat Hordeum*

barn ; stable écurie

barn cleaner (automatic ~) nettoyeur (d'étable, automatique) ; écureur (automatique)

barrel (of the horse) milieu (du cheval)
The middle of the body, between the forehand and the rear end.

On dira par exemple, dans ce sens-ci, que le cheval pivote sur son milieu.

barrel (of the horse) => trunk

barrel race course de barils *Can.* ; course de tonneaux *Fr*
Trois barils / tonneaux placés en triangle et dont il faut faire le tour de chacun en un minimum de temps.

barrel racing saddle selle de baril

barrel-mouth bit *hr*

barren bréhaigne ; stérile

barrier boot ; easy-boot hipposandale
Sorte de sandale ou de botte dans laquelle on glisse le sabot et qui a son propre système d'attache.

base narrow serré (du devant // du derrière) *(1)* ; cagneux des membres *(2)*
The entire limbs (forelimbs or hindlimbs) are sloping inwards, toward each other. There is a greater distance between the horse's legs at the top than at the bottom, usually caused by an improper angulation at the elbow or stifle, the horse being pigeon-toed.

1) Quand les membres, bipède antérieur ou postérieur, se rapprochent davantage à leur base que ne l'est leur articulation supérieure (i.e. leur point d'origine). Ceci est habituellement dû à une mauvaise angularité du coude ou du grasset qui fait que 2) les membres restent tournés en dedans, convergent l'un vers l'autre lorsque vus de face.

base of the tail => dock *n*

base wide ouvert (du devant // du derrière)
When there is a greater distance between the horse's legs at the bottom than at the top, the entire limb being deviated, usually caused by an improper angulation at the elbow or hip, the feet being toed out.

Quand les pieds, bipède antérieur ou postérieur, s'écartent davantage que ne l'est le point d'origine du membre. *v.a. panard*

Bashkir Curly horse *breed* bashkir bouclé
Race originaire des E.U.

Bashkir pony *breed* bashkir
Race d'origine russe.

basic colour => foundation colour

basic dressage test épreuve de dressage élémentaire

basic gaits allures de base

basilar process processus basilaire
Partie du processus palmaire.

basin cuvette

Basque-Navarre horse => Pottock

battle horse ; charger cheval de bataille

bay *adj & n* bai
Even with a large variety for this coat; mane and tail are always black and lower legs almost always are. In the darker coats, reddish or brown hairs are present on the muzzle and on other parts of the body.

Sur une peau à pigmentation foncée, la robe baie présente une grande variété de nuances, les crins sont cependant toujours noirs, et le bas des membres l'est presque toujours. Dans les teintes foncées, il y a présence de poils rougeâtres ou bruns sur le bout du nez et en d'autres endroits du corps.

bay *lat badius*
Dark reddish-brown colour.

bay roan ; red roan rouan
Bay roan and red roan are often presented as equivalent. They do not present necessarily a bay pattern as do the French word «rouan». *s.a. roan*

Mélange de poils blancs, alezans (rouges), et noirs. Les noirs prédominent aux extrémités. *v.a. autre inscription*

bay (to be / stand at ~) *hunting* accul (être à l'~) *c. à courre*
Where the hunted turns to face and challenge the hounds.

Lorsque, acculée, la bête se défend aux extrémités d'un terrier.

bay-brown => brown

be back on top *v r* reprendre les devants *c*

be off stride *v* avoir pris une fausse allure *c*

be still on top *v* ; **keep the lead** *v* maintenir les devants

beaded line *hd* guide arrondie *att*

beak => horn (of an anvil)

beaked shoe fer à la florentine
An extra long toe extension shoe, to prevent the horse from walking on the front of the hoof wall. The metal may be bent back to prevent injury.

Dont la pince est prolongée, épaisse et recourbée vers le haut, il est aussi souvent souhaitable d'en enrouler le devant afin d'éviter les blessures qu'il pourrait infliger. Ce fer est parfois décrit de façon très similaire au fer pinçard.

bean
Dried secretions in the pouch at the end of the penis of a male horse.

bearing edge (of the wall of the hoof) ; distal border ; ground border surface portante (de la paroi du sabot) ; bord inférieur / porteur *lat Margo solearis*

The inferior border of the wall that comes in contact with the ground and the shoe.

Elle porte sur le sol ou le fer.

bearing rein *hd* => overcheck (rein)

bearing (rein) hook *hd* crochet d'enrênement *att*

beat (hoof...) battue

Moment où le(s) sabot(s) se dépose(nt) sur le sol, et bruit que fait / font le(s) sabot(s) en se déposant sur le sol. Se posant simultanément, les pieds ne produisent qu'une battue.

beaten length ; length of stride longueur battue

bed ; bedding => litter

beet betterave

behaviour *Brit* ; **behavior** *US* comportement ; conduite

behind the bit en dedans de la main ; en arrière de la main

A horse is behind the bit when avoiding the contact with the mouthpiece.

Cheval en dedans ou en arrière de la main, qui ne prend pas contact avec le mors.

behind the legs => cold to the legs

behind the motion retarder sur le mouvement (du cheval)

To be or to get left ~ of the horse.

beige breeches culottes de chasse

Belgian Ardennes (horse) *breed* ardennais belge *race*

Belgian (draft / heavy draught horse) *breed* ; **Brabancon (horse)** belge (trait lourd ~) *race* ; brabançon ; brabant

Belgian warm-blooded (horse) belge à sang chaud

bell cloche

bell boot ; overreach boot cloche *protège-couronne*

A circular boot pulled up over the front foot and resting loosely on it, usually to protect coronet against injury.

Le mot désigne habituellement une forme particulière de protecteur au niveau de la couronne: un bracelet qui passe autour du paturon et descend comme une jupe autour du pied. *v.a. guêtre*

belly ventre

1st: The softer, ventral part of the abdomen. 2nd: The fleshy, contractile part of a muscle.

1° Partie ventrale de l'abdomen du cheval, située en arrière des côtes, sous les flancs et dans leur partie basse. 2° Partie contractile d'un muscle.

belly band *hd (1)* ; **shaft girth / strap** *hr* sangle sous-ventrière *att* ; sangle de brancards *ca*

1) A strap, attached from one shaft or trace to the other, under the belly of the horse.

belly band buckle *hd* boucle (de la sous-ventrière) *att*

Belmont stakes *tr*

Held annually, at the Belmont track, Long Island New York USA, first ran in 1868.

Tenu annuellement, à la piste Belmont, Long Island New York E.U.A.

bench knees ; offset knees ; bench-kneed ; bench-legged *adj* genoux en pieds de bancs

The metacarpal bones are offset laterally under the carpal joint.

Vu de face, le canon est déporté vers l'extérieur, par rapport à l'articulation du genou, et n'est pas directement dans l'axe du radius.

bench-kneed ; bench-legged *adj* => bench knees

bend => flexion

bend at the poll *n* flexion de la nuque

bend at the poll *v* => flex the poll *v*

bend the body *v* incurver le corps

bend the neck *v* => flex the neck *v*

benzimidazole benzimidazole

bertillon card *US r* fiche signalétique

Identifying marks, scars, and other signs are recorded on it and used in making positive identification of a horse.

best company line *r* ordre d'arrivée (des trois premiers chevaux) *c*

bet ; wagered misé

bet *n* ; **wager** *n* ; **stake** *n* pari ; mise ; gageure *Can.*

bet *v* ; **wager** *v* ; **place a bet** *v* ; **stake** *v* parier ; miser ; gager *Can.*

betting public parieurs (les ~)

betting wicket / window => mutuel wicket / window

bettor ; punter ; wagerer parieur

between legs and hands => on the aids

bevel heeled shoe => slipper (heeled) shoe

bevel of point (of a nail) affilure (d'un clou)

beveled heels (of a shoe) *US* pantoufles (d'un fer)

bib bavette
cs: Attaché ou incorporé à la sangle pour protéger le dessous du cheval, derrière le passage des sangles, contre les contacts des fers et des crampons durant les sauts.

bib (halter ~) bavette
Pour prévenir le tic aérophagique à l'appui.

bib martingale martingale-bavette

bicarotid trunk tronc bicarotidien *lat Truncus bicaroticus*

biceps brachii muscle ; biceps muscle of arm ; flexor brachii muscle *old* muscle biceps brachial *lat Musculus biceps brachii*

biceps femoris muscle ; biceps (muscle) of (the) thigh muscle biceps fémoral ; muscle glutéobiceps *(1)* ; muscle long vaste *anc lat Musculus biceps femoris*
1) Dénomination qui suggère une partie crâniale (m. glutéofémoral) et une partie caudale (m. biceps fémoral) intimement liées pour constituer le muscle dont il est question ici.

biceps muscle of arm => biceps brachii muscle

biceps (muscle) of (the) thigh => biceps femoris muscle

bick => horn (of an anvil)

bicorne bicorne
A two-cornered hat.

bid enchère ; mise

bidder enchérisseur

big bettor ; big wagerer gros parieur

big three (the ~) *r*
Fractures: proximal sesamoids (most frequent), metacarpal and carpal bones (least frequent).

big wagerer => big bettor

bike => sulky

bile bile

bile duct canal biliaire

biliary fever => babesiasis ; babesiosis

billet (of a buckle) ; tongue ardillon

binding nail => close nail

biotin biotine

birth coat pelage à la naissance

bit mors
Part of the bridle which includes the mouthpiece, the rings and the cheeks.
Partie de la bride qui comprend l'embouchure / le(s) canon(s), les anneaux, les aiguilles et les branches. Le mors et l'embouchure étaient autrefois appelés «frein».

bit guards rondelles de mors

bit jaw strap courroie de mors

bit with keys / players => mouthing bit

bite *v* mordre

bite *n* morsure

bite wound plaie par morsure

bitless bridle ; nose bridle bride sans mors
Any bridle which is used without a mouthpiece.

bits mors
The basic groups of bits are: snaffles, Weymouth or curb bits, pelhams, gag bits and bitless or nose bridles. *s.a. bit*

black *adj & n* noir *adj & n*
Black colour is general except may be for a few white hairs in the coat and markings.
Poils et crins noirs, il peut y avoir quelques poils blancs et des marques.

black fly mouche noire
May be applied to a number of different flies.

black mark *n* charbonné *adj & n* ; tisonné *adj & n*
Area of black hairs in the coat.
Robe comportant des taches noires, appelées charbonnures ou tisonnures, et dont les définitions varient; la charbonnure pouvant être comprise comme étant plus grande et plus ronde que la tisonnure.

black-brown ; rusty black noir mal teint
Black with either brown or rusty spots or body areas.
Robe noire parsemée de plaques plus claires.

black-faced cap de maure / more *adj*

black-moon *old* => coal black

blacksmith forgeron
Personne qui forge le métal.

blacksmith hammer => turning hammer

blacksnake whip => quirt

bladder (urinary ~) vessie *lat Vesica urinaria*
Sa capacité oscille autour de 1,5 litres chez le cheval.

bladder worm ; cysticercoid cysticercoïde
Infective stage of tapeworms when the horse swallows them with their intermediate host.
Forme larvaire des taenias, au moment où le cheval les absorbe.

blade (of a clinch cutter) dérivoir *v.a. hache à sabots*

blade (of a nail) ; shank (of a nail) lame (d'un clou)

blanket clip tonte de course ; tonte en manteau / sac
There are different definitions but always a blanket is left unclipped on the upper part of the body.
La partie supérieure du corps du cheval n'est pas tondue.

blanket (horse ~) ; horse cloth ; rug couverture

blaze => broad stripe

bleeder sujet à des hémorragies

bleeding => epistaxis

blemish => defect

blind ; blinder => blinker

blind bridle bride fermée
Bride avec des oeillères.

blind spavin => occult spavin

blindgut => cecum / caecum

blink *v* ; **wink** *v* clignoter
Colloquial for the contracting of the lips of vulva, exposing clitoris, when a mare is in oestrus and after urinating.
Terme familier pour décrire l'action d'une jument qui contracte les lèvres de la vulve, exposant ainsi son clitoris, lorsqu'elle est en chaleurs ou qu'elle vient d'uriner.

blinker ; winker ; blind ; blinder oeillère ; cache-oeil
Destinée principalement à empêcher le cheval de voir en arrière et sur le côté, mais aussi à protéger l'oeil contre les coups possibles dans un attelage.

blinker cups gobelets d'oeillères

blinker hood ; blinkers *r* bonnet avec oeillères ; cagoule avec oeillères

blinker stay => winker stay

blinker stay buckle boucle (en chape) de support d'oeillères

blinkers *r* => blinker hood

blister ampoule ; bulle ; vésicule
Lesion of the skin: a vesicle, especially a bulla.

blister beetle / fly ; Spanish fly cantharide ; mouche d'Espagne / de Milan

blister ; blistering ; vesicant vésicatoire *n* ; feu liquide
Containing an irritant for the skin and used to increase circulation. This might encourage healing of another irritation like a strained tendon or ligament.
Produit vésicant, c'est-à-dire irritant et provocant l'apparition de bulles ou de vésicules remplies de liquide sur la peau.

block (horse ~) => mounting step

blood sang *lat Sanguis*

blood bay bai sanguin

blood examination analyse de sang

blood marks rouanné *adj & n*
Red patches growing into the coat of a grey horse, they can become progressively larger. This is an extremely rare occurrence.
Se dit du cheval ou de la robe de couleur grise et présentant des bouquets ou des taches de poils roux ou rouges.

blood sample prélèvement de sang ; échantillon de sang

blood spavin
Swelling of a branch of the lateral saphenous vein where it crosses the front of the hock. *s.a. bog spavin*

blood test test sanguin

blood typing typage des antigènes des globules rouges

blood vessel vaisseau sanguin

blood-letting ; phlebotomy saignée *n*

bloodline => lineage

bloodworm ver du sang *lat Strongylus vulgaris*

blow *n* => snort (warning ~)

blow up a finish *vr* rater une fin de course

blow up of a photo finish *r* agrandissement d'une photo de fin de course

blowfly *(3)* ; **strike-fly** *(3)* ; **calliphorid** *(2)* ; **blue bottle / bluebottle fly** *(1)* mouche bleue *(1)* ; mouche à viande *(1)*
Family Calliphoridae (including *Calliphora* spp. (2)) includes most of the important blowflies (causing an infestation of skin called cutaneous blowfly myiasis or calliphorine myiasis or blowfly strike or strike (3)).
Mouche provoquant une myiase (ou myase) (3). Plusieurs de ces termes ne sont pas tellement spécifiques (1) et sont ainsi parfois utilisés seulement au pluriel.

blowfly strike => cutaneous blowfly myiasis

blowing out *r* travail *c*
Fairly fast training mile, generally two days before a scheduled race.
Exercice, sur une distance d'un mille, un peu plus vif qu'un entraînement régulier, généralement deux jours avant une course.

blue bottle / bluebottle fly => blowfly

blue eye oeil bleu *pl: yeux bleus see wall-eye*

blue roan *(1)* ; **iron grey** *(2)* gris (de) fer ; gris-bleu ; pinchard *Fr adj & n (1)*
1) Coat having a blue tinge, usually resulting from a mixture of black and white hairs. Lower limbs, mane and tail are mainly black (or of the dark colour) and the colour is permanent. 2) Grey coat having a blue tinge, the colour is not permanent.
Robe grise à reflets bleuâtres. 1) Qualifie ou désigne le cheval ou la robe de cette couleur.

blue-dun => mouse-dun

bluenose dermite photosensible au visage

board pension

boarder *horse* pensionnaire *cheval*

boarding fee pension (montant de la ~)

bob tailed => docked tail(ed) ; docked

bob the head *v* ; **toss the head** *v* ; **throw the head** *v* ; **shake the head (up and down)** *v* battre à la main ; encenser *(1)* ; bégayer
Moving the head up and down to fight against the contact of the bit.
Lorsque le cheval donne des coups de tête en haut et en bas, notamment en guise de défense contre la main du cavalier. 1) Terme appliqué plus particulièrement au cheval qui donne de tels coups de tête lorsqu'il n'a pas de bride.

bobby-back => sway-back

body length longueur du corps

body mange => psoroptic mange

body-brush => brush *n*

bog spavin éparvin mou ; vessigon articulaire tarsien / du jarret
Distension of the talocrural synovial sac of the hock.
Distension de la synoviale tibio-talienne du jarret. Il peut prendre trois formes qui communiquent largement entre elles: vessigon du pli du jarret et vessigon médial // latéral du creux du jarret.

bolo tie cravate bolo

bolt *v* ; **run away** *v* emballer (s'~)

bolting emballement

bolting horse ; bolter ; runaway horse cheval emballé
A bolter may be a horse having a tendency to bolt (i.e. to be bolting) quite easily.

bomb
US: An inferior horse in a race.

bone os

bone fissure fissure d'un os

bone fracture fracture d'un os

bone marrow moelle osseuse *lat Medulla ossium*

bone spavin éparvin (calleux)
Osteitis or osteo-arthritis of upper end of canon and inner side of hock. A large spavin is called a jack, and a small is a blind or occult spavin. The latter may present no palpable or radiographic sign.
Ostéite ou ostéo-arthrite au sommet interne du canon et à la face inférieure interne du jarret.

bone-spavin test test de l'éparvin

bonus point point de bonification

bony palate palais osseux *lat Palatum osseum*

bony withers garrot maigre / décharné

bookmaker ; bookie preneur aux livres

boom flèche (d'attelage)
Longue pièce de bois servant à atteler les animaux de trait à un véhicule ou à un instrument de culture.

booster injection (of a vaccination) injection de rappel (d'un vaccin)

boot (for horses) guêtre *f (1)* ; protecteur ; protège-~ ; botte *protection des membres (2)*
To protect legs against self-injuries, and for foot and/or leg therapy, which is sometimes called slip-on boot or (rubber) poultice boot.
Servent de protection des membres du cheval contre les blessures. On utilise souvent ces termes en précisant la partie des membres qu'ils protègent. 1) Le terme guêtre s'utilise habituellement plus spécifiquement pour désigner une protection à la hauteur des canons (et incluant habituellement le boulet), et plus haut. v.a. cloche 2) Peut aussi désigner une véritable botte dans laquelle on met le pied ou même une partie de la jambe du cheval pour les soigner. Pour désigner une guêtre, ce mot semble être une traduction littérale de l'anglais.

boot hook tire-botte (crochet ~)

bootjack tire-botte
Comportant une encavure dans laquelle on cale le talon de la botte pour l'enlever.

bootmaker bottier

boots bottes

bordered bordé
A bordered white marking has a mixed white and coloured hair border.
Pour une marque blanche, la bordure sera formée de poils blancs et de poils de couleur mélangés.

bordered flesh mark ladre bordé
Qui se prolonge un peu sous les poils de sa périphérie.

bordered star en tête bordé

bordered stripe liste bordée

bordered white (marking on a limb) balzane bordée
Dont la ligne de séparation avec l'autre couleur est en dégradé.

bore *v* => lean heavily on the hand / bit *v*

Borna disease ; Near Eastern equine encephalomyelitis maladie de Borna ; méningoencéphalomyélite enzootique ; méningoencéphalite infectieuse du cheval

boron bore

bosal bosal
The rawhide noseband of the true hackamore.
Grosse muserolle de cuir tressée faisant partie du hackamore. Ce mot sert aussi parfois à désigner le véritable hackamore.

Bosnian pony poney bosnien

bot fly (horse ~) ; nose fly *(1)* **; Gasterophilus** gastrophile ; gastérophile ; oestre *lat Gasterophilus*
A genus of six flies, the larvae of which develop in the gastro-intestinal tract. 1) Two of the bot flies lay their eggs around the mouth and on the cheeks.
Mouches (il y en a six espèces) qui pondent leurs oeufs (pour la plupart d'entre elles) sur les poils des chevaux et dont les larves se développent à l'intérieur du tube digestif.

bot (horse stomach ~) larve d'oestre ; larve gastrophile du cheval
Bot fly larva.

both legs coming out of one hole (having ~) => narrow at the chest

bottom of a stirrup grille (d'un étrier)

bottom / tail line (of a horse) => family

botulism botulisme

Boulonnais (horse) *breed* boulonnais
Race de chevaux de trait lourd d'origine française.

bowed tendon tendon claqué *s.a. tendon bow v.a. claquage de tendon*

bowel movement => droppings

bowl along *v* courir à bon train

bowlegged / bow-legged (in the forelimb) => knee-wide

bowlegged / bow-legged (in the hindlimb) => bandy-legged (in the hindlimb)

bowlegs / bow legs genoux // jarrets cambrés
Déviation des articulations par en dehors; les genoux // jarrets sont trop écartés l'un de l'autre, par rapport aux verticales abaissées des articulations supérieures des membres.

bowler (hat) ; derby (hunt ~) *US* melon (chapeau ~)

box *wagering* boîte *pari*
Pari désignant deux ou plusieurs chevaux devant terminer une course dans une des positions de rapport. Peut s'appliquer à l'exacta, à la quiniela et à la trifecta.

box (stall) ; loose box box
Loge d'écurie, individuelle et fermée.

boxed in *r* pris dans le panier *c*
During a race, a horse that is surrounded, usually pinned to the hub rail.
Le cheval, généralement près de la rampe, est entouré et ne peut pas se dégager.

box-spur éperon à boîte
Fitting into a hole at the back of the heel of the rider's boot.
Enfoncé dans le talon.

Brabancon (horse) => Belgian (draft / heavy draught horse) *breed*

brace => liniment

brace bandage ; elastic bandage bandage élastique

braces bretelles
r: One of the markings that may be part of a racing colour scheme.
c: Un des motifs pouvant faire partie d'un dispositif de couleurs.

brachial artery artère brachiale *lat Arteria brachialis*

brachial plexus plexus brachial *lat Plexus brachialis*

brachial vein veine brachiale *lat Vena brachialis*

brachialis muscle muscle brachial *lat Musculus brachialis*

brachiocephalic trunk tronc brachio-céphalique *lat Truncus brachiocephalicus*

brachiocephalic(us) muscle muscle brachio-céphalique ; muscle mastoïdo-huméral *anc lat Musculus brachiocephalicus*

brachygnathia ; brachygnathism ; parrot mouth / jaw ; overshot jaw brachygnathie (mandibulaire) ; bec de perroquet

Abnormal shortness of the mandible (lower jaw) and protrusion of the maxilla.

Lorsque la mâchoire inférieure est plus courte que la mâchoire supérieure. Les défauts de jonction entre les incisives des deux mâchoires se définissent normalement en fonction de la mâchoire inférieure: (brachygna...) plus courte, (progna...) plus longue que la mâchoire supérieure.

bradoon => bridoon

braid *v* => plait *v*

braid *n* => plait *n*

braided mane => plaited mane

braided reins ; plaited reins rênes tressées

brain cerveau ; encéphale
Pèse environ 420 g chez le cheval.

brake *bd* frein *att* ; mécanique *att*

bran son

branch (of a bit) *(1)* ; **shank** *west. (1)* ; **cheek** *(2)* branche (d'un mors)

1) Any of the lateral shanks or legs of varying length, fixed or sliding, including 2) cheeks of the snaffle bits, e.g. dee and eggbutt cheeks, the French term «branches» does not include the cheeks of the snaffle bits. *s.a. spoon cheek*

Chacune des barres latérales du mors. Celles-ci demeurent donc à l'extérieur de la bouche du cheval et c'est sur elles que s'attachent les autres accessoires (rênes, gourmette etc.), au moyen d'anneaux ou de crochets. Cette désignation ne comprend pas, contrairement à la désignation anglophone «branch», les aiguilles et les autres tiges des filets, comme celles du filet Verdun par exemple. *v.a. barrette*

branch (of a shoe) branche (d'un fer)
Chacune des moitiés du fer, il y a donc une branche interne et une externe.

branch of frog branche de la fourchette

brand (hot ~) *n* => branding (hot ~ mark)

branding (hot ~) marquage au fer (rouge / chaud)

branding (hot ~ mark) ; brand-mark (hot ~) ; brand (hot ~) *n* marque (au fer rouge / au feu)

branding iron fer à marquer

brand-mark (hot ~) => branding (hot ~ mark)

bray *v* braire

breadth of the forehead largeur du front

break => breaking of stride

break (a horse) *v* débourrer (un cheval) ; dompter ; casser

break down of tendon rupture de tendon
Tendinite dans laquelle le tendon est brisé.

break into *v* ; **proceed** *v* rompre ; partir
Changer d'allure, de mouvement; ex.: rompre au pas à partir de l'arrêt.

break into canter / gallop ; strike off at the canter passer / partir au galop

break (wagers) montant restant (des paris)

breaking domptage ; débourrage

breaking bit => mouthing bit

breaking of stride ; break bris d'allure ; manque
When the horse changes from the gait of the race.
Perte de l'allure qui devait être maintenue durant la course.

breakover (of the foot) bascule (du pied)

breast ; presternal region poitrail ; région présternale *lat Regio presternalis / praesternalis*
Area just in front of the sternum, part of the chest and of the thorax. *s.a. chest*
Région située entre l'encolure et les épaules du cheval, soit entre les deux pointes des épaules. Cette région fait partie de la poitrine et du thorax. *v.a. poitrine*

breast collar *bd* bricole *att*

breast collar / plate bricole ; collier de poitrine

breast collar terret *bd* clef de surcou *att*

breast-harness harnais à bricole

breeches pantalons d'équitation ; culottes

breeches-maker culottier

breeching avaloire ; acculoire *Can.* ; harnais de recul ; reculement *(1)*
Courroie autour de l'arrière-train du cheval qui se termine par des chaînes à fixer aux brancards, elle permet de reculer. 1) Parfois présenté comme étant l'ensemble qui permet au cheval de reculer et retenir ce à quoi il est attelé lors des arrêts et des descentes. Il comprend dans ce sens l'avaloire, la barre et les crampons de reculement.

breeching dee crampon de reculement

breeching strap courroie de reculement

breed race
Les noms de races sont assez souvent écrits avec la première lettre en majuscule. Toutefois, lorsqu'utilisé comme adjectif, le mot ne devrait jamais comporter cette majuscule.

breed society société d'élevage

breed type type de (la) race

breeder éleveur (-naisseur)
Mating horses and getting the mares to foal.

breeder (up) ; rearer éleveur
Raising and caring for horses.

breeder's association association d'éleveurs

breeder's certificate => covering certificate

Breeders' Cup Coupe des éleveurs

breeder's premium prime à l'éleveur ; prime d'élevage

breeding ; coupling ; mating accouplement

breeding élevage

breeding ; reproduction reproduction

breeding activities activités d'élevage

breeding date date d'accouplement / de monte / de saillie

breeding farm (horse-~) => stud farm

breeding herd troupeau d'élevage

breeding hopples / hobbles ; service / serving hobbles entraves d'accouplement

breeding industry (horse ~) industrie de l'élevage (de chevaux)

breeding selection sélection (pour l'élevage)

breeding sheet feuille de saillie

breeding stock reproducteurs (sujets ~) ; cheptel reproducteur

breeding tattoo matricule d'élevage

Breton draught post horse *breed* breton de trait léger ; postier breton ; Norfolk-breton
Race d'origine française.

Breton heavy draught horse *breed* gros breton *race*

brewer's draff / grains drêche (de brasserie)

bribe *r* paiement illicite *c*

brick-wall mur de briques

bridge of the nose ; nose (bridge of the ~) chanfrein ; dos du nez ; nez (dos du ~) *lat Dorsum nasi*
Corresponding to the flat anterior surface of the nasal bones.
Correspondant aux deux os nasaux.

bridle ; headstall *west. (1)* bride *1) s.a. halter*

bridle (a horse) *v* brider (un cheval)

bridle backs / butts crampons / croupons de bride

bridoon ; bradoon filet (mince / de bride)
A small snaffle bit, like the one usual in double bridles.

bright bay => cherry bay

bringing in hand mise en main
Placer du cheval en état de soumission et d'attention à la main du cavalier, la bouche étant plus décontractée et le cheval étant plus léger en main à mesure que le degré de dressage s'élève. On peut dire que c'est l'étape finale de la mise en impulsion et du rassembler du cheval et qu'elle peut conduire à une bonne position du ramener avec un cheval léger en main.

brisket bréchet ; région sternale *lat Regio sternalis*
Area of body covering the sternum.

brittle foot / hoof pied dérobé
The hoof wall chips off, separates from the sole and/or readily splits when nails are driven into it.
Dont le bord inférieur de la muraille est brisé, éclaté en certains endroits.

broad foot grand pied
A foot that is too large in proportion to the size and weight of the horse.
Pied trop volumineux, qui rend les mouvements pénibles et laborieux.

broad jump => spread jump

broad stripe ; blaze *(1)* liste large
1) Extensive white covering most of the forehead between the eyes, but not including them, and the entire width of the nasal bones, usually down to muzzle.
The full blaze reaches down to the upper lip.

broad-jump competition compétition de saut en largeur

broken => jointed

broken canter => disunited canter

broken wind ; heaves souffle ; pousse
A chronic cough and other difficulties in breathing, characterized by a double expiratory effort, related to asthma and pulmonary emphysema.
Difficultés respiratoires, caractérisées par une expiration en deux temps (appelée soubresaut),

qui sont reliées à l'asthme et à l'emphysème pulmonaire.

broken winded ; short winded poussif

bronc / bronk => bronco

bronchial tube => bronchus *pl: bronchi*

bronchiole bronchiole

bronchitis bronchite
Inflammation of the bronchi.
Inflammation des bronches.

bronchus *pl: bronchi* ; **bronchial tube**
bronche *lat Bronchus pl: Bronchi*
Airway connecting the trachea with the smaller airways in the lungs.
Conduit cartilagineux faisant suite à la trachée, deux bronches-souches se dirigent chacune vers un poumon et s'y subdivisent davantage.

bronco ; bronc / bronk bronco
Usually designing an unbroken or difficult to break horse.

brooch => pin

broodmare ; brood mare poulinière ; jument poulinière

broodmare station jumenterie

brook => water jump (open ~)

browband frontal ; frontière *Can. ca*

brown *(1)* ; **bay-brown** *(2)* bai-brun
Hairs are brown, almost black. 1) With no true bay cast in any part of the coat and lacking the red shade and brilliance of bay. Brown and «marrón» horses will often be said «bai-brun» in French. 2) With some true bay cast in parts of the coat, and black mane, tail and lower limbs.
Robe dont les poils bruns sont presque noirs. Les ouvrages francophones ne présentent habituellement pas de robe brune qui ne soit pas baie. Cette robe est cependant reconnue dans les ouvrages anglophones et semble l'être dans les ouvrages hispanophones. Le terme s'emploierait donc ainsi souvent pour décrire des chevaux qualifiés «brown» en anglais et «marrón» en espagnol.

brucellosis brucellose

bruise ; contusion contusion

bruise (of the sole) ; contusion of the sole ; sole ulcer ; stone bruise
contusion de la sole *lat pododermatitis circumscripta*
A blood-soaked fleck, resulting from trauma to the underlying dermis. A corn is often presented as being a bruise specifically occurring within the angles of the sole, also called seat of corn. *s.a. dry, moist and suppurating corn*
Un corps étranger (roche ou autre) a blessé la sole et peut même y être resté incrusté. De petites hémorragies sont produites dans le tissu velouté. On identifie parfois la bleime comme étant spécifiquement située en talon.

brush *n* ; **body-brush** brosse (à panser)
Spécifiquement destinée aux soins des chevaux, habituellement de forme ovale et avec une poignée dans laquelle on glisse la main.

brush *v* atteindre (s'~) ; attraper (s'~) ; couper (se ~) ; entrecouper (s'~) ; tailler (se ~) ; entretailler (s'~) ; toucher (se ~) ; raser (se ~)
Definitions found for brushing can be classified in two groups: 1st: a general term for light striking between limbs, this would not include translations like «se couper, s'entrecouper, se tailler, s'entretailler»; 2nd: the striking of a hoof against the inside of the opposite leg, which might be the most common case of light striking.
Se dit du cheval dont un membre en heurte ou en blesse un autre lorsqu'il se déplace. Bien qu'il n'y ait pas toujours de distinctions de faites entre tous ces termes, la logique donne à penser qu'un cheval qui se touche, s'attrape ou s'atteint, ne se coupe ou se taille pas nécessairement. On dit parfois spécifiquement qu'un cheval s'entretaille lorsque deux de ses membres se coupent mutuellement. *v.a. autre inscription*

brush *r* ; **dash** pointe de vitesse ; poussée
Peak of speed in a race or training mile, usually in the stretch drive.
Effort maximal du cheval, généralement conservé pour la fin de la course ou de l'entraînement.

brush *n hunting* ; **fox tail** queue de renard *c. à courre*

brush *v* => rub (an obstacle) *v*

brush and rails haie barrée

brush (jump) => hedge

brushing boot => shin boot

buccal cavity cavité buccale *lat Cavum oris*

buccal glands glandes buccales ; glandes de la joue *lat Glandulae buccales*

buccinator muscle muscle buccinateur *lat Musculus buccinator*

buck *v*
Pour le cheval, faire un saut-de-mouton, i.e. se soulever du devant puis du derrière, ou les deux simultanément, le dos arqué, souvent en terminant par une ruade.

buck eye oeil de boeuf
Prominent, old: small-eyed animal.
Gros et saillant.

buck off *v* => throw the rider *v*

buck(ed) knee => goat knee

bucked shin *see splint*

buck(ing) *(1)* ; **pig-jump(ing)** *(2)* estrapade *(1)* ; saut de mouton *(2)*

1) A jump upwards with back arched and feet drawn together. 2) According to interpretations, jumping from all four legs or leaping and kicking. This second interpretation being very close to the «saut de mouton».

1) Suite de sauts de moutons et de ruades. 2) Bond dans lequel le cheval se soulève du devant puis, une fois retombé, du derrière.

buck-kneed => over at / in the knees

buckle boucle

buckskin *(1)* ; **zebra-dun** *(2)* isabelle

A very light bay coat with yellow shades (tanned deerhide) on the body. Lower limbs, mane and tail are black. 1) Without primitive marks. 2) With primitive marks: dorsal, withers and zebra stripes.

Robe baie très claire dont les poils sont jaunes ou jaunâtres, et les crins et extrémités sont noirs. Elle peut comporter une raie de mulet et des zébrures.

buckwheat sarrasin *lat Fagopyrum esculentum*

buff chamois (couleur ~)

Yellowish-beige colour.

buffer (hoof ~) => clinch / clench cutter

bug *US r*

Reduced weight allowance permitted an apprentice jockey.

buggy boghei ; buggy

bugle call *r* sonnerie de clairon *c*

bulb (of a heel) glome *m lat Torus corneus*

bulbo-urethral gland glande bulbo-urétrale *lat Glandula bulbourethralis*

bull taureau

bull calf jeune taureau

bull (fighting ~) taureau de combat

bull neck ; heavy neck cou de taureau ; encolure épaisse

Lourde, souvent chargée de graisse.

bull riding monte du taureau

bullfight corrida

bull-finch / bullfinch bull-finch

bullwhip => quirt

bump => hump

Burguete (horse) *breed* burguete

Race de trait espagnole.

bursattee / bursatti ; swamp cancer *Australia* ; **pythiosis (cutaneous / equine ~) ; dermal granuloma (equine ~) ; granular dermatitis ; Florida horse leech**

Summer sores, lesions of the skin and mucosae in tropical and subtropical regions. *s.a. summer sores, cutaneous habronemiasis, hyphomycosis, phycomycosis*

Plaies d'été, habronémose cutanée, hyphomycose du cheval, et phycomycose.

bursitis of the hock => capped hock

bursitis of the point of elbow => capped elbow

bute => phenylbutazone

buttermilk roan => sabino

buttock fesse

Fleshy prominence formed by the gluteal muscles on either side of the tail.

Région située de chaque côté de la queue et correspondant aux muscles fessiers. Attention cependant puisqu'on y inclut souvent une partie que certains considéreront comme appartenant à la cuisse (région fémorale caudale ou Regio femoris caudalis (NAV)) et qui s'étend entre deux points dont les noms sont révélateurs: de la pointe de la fesse au pli de la fesse.

buttress foot => pyramidal disease

buttress (of heel) arc-boutant

Buxton bit mors Buxton

buyer acheteur

Caballo de Paso Peruano => Peruvian paso / ambler *breed*

caderas => mal de caderas

Calabrese *breed* calabrais

Race italienne de chevaux de selle.

calcaneal tuberosity => calcanean tuber

calcanean tuber ; calcaneal tuberosity ; tuber calcis tubérosité du calcanéus ; sommet du calcanéum *anc lat Tuber calcanei*

Point d'attache de la corde du jarret.

calcaneus ; fibular tarsal bone *old* ; **os calcis** *old* calcaneus ; calcanéus ; calcanéum *anc lat Calcaneus*

Sert de bras de levier aux muscles extenseurs du pied et forme la pointe du jarret.

calcification calcification

calcified calcifié

calcify *v* calcifier

calcium calcium

calcuttas *US* => auction pools

calf veau

calf face => white face

calf faced => white faced

calf roping prise du veau au lasso
Dans les compétitions chronométrées, il faut attacher les membres de l'animal avec une corde.

calf-knee / calf knee ; sheep knee genou creux *pl: genoux creux* ; genou renvoyé ; genou de mouton ; genou effacé
Posterior deviation of the carpal joint.
Déviation de l'articulation du genou vers l'arrière; quand, vu de côté, le genou est trop en arrière par rapport à l'axe du membre.

calf-kneed ; back at the knees

calico => pinto ; pintado

calico paint => sabino

calk ; caulk ; calkin ; caulkin crampon
Part of the horseshoe being turned down or added for raising, or for traction to prevent slipping.
Crampon formé directement avec le matériel du fer, ou soudé sur celui-ci.

calk (drive-in ~) crampon
Crampon enfoncé dans un trou percé à cet effet dans le fer.

calk (screw-in ~) ; stud (horseshoe / screw-in ~) crampon à vis / vissé

calliphorid => blowfly

calliphorine myiasis => cutaneous blowfly myiasis

calm a horse *v* => steady a horse *v*

Camarguais ; Camargue horse / pony *breed* camarguais
Race de chevaux à demi sauvage, de la Camargue en France.

cambendazole cambendazole
A benzimidazole anthelmintic.

camel neck => dip in front of the withers

camel withers garrot coupé
Withers that are high, and dropping quite abruptly to the rear.
Garrot bien sorti mais insuffisamment prolongé vers l'arrière.

camera room *r* loge-caméra *c*

camera tower tour-caméra

campdrafting campdrafting
Sport équestre australien, dérivé des activités des gardiens de troupeaux.

camped behind campé du derrière

camped (out) ; standing stretched campé
Front limbs sloping toward the front (camped in front) of the horse or hind feet standing too far back, the entire limb deviating back behind the plumb line (c. behind).
Quand, vus de côté, les membres sont déportés à l'extérieur, les antérieurs étant trop en avant (campé du devant), ou les postérieurs trop en arrière (c. du derrière), par rapport à leurs articulations supérieures.

Canadian horse ; French-Canadian horse *old* canadien *race*
Breed, a first stud-book was attempted in 1886, but the actual book was established in 1909. The actual breeding society was founded in 1895.
Un premier livre généalogique a été ouvert en 1886, mais le livre actuel n'a été bien établi qu'en 1909. L'actuelle société d'éleveurs a été fondée en 1895.

cancel *v* annuler

cancellation annulation

cancelled annulé ; contremandé

canine teeth ; tushes canines ; crochets *lat Dentes canini*
Au nombre de deux par mâchoire, petites dents habituelles chez le mâle et rares chez la jument.

canine (tooth) ; tush canine ; crochet

caninus muscle ; dilatator nasis lateralis *old* muscle canin *lat Musculus caninus*

canker ; hoof cancer crapaud
Severe disease similar to thrush.

cannon canon

cannon bone ; shin bone *rare* os du canon
Leg bone above the fetlock (the large metacarpal // metatarsal bone).
Specifically, shin is the dorsal surface (front part) of the cannon bone.

cannon bone (fore...) => metacarpal bone (large / third ~)

cannon bone (hind-~) => metatarsal bone (large / third ~)

cannon's circumference ; circumference of cannon bone tour du canon

canon (bit ~) canon (du mors)
The difference is not always made between the canon and the mouthpiece. The mouthpiece may have pieces (keys, spatula, roller etc.), which are not part of the canon itself, which is the side of the mouthpiece resting on the bar.
Il peut être rigide et d'une seule pièce, ou encore deux canons peuvent former une embouchure articulée (que l'on appelle aussi parfois canon articulé). L'embouchure peut comporter

des pièces (pendentifs etc.) qui ne font pas partie du canon.

canter *v* galoper (au petit galop)

canter *n* ; **lope** *west.* galop (petit ~)
An easy, rather collected, gallop. Canter is a contraction of «cantering gallop" or «Canterbury pace»; supposedly used by the medieval pilgrims on their way to the shrine at Canterbury.

canter a horse *v* ; **gallop a horse** *v* galoper un cheval (faire ~)

canter at the counterlead *v* galoper à faux *s.a. canter on / at the wrong lead, and canter counter-lead v.a. galop à faux*

canter counter-lead *n* ; **counter-canter** galop à faux ; contre-galop
Canter on the outside lead, performed purposely. Galop sur le pied extérieur, demandé par le cavalier.

canter / gallop at / on the true lead *n* ; **true canter / gallop** galop juste ; galop sur le bon pied

canter left // right (lead) *v* galoper sur le pied droit // gauche

canter on / at the wrong lead *n* ; **false canter** galop à faux
Canter on the outside lead, performed unpurposely.
Galop sur le pied extérieur, se produisant par erreur.

canter (on the) left (lead) *n* galop à gauche ; galop sur le pied gauche

canter (on the) right (lead) *n* galop à droite ; galop sur le pied droit

cantle troussequin

cap (hunting / skull / jockey's ~) ; **helmet** *r & class.: (safety ~), class.: (riding ~)* ; **hard hat** *class.* casque protecteur ; bombe (de chasse) *class.* ; toque *c & class.*

cap the track of the front foot *v* => cover the track of the front foot *v*

capabilities (of a horse) potentiel / possibilités (d'un cheval)

caparison => trappings (horse's ~)

capillary refill time temps de perfusion capillaire

capillary (vessel) capillaire (vaisseau ~) *lat Vas capillare*
Tiny blood vessel.
Minuscule vaisseau sanguin à parois minces.

caping dilatation du gland

capped elbow ; shoe boil ; elbow hygroma ; bursitis of the point of elbow éponge ; hygroma du coude

capped hock ; hock hygroma ; bursitis of the hock capelet ; hygroma du tarse ; bursite du tarse
Swelling over the point of the hock.
Hygroma situé à la pointe du jarret.

capped knee => carpal hygroma

capriole cabriole ; capriole
Saut d'école, après s'être élevé au-dessus du sol, le cheval dégage une ruade au moment où il est à l'horizontale.

carbon dioxide gaz carbonique

carcinoma carcinome ; épithélioma malin
A malignant new growth of epithelial cells, a form of cancer.

cardia cardia *m lat Pars cardiaca*
Part of the stomach.
Partie de l'estomac.

cardiac muscle ; heart muscle ; myocardium muscle cardiaque ; myocarde *lat Myocardium*
Muscle à contraction involontaire, d'un type qui lui est propre.

care of hooves ; hoofcare ; hoof care soin(s) aux / des sabots

caress *n* caresse

caress *v* caresser

cariniform cartilage => cartilage of manubrium

carotid artery (internal // external ~) artère carotide (interne // externe) *lat Arteria carotis (interna // externa)*
Main artery running along the horse's windpipe at the underside of the neck, it furnishes blood supply to the head.

carousel ; carrousel carrousel
A musical ride performed by a group of riders.

carpal bones ; knee bones os du carpe (les ~) ; os du genou (les ~) *lat Ossa carpi*
Au nombre de sept ou huit, entre le radius et les métacarpiens.

carpal canal canal carpien ; gaine carpienne *anc lat Canalis carpi*

carpal groove sillon carpien *lat Sulcus carpi*

carpal hygroma ; popped knee ; capped knee hygroma du genou
Tuméfaction fluctuante située sur la face antérieure du genou et provenant généralement d'un coup.

English - français - latin

carpal joint(s) articulation(s) du carpe *lat Articulatio(nes) carpi*

carpal region région du carpe *lat Regio carpi*

carpitis ; arthritis of the knee ; knee spavin carpite
Inflammation du carpe, impliquant les os, et/ou la capsule articulaire, et/ou les ligaments.

carpometacarpal joint capsule synoviale carpo-métacarpienne

carpus => knee

carpus varus => knock-knees

carriage port

carriage horse => cart-horse

carrier's horse => dray horse

carrot carotte *lat Daucus carota*

carry another horse out *v r* entraîner un autre cheval à l'extérieur (du peloton) *c*

cart charrette

cart-horse ; carriage horse ; coach horse cheval d'attelage
The size and type of these horses must vary to fit the work required.
Il s'agit plutôt ici d'une utilisation d'un cheval que d'un type, lequel pourra naturellement varier en fonction du travail demandé (lourd, rapide, élégant ...), ce pourra être un cheval d'attelage léger, moyen ou lourd, un postier, un carrossier etc.

Carthusian horse *breed* chartreux ; cheval des Chartreux
Race espagnole.

cartilage cartilage

cartilage of manubrium ; cariniform cartilage cartilage manubrial *lat Cartilago manubrii*

cartilage of prolongation => scapula(r) cartilage

cartilage of the third phalanx (flat ~) => fibrocartilage of the third phalanx

cashed ticket *r* billet remboursé *c*

cashier guichetier ; payeur *c* ; caissier

cast (bay / chestnut ~) marque de feu
Red shade in part of a dark coat, around the muzzle, on the flanks etc.
Coloration rouge des poils autour des naseaux, des yeux, des grassets etc., chez un cheval alezan foncé ou bai foncé.

castor oil huile de ricin

castrate *v* => geld *v*

castrated horse => gelding

castrating / castration knife bistouri de castration / à castrer

castration castration

castration by elastrator / rubber ring castration à l'aide d'un anneau en caoutchouc

castrator => emasculator

cataract cataracte

catch driver / jockey *br* conducteur de relève *ca*

catch jockey / rider *tr* jockey de relève *ct*

catch up the leader *v r* rattraper le meneur *c*

catheter cathéter ; sonde

Catria (horse) *breed* catria ; cheval du Catria
Race italienne.

cattle bétail

cattle brus / grub *rare* => warble

cattle drive rassemblement de bétail

cattleman gardien de troupeau
A person who tends or rears cattle. *s.a. other inscription v.a. vacher*

cattleman éleveur (de bétail)
A person who tends or rears cattle. *s.a. other inscription*

cattle-yard => sheep-pen *obstacle*

caudal arteries ; coccygeal arteries artères caudales ; artères coccygiennes *lat arteriae caudales / coccygeae*

caudal cutaneus sural nerve ; saphenous nerve (lateral / external ~) *old* nerf saphène externe *lat Nervus cutaneus surae caudalis*

caudal maxillary sinus sinus maxillaire caudal / postérieur *lat Sinus maxillaris caudalis*

caudal paralysis paralysie caudale

caudal rectal nerves nerfs rectaux caudaux *lat Nervi rectales caudales*

caudal vertebrae ; coccygeal vertebrae ; tail vertebrae vertèbres caudales / coccygiennes *lat Vertebrae coccygeae / caudales*
Le cheval peut en avoir de 12 à 21, elles forment le squelette de la queue.
Leur nombre normal se situe entre 17 et 20, l'interprétation de ce nombre varie aussi du fait que seule la première, ou les deux premières, est/sont complète(s).

cauterization cautérisation

cauterize *v* cautériser

26

cautery => firing

cavaletti *sg & pl* cavaletti *sg & pl*
Low, moveable jump(s), the supporting arms are not crossed at right angles and the bar is attached in one of the closer angles between the two arms, thus offering two possibilities of height as an obstacle.
Petit obstacle dans lequel les supports ne sont pas fixés ensemble à angle droit, la barre est fixée entre ces supports, dans un des petits angles. La construction ainsi obtenue présente deux possibilités de hauteur comme obstacle.

cavalry cavalerie

cavalry horse cheval de cavalerie

cavesada *see hackamore*

cavesson (lungeing / longeing / breaking ~) caveçon
Licol renforcé à l'avant, sur le dessus duquel on attache la longe.

cavesson (noseband) ; plain cavesson (noseband) ; ordinary noseband muserolle française
Faite d'une seule pièce, on ne peut donc en ajuster que la hauteur au moyen de ses montants.

cecum / caecum ; blindgut caecum
lat Cecum ; Caecum
Premier compartiment du gros intestin, il renferme habituellement une grande quantité de liquide.

cedar leaves oil huile de feuilles de cèdre

celiac artery ; coeliac artery artère coeliaque *lat Arteria coeliaca / celiaca*

celiac plexus ; coeliac plexus plexus céliaque / coeliaque *lat Plexus celiacus / coeliacus*

celiacomesenteric plexus
Celiac plexus and mesenteric plexus considered as being one.

cement (of a tooth) cément (d'une dent) *lat Cementum*

centered riding équitation centrée
Being «centered» refers to one using properly the region of his centre of gravity, corresponding to the notion of «hara» in the Japanese martial arts. «Centered Riding» is a term that is presented as being trademarked in USA.
Le fait d'être «centré» réfère à l'utilisation correcte, par le cavalier, de la région de son centre de gravité, correspondant à la notion de «hara» dans les arts martiaux japonais.

centimeter *US* => centimetre *Brit*

centimetre *Brit* ; **centimeter** *US* centimètre
Unité de mesure équivalente à 0,3937 pouces.

central cuneal sulcus => median furrow of frog

central incisor ; pincer pince *dent*

central incisors ; pincers pinces
They are two on each jaw.
Les plus centrales des incisives, elles sont au nombre de deux par mâchoire.

central nervous system système nerveux central *abr: SNC* ; système nerveux cérébro-spinal *lat Systema nervosum centrale*
Comprend, entre autres, le cerveau, le cervelet, le bulbe et la moelle épinière, il commande les actes volontaires.

central sulcus / groove of (the) frog => median furrow of frog

central tarsal bone ; navicular bone ; cuneiform magnum *old* ; **scaphoid (tarsal) bone** *old* os naviculaire ; os scaphoïde tarsien *anc* ; os central (du tarse) *lat Os tarsi centrale ; Os naviculare s.a. navicular bone (old) v.a. os naviculaire (anc)*

centre / center line ligne du milieu
An imaginary line dividing a ring in two equal parts.
Ligne imaginaire qui divise un manège en deux parties égales.

centre line (on / down the ~) ligne du milieu (sur la ~)
Movement ~ of the arena.
Déplacement ~ du manège.

centre of gravity centre de gravité

centre of the track => infield *r*

cephalic vein veine céphalique *lat Vena cephalica*

cercaria cercaire
A free living larval fluke that can infect a horse.
Forme larvaire mobile des douves, elle peut infecter un cheval.

cerebellar degeneration / hypoplasia hypoplasie cérébelleuse

cerebellum cervelet *lat Cerebellum*
Coordonne l'activité des muscles et le maintien de l'équilibre.

certificate certificat

certificate of origin certificat d'origine *s.a. pedigree v.a. pedigree*

certificate of registration certificat d'enregistrement

cervical artery (superficial // deep ~) artère cervicale (superficielle // profonde) *lat Arteria cervicalis (superficialis // profunda)*

cervical nerves nerfs cervicaux *lat Nervi cervicales*

cervical rhomboid muscle ; rhomboideus cervicis muscle muscle rhomboïde cervical *lat Musculus rhomboideus cervicis*

cervical vertebrae vertèbres cervicales *lat Vertebrae cervicales*
Le cheval en a sept.

cervicoauricularis (superficialis // medius // profundus) muscle muscle cervico-auriculaire (superficiel // moyen // profond) *lat Musculus cervicoauricularis (superficialis // medius // profundus)*

cervix of uterus ; neck of uterus col utérin *lat Cervix uteri*

cestodes cestodes *lat Cestoda*
Group of parasites that includes tapeworms.
Groupe de parasites qui inclut les vers plats.

chafeless girth sangle, coupe sans friction

chaff chaff *(1)* ; balle *(2)*
Chopped hay or straw that is used to add bulk to food and encourage the horse to chew.
1) Mélange de grains et de paille ou de foin, hachés. 2) Mélange de fourrage et de paille hachée.

chafing irritation

chain chaîne

chain snaffle filet à chaînette

chalk *n* => favourite / favorite *n & adj*

challenger ; contender aspirant

chambons chambon

champ (the bit) *v* ; **chew (the bit)** *v* mâcher le mors

championship championnat

change (of) diagonal(s) *n & v* changement de diagonal(e) *n* ; changer de diagonal(e) *v*
At the posting trot, changing the diagonal pair of legs of the horse with which the rider is posting, this is something the rider does, not the horse.
Au trot enlevé, le cavalier s'enlève ou s'assoit pendant deux temps successifs. Il change ainsi de bipède diagonal étant à l'appui au moment où il s'assoit et qu'il fatigue donc le plus. Ceci est une action du cavalier et non du cheval.

change of direction changement de direction
In a ring the expression will often be used as an equivalent to the change of rein.
Dans un manège sera souvent confondu avec le changement de main.

change of gait / pace changement d'allure

change of hand in / through the circle changer (de main) dans le cercle
acad: Changement de main par deux demi-cercles dans le diamètre du cercle, c'est-à-dire la largeur, ou la demie de la longueur du manège.

change of hand on a short diagonal (in half of arena) changer de main (sur la diagonale) dans le demi-manège

change (of lead) in the air *v* changer de pied en l'air

change of lead / leg changement de pied
Action effectué par le cheval, cette notion n'a vraiment de sens qu'au galop.

change of leg *v* changer de pied

change (of leg) at every stride (flying ~) changement de pied au temps ; changement de pied du tact au tact

change of leg in the air *n* => flying change of lead / leg

change of rein changement de main
Changement de sens de déplacement dans un manège.

change rein *v* changer de main

changing of coat => shedding

changing of course *r* => crossing (on the track) *r*

changing the teeth renouvellement des dents

channel (saddle ~)
The aperture between the two panels of a saddle, to avoid direct pressure on the horse's spinal column.

chaps jambières ; pantalon de cuir

character caractère

charger cheval de troupe ; troupier

charger => battle horse

Charolais *breed* charolais
Race originaire du centre de la France.

chart lines (race ~) ; past performance lines mention des dernières performances
They are printed on the racing programmes for every horse involved.
Elles figurent pour chaque cheval sur les programmes de courses.

chart maker ; sheetwriter statisticien
The sheetwriter is the person who notes the results of a race on US racetracks.

charted line *r* résultat statistique *c*

cheat *v* tricher

cheating tricherie

28

check ; squares damier
r: One of the markings that may be part of a racing colour scheme.
c: Un des motifs pouvant faire partie d'un dispositif de couleurs.

check bit ; overcheck bit mors d'arrêt / de rétention ; filet de rétenteur ; filet d'enrênement

check ligament (inferior / subcarpal ~) *old* => accessory ligament of the deep digital flexor (tendon) *frontlimb*

check ligament of the deep digital flexor *hind limb, old* => accessory ligament of the deep digital flexor (tendon) *hind limb*

check ligament of the superficial digital flexor *old* => accessory ligament of the superficial digital flexor

check rein *br* => overcheck (rein) *bd br*

cheek joue *lat Bucca ; Mala s.a. jowl*
Spécifiquement, la joue s'étend de la commissure des lèvres, au chanfrein, à l'oeil, à la région parotidienne et à la ganache. Elle comprend donc la poche de la joue et le plat de la joue.

cheek => branch (of a bit)

cheek guard rondelle de mors

cheek (of a bit) aiguille *s.a. spoon cheek and branch (of a bit)* v.a. *barrette et branche (d'un mors)*

cheek teeth
The continuous row formed by the premolars and the molars.

cheekbone => zygomatic bone

cheekpiece montant (de bride // muserolle)

Chef d'équipe chef d'équipe

cherry bay ; bright bay bai cerise ; bai acajou
Bright reddish coat.
D'un rouge vif.

chest poitrine *lat Pectus*
On utilise souvent indistinctement les désignations poitrine et thorax. Le thorax a pour base osseuse la cage thoracique, laquelle est formée des vertèbres thoraciques, des côtes et, ventralement, du sternum. Le thorax inclut donc le garrot et la partie supérieure du dos. Le mot poitrine désigne plutôt le bord ventral et une partie des côtés du thorax.

chest cavity => thoracic cavity

chestnut *lat castanea*
Reddish-brown colour.

chestnut châtaigne ; torus carpien // tarsien *lat Torus carpeus // tarseus*
Corne irrégulière présente sur la face interne des jambes du cheval.

chestnut *(1)* ; **sorrel** *(2)* alezan *adj & n*
Coat ranging from a yellowish / reddish to a brownish shade. 1) Medium and darker shades: lower limbs, mane and tail are usually the same or darker than the body. 2) Lighter shades: lower limbs, mane and tail are usually the same or lighter than the body.
Robe allant du jaune au roux et comportant des tons fauves, rougeâtres, cuivrés, dorés etc., les crins et les extrémités sont de la même couleur mais peuvent être plus ou moins foncés.

chestnut roan ; strawberry roan aubère *adj & n*
Chestnut or sorrel, and white hairs; mane, tail and limbs are mainly of the dark colour.
Poils blancs et rouges, en proportions diverses, les crins et les extrémités sont dans similaires, habituellement principalement de la couleur foncée.

chestnut / sorrel with blond / flaxen mane and tail alezan à crins blonds

cheval de frise cheval de frise

chevron chevron
r: One of the markings that may be part of a racing colour scheme.
c: Un des motifs pouvant faire partie d'un dispositif de couleurs.

chevrons chevrons ; chevronné *adj*
r: One of the markings that may be part of a racing colour scheme.
c: Un des motifs pouvant faire partie d'un dispositif de couleurs.

chew (the bit) *v* => champ (the bit) *v*

Chickasan *breed* chickasan *race*

Chincoteague => Assateague

chief riding instructor instructeur en chef (d'équitation)

Chifney ; lead bit *(1)* ; **anti-rearing bit** *(2)* mors anti-cabreur ; chifney / chifnez
A circular bit, there are two types: 1) with a plain mouthpiece used as a lead bit, and 2) with a reversed half-circle mouthpiece.

chin groove ; curb groove barbe ; passage de la gourmette
Région située en arrière du menton.

chin strap ; curb strap gourmette *cuir ou autre courroie* ; mentonnière *c*

chin (swelling) menton (houppe du ~) *lat Mentum*
Région comprise entre la lèvre inférieure et la barbe.

china eye => wall-eye ; walleye

29   English - français - latin

chisel (cold // hot ~) ciseau (à froid // à chaud)

chivalry ; knighthood chevalerie

chloride chlorure

chlorine chlore

choking (up / down) étouffement
In racing, often due to tongue swallowing.

chopped straw paille hachée

choreography chorégraphie

chorioallantoic placenta placenta allantoïdien ; placenta chorio-allantoïdien

chorioallantois chorioallantoïde ; allantochorion

chorioptic mange ; foot mange ; leg mange ; symbiotic mange gale chorioptique
Severe dermatitis behind the pastern with severe itching followed by soreness.
Gale des paturons, due à Chorioptes bovis.

chorioptic mange at the base of tail => tail mange

choriovitelline placenta ; yolk-sac placenta chorio-vitellin ; omphalochorion

choroid choroïde *lat Choroidea ; Chorioidea*

chromosome chromosome

chronic laminitis => founder

chronic obstructive pulmonary disease *abbr: COPD* => asthma

chute chute
1st: r: A prolongation which makes racing over different distances possible. 2nd: west.: In speed classes, a restricted area where horse and rider can prepare their start, and in which they can slow down after passing the timing device. 3rd: rodeo: The narrow box where rodeo horses and cattle are held and where the rider prepares himself just before the performance.
1° c: Prolongation destiné à rendre possibles des courses de distances variables. 2° west.: Dans les épreuves de vitesse, prolongement destiné à permettre au cavalier de préparer son départ avant de passer devant le chronomètre, et à ralentir après le parcours. 3° rodéo: Espace restreint dans lequel les chevaux ou autres animaux sont placés et où les cavaliers se mettent en selle et se préparent tout juste avant leur participation.

cicatricial tissue ; scar tissue tissu cicatriciel

cicatrix => scar

ciliary muscle muscle ciliaire

cinch *US r*
The horse which is believed to be the best in the field in a race.

cinch => girth *n*

cinch *west.* => girth *west.*

cinch cover *west.* => girth cover

cinch strap ; tie strap ; latigo strap courroie de sangle (côté gauche) *west.*
On a western saddle: secured to the left front rigging dee, it passes through the rings of the cinch and the saddle to be buckled up on this last one, normally after more than a single loop.
Attachée par une extrémité à l'anneau avant gauche de la selle, le cavalier la passe dans l'anneau de la sangle et l'anneau de la selle. Normalement cette opération est répétée une fois et le sanglage se termine par un noeud autour de l'anneau de la selle.

circle *acad* grande volte ; cercle *acad*
Cercle de plus de six mètres de diamètre, habituellement dans toute la largeur du manège.

circuit circuit

circular metal curry comb étrille circulaire
Comporte un manche et généralement quatre lames de métal recourbées, il est réversible.

circumference of cannon bone => cannon's circumference

circumference of chest => girth's circumference

circumflex humeral artery (cranial // caudal ~) artère circonflexe humérale (crâniale // caudale) *lat Arteria circumflexa (cranialis // caudalis)*

circus rider écuyer de cirque

circus riding équitation de cirque

claim *n* réclamation

claim *v* réclamer

claimant réclamant

claimed horse cheval réclamé

claiming allowance droit de réclamation ; allocation de réclamation

claiming price (of a horse) prix de réclamation (d'un cheval)

claiming race course à réclamer
Any horse in the field may be purchased («claimed»), the rules governing this practice are not the same everywhere.
Tous les chevaux qui y sont engagés peuvent être achetés («réclamés») selon des modalités qui varient selon les endroits.

class catégorie ; classe

class rating cote de classe

classic classique
A major competition.
Une compétition importante.

classic manner (of holding the reins) ; French manner (old ~) tenue (de rênes) classique ; tenue à la française
Ancienne tenue des rênes, encore utilisée en équitation académique. Les rênes de filet entre pouce et index, les rênes de brides passant sous le cinquième doigt (l'auriculaire), dans le cas où les rênes sont tenues à une seule main, la rêne de bride droite passe entre les troisième et quatrième doigts.

classical equitation / riding équitation classique

classification classification

classified race course classifiée
Entries are selected on the basis of performance alone.
La sélection des participants se fait seulement sur le rendement.

clean pasture pâturage propre

clear an obstacle *v* franchir un obstacle

clear day *br* jour franc *ca*

clear (jump ~) *v* sauter juste / net

clear (round) parcours sans fautes

cleft of frog (central ~)

cleidobrachialis muscle muscle cléï-do-brachial *lat Musculus cleidobrachialis*

cleidocephalicus muscle muscle cléï-do-céphalique *lat Musculus cleidocephalicus*

cleido-occipitalis partie cléïdo-basilaire / occipitale *lat Pars occipitalis*

clerk of the scales juge (responsable) de (la) pesée ; commissaire préposé aux balances

Cleveland Bay *breed* bai de Cleveland
Race d'origine anglaise.

click (of the tongue) ; clucking ; tongue clicking claquement de langue ; appel de langue

clicking => forging

clinch / clench *v* river
Clenching a / the nail(s) on a hoof wall.
River un / des clou(s) sur un sabot.

clinch / clench *n* rivetage (des clous)

clinch / clench block bloc à river

clinch / clench cutter ; buffer (hoof ~) hache à sabots ; ciseau-enclumeau
One of its parts is the blade (to cut or raise clinches) and the other the point (to punch nails out of the hoof etc.).
Une de ses extrémités est appelée dérivoir (pour couper ou relever la partie rivée des clous sur le sabot) et l'autre chasse-souche (qui peut servir, entre autres, pour chasser les clous du sabot).

clincher(s) / clencher(s) (nail ~) ; clinching tongs pince(s) à river ; tenaille(s) serre-clou
Different models are available.
Il existe différents modèles.

clinching tongs => clincher(s) / clencher(s) (nail ~)

clinic clinique

clip *v* tondre

clip *n* pinçon
Petites languettes tirées du fer (ou soudées sur celui-ci) et appuyant sur la paroi du sabot.

clip *n* tonte
Résultat du tondage.

clipped tondu

clipper tondeuse

clipping tondage
Action de tondre le cheval. On parle plutôt de tondage que de tonte dans le cas du cheval.

clitoris clitoris *lat Clitoris*

close at the hocks => cow-hocked

close breeding => inbreeding

close contact contact direct
Applied to a saddle, usually for jumping, with a tree and panels which allow a close contact between the rider and the horse.
Se dit d'une selle, habituellement pour le saut, dont l'arbre et la matelassure permettent au cavalier un contact très rapproché avec le cheval.

close ground on the leader *v r* rapprocher du meneur (se ~) *c*

close nail ; binding nail clou serré
Trop près des parties vivantes du pied.

close to the ground => well let down

close to the ground (horse being ~) près de terre (cheval qui est ~)

close-coupled => short-coupled

closing date date de tombée

closing odds (at post time) cote de fermeture (au départ)

closing of declarations *r* clôture des engagements *c*

closing time for declarations *r* heure de fermeture des engagements *c*

clotting => coagulation

clover trèfle *lat Trifolium*

club foot pinçard (cheval / pied ~) *(1)* ; pied rampin *(2)* ; pied bot *(3)*
Ranging from cases where a slight contracture of the tendons causes too much weight bearing on the toe, sometimes bearing only on the toe («pied pinçard»), to cases where the horse walks on the front of the hoof wall («pied bot»). *s.a. knuckling and knuckled over*
1) Lorsque le pied appuie seulement sur la pince. 2) Lorsque la pince est renversée. 3) Lorsque, dans un cas encore plus exagéré, le cheval marche sur le devant de sa muraille. *v.a. bouleture et droit jointé*

clubber membre (d'un club)

clubhouse *r* club-house *c* ; pavillon *(1)*
Can. & US: A section of a racetrack pavilion reserved for special ticket holders.
1) Fr: Une des enceintes des grands champs de courses.

clubhouse curve / turn *r* tournant du pavillon *c* ; virage du pavillon *c*

clucking => click (of the tongue)

Clydesdale (horse) *breed* clydesdale
Race de trait, d'origine écossaise.

coach => trainer

coach carrosse

coach horse => cart-horse

coachman cocher

coagulation ; clotting coagulation

coal black ; black-moon *old* ; **dull black** noir franc ; noir mat / ordinaire
Black coat with a dull finish.
Robe noire dont la teinte est obscure, uniforme et dépourvue de reflets.

coat pelage (le ~) ; poil (le ~) ; poils (les ~)
v.a. robe

coat => jacket

coat (colour) ; robe ; color *US* ; **colour** *Brit* robe
Constituée par l'ensemble des poils et des crins du cheval. *v.a. pelage*

cob cob
Type of horse or pony with a big body and short legs.

cobby => short-coupled

coccygeal arteries => caudal arteries

coccygeal vertebrae => caudal vertebrae

coccygeus muscle muscle coccygien *lat Musculus coccygeus*

cochlea cochlée ; limaçon (de l'oreille) *anc lat Cochlea*

cochlea of the tibia cochlée du tibia *lat Cochlae tibiae*

cockade => rosette

cocked ankle => knuckling (over)

cocked tail queue à l'anglaise
A docked tail which has also had some muscles cut, resulting in a permanent cocked position.
Queue écourtée et niquetée (dont on a incisé certains muscles pour qu'elle reste constamment relevée).

coefficient of relationship coefficient de consanguinité

coeliac artery => celiac artery

coeliac plexus => celiac plexus

coffin
Combinaison d'un obstacle droit précédant, immédiatement, une descente vers un fossé simple suivi d'une remontée vers un nouveau vertical.

coffin bone => distal phalanx

coffin joint ; pedal joint ; distal interphalangeal joint articulation du pied ; deuxième articulation interphalangienne ; articulation interphalangienne distale
Implique la deuxième phalange, la troisième et le petit sésamoïde.

Coggins test test de Coggins

cold brand *n* marque à froid

cold cautery => cryocautery

cold to the legs ; insensitive to the legs ; behind the legs froid aux jambes
Se dit du cheval qui réagit insuffisamment à l'action des jambes.

cold treatment / application ; cryoapplication application de froid ; traitement au froid

coldblood ; cold-blooded (horse) cheval à sang froid
Rather heavy horse, strong and with a calm temperament.

colic colique
n: Douleur abdominale dont l'origine est le plus souvent le tractus digestif.
adj: Qui se rapporte au côlon.

colitis colite
Inflammation of the colon.

collar *bd* collier *att*

collar-harness harnais à collier

collateral carpal ligament (medial // lateral ~) ligaments métacarpo-phalangiens collatéraux ; ligament collatéral (médial // latéral) du carpe
Chacun comportant un faisceau profond et un faisceau superficiel.

collateral groove of the frog => lateral cleft / groove / furrow of the frog

collateral ligament ligament collatéral

collateral ligament of coffin joint ligament collatéral de l'articulation interphalangienne distale ; ligament collatéral interphalangien distal

collateral ligament of distal sesamoid bone ; collateral sesamoidean ligament ligament sésamoïdien collatéral ; ligament collatéral du petit sésamoïde *s.a. plural v.a. le pluriel*

collateral ligaments (medial // lateral ~) ligaments collatéraux médiaux // latéraux
They are parts of a hock.
Font partie du jarret.

collateral sesamoidean ligament => collateral ligament of distal sesamoid bone

collateral sesamoidean ligaments ligaments sésamoïdiens collatéraux *lat Ligamenta sesamoidea collateralia s.a. singular v.a. le singulier*

collateral ulnar artery artère collatérale ulnaire *lat Arteria collateralis ulnaris*

collect *v* placer
To collect the horse up to the bit.
Placer le cheval au moyen des aides, bien rassemblé, sur la main et entre les jambes.

collect (a horse) *v* rassembler (un cheval) *v*

collect a sample *v* => take a sample *v*

collect the front end of a purse *v* récolter la part du lion d'une bourse

collected rassemblé

collected canter / gallop galop rassemblé

collected halt arrêt (sur la main)

collected paces allures rassemblées

collected trot trot rassemblé

collected trot sitting trot rassemblé assis

collected walk pas rassemblé

collection (of a horse) rassembler (d'un cheval) *n*

colon côlon *lat Colon*
Portion of the large intestine, includes ascending, transverse and descendingparts.
Partie du gros intestin, entre le caecum et le rectum.

color *US* => coat (colour)

colostrum colostrum
The first milk, secreted at the end of pregnancy.
Premier lait de la jument, il est laxatif et très nutritif, et a une fonction immunitaire pour le poulain.

colour *Brit* => coat (colour)

colours and markings robes et particularités
The French word «particularités» includes the markings of any colour and all the marks (such as whorls) that can be used for identification purpose; they are not always included in the definitions of markings.

colours (racing ~) couleurs (d'une écurie) *s.a. racing colour scheme v.a. dispositif de couleurs*

colt poulain (mâle entier)
An entire male horse, from birth till he is considered as an adult, which depends on breeds and disciplines (usually from three to five years old).
De la naissance jusqu'à ce qu'il soit considéré comme un adulte, ce qui dépend des races et des disciplines (en général de trois à cinq ans).

comb peigne

comb the mane *v* peigner la crinière

combination bet ; combination wager(ing) pari combiné / en combinaison ; mise combinée / en combinaison
Pari portant sur plusieurs chevaux (quiniela, tiercé, report etc.).

combination (of obstacles) combinaison (d'obstacles)

combination wager(ing) => combination bet

combined competition concours combiné

combined driving event concours complet d'attelage

combined immuno-deficiency *abbr:* C.I.D. immunodéficience combinée
Incapacité du poulain nouveau-né à fabriquer des anticorps.

commissure commissure *lat commissura*
Point de jonction de certaines parties du corps comme les lèvres et les paupières.

common calcanean tendon ; Achilles' tendon tendon calcanéen commun ; tendon d'Achille ; corde du jarret *lat Tendo calcaneus communis*
In fact, the calcaneal or Achilles' tendon is part of the horse's commoncalcaneal tendon.
Plus précisément, le tendon d'Achille ou calcanéen fait partie du tendon calcanéen commun ou corde du jarret chez le cheval.

common carotid artery artère carotide commune *lat Arteria carotis communis*

common digital extensor muscle ; long digital extensor muscle ; anterior digital extensor muscle *old* **; extensor pedis muscle** *old* muscle extenseur dorsal du doigt ; muscle extenseur commun des doigts ; muscle extenseur antérieur des phalanges *anc lat Musculus extensor digitorum communis*
This muscle includes a major head (the specific French term «m. ext. dorsal du doigt") and two vestiges of the proper extensors of the digits, sometimes called «m. of Phillips» and «m. of Thiernesse».
Le cheval n'ayant qu'un doigt complet, le terme m. ext. commun des doigts (s'appliquant de façon générale aux ongulés) implique quelques subtilités. Ce muscle comporte une partie principale (m. ext. dorsal du doigt); une branche accessoire située latéralement que l'on appelle parfois «m. de Philips» correspond au véritable muscle extenseur commun des doigts des ruminants. Une autre branche mineure peut exister, elle est appelée «m. de Thiernesse», et est un vestige d'un autre extenseur de doigts disparus.

common (digital) extensor tendon ; extensor pedis tendon *old* **; tendon of common digital extensor ; dorsal digital extensor tendon** tendon de l'extenseur dorsal du doigt ; tendon extenseur des phalanges ; tendon de l'extenseur antérieur des phalanges / du doigt *anc*
S'attache au sommet de la troisième phalange.

common horsetail prêle des champs *lat Equisetum arvense*

compact => short-coupled

compete *v* compétitionner

competition against the clock *hj* => scurry jumping (with time factor)

competition horse cheval de concours

competition with jump-off épreuve de précision *cs* ; épreuve avec barrage *cs*

competitive trail ride => endurance race

competitor compétiteur ; concurrent

complainant plaignant

complaint plainte

completely loose rein rêne abandonnée

complexus muscle muscle complexus *lat Musculus complexus*

compulsory vaccination ; mandatory vaccination vaccination obligatoire

Comtois comtois
Cheval français de trait léger.

conchofrontal sinus => frontal sinus

condition book *r* feuillet de condition *c*

condition of track => track condition

conditional race => condition(ed) race

conditional sale vente avec redevance
The condition is usually a participation to the horse's earnings.
Vente comportant une redevance qui est habituellement une forme de participation financière aux gains éventuels du cheval.

condition(ed) race ; conditional race course à / avec conditions
A race that is subject to special conditions of eligibility; such as age, sex, number of starts etc.
Pour laquelle l'admissibilité des chevaux est établie selon des critères tels que: âge, sexe, nombre de départs etc.

conditions (race ~) conditions (de participation à une course)
Elles fixent la catégorie des chevaux (selon l'âge, le sexe, l'origine etc.) qui peuvent y prendre part.

conduct betting *v* organiser des paris

condyle of the femur (medial // lateral ~) condyle (médial // latéral) du fémur *lat Condylus (medialis // lateralis)*

condyle of the tibia (medial // lateral ~) condyle (médial // latéral) du tibia *lat Condylus (medialis // lateralis)*

confidence confiance

conformation conformation ; morphologie
The build of a horse.
Manière dont est organisé ou assemblé le corps du cheval.

conformation fault défaut de conformation

conformation judging => judgment of (external) conformation

congenital congénital

congenital myoclonus / tremor myoclonie congénitale

conjunctiva conjonctive *lat Tunica conjunctiva*
Membrane conjonctive de l'oeil.

conjunctivitis conjonctivite

connected star ; continuous star en tête prolongé

Connemara (pony) *breed* **; Hobbie** connemara
Race d'origine irlandaise.

consanguinity consanguinité

consignment *for an auction sale* consignation *pour vente aux enchères*

consistency => regularity

consolation pools *US r*
In pools involving two or more races, holders of tickets who have correct
selections in the races completed, but whose selection is a late scratch in the later race(s), share in a portion of that particular pool.

contact contact

contact with the bit (horse moving into a ~) appui
Action du cheval qui prend contact, par sa bouche, avec le mors.

contagious contagieux

contagious equine metritis *abbr: CEM* métrite équine contagieuse

contender => challenger

continuous star => connected star

contracted foot pied encastelé

contraction of a hoof ; hoof bound / hoof-bound encastelure
Drawing together of the buttresses, it may affect one or both heels.
Hoof-bound is sometimes presented as being the lameness resulting from chronic contracted heels, in which the hoof wall presses tightly enough, against the distal phalanx, to cause pain.
Resserrement des talons du sabot.

contraction shoe => slipper (heeled) shoe

contraindication contre-indication

control of the horse contrôle du cheval

control the hindquarters *v* maître de l'arrière-main (être ~)

contusion => bruise

contusion of the sole => bruise (of the sole)

convex face => roman nose

cooler (horse ~) couverture de refroidissement

cooling out refroidissement
Walking a horse after a race or an exercise until his body signs return to about normal.
Période pendant laquelle on fait marcher un cheval après une course ou un exercice pour que sa température baisse et que sa circulation sanguine retrouve un rythme plus normal.

coon foot => foot broken forward

coon-footed assis sur les poignets *see «foot broken forward» for «coon foot»*
Se dit d'un cheval qui a les paturons longs et affaissés.

copper cuivre

copper sulphate / sulfate *Brit / US* sulfate de cuivre

coppery cuivré
Highlight or shade of a coat.
Reflet dans une robe.

coppery bay bai cuivré

coppery chestnut alezan cuivré

coprology coprologie
Étude physique et chimique des crottins.

coracobrachialis muscle muscle coraco-brachial *lat Musculus coracobrachialis*

corium => dermis

corium of the frog => dermis of the frog

corium of the sole => dermis of the sole

corn ; maize maïs *lat Zea mays*

corn bleime *see contusion of the sole voir contusion de la sole*

cornea cornée *lat Cornea*

corner coin
Corner of a riding ring.
Coin d'une piste ou d'un manège.

corner feeder mangeoire en coin

corner incisor coin
One of the incisors, there is two of them on each jaw.
Une des incisives, il y en a deux par mâchoire.

corner incisors coins
Font partie des incisives, il y en a deux par mâchoire.

corner of the lips commissure des lèvres *lat Commissura labiorum*

coronary artery artère coronaire *lat Arteria coronaria*
Approvisionne en sang le muscle cardiaque.

coronary band bourrelet générateur de la corne ; bourrelet principal

The word «bourrelet» is usually used to designate both the coronary corium and the coronary cushion at once, we might think that these two are forming the coronary band, a term that is sometimes used to include the external coronet aswell. *s.a. coronary corium*

coronary border (of the hoof wall) bord coronaire (de la muraille du sabot) *lat Margo coronalis*

coronary corium / dermis ; sensitive coronary band chorion coronaire ; derme du bourrelet *lat Dermis / Corium coronae s.a. coronary band v.a. bourrelet générateur de la corne*

coronary cushion coussinet coronaire *see coronary band voir bourrelet générateur de la corne*

coronary groove gouttière cutigérale ; sillon coronal *lat Sulcus coronalis*

Partie de la corne du sabot directement adjacente au bourrelet générateur de la corne.

coronary venous plexus plexus veineux coronaire

coronet couronne *lat Corona*

Area where hair stops and hoof growth begins at the bottom of the pastern.

Relief aux trois-quarts circulaire où le sabot commence au bas du paturon.

coronet boot *(1)* **; scalper boot** *(2)* protège-couronne ; botte de couronne

1) A narrow boot that buckles around the hind hoof of a pacer, a wider portion protects the inside of the coronet. 2) A circular piece, usually of rubber, that is slipped over the foot. Wider portions of that strip provide protection and must be fitted properly. *s.a. quarter boot v.a. protège-talon*

coronitis coronarite

A dermatitis of the skin at the coronet.

corpus cavernosum of the penis corps caverneux du pénis *lat Corpus cavernosum penis*

corpus luteum => yellow body

correction correction

correction (made) by the judges rectification par les juges

correction slip *r* bordereau rectificatif *c*

corrective shoe ; therapeutic shoe fer correcteur ; fer pathologique ; fer thérapeutique

corrective shoeing ferrure orthopédique

Corsica pony corse ; poney de Corse

Petit cheval à demi-sauvage.

Corynebacterium pseudotuberculosis infection => ulcerative lymphangitis of horses and cattle

Cossacks cosaques

costal arch arc costal *lat Arcus costalis*

costal cartilage cartilage costal *lat Cartilago costalis*

Relie un os costal (os d'une côte vraie ou sternale) au sternum.

costochondral articulations articulations costo-chondrales *lat Articulationes costochondrales*

Unissent les os costaux à leurs cartilages de prolongement.

costume class classe de costume

cotton lead (rope) laisse / guide en coton *tressé*

cough *n* toux

cough *v* tousser

cough syrup sirop contre la toux

counter-canter => canter counter-lead *n*

counter-change of hand ; zigzag half-pass contre-changement de main ; zigzag

The «Zick-Zack Traversalen», and probably other zig-zag related terms, are series of counter-changes of hand at half-pass, i.e. series of half-passes performed in zig-zag.

Quittant la piste comme dans le changement de main, arrivé au centre on prend l'autre diagonale pour revenir juste avant l'autre coin du côté que l'on vient de quitter. L'expression allemande «Zick-Zack Traversalen», ainsi que sans doute les expressions reliées à zigzag, désignent une série de contre-changements de main que le cheval exécute sur deux pistes, c'est-à-dire en appuyer d'un côté puis de l'autre.

counter-rein => indirect rein

countersunk étampure

Formed with the stamp to receive the head of the nail.

coupling => breeding

courbette courbette

Le cheval se dresse sur ses postérieurs, les antérieurs pliés et joints, et fait quelques petits sauts ainsi.

course parcours

course designer dessinateur de parcours

course of obstacles parcours d'obstacles

cover => width (of a horseshoe)

36

cover (a mare) *v* ; **serve** *v* saillir (une jument) ; servir ; couvrir ; monter
For a male horse, to copulate with a mare.
Action du cheval mâle qui s'accouple par les voies génitales naturelles avec une jument.

cover the track of the front foot *v* ; **cap the track of the front foot** *v* juger (se ~)
Se dit du cheval dont l'empreinte du postérieur couvre celle de l'antérieur lorsqu'il marche ou trotte.

covered up couvert ; caché
Said of a horse racing behind another one (or others) which is (are) protecting him from the wind.
Se dit du cheval qui court derrière un autre (ou d'autres) qui lui coupe(nt) le vent.

covering certificate ; breeder's certificate certificat de saillie

covering disease => dourine

covering of mare => service

covering permit permis de monte

covering station => service station

cow vache

cow horse *US*
Cheval utilisé pour rassembler le bétail.

cow sense
For a cutting horse, the ability to choose a good cow to work (though this may be said to be the cow-sense of the rider), to out-think and out-guess it, knowing what is going to do, and the desire to control it, once it has been separated from the herd. This sort of ability is also good for all the horses that are used to work with cows or bulls (a bull-sense ?), e.g. Andalusians, Criollos and Camarguais.
Le «sens du troupeau», capacité de bien travailler avec un troupeau d'animaux. Capacité de sentir, et même de prévoir, les réactions et les déplacements des animaux et du troupeau.

cow-belly ventre avalé ; ventre de vache ; ventre tombant
Ventre trop volumineux.

cowboy vacher ; cow-boy

cow-hocked ; close at the hocks serré des jarrets

cow-hocks / cow hocks jarrets clos / crochus ; jarrets de vache
The hocks, viewed from behind, angle in towards each other, as in a cow.
Quand les pointes des jarrets convergent l'une vers l'autre, les membres serrent de la fesse au jarret et ouvrent en-dessous de ceux-ci.

cowlick => whorl

coxal tuber ; tuber coxae tuber coxae ; angle de la hanche *ostéologie lat Tuber coxae*

coxitis coxite
Inflammation of the hip joint.

coyote dun => dark buckskin

crab ; pole head ; pole hook trompe (d'attelage à l'anglaise)
For four-in-hands, pole hook and crab are sometimes used as synonyms. Both the crab and the pole head (for four-in-hands) include the pole hook and the cross head. For a pair (two abreast), the pole head will be a cross head only.
Pour un attelage à quatre, elle inclut un crapaud et un crochet. Dans un attelage à deux, il n'y a a qu'un crapaud à l'extrémité du timon.

crack fissure

crack (hoof ~) => sandcrack / sand crack

cracked heels talons crevassés
Heels with chapped skin in the hollow. The bulbs being inflamed the condition may be called grease heel (or greased or greasy). *s.a. scratches*

cradle (neck ~) carcan (pour le cou) ; collier à chapelet

cranial cavity cavité du crâne *lat Cavum cranii*

cranial nerves nerfs crâniens

cranium => skull

cream ; cremello *(1)* ; **perlino** *(2)* alezan soupe-au-lait ; soupe-au-lait
Cream coloured coat, nearly white, and blue eyes. 1) With slightly red or blue lower limbs, mane and tail. 2) With cream coloured lower limbs, mane and tail. *s.a. creamy white*
Café-au-lait très clair, les poils sont blanc jaunâtre. *v.a. blanc sale*

cream coloured mane and tail => flaxen mane and tail

creamy white *(1)* ; **dirty white** *(2)* blanc sale
The difference between these two coats may be difficult to make or not made at all. 1) Due to very pale coloured hairs. s.a. cream 2) Due to dirt in the hairs.
Robe qui peut-être due à des poils soupe-au-lait très clairs ou y ressembler à cause d'une certaine malpropreté. *v.a. alezan soupe-au-lait*

crease => fuller(ing)

crease nail puller pince arrache-clous / tire-clous
Used to remove driven nails from creased shoes.
Pince pour retirer les clous dans les rainures.

creased shoe => fullered shoe

creaser ; fuller raineur
Handled tool used to groove the ground surface
of a shoe.
Poinçon avec un manche, servant à rainurer les
fers.

cremaster muscle muscle crémaster
lat Musculus cremaster

cremello => cream

crescent-shaped star en tête en croissant
En tête en forme de demi-cercle.

crest crête (de l'encolure)

crib biting ; cribbing tic aérophagique
(à l'appui) ; tic à l'appui
A vice, the horse presses down on something
with the upper incisor teeth and swallows air.
Tic du cheval qui avale de l'air en appuyant ses
dents sur quelque chose.

cribbing => crib biting

cribbing strap collier contre le rot

crib-biter ; cribber roteux *Can. f: roteuse*

Criollo créole *adj & n* ; criollo
Terme générique pour les races de chevaux dé-
veloppées en Amérique du Sud. Ce sont des
descendants des chevaux amenés par Colomb,
Cortés, Mendoza et Pizarro.

crop ; cutting whip ; riding whip cravache

crop jabot oesophagien
Poche anormale au niveau de l'oesophage dans
laquelle stagnent les aliments.

cross belts croix de St-André
r: One of the markings that may be part of a racing colour scheme.
c: Un des motifs pouvant faire partie d'un dispositif de couleurs.

cross canter / gallop => disunited
canter

cross country riding équitation d'extérieur

cross head crapaud (de timon) *s.a. crab*

cross of Lorraine croix de Lorraine
r: One of the markings that may be part of a racing colour scheme.
c: Un des motifs pouvant faire partie d'un dispositif de couleurs.

crossbred (animal) métis
Rejeton de deux géniteurs de races différentes.

**cross-breeding ; crossbreeding ; in-
terbreeding ; crossing** croisement
The mating of two individuals of different
breeds.
Accouplement de deux reproducteurs de races
différentes.

cross-country cross ; cross-country

cross-country course parcours de
cross

cross-country horse cheval de
cross-country ; cheval d'extérieur *class.*

cross-country phase *bt* phase de
cross-country *cc*

cross-country (race) cross (course de ~)

crossed rail chevalet (avec pieds en
croix)
With supporting arms short and at right angles,
the bar being attached to their centre. *s.a.
cavaletti*
Petit obstacle formé d'une barre fixée au point
de jonction de deux supports d'égales longueurs
et à angle droit. *v.a. cavaletti*

crossed up *US* => disunited

cross-firing forger en diagonale
Forging taking place between a diagonal pair of
front and hind limbs. This is most frequent
among racing pacers and the contact is usually on
the inner walls of the hoof or the inner branch of
the shoe.

crossing => cross-breeding

crossing (on the track) *r* ; **changing
of course** *r* changement de ligne *c*

**cross-over noseband ; Grackle
noseband ; figure 8 noseband** muserolle en forme de 8 ; muserolle croisée
Made of two straps, one above and one below
the bit, crossing at angles on the horse's nose.
The original Grackle was an elaborate cross-over
noseband.
Formée de deux bandes, une passant de chaque
côté du mors, et se croisant sur le nez du cheval.

cross-ties attaches (chaînes / cordes d'~)
; chaînes
Two short straps or chains that are fixed on
posts or walls on each side of the horse. Their
other end is attached to the cheek rings of the
horse's halter.

croup ; rump croupe *f*
Partie limitée par la queue, le rein, la cuisse et
la partie supérieure de la fesse.

croupade croupade
Air dans lequel, arc-bouté sur ses antérieurs, le
cheval rue énergiquement en déployant ses postérieurs aussi haut que possible.

croup-high (horse being ~) dos (fait
en) plongeant ; dos (fait) en brouette
When the line of the back is sloping
exaggeratedly up toward the croup.
Incliné vers l'avant.

crowd (another horse) *v r* entraver (la
marche d'un autre cheval) *c*

crownpiece => headpiece

**cruciate ligament (cranial // caudal
~)** ligament croisé crânial // caudal *lat*
*Ligamentum cruciatum craniale // caudale
; Ligamenta cruciata genus*
Part of the articulation of the stifle.
Font partie de l'articulation du grasset.

cruciate ligaments ligaments croisés

cruciate sesamoidean ligaments liga-
ments sésamoïdiens croisés *lat*
Ligamenta sesamoidea cruciata
Au nombre de deux, dans le plan profond.

cruelty cruauté

crupper croupière

crupper apron *br* tablier à porte-queue *ca*

crupper dee on pad *bd* chape de croupière *att*

crupper dock culeron *att*

crus *pl: crura*
anat & med: A leg or a leglike part, might correspond to different French terms: jambe, cuisse,
pilier.

cryoapplication => cold treatment /
application

cryocautery ; cold cautery cautérisation par le froid

cryptorchid *adj* **; ridgling ; ridgeling ;
risling** *n* **; rig** *adj* cryptorchide *adj* ; vert
adj ; pif *adj & n*
Male horse with one or, rarely, both testicle(s)
retained in the abdomen.
Cheval dont l'un ou, rarement, les deux testi-
cule(s) demeure(nt) inapparent(s).

cryptorchid stallion étalon cryptorchide

cryptorchidism ; cryptorchism cryptorchidie ; cryptorchisme

cubbing ; cub-hunting chasse au renardeau

cubitus *old* => ulna

cuboid => fourth tarsal bone

Çukurova horse *breed* Çukurova
Race d'origine turque.

cull *v* sélectionner (pour élimination) ;
éliminer

cuneal *adj* cunéal *adj*
Qui se rapporte à la fourchette.

cuneal corium => dermis of the frog

cunean tendon => tibialis cranialis
tendon

cuneiform (carpal) bone => ulnar
carpal bone

cuneiform magnum => central tarsal
bone

cuneiform medium => third tarsal bone

cuneiform parvum => tarsal bone 1 and 2

cup cuillère ; cuiller
As a part on an obstacle, a shaped holder for one
end of a pole.
Dans un obstacle, pièce portée par le chandelier et dont la partie plus ou moins courbe supporte une extrémité d'une barre.

cup (of a tooth) cornet dentaire externe
(d'une dent)

cup-shaped foot
The horny sole is arched, this is the desirable
and normal sole.

curb jarde
Thickening of the plantar tarsal ligament in the
hock of the horse. It is obvious a few inches below the point of the hock.
Inflammation du ligament plantaire long du jarret au point d'attache avec l'os métatarsien principal et l'os rudimentaire externe. *voir jarret(s)
coudé(s)*

curb bit ; Weymouth (curb bit) *class.*
(1) mors de bride ; mors à levier *west.*
1) May be fixed-cheek or slide-cheek, used in
the double bridle.
Dans la bride complète, le mors de bride repose
devant le filet et, ayant une branche supérieure
et une inférieure, agit sur les barres et sur la
nuque.

curb chain gourmette ; chaînette

curb groove => chin groove

curb only (on the ~) bride seule (sur la ~)
C'est-à-dire «sur le mors de bride seulement».

curb strap => chin strap

curb-rein rêne (de mors) de bride

curby conformation => sickle hock(s)

curée curée
The part of the quarry which is given to the
hounds.

curling comb (scotch ~) étrille écossaise

curry *v* étriller

currycomb étrille *f*

curvature courbure

curve => flexion

curved metal bevel => half round
hardy

curvet mésair ; mézair ; demi-courbette
 A light leap, the horse raises the forelegs together, this is followed by a spring with the hindlegs.
 Petit saut dans lequel le cheval avance les antérieurs ensemble, puis les postérieurs dans un deuxième temps.

custom bridle bride régulière

custom made fait sur mesure

cut back head (of a saddle) nez coupé (d'une selle)

cut out under the knees poignets étranglés devant
 Vu de côté, l'avant de l'os du canon, juste en-dessous du genou, est en retrait, il apparaît ainsi comme coupé ou étranglé, par rapport à la face antérieure du genou.

cutaneous antebrachial nerve (cranial // medial // caudal ~) nerf brachial cutané (crânial // médial // caudal) *lat Nervus cutaneus antebrachii (cranialis // medialis // caudalis)*

cutaneous blowfly myiasis ; calliphorine myiasis ; blowfly strike myase / myiase cutanée
 Caused by Calliphoridae.

cutaneous femoral nerve (lateral // caudal ~) ; cutaneous nerve of (the) thigh (lateral // caudal ~) nerf cutané fémoral (latéral // caudal) *lat Nervus cutaneus femoris (lateralis // caudalis)*

cutaneous habronemiasis habronémose cutanée
 Summer sores, caused by Habronema species larvae.
 Plaies d'été, infestation par des parasites du genre Habronema.

cutaneous nerve of (the) thigh (lateral // caudal ~) => cutaneous femoral nerve (lateral // caudal ~)

cutaneus colli muscle muscle cutané du cou *lat Musculus cutaneus colli*

cutaneus muscles muscles cutanés ; muscles peauciers *anc lat Musculi cutanei*
 Éventail de fibres musculaires adhérant à la face interne de la peau.

cutaneus trunci muscle muscle cutané du tronc *lat Musculus cutaneus trunci*

cuticle cuticule
 Outer layer of a parasite, insect etc.
 Membrane externe des insectes, des parasites etc.

cutting tri (du bétail) ; cutting
 The horse must enter the herd quietly and cut out a cow, with the minimum of disturbance for the others. The horse, alone or like, must then prevent the cow from returning into the herd. The first recorded competition was held in Texas in 1898.

cutting horse cheval de tri / cutting

cutting nipper => nipper(s) (hoof ~)

cutting whip => crop

cyst kyste
 1° Membrane sécrétée pour isoler un corps étranger qui s'est introduit dans un organisme.
 2° Forme dans laquelle se conservent, dans le sol, les femelles de certains nématodes et leur ponte.

cysticercoid => bladder worm

cysticercosis ; measles ladrerie ; cysticercose
 Infestation de certains muscles par des formes larvaires de certaines variétés de taenia.

cystitis cystite

daily double ; double pari double ; mise double
 The bettor must select the winners of two designated races of the same racing programme.
 Pari sur les deux chevaux gagnants de deux courses d'un même programme.

daily double pool poule des paris doubles

daily race / racing card / program(me) programme quotidien (des courses)

daily ration ration journalière

Dales (pony) ; Dale pony *breed* dales
 Race originaire du nord de l'Angleterre.

dally *v*
 west.: To take up the slack in the rope with hands after catching a beast.
 From the origin, this is a method of the Spanish vaqueros. The US habitual roping method is rather to have the horse moving backwards to take up any slack in the rope.

dam mère
 A mother of horse(s).

dandelion pissenlit ; dent-de-lion *lat Taraxacum officinalis*

dandy brush brosse rigide ; brosse (de) chiendent
 With long stiff bristles, used to remove caked mud and surface dirt.

Danubian horse danubien
 Hungarian breed.
 Race hongroise.

dapple(d) pommelé *adj & n (1)* ; miroité *adj & n (2)*

Coat with a network of darker and lighter areas.

1) Se dit du cheval ou de la robe présentant des taches arrondies (pommelures), dans lesquelles alternent le clair et le foncé. Cette particularité se rencontre le plus souvent chez les chevaux gris. 2) Se dit du cheval ou de la robe présentant des taches arrondies et brillantes (miroitures), qu'elles soient plus claires ou plus foncées que le fond de la robe. Cette particularité s'observe dans les robes foncées.

dapple(d) grey / gray gris pommelé

Two shades of grey resulting in darker circles or mottling on a lighter ground.

Avec des taches rondes ou zones foncées, sur un fond plus clair.

dark => smutty

dark amber ambre foncé

dark bay ; mahogany bay *US* bai foncé

Brownish overall appearance, it is sometimes said that mahogany bay is not as dark as dark bay. Bay markings appear in some parts of the coat. *s.a. bay-brown*

Robe baie dont les poils du corps sont presque bruns, des marques baies apparaissent en différents endroits. *v.a. bai-brun*

dark buckskin *(1)* ; **coyote dun** *(2)* louvet ; poil de cerf *anc*

1) Yellow coat with black hairs mixed into it, and black points. 2) Dark buckskin with primitive marks.

Robe d'aspect brun jaunâtre, mélange de poils alezans (habituellement jaunâtres) et de poils noirs; ou encore une robe dont les poils sont plus ou moins clairs à la base et noirs aux extrémités. Les crins et les extrémités sont ordinairement foncés.

dark chestnut ; mahogany chestnut *US* alezan foncé

Robe tirant sur le brun. *v.a. alezan brûlé*

dark chestnut with washed-out / flaxen mane and tail ; liver chestnut with washed-out / flaxen mane and tail ; silver dapple *(1)* alezan brûlé à crins lavés

Mane and tail may be almost white. 1) Sepia brown body coat with light dapples, mane and tail may be flaxen or nearly white, occasionally the dapples are lacking or subdued.

Les crins peuvent être de couleur crème ou presque blancs.

dark day *br* jour de relâche *ca*

A day without races.

Jour où il n'y a pas de courses.

dark grey ; sad grey *old* ; **powdered grey** *old* gris foncé

A grey coat with mainly dark hairs.

Robe grise à forte prédominance des poils foncés.

dark head cap de maure / more *n* ; tête de maure

Tête très foncée et différente du reste de la robe.

dark hide peau foncée ; cuir foncé

Dartmoor pony *breed* dartmoor

Race d'origine britannique.

dash => brush *r*

dash race course à essai

daughter fille

dead heat (race) égalité (course à ~) ; ex aequo (course avec ~)

A race in which two or more horses finish exactly level. The prizes for the positions involved are divided equally between them.

dead mouth sans bouche

Practically insensible to the bit.

Se dit d'un cheval pratiquement insensible à l'action du mors.

deciduous teeth => milk teeth

decisive victory / win victoire décisive

declaration => entry

declare a horse *vr* engager un cheval (dans une course)

Dee snaffle bit => D-shaped snaffle bit

deep circumflex iliac artery artère circonflexe iliaque profonde *lat Arteria circumflexa ilium profunda*

deep digital flexor muscle *forelimb* ; **flexor perforans muscle** *old* muscle fléchisseur profond du doigt / des phalanges *membre antérieur* ; muscle perforant *anc* ; muscle fléchisseur externe / péronéal des phalanges *anc lat Musculus flexor digitorum profundus*

Le plus puissant des deux fléchisseurs du doigt. *v.a. autre inscription pour membre postérieur*

deep digital flexor muscle *hindlimb* ; **flexor perforans muscle** *old* muscle fléchisseur profond du doigt / des phalanges *membre postérieur* ; muscle perforant *anc lat Musculi flexores digitorum profundi pl*

Presented as having three heads: lateral, medial and the tibialis caudalis.

Comprenant, tel que présenté ici (dans le sens de la NAV de 1983), les fléchisseurs latéral et médial du doigt et le muscle tibial caudal. *v.a. autre inscription pour membre antérieur*

deep (digital) flexor tendon tendon (du) fléchisseur profond (des phalanges / du doigt) ; tendon (du) perforant
Descend contre la face antérieure du fléchisseur superficiel, il passe entre les deux branches de ce dernier (il le «perfore») et s'attache à la face inférieure de la troisième phalange.

deep flexor tendon sheath => tarsal sheath (synovial ~)

deep gluteal muscle => gluteus profundus muscle

deep through the girth
Having good depth from just behind the withers to just behind the elbow, allowing plenty of room for hearth and lungs.

deer fly mouche du cerf / daim *Eur* ; mouche du chevreuil *Can.* *lat Chrysops discalis*
Blood-sucking fly of the family Tabanidae.
Taon, de la famille des tabanidés (Tabanidae).

defect ; blemish *(1)* défaut ; tare *(1)*
1) Defect that does not interfere with the horse's action and function.
1) Défaut physique. On parle aussi de tare molle (d'origine synoviale) et de tare dure (d'origine osseuse).

defence => resistance

defending champion champion en titre

deferent duct ; ductus deferens conduit déférent *lat Ductus deferens*

degree of training ; training level niveau d'entraînement

degree pad => graded (shoe) pad

dehelminthization => deworming

dehydrated déshydraté

dehydrated alfalfa / lucerne luzerne déshydratée

dehydration déshydratation

deltoid tuberosity (of humerus) tubérosité deltoïdienne *lat Tuberositas deltoidea*

deltoid(eus) muscle muscle deltoïde *lat Musculus deltoideus*

dental star étoile radicale (d'une dent)

dental table ; grinding surface ; table surface table dentaire
The masticatory surface of a tooth.
Extrémité externe d'une dent, sur laquelle s'exerce l'usure.

dentine ivoire (d'une dent) ; dentine *lat Dentinum* *s.a. secondary dentine*

dentition dentition

depilation dépilation
Removal or temporary loss of hairs. *s.a. bare*
Enlèvement ou absence temporaire de poils. *v.a. nu*

depraved appetite => pica

depressor muscle of lower lip muscle abaisseur de la lèvre inférieure *lat Musculus depressor labii inferioris*

depth of chest profondeur de la poitrine

depth of flank profondeur des flancs / de l'abdomen

derby *r* derby *c*
Race held annually, usually restricted to three-year-old horses.
Course annuelle, habituellement pour les chevaux de trois ans.

derby (hunt ~) *US* => bowler (hat)

derby (jumping ~) derby
Long course with more jumps and with longer gallops than a Grand Prix course.
Parcours long, comportant plus d'obstacles et des galops plus longs que les parcours de grand prix.

dermal granuloma (equine ~) ; granular dermatitis => bursattee / bursatti

dermal laminae ; sensitive laminae lamelles podophylleuses ; feuillets du podophylle ; feuillets de chair *lat Lamellae dermales / coriales* *s.a. laminar corium* *v.a. chorion de la paroi (du sabot)*

dermatitis dermatite
Inflammation of the skin.
Inflammation de la peau.

dermatophytosis => ringworm

dermatosis dermatose

dermis ; corium derme ; chorion *lat Dermis ; Corium*
Disposé sous l'épiderme, c'est la partie sensible qui nourrit et entretient la partie insensible de la surface. Dans le pied il s'agit du bourrelet principal, du bourrelet périoplique, des lamelles podophylleuses et du tissu velouté.

dermis of the frog ; sensitive frog ; cuneal corium ; frog dermis ; corium of the frog derme de la fourchette ; tissu velouté (partie centrale du ~) ; chair refoulée / veloutée (partie centrale de la ~) ; chorion de la fourchette *lat Dermis / Corium cunei*
It lies between the frog and the digital cushion.
Surface plantaire de la partie vivante du pied qui nourrit la couche germinative de la corne de la fourchette.

dermis of the sole ; sensitive sole ; solear corium ; sole dermis ; corium of the sole derme de la sole ; tissu velouté (partie périphérique du ~) ; chair refoulée / veloutée (partie périphérique de la ~) ; chorion de la sole *lat Dermis / Corium soleae*
Surface plantaire de la partie vivante du pied qui nourrit la couche germinative de la corne de la sole.

descendants (the ~) descendance (la ~) ; descendants (les ~) *s.a. pedigree v.a. pedigree*

descending aorta aorte descendante *lat Aorta descendens*

descending colon ; small colon ; floating colon côlon descendant ; côlon flottant *anc lat Colon descendens ; Colon tenue*
Partie du gros intestin entre le gros côlon et le rectum.

descending pectoral muscle ; pectoralis descendens muscle muscle pectoral descendant *lat Musculus pectoralis descendens*

description signalement
Description of the physical characteristics of a horse.
Description permettant d'identifier un cheval, il peut inclure la robe et ses particularités ainsi que la taille du cheval.

desiccated fodders ; dry fodder fourrage sec / desséché

designated amount *r* somme d'argent fixée à l'avance *c*

desmitis desmite ; inflammation ligamentaire

destroy a horse *v* ; **put a horse to sleep** *v* abattre un cheval ; euthanasier

detection dépistage

devil's dyke *obstacle*
Combinaison d'un obstacle droit précédant immédiatement une descente vers un fossé barré, suivi d'une remontée vers un nouveau vertical.

dew claw *rare* => ergot

deworm *v* vermifuger

dewormer => anthelmintic (drug)

deworming ; worming ; dehelminthization vermifugation

diagonal diagonale
On parle, entre autres, de la diagonale du manège, ligne imaginaire qui le traverse obliquement de coin en coin.

diagonal aid aide diagonale
Aide qui est appliquée simultanément des deux côtés du cheval, par exemple: jambe gauche en même temps que main droite.

diagonal change of hand changement de main (par la diagonale)
Se fait en quittant un côté un peu après le coin, prenant la diagonale et reprenant la piste un peu avant le coin de l'autre côté.

diagonal gait allure diagonale
In which the limbs move in diagonal pairs.
Dans laquelle les membres se meuvent par paires diagonales (bipède diagonal).

diagonal (on the ~) diagonale (sur la ~)
Movement ~ of the arena.
Déplacement ~ du manège.

diagonal pair bipède diagonal
The front foot moving or working with the hind foot from the opposite side.
Paire de membres formée par l'antérieur d'un côté et le postérieur de l'autre.

diamond(s) losange(s)
r: One of the markings that may be part of a racing colour scheme.
c: Un des motifs pouvant faire partie d'un dispositif de couleurs.

diaphragm diaphragme *lat Diaphragma*

diaphysis diaphyse *lat Diaphysis*

diarrhea *US* => diarrhoea *Brit*

diarrhoea *Brit* ; **diarrhea** *US* ; **scour(s) ; scouring** diarrhée

Dick Christian snaffle bit filet Dick Christian
Ses canons sont reliés par un anneau.

difficult horse => unruly horse

digestive system système digestif

digestive tract tube digestif
Comprend la bouche, l'oesophage, l'estomac, les intestins et le rectum, il mesure environ trente-trois mètres chez le cheval.

digit doigt *lat Digitus*
Chez le cheval, seul le doigt III est développé, le doigt inclut les trois phalanges, et correspond ainsi au paturon, à la couronne et au sabot. La NAV désigne différemment les doigts des antérieurs (Digiti manus) et ceux des postérieurs (Digiti pedis).

digit axis ; foot and pastern axis axe du pied et du paturon ; axe pied-paturon

digital annular ligament (proximal // distal ~) ligament annulaire digital (proximal // distal) *lat ligamenta anularia digiti*

digital cushion ; plantar cushion
coussinet digital / plantaire ; coussin plantaire *lat Pulvinus digitalis*
Doté d'une grande élasticité, il occupe une partie importante de la moitié postérieure du pied.

digital nerve(s) nerf digital *pl: nerfs digitaux lat Nervi digitales pl*

digital sheath gaine digitale ; gaine métacarpo-phalangienne

digital (synovial) sheath synoviale (de la gaine) digitale ; synoviale grande sésamoïdienne *anc lat vagina synovialis tendinum digiti manus // pedis*

dilatator nasis apicalis muscle
muscle dilatateur des narines *lat Musculus dilatator nasis apicalis*

dilatator nasis lateralis *old* =>
caninus muscle

dimethyl sulphoxide / sulfoxide *abbr: DMSO* diméthyl sulfoxyde *abr: DMSO*

dioestrus / diestrus dioestrus

dip => hollow

dip in front of the withers ; camel neck coup de hache
Dépression en avant du garrot.

dipped back => saddle-back

direct life cycle cycle direct
Life cycle of parasites requiring no intermediate host.
Cycle évolutif d'un parasite qui se déroule sans hôte intermédiaire.

direct rein rêne directe
Rêne qui amène le cheval à tourner ou à se déplacer du côté où elle est appliquée.

direct rein of opposition rêne directe d'opposition
Rêne directe, sans ouverture latérale de la main intérieure, qui s'oppose dans une mesure variable au mouvement du cheval vers l'avant.

dirt course / track piste de terre battue *c*

dirt speed rating cote de vitesse sur piste de terre battue

dirty white => creamy white

discharge écoulement

disease ; illness maladie

disease(s) (horse / equine ~) maladie(s) des chevaux

dish *n* => dished (face)

dish *v* => paddle *v*

dished (face) ; dish-face(d) ; stag face ; dish *n (1)* concave *adj*
Markedly concave (depressed) lateral profile of the head, usual on Arab horses. 1) The dish being the indentation itself.
Profil du chanfrein, habituel chez le cheval arabe.

dished foot => flaring / flared foot

dish-face(d) => dished (face)

disk disque
r: One of the markings that may be part of a racing colour scheme.
c: Un des motifs pouvant faire partie d'un dispositif de couleurs.

disk wheel *br* roue (de sulky) pleine

dislocation luxation ; dislocation

dislocation of hip joint *n* ; hipshot *adj* dislocation de la hanche *n*

dismount *v* démonter ; descendre de cheval ; mettre pied à terre

disobedience désobéissance

disposition ; aptitude aptitude ; disposition

disqualification disqualification

disqualified disqualifié
Can. c: cheval rétrogradé par les juges suite à une infraction reliée à la course. Fr c: cheval exclu de toute course.

dissecting osteochondritis =>
osteochondritis dissecans *abbr: OCD*

distal border => bearing edge (of the wall of the hoof)

distal interphalangeal joint => coffin joint

distal interphalangeal joint capsule
synoviale de l'articulation interphalangienne distale ; synoviale de l'articulation du pied

distal intertarsal sac synoviale intertarsienne distale

distal phalanx ; coffin bone ; os pedis *old* ; **pedal bone** *old* ; **third phalanx** phalange distale ; troisième phalange ; os du pied ; phalange unguéale *anc lat Phalanx distalis ; Os ungulare*
Criblé(e) de petits orifices laissant passer des vaisseaux sanguins et des filaments nerveux.

distal sesamoid bone ; navicular bone *old* **; shuttle bone** *old* os petit sé-samoïde ; os sésamoïde distal ; os naviculaire *anc lat Os sesamoideum distale*

Sa forme générale est celle d'une navette de tisserand, d'où son ancien nom (qui est officiellement réservé aujourd'hui à l'os central du tarse). Il s'articule contre la partie postérieure de la deuxième phalange, le tendon du fléchisseur profond des phalanges coulisse sur sa face inférieure.

distal sesamoid (impar) ligament ligament sésamoïdien distal (impair) ; ligament interosseux du pied *lat Ligamentum sesamoideum distale impar*

distal sesamoidean ligaments ligaments sésamoïdiens distaux

Disposés en trois plans: le ligament distal superficiel, le ligament distal moyen, et les ligaments croisés et courts.

distance distance

distance race => endurance race

distance the field *v r* sauver du peloton (se ~) *c*

distanced horse *r* traînard *c*

distemper (equine ~) => strangles

disunited ; crossed up *US* désuni

disunited canter ; cross canter / gallop ; broken canter galop désuni

ditch fossé

ditch with rail(s) fossé barré ; trakehnen *obstacle*

divided handicap handicap dédoublé

divided race course dédoublée

When there are too many entries in a particular race, it is divided in two or more starts.

Lorsque le nombre d'inscrits est trop important, il y a deux ou plusieurs départs, sans que les enjeux soient changés.

divider ; measuring-compass compas à mesurer

do a careless drive *v br* **; race recklessly** *v br* conduire de manière imprudente *ca*

docile docile

Se dit du cheval qui a bon caractère.

docility docilité

dock *v* courtauder ; tronçonner ; écourter ; écouer

To cut short the tail of the horse.

Raccourcir ou couper la queue d'un cheval. Hormis les cas de nécessité, ce procédé est limité aux chevaux d'attelage dans certains pays alors qu'il est très mal vu, voire illégal, dans d'autres.

dock *n* **; base of the tail** base de la queue ; coire

The solid bony part of the horse's tail.

docked tail(ed) ; docked ; bob tailed ; courtaudé *adj* ; courtaud *n & adj*

A section of the tail bones has been removed.

Dont la queue a été amputée (écourtée).

Dole horse *breed* Döle Gud Brandsal

Race nordique à sang froid.

dominant dominant

Don (horse) *breed* don ; cheval du Don

Chevaux de selle d'origine russe.

donkey ; ass âne (en général) ; baudet *lat Equus asinus*

donkey foal ; ass's foal ânon

donkey stallion ; jack ; he-ass âne (mâle) ; baudet

donkey stripe => dorsal stripe / list / band

door (of the starting gate) portillon (de la barrière de départ)

doping dopage

dorsal colon (left // right ~) côlon dorsal (gauche // droit) *lat Colon dorsale (sinistrum // dextrum)*

Part of the ascending colon.

Partie du côlon ascendant.

dorsal digital extensor tendon => common (digital) extensor tendon

dorsal metatarsal artery II // III artère métatarsienne dorsale II // III

Being named without precision, it is the «III» (Arteria metatarsea dorsalis III NAV), the largest artery of the lower hind limb; at the lower end, it forms the medial and lateral (plantar proper) digital arteries.

dorsal metatarsal nerves nerfs métatarsiens dorsaux *lat Nervi metatarsei dorsales*

dorsal pedal artery artère dorsale du pied *lat Arteria dorsalis pedis*

dorsal sacroiliac ligament ligament sacro-iliaque dorsal *lat Ligamenta sacroiliaca dorsalia pl*

dorsal stripe / list / band ; donkey stripe ; eel stripe raie de mulet

A dark stripe down the spine, from the mane to the base of the tail, it can occur on any coat colour.

Bande plus foncée allant du garrot à la base de la queue.

dorsal surface => parietal surface (of the distal phalanx)

dorsoscapular ligament ligament dorso-scapulaire *lat Ligamentum dorsoscapulare*

dosage posologie

double => daily double

double bridle ; Weymouth bridle
bride double ; bride complète
With, or designed for, a bridoon bit and a curb bit.
Munie de, ou destinée à recevoir, deux embouchures: mors de filet et mors de bride.

double entry inscription jumelée (de deux chevaux)
Entry, in a given race, of two horses owned or trained by the same person(s), they have the same number (e.g. 1 and 1a) and are considered as one for betting purposes.
Participation à une même course de deux chevaux relevant du même propriétaire ou du même entraîneur, ils portent le même numéro (par exemple 1 et 1a) et ils sont considérés comme un seul cheval pour fins de paris. *v.a. inscription jumelée (de trois chevaux)*

double expiration soubresaut
Mouvement de contraction de l'abdomen à deux reprises pour aider à expulser l'air, chez un cheval souffrant d'emphysème pulmonaire. *v.a. souffle*

double jointed mouthpiece ; link (mouthpiece with ~) ; spatula (mouthpiece with ~) double brisure (embouchure à ~) ; trois pièces (embouchure à ~)
«Link snaffle» or any mouthpiece «with (centre) link / spatula».
Dont les deux canons sont réunis par une pièce centrale.

double (obstacle) double (obstacle / combinaison ~)

double pay-off retour sur pari double

double program(me) programme double

double snaffle ; W-mouth snaffle ; Y-mouth snaffle double filet

double (twisted) wire (snaffle) bit filet de broche tordue double
L'embouchure est constituée de deux pièces faites de broche tordue avec des articulations décalées l'une par rapport à l'autre.

doubler *n* doubler *n & v*
acad: Quitter la piste par un quart de volte, pour la reprendre de l'autre côté du manège.

dourine ; covering disease dourine ; mal du coït ; syphilis du cheval
Sexually transmitted disease caused by Trypanosoma equiperdum.

down centre line and change hand (to go ~) => down centre line with change of rein (to go ~)

down centre line (to go ~) doubler sur la longueur *n et v*
acad: In a ring, using the long side. A «doubler» may be not on the centre line.
acad: Doubler en utilisant toute la longueur du manège.

down centre line with change of rein (to go ~) ; down centre line and change hand (to go ~) doubler sur la longueur avec changement de main *v s.a. down centre line (to go ~)*

down the centre line par la ligne du centre

Dr. Bristol snaffle bit ; trotting bit filet Dr. Bristol
A dee-cheek, double jointed with a flat centre piece, snaffle bit.

draft horse *US* => draught horse *Brit*

drag-hunting chasse sur une piste artificielle / odorante

drastic medication remède de cheval

draught horse *Brit* ; **draft horse** *US* cheval de trait
Les chevaux de trait lourd sont conformés pour travailler surtout en puissance à des allures lentes. Les chevaux de trait léger sont destinés à tirer des charges moins lourdes à des allures plus vives.

draw tirage au sort

draw a clip *v* tirer un pinçon
Drawing a clip from the stock bar used to make a shoe.
Un pinçon est tiré à même l'épaisseur de la barre de métal utilisée pour fabriquer un fer.

draw for post position *r* tirage au sort des positions de départ *c*

draw rein rêne allemande
Fastening usually to the girth, it passes through the bit rings back to the rider's hands.
Elle coulisse dans un anneau du filet et va habituellement s'attacher à la sangle.

drawing knife => hoof knife

dray horse ; lorry / lorrie horse ; van horse ; carrier's horse cheval de camionnage ; cheval de roulage
The horses used for trotting work were lighter than those used for walking.

dress *v* => pare (a hoof) *v*

dressage => training

dressage (classical ~) dressage (classique)

dressage competition concours de dressage ; compétition de dressage *s.a. dressage test v.a. épreuve de dressage*

dressage horse cheval de dressage

dressage phase *ht* épreuve de dressage *cc*

dressage rider cavalier de dressage

dressage ring / arena rectangle de dressage

dressage saddle selle de dressage

dressage seat position de dressage

dressage test reprise
Dans un concours de dressage, on parle en général de reprise pour désigner le test à être exécuté. En français, le mot reprise désigne aussi la chorégraphie exécutée dans une épreuve ou dans le travail de manège en dehors de la compétition.

dressage test épreuve de dressage
Dans un concours complet on parle d'épreuve de dressage, de la même façon que d'épreuve de fond et d'épreuve de saut. *v.a. reprise et concours de dressage*

dressage whip cravache de dressage

dressing *for wounds* pansement

drift poinçon à calibrer
Used to enlarge or shape a hole in hot metal.

D-ring bit / snaffle => D-shaped snaffle bit

drinking trough => water(ing) trough

drive (a horse) *v* conduire (un cheval) ; mener

drive a nail *v* brocher un clou
Driving a nail in the hoof wall, to secure the shoe on the foot.
Un clou est broché dans un sabot, pour fixer un fer.

driver *hd* conducteur (d'un attelage) ; meneur

driver *br* => jockey *r*

drivers' standings *br* classement des conducteurs *ca*

driver-trainer conducteur-entraîneur

driving action of hind legs poussée des postérieurs

driving bridle bride d'attelage

driving championship *br* championnat des conducteurs *ca*

driving snaffle => Wilson snaffle (four-ring ~)

driving violation *br* infraction commise en course *ca*

driving whip fouet (d'attelage)

drool *v* écumer ; baver

drop a foal *v* => foal *v*

drop far out of the race *v* laisser distancer (se ~) *c*

drop noseband muserolle allemande
The backstrap (lower band) is to be fastened below the bit to be described as a drop noseband.
Formée de deux pièces de cuir reliées entre elles et avec les montants par des anneaux, ce qui fait que la pièce d'en bas (ou d'en arrière selon les interprétations) peut passer de l'un ou l'autre côté du mors.

drop the stirrups *v* déchausser les étriers

dropped crease shoe => interfering shoe

dropped hip => hip down

dropped sole ; pumiced foot pied comble
Dropped sole following the rotation of the third phalanx, in founder; the horn of the sole drops to the point it becomes slightly convex, protruding below the ground surface of the wall. The horn of the sole may also become detached from the sensitive part and drop to the point it becomes flat. *s.a. flat foot and pumiced hoof*
Pied comble par suite de l'affaissement de la troisième phalange dans un cas de fourbure. *v.a. autre inscription*

droppings ; dung ; faeces *Brit* ; **feces** *US* ; **bowel movement** crottin *m sg, comptable ou non* ; crottins *pl* ; fèces ; selle

drug *prohibited substance* drogue

drug *medicinal* => medicine

dry corn bleime sèche / simple
Due to haemorrhage between the underlying dermis and horn, it may have had time to heal before it is observed.
Dans laquelle la corne est simplement teintée ou pointillée de sang.

dry ditch fossé sec

dry fodder => desiccated fodders

dry hoof pied maigre
Dont la corne est sèche et cassante.

D-shaped snaffle bit ; Dee snaffle bit ; D-ring bit / snaffle ; racing snaffle (Dee-cheek ~) filet verdun

ductus deferens => deferent duct

dull black => coal black

dull coat robe terne ; pelage terne

Dülmen pony *breed* dülmen
Race d'origine allemande.

dun
Dull greyish-brown colour, related coats are red dun, yellow-dun, mouse-dun, buckskin (for zebra-dun) and dark buckskin (for coyote dun).

dung => droppings

duodenum duodénum *lat Duodenum*
Première partie de l'intestin grêle, il est directement relié à l'estomac et sa forme empêche les aliments d'y retourner.

dust poussière

dust apron *br* tablier à poussière *ca*

Dutch draught horse *breed* hollandais de trait ; trait hollandais
Race de trait des Pays-Bas.

Dutch warm-blooded (horse) hollandais à sang chaud

dysentery dysenterie

dysphagia dysphagie

dysuria dysurie

E and W => encephalomyelitis (equine viral ~)

ear oreille *lat Auris*

ear bridle bride à oreille

ear (internal // middle // external ~)
oreille (interne // moyenne // externe) *lat Auris (interna // media // externa)*

ear mange => psoroptic mange

ear mites
The common ear mange mites are Psoroptes cuniculi.

early closing race ; early closer
course à mises en nomination hâtives
Nominations closing at least six weeks before the scheduled date of the race.
Pour laquelle la fermeture des inscriptions se fait au moins six semaines avant la date fixée pour la course.

early speed *br*
Temps réalisé par le cheval à deux ou trois ans. Se dit aussi du cheval qui obtient des temps de course rapides en bas âge.

early speed *r* poussée en début de course

earning(s) gain(s)

earnings record fiche des gains

East Bulgarian (horse) bulgare oriental

East Friesian *breed* frison de l'est / oriental
The East Friesian and the Oldenburg were one and the same until the end of World War II.
Race allemande, proche parente de l'oldenburg.

East Prussian (horse) => Trakehner ; Trakehnen horse *breed*

eastern equine encephalomyelitis
abbr: EEE encéphalite / encéphalomyélite équine de l'est des États-Unis

easy-boot => barrier boot

ebony ébène (noir d'~)

ectoparasite ectoparasite
External parasite.
Parasite qui vit à la surface du corps de son hôte.

écuyer => riding master

eczema eczéma
A general term for any inflammation of the skin, marked early by redness.
Affection cutanée caractérisée par des rougeurs.

edema *US* => oedema *Brit*

edge => rim (of a horseshoe)

eel stripe => dorsal stripe / list / band

effect of reins effet de rênes

egg count numération des oeufs

egg-bar shoe fer ovale ; fer en oeuf

egg-butt / eggbutt snaffle ; barrel-mouth bit *br* filet à olives
The eggbutt itself is the oval hinge where the rings are attached.
Avec une charnière bombée à chaque bout de l'embouchure, dans laquelle s'insère l'anneau.

eggs per gram *abbr: epg* oeufs par gramme *abr: opg*

eight => figure (of) eight

Einsiedler ; Einsiedeln horse *breed*
einsiedler
Sometimes known as the Swiss Anglo-Norman.
Race d'origine suisse, parfois appelé le normand suisse.

ejaculatory duct conduit éjaculateur *lat Ductus ejaculatorius*

Elaeophora bohmi => Onchocerca bohmi

elastic bandage => brace bandage

elbow coude *lat Cubitus*
Il unit le bras à l'avant-bras.

elbow bit mors anglais
A curb bit with the lower cheeks set back from the mouthpiece, in order to prevent the horse from catching them with the lips.
Mors dont les parties inférieures des branches sont placées postérieurement par rapport à l'embouchure, ce qui évite que le cheval ne puisse les prendre entre ses lèvres.

elbow boot protecteur de coude ; guêtre de coude ; botte de coude

elbow boots suspenders supports pour protecteurs de coude

elbow hitting atteinte au coude
Striking the elbow with the foot of the same limb.

elbow hygroma => capped elbow

elbow inclined inwards => turned-in elbow

elbow inclined outwards => turned-out elbow

elbow joint articulation du coude ; articulation huméro-antébrachiale *lat Articulatio cubiti*
Implique l'humérus, le radius et l'ulna.

electrical insulating tape ; vinyl electrical tape ruban adhésif en vinyle ; chatterton (ruban de ~)

electrolytes électrolytes

electronic wagering system système électronique de perception des paris

elevation ; heightening élévation
Said of a horse or a part of his body while performing a movement.
Déplacement vertical du cheval ou d'une partie de son corps, dans l'exécution d'un mouvement.

elevator bit filet américain
With very long flat cheeks of equal length to each side of the mouthpiece and ended by rings to each end.

eliminating heat épreuve éliminatoire

elimination élimination

emasculator ; castrator pince à émasculer

embolism embolie

embrocation embrocation

embryo transfer transfert d'embryon

emphysema (pulmonary ~) emphysème (pulmonaire)
Due to destruction of the walls of alveoli, interfering with respiration and with the uptaking of oxygen by the blood. *s.a. broken wind*
Déchirement des parois des alvéoles pulmonaires, lesquelles se confondent ainsi les unes avec les autres, ce qui rend la respiration et le passage de l'oxygène dans le sang difficiles. *v.a. souffle*

empty mare jument vide

empyema empyème

enamel (of a tooth) émail (d'une dent) *lat Enamelum*

encephalomyelitis (equine viral ~) ; E and W *(1)* **; sleeping sickness** encéphalomyélite (équine) ; maladie du sommeil
There are three strains: eastern (EEE), western (WEE) and Venezuelan (VEE). 1) US abbr: Stands for eastern and western (strains of the) equine encephalomyelitis.
Infection virale aiguë transmise surtout par les insectes piqueurs, la maladie affecte les humains, les oiseaux et d'autres mammifères.

endocardium endocarde *lat Endocardium*
Membrane interne du coeur.

endometrium endomètre

endoparasite => internal parasite

endurance endurance

endurance race ; distance race ; competitive trail ride course d'endurance

endurance test / phase (speed and ~) *ht* épreuve de fond *cc*

engage (the haunches) *v* **; hock** *v* engager (l'arrière-main)

engagement (of the hindquarters) engagement (de l'arrière-main)

English hunt horn => hunting-horn (English type)

English saddle selle anglaise

enquiry => inquiry

enteritis entérite
Inflammation of the intestinal mucosa.
Inflammation de la muqueuse intestinale.

enterolith entérolithe
A calculus in the intestine.

entire (male horse) => stallion

entropion entropion

entry ; declaration *(1)* inscription ; engagement *(1)*
1) Declaration of a horse for a given race: The naming of a particular horse to be a starter in a given race.
1) Engagement d'un cheval dans une course: L'inscription d'un cheval sur la liste des partants pour une course donnée.

entry entrée
Entry on the competition ground, on the course etc.
Entrée en piste, pour une reprise de dressage, ou sur le parcours de compétition.

entry ; entrant cheval inscrit ; cheval engagé *Fr c*

entry fee droit d'inscription

entry form bordereau d'inscription

enzyme enzyme

Eohippus Eohippus ; Hyracotherium
The oldest known ancestor of the horse, it had four toes on each forefoot and three on each hind.
Le cheval des tourbières, mesurant de 25 à 30 centimètres au garrot. Cet ancêtre du cheval vivait il y a environ cinquante à soixante millions d'années (éocène supérieur) en Asie et en Amérique, puis il disparut complètement de ce dernier continent.

epaulettes épaulettes
r: One of the markings that may be part of a racing colour scheme.
c: Un des motifs pouvant faire partie d'un dispositif de couleurs.

epidermal lamellae / laminae => horny laminae / lamellae

epidermis épiderme *lat Epidermis*

epiglottis épiglotte *lat Epiglottis*

epilepsy épilepsie

epiphyseal cartilage cartilage épiphysaire ; plaque de croissance (des os)

epiphysis épiphyse (d'un os) *lat Epiphysis*

epiphysitis épiphysite

epistaxis ; exercise-induced pulmonary haemorrhage *(1) abbr: EIPH* **; bleeding** épistaxis ; hémorragie pulmonaire provoquée par l'exercice *(1)*
Horse's bleeding from the nose that occurs without apparent causes, usually during or after hard exercise (1).
Saignement par les voies aériennes supérieures, qui apparaît sans cause apparente, habituellement durant ou après un exercice violent (1).

epithelium épithélium

epizootic lymphangitis lymphangite épizootique (à Histoplasma farciminosum)
Caused by Histoplasma farciminosum.

epizooty épizootie

Epsom Derby derby d'Epsom

equal a record *v* égaler un record ; rééditer un record

equestrian *adj* équestre

equestrian *n* *f: equestrienne* => rider

equestrian centre / center centre équestre

equestrian games jeux équestres

equestrian park parc équestre

equestrian sport sport équestre
équitation

equestrian tact tact du cavalier

equestrianism hippisme
L'ensemble des sports pratiqués à cheval ou avec un cheval.

equine équin ; chevalin

equine abortion (herpes)virus => equine herpesvirus 1 *abbr: EHV-1*

equine arteritis pestivirus virus de l'artérite équine

equine chorionic gonadotropin *abbr: eCG* **; pregnant mare serum gonadotropin** *old abbr: PMSG* gonadotrophine chorionique équine ; gonadotrophine de sérum de jument gravide *anc*

equine coital exanthema exanthème coïtal équin
Caused by equine herpesvirus 3.

equine coital exanthema herpesvirus => equine herpesvirus 3 *abbr: EHV-3*

equine contagious pleuropneumonia pleuropneumonie contagieuse du cheval

equine herpesvirus 1 *abbr: EHV-1* **; equine abortion (herpes)virus** herpèsvirus équin de type 1 ; virus de l'avortement de la jument

equine herpesvirus 3 *abbr: EHV-3* **; equine coital exanthema herpesvirus** herpèsvirus équin de type 3 ; virus de l'exanthème coïtal équin

equine herpesvirus 4 *abbr: EHV-4* **; rhinopneumonitis (herpes)virus (equine ~)** herpèsvirus équin de type 4 ; virus de la rhinopneumonie équine

equine infectious anaemia / anemia *abbr: EIA* anémie infectieuse équine / des équidés
Maladie due à un virus, si l'animal survit il reste quand même porteur de ce virus. Le test de Coggins vise à repérer les animaux porteurs.

equine plague => African horse sickness

equine pleuropneumonia ; travel sickness
A bacterial disease in the lungs and chest that commonly develops following transportation, hence the common name of travel sickness.

equine recurrent uveitis *abbr: ERU* **; moonblindness ; moon blindness ; periodic ophthalmia** uvéite (récidivante)

equine serum sérum équin

equine veterinarian ; horse-doctor vétérinaire de chevaux

equine viral abortion avortement viral de la jument
Equine herpesvirus 1 (EHV-1) is the commonest cause of equine viral abortion.
Se manifeste habituellement durant la deuxième moitié de la gestation et est habituellement causé par l'herpèsvirus équin de type 1 (EHV-1).

equine viral arteritis *abbr: EVA* artérite virale du cheval

equines (the ~) ; horse family équidés (les ~) *lat Equidae*

equipment équipement ; attirail

equipment break rupture d'équipement

equipment judge *br* juge d'équipement *ca*

Equisetum *pl: equisetums / equiseta* => horsetail

equitation => horseback riding

erector spinae muscle muscle erector spinae *lat Musculus erector spinae*

ergot ; dew claw *rare* ergot
Corne située au bas et à l'arrière du boulet.

ermine marks herminures
Taches foncées, en général dans une marque, donnant l'aspect du manteau d'hermine.

ermined *adj* herminé *adj & n*
Marking having dark patches of hairs (ermine marks) within.

ermined star en tête herminé

ermined white (marking on a limb) balzane herminée
Dont le blanc comporte des taches.

error in the course erreur de parcours

esophagus *US* => oesophagus *Brit*

Esperia pony *breed* poney d'Esperia
Race d'origine italienne.

estrus *US* => heat

ethmoid bone os ethmoïde *lat Os ethmoidale*

ethmoid(al) labyrinth labyrinthe ethmoïdal / olfactif *lat Labyrinthus ethmoidalis*

ethmoidal meatus méats ethmoïdaux *lat Meatus ethmoidales*

event => horse trial

event horse cheval de concours complet

event rider ; eventer cavalier de concours complet

eventer => event rider

eventing saddle selle pour le concours complet

every stride (at ~) temps (au ~)

ewe neck ; upside-down neck encolure renversée ; encolure de cerf
A conformation fault, the neck makes a concave line from ears to withers.
Dont le bord supérieur est concave.

exacta ; exactor *Can.* **; perfecta** *US* **; straight forecast** *Brit* exacta *Can.* ; perfecta
Wager, in their finishing order, on the first and second horse in a given race.
Pari sur les deux premiers arrivants de la course, dans leur ordre d'arrivée.

examiner examinateur

excessive thirst => polydipsia

excluded from competition hors concours

exercise-induced pulmonary haemorrhage *abbr: EIPH* => epistaxis

exertional myopathy / rhabdomyolisis => azoturia

Exmoor *breed* exmoor
Race de poneys rustiques d'origine britannique.

exostosis exostose
Bony growth projecting from the surface of a bone.
Excroissance de la surface d'un os.

experimental speed rating temps expérimental
Given experimentally by the U.S.T.A. Writers association for the coming year.
Cote de vitesse plausible, attribuée sur une base expérimentale pour l'année qui vient, par l'association des chroniqueurs membres de la U. S. Trotting Association.

expert *about horses* connaisseur *en matière de chevaux* ; expert *s.a. horseman v.a. homme de cheval*

extend *v* ; **lengthen** *v* allonger

extended canter galop allongé

extended canter, half-seat galop allongé, demi-assiette

extended paces allures allongées

extended trot trot allongé ; trot en extension

extended trot rising trot allongé enlevé

extended trot sitting trot allongé assis

extended walk pas allongé

extended-toe shoe fer pinçard
Parfois présenté comme ayant une pointe qui prolonge sa pince vers l'avant, parfois comme étant plus couvert et plus épais en pince. Il porte des crampons plus ou moins hauts en éponge.

extensor branch of interosseus ; extensor branch of suspensory ligament bride du muscle interosseux

extensor branch of suspensory ligament => extensor branch of interosseus

extensor carpi magnus muscle *old* => extensor carpi radialis muscle

extensor carpi obliquus muscle muscle extenseur oblique du carpe *lat Musculus extensor carpi obliquus*

extensor carpi radialis muscle ; extensor carpi magnus muscle *old* muscle extenseur radial du carpe ; muscle extenseur antérieur du métacarpe *anc lat Musculus extensor carpi radialis*

extensor muscle muscle extenseur
Muscle dont la contraction ouvre une ou plusieurs articulations.

extensor muscles of forearm muscles extenseurs de l'avant-bras

extensor pedis muscle *old* => common digital extensor muscle

extensor pedis tendon *old* => common (digital) extensor tendon

extensor process processus extensorius ; éminence pyramidale *anc lat Processus extensorius*
Éminence qui coiffe la face antérieure de la troisième phalange.

extensor retinaculum rétinaculum des extenseurs *lat Retinaculum extensorum*

extensor tendon tendon extenseur

external abdominal oblique muscle ; obliquus externus abdominis muscle ; external oblique (abdominal) muscle muscle oblique externe de l'abdomen *lat Musculus obliquus externus abdominis*

external acoustic / auditory meatus méat acoustique externe ; conduit auditif externe *anc lat Meatus acusticus externus*

external conformation extérieur (du cheval)

external cuneiform *old* => third tarsal bone

external layer of the hoof => stratum externum of the wall

external oblique (abdominal) muscle => external abdominal oblique muscle

extra weight poids de lestage
Poids parfois porté durant l'épreuve de fond du concours complet.

exudate exsudat
A fluid that has been deposited on or in tissues, as a result of an inflammation.
Par extension, liquide suintant à la surface ou dans les tissus blessés.

eye oeil *pl: yeux lat Oculus*

eye socket ; orbit (eye ~) orbite (de l'oeil) *lat Orbita*

eyeball oeil (globe de l'~) *lat Bulbus oculi*

eyelash cils *pl*

eyelid (lower // upper ~) paupière (inférieure // supérieure) *lat Palpebra (inferior // superior)*

eyelids paupières *lat Palpebrae*

eyes yeux

face face *lat Facies*
Région antérieure inférieure de la tête. Son squelette comprend la partie antérieure des cavités nasales et les os maxillaires.

face drop *bd* poire *att*

face (of an anvil) ; table table (d'une enclume)
The flat top section of an anvil.

facial artery artère faciale *lat Arteria facialis*

facial crest crête faciale ; crête zygomatique *anc lat Crista facialis*
Crête qui parcourt la face latérale de l'os zygomatique, elle est presque rectiligne, se prolonge sur le maxillaire, et est visible sur le côté de la face du cheval. Elle aboutit au tubercule facial.

facial nerve nerf facial *lat Nervus facialis*

facial vein veine faciale *lat Vena facialis*

factory shoe => machine-made shoe

faeces *Brit* => droppings

failure to drive *br* refus de conduire *ca*

faint star ; few white hairs *(1)* quelques poils en tête
1) Should be described more precisely (e.g. ~ in the centre of the forehead).

fair start => good start

fair start pole / post *r* **; starting pole / post** poteau de départ

Falabella *breed* falabella *race*

fall chute

false canter => canter on / at the wrong lead *n*

false / foul start faux départ

false martingale fausse martingale

false quarter faux quartier ; faux-quartier
Indentation of the hoof wall, resulting from an accident to the coronary band.
Faiblesse de la paroi du sabot, en quartier, suite à un accident à la couronne.

false ringbone ; nonarticular ringbone forme fausse
Phalangeal exostosis between the joints.
Qui n'implique pas d'articulation.

false sole => retained sole

false start pole / post *r* poteau de faux départ *c* ; poteau de rappel *c*

family ; bottom / tail line (of a horse) famille (d'un cheval)

fantasia fantasia
Jeu équestre arabe.

farcy
The chronic form of glanders.

farrier => horseshoer

farriery *(1)* ; **forge** *(2)* ; **smithy** forge *n*
1) The workshop. 2) The workshop or the furnace / hearth for heating the metal.
Peut désigner l'atelier ou le fourneau du maréchal-ferrant.

farriery *work* maréchalerie

fascia fascia
Fibrous membrane (aponeurose like) serving to support a muscle or group of muscles.

fascia lata fascia lata *lat Fascia lata*

fast *abbr: ft* rapide
Describing the condition of a race track at a particular moment.
Décrit la condition d'une piste de course à un moment donné.

fast gallop galop rapide

fault ; foul *(1)* faute
1) r: An unfair or invalid action.

fava bean => horse bean

favourite / favorite *n & adj* ; **chalk** *n (1)* ; **preferred** *adj* favori *n & adj*
1) US r: The favourite horse, as determined by the bettors, in a given race.
c: Le cheval favori est celui sur lequel les parieurs ont misé le plus.

fawn bay ; tawny bay bai fauve

fear peur

feather-edged shoe => interfering shoe

feather(ing) => fetlock (tuft)

feathers fanons
Hairs of the feather.
Poils du fanon.

feature bet ; feature wager(ing) pari spécial ; mise spéciale

feature race ; special attraction attraction spéciale

feature wager(ing) => feature bet

febantel fébantel

feces *US* => droppings

feed *v* nourrir

feed bag musette

feed (conversion) efficiency capacité de transformation des aliments ; efficience alimentaire
The efficiency with which a horse is able to use ingested nutrients.

feed tub ; feeding trough / tub ; manger mangeoire ; auge

feed unit unité fourragère

feeding trough / tub => feed tub

Fell (pony) *breed* fell
Race de poneys rustiques du nord de l'Angleterre.

felt feutre

female femelle

female descendant descendant femelle ; descendante

female line ; maternal family / line ; tail-female lineage lignée femelle ; famille maternelle
Line of female ancestors of a horse (from dam to dam on a direct genealogical line from female to female only). The maternal family is usually to be traced to a single tap root mare which is the maternal line source identifying this line, e.g. the Jessie Pepper (maternal) family, Jessie Pepper being the name of the tap root mare. *s.a. pedigree*
Lignée des ascendants femelles en ligne directe (de mère en grand-mère maternelle en arrière-grand-mère maternelle etc.) d'un individu. L'expression famille maternelle est habituellement utilisée pour désigner une lignée femelle qu'on remonte ainsi jusqu'à une jument-souche dont le nom identifie cette famille, par exemple, la famille maternelle de Jessie Pepper. *v.a. pedigree*

femoral artery artère fémorale *lat Arteria femoralis*

femoral fascia fascia fémoral *lat Lamina femoralis*

femoral nerve nerf fémoral *lat Nervus femoralis*

femoral trochlea ; trochlea of the femur trochlée du fémur *lat Trochlea ossis femoris*
Surface patellaire (Facies patellaris NAV) du fémur.

femoral vein veine fémorale *lat Vena femoralis*

femoropatellar articulation articulation fémoro-patellaire *lat Articulatio femoropatellaris*

femoropatellar ligament (medial // lateral ~) ligament fémoro-patellaire (médial // latéral) *lat Ligamentum femoropatellare (mediale // laterale)*

femoropatellar (synovial) compartment synoviale fémoro-patellaire
C'est celle qui est impliquée dans le vessigon rotulien ou patellaire.

femorotibial articulation articulation fémoro-tibiale *lat Articulatio femorotibialis*

femorotibial (synovial) compartment (medial // lateral ~) synoviale fémoro-tibiale (médiale // latérale)

femur ; thigh bone fémur *lat Os femoris*
Très gros os qui constitue l'armature de la cuisse, de l'articulation de la hanche à celle du grasset.

fenbendazole fenbendazole

fence clôture

fence ; hub rail *br* **; rail** clôture ; rampe
r: Usually the interior one when not specified.
c: Lorsque cela n'est pas précisé il s'agit habituellement de la rampe intérieure.

fence (vertical ~) => gate

fender *west.* => flap (of a saddle)

fender *br* => mud guard

feral (horse) marron (cheval ~)
A horse having domestic ancestry but living in the wild state.
Cheval échappé ou abandonné et retourné à la vie sauvage, de même que ses descendants.

fertilizer engrais

fetlock boulet ; région métacarpo-phalangienne // métatarso-phalangienne *lat Regio metacarpophalangea // metatarsophalangea*
Région de la jambe du cheval, entre le canon et le paturon.

fetlock brushing boot => ankle boot

fetlock joint ; metacarpophalangeal // metatarsophalangeal joint articulation du boulet ; articulation métacarpo-phalangienne // métatarso-phalangienne *lat Articulationes metacarpophalangeae // metatarsophalangeae pl*
1) Sometimes used for the pastern joint (prox. interphalangeal joint).
Implique l'os métacarpien // métatarsien principal, les grands sésamoïdes et la première phalange. 1) Parfois utilisé pour l'articulation du paturon (première art. interphalangienne).

fetlock shears ciseaux à fanons

fetlock (tuft) *(1)* **; feather(ing)** *(2)* fanon *lat Cirrus metacarpeus // metatarseus*
1) Tuft of hair behind the fetlock joint. 2) When these hairs are long and abundant, sometimes continuing up the back of the limb almost to the knee or hock.
Touffe de crins derrière le boulet, les crins peuvent être plus ou moins abondants et même occuper une bonne partie de la face arrière des canons.

fetus foetus

fever fièvre

few white hairs => faint star

fiador *see hackamore*

fibrocartilage of the third phalanx ; cartilage of the third phalanx (flat ~) ; lateral cartilage of the foot ; lateral cartilage of the third phalanx fibrocartilage (complémentaire) de la troisième phalange ; cartilage ungulaire ; cartilage complémentaire / latéral de la troisième phalange *lat Cartilago ungularis (medialis // lateralis)*

fibrosis fibrose
The formation of fibrous tissue, often as a response to a damage.
Prolifération de tissus fibreux, souvent en réaction à un dommage.

fibrous sheath gaine tendineuse *lat Vagina fibrosa tendinis*

fibula fibula ; péroné *anc lat Fibula*
Os soudé au tibia, il s'étend environ sur la moitié supérieure de celui-ci.

fibular tarsal bone *old* => calcaneus

field *r* **; pack** *r* peloton *c*

field champ

field boot => riding boot (laced ~)

field leader *r* **; front runner ; front running horse ; puller** cheval de tête (du peloton) *c* ; meneur (du peloton)

fight-or-flight lutte ou fuite

figure 8 noseband => cross-over noseband

figure (of) eight ; eight huit (de chiffre) ; figure de huit
Correspondant à deux voltes tangentes.

filaria ver filiforme ; filaire
Du genre Onchocerca.

file (finishing ~) lime (de finition)

filly (foal) pouliche
Female horse, from birth till she is considered as a mare, which depends on breeds and disciplines (usually from three to five years old).
Cheval femelle, de la naissance jusqu'à ce qu'elle soit considérée comme une jument, ce qui dépend des races et des disciplines (en général de trois à cinq ans).

film patrol

filum terminale filum terminale *lat Filum terminale*
Extrémité de la moelle épinière.

final all-out dash *r* ultime poussée *c*

final heat épreuve finale

final quarter (mile) sprint *r* sprint au dernier quart (de mille) *c*

finalist finaliste

fine *n* amende

fine harness attelage fin

fine mouth => soft mouth

fine rider bon cavalier ; fine cravache

finish arrivée

finish a dash *v* terminer une course à essai

finish a race out of the money *v* terminer une course sans être placé

finish on the left // right leg *v* terminer sur le pied gauche // droit

finish(ing) line ; wire (finish ~) ligne d'arrivée ; fil d'arrivée

Finnish draught horse *breed* finlandais de trait lourd *race* ; trait finlandais

Finnish Universal horse *breed* finlandais universel *race*

fire tongs => pick-up tongs

firing ; cautery feu ; cautère
Treatment of an injury with a hot iron.
Traitement thérapeutique au fer rouge.

firing iron thermocautère

firing mark / scar trace de feu *s.a. pin firing and line firing (scars)*
Tache laissée par l'application thérapeutique du feu.

first aid premiers soins ; premiers secours

first (and second) tarsal bone => tarsal bone 1 and 2

first carpal bone ; trapezium bone os carpal I ; os trapèze *lat Os carpale I ; Os trapezium*
N'apparaît que chez environ un sujet sur dix.

first (cervical) vertebra => atlas

first phalanx => proximal phalanx

first quarter (mile) *r* premier quart (de mille) *c*

first turn *r* premier tournant / virage *c*

fistulous withers fistule du garrot ; bursite brucellique du garrot
Results from an infection in the supraspinous bursa.

fit a shoe (cold // hot ~) *v* ajuster le fer (à froid // à chaud)

five-gaited horse ; gaited saddler cheval à cinq allures
Among American Saddlebreds exclusively; gaits are walk, trot, slow-gait, rack and canter.

fix a race *v* fausser une course

fixed martingale => standing martingale

Fjord pony *breed* fjord ; fjoring ; fjordhest
Race originaire du nord de l'Europe.

Flanders horse => Flemish horse

flank flanc *lat Latus*
Région comprise entre les côtes, le ventre, les reins et les hanches.

flank cinch *west.* sangle de flanc *west.* ; fausse sangle *west. s.a. surcingle*
Sangle supplémentaire passant sous le ventre du cheval et servant à assujettir la selle plus solidement.

flank fold pli latéral ; pli du grasset / flanc *lat Plica lateralis*
Pli cutané qui relie la partie inférieure de la cuisse (au-dessus et en avant du grasset) au flanc.

flank strap *west.* => rear cinch strap *west.*

flap (of a saddle) ; fender *west.* quartier (d'une selle)

flaring / flared foot ; dished foot *(1)* pied évasé
A foot with an outward distortion. 1) A foot that is flared at the toe.

flash
A blaze that is extending above the eyes, and is usually a condition of glass eye or wall-eye.

flash noseband muserolle éclair / combinée

Ordinary cavesson with an additional band («Sperriemen») (or possibly two straps sewn diagonally) fixed to and fastening below the bit, acting as a drop noseband, this is intended to be used with a standing martingale attached to the cavesson.

flat bet ; flat wager(ing) pari uniforme ; mise uniforme

flat croup ; horizontal croup croupe horizontale ; croupe plate

flat foot pied plat

La sole est aplatie. Habituellement la kératine est molle, les parois sont évasées et les talons sont bas et écartés. *v.a. pied comble*

flat (over an obstacle) plat (au-dessus de l'obstacle)

Horse whose body is stretching and becoming ~ Cheval dont le corps devient allongé et ~

flat race course sur le plat ; course de plat

flat shoe fer plat

flat wager(ing) => flat bet

flat-sided plat dans ses arceaux

Flat ribcage that is not rounded or well sprung, this conformation fault tends to restrict the lungs expansion.

Cheval dont la cage thoracique manque de rondeur et offre peu de logement pour les organes qu'elle contient.

flax seed ; flax-seed => linseed

flaxen mane and tail ; cream coloured mane and tail crins blonds

flea-bitten moucheté *adj & n (1)* ; truité *adj & n (2)*

Small flecks of coloured hairs (reddish in «truité», dark in «moucheté») are distributed through the coat.

Robe dans laquelle de nombreuses petites taches 1) noires (mouchetures) ou 2) rougeâtres (truitures), sont disséminées.

flea-bitten chestnut / strawberry roan aubère mille-fleurs *adj inv*

Robe tachetée de petits bouquets de poils plutôt blancs sur fond plutôt rouge (alezan), ou l'inverse. *v.a. aubère fleur de pêcher*

flea-bitten grey ; nutmeg *rare* gris moucheté

Small flecks of coloured hairs are distributed through the coat.

Robe parsemée de petites taches foncées sur un fond plus clair.

flecked aubérisé *adj & n*

Coat in which small collections of white hairs are distributed irregularly.

Robe dans laquelle des poils blancs assez nombreux sont présents en différents endroits.

flecked roan => sabino

fleece => sheath

fleece *material* mouton *matériel*

flehmen flehmen

Flemish horse ; Flanders horse

Descendant of the bulky forest or diluvial horse, generally accepted as the ancestor of many European breeds of heavy horses.

flesh mark ; bare patch ladre ; tache de ladre

Patches where the pigment of the skin is absent.

Surface rose fade où il y a absence de pigment et où la peau n'est recouverte que d'un léger duvet. On les retrouve en général autour des yeux, du nez, de la bouche, de l'anus et des parties génitales.

flesh mark on a lip ladre aux lèvres

flex the neck *v* **; bend the neck** *v* incurver l'encolure ; plier l'encolure ; arrondir l'encolure

flex the poll *v* **; bend at the poll** *v* arrondir la nuque ; fléchir la nuque

flexion ; bend ; curve incurvation ; inflexion

flexion test test de flexion

flexor brachii muscle *old* => biceps brachii muscle

flexor carpi radialis muscle fléchisseur radial du carpe ; muscle grand palmaire *anc* ; muscle fléchisseur interne *anc* *lat* Musculus flexor carpi radialis

flexor carpi ulnaris muscle muscle fléchisseur ulnaire du carpe *lat* Musculus flexor carpi ulnaris

flexor metatarsi muscle *old* => tibialis cranialis muscle

flexor muscle muscle fléchisseur

Muscle dont la contraction ferme une ou plusieurs articulations. Un muscle peut être fléchisseur au niveau d'une articulation et extenseur au niveau d'une autre.

flexor muscles of forearm muscles fléchisseurs de l'avant-bras

flexor perforans muscle *old* => deep digital flexor muscle *forelimb*

flexor perforans muscle *old* => deep digital flexor muscle *hindlimb*

flexor perforatus muscle *old* => superficial digital flexor muscle

flexor retinaculum rétinaculum des fléchisseurs *lat Retinaculum flexorum*

flexor surface (of the distal phalanx) surface d'insertion (de la phalange distale) *lat Facies flexoria*

flexor tendon tendon fléchisseur

flight fuite

flight (of the foot) => swing phase (of a stride)

float the teeth *v* râper les dents

floating colon => descending colon

floating rein => hanging rein

Florida horse leech => bursattee / bursatti

flu (equine ~) => influenza (equine ~)

fluke (common liver ~) douve (grande ~ du foie) *lat Fasciola hepatica*

flush out a driver *v br* pousser un conducteur à la sortie *ca*

fly sheet (scrim ~) couverture à mailles ; chemise anti-mouches
Prévue pour protéger le cheval contre les insectes.

flying change of lead / leg ; change of leg in the air *n* changement de pied en l'air

flying change (of leg) every X strides changement de pied (en l'air) aux X temps
X may be absent (being every stride) or expressed as «two» or «second» etc.
X peut ne pas être mentionné, ce qui signifie à chaque temps et est désigné chang. de pied au temps.

flying jump saut de volée ; saut d'extension

flying trot trot de course ; trot volant
A quatre temps, lorsque le cheval est en course.

fly-mask bonnet anti-mouches

foal *v* ; **drop a foal** *v* pouliner ; mettre bas

foal ataxia ataxie du poulain *see wobbler syndrome v.a. wobbler (syndrome de ~)*

foal colour robe primitive
Robe du poulain à sa naissance.

foal (colt // filly ~) poulain // pouliche (de moins d'un an)
A young horse under one year old or still with his dam (French «non-sevré»), according to interpretations.
Poulain ou pouliche non-sevré(e) ou de l'année.

foal heat chaleur de poulinage
About two weeks after giving birth, if covered, the mares will often conceive.

foaling ; parturition poulinage ; mise bas ; parturition

foaling date date de naissance

foaling season saison de mise bas

foam écume ; bave
Salive mousseuse du cheval, lorsqu'il mâche son mors par exemple.

foam écume ; savon ; broue
Mélange de graisse et de sueur, d'apparence blanchâtre, qui ne devrait guère apparaître sur un cheval suffisamment entraîné pour le travail qu'on lui demande.

foam (rubber) mousse (caoutchouc ~)

fodder ; forage fourrage

foot pied *lat Pes*
Extrémité d'un membre sur laquelle gens et chevaux marchent, et unité de mesure équivalente à 0,3048 mètres. En anatomie la notion de pied, dans le sens strict, ne s'applique qu'au membre postérieur. *v.a. main (anat) et doigt*

foot and pastern axis => digit axis

foot axis axe du pied
Viewed from the front, an imaginary line passing through the centre of the coronet and the centre of the toe, dividing the foot into equal parts. Viewed from the side, an imaginary line parallel to the front line of the wall from the coronet to the toe.

foot broken back pied à talons trop bas
When the junction of the pastern axis and the foot axis form a line that is broken (pointing) toward the back. The hoof appears sloping and the toe elongates.
L'axe du paturon est plus vertical que celui du pied, les talons sont trop bas pour que l'axe pied-paturon forme une ligne droite.

foot broken forward *(1)* ; **coon foot** *(2)* bas-jointé *adj* ; pied à talons (trop) hauts
1) When the junction of the pastern axis and the foot axis forms a line that is broken, forming a point toward the front. The pastern angle is lower than the hoof angle, the hoof appears stumpy and heels (which are too high) may appear vertical. 2) A coon foot is sometimes presented as being simply a broken forward digit axis, and sometimes, while still a broken forward axis, as a digit with a pastern at a very low angle, parallel or nearly par-

allel to the ground. One may presume that in this condition heels will lower and toe will elongate; this is associated with a weak pastern, damage to the suspensory ligament or chronic founder where the horse rocks back on the heels to relieve pressure at the toe.

L'axe du pied est ici plus vertical que celui du paturon, l'axe pied-paturon ne forme donc pas une ligne droite. *v.a. autre inscription pour bas-jointé*

foot broken in // out pied de travers
When the junction of the pastern axis and the foot axis form a line that is «in»: broken (pointing) inward, «out»: broken (pointing) outward.
Qui est plus haut d'un côté que de l'autre.

foot flight arc trajectoire du pied

foot level aplomb latéral du pied
The medial and lateral walls are of the same length, the foot is not broken in nor out.
Un pied est d'aplomb sur ce plan lorsque les parois interne (médiale) et externe (latérale) sont de la même longueur.

foot mange => chorioptic mange

foot pad => stirrup pad / tread

foot surface (of a shoe) face supérieure (d'un fer)

foot turned out => toed-out

footing surface
Ground surface of an arena etc.
Surface du sol (couche supérieure) du manège, du terrain d'exercice etc.

forage => fodder

foramen magnum ; occipital foramen *old* foramen magnum ; trou occipital *anc lat Foramen magnum*
Dans le squelette de la tête, par où passe la moelle épinière.

force the pace *v* forcer l'allure ; mener à grande allure

forearm avant-bras *lat Antebrachium*
Formé par le radius et l'ulna, entre le coude et le genou.

forecannon canon (antérieur)
Partie des membres antérieurs, comprise entre le genou et le boulet.

forecannon bone => metacarpal bone (large / third ~)

forefoot pied avant

forehand ; front end avant-main ; avant-train
The front part of the horse: head, neck, shoulders, breast and forelegs.
Partie avant du cheval, comprend la tête, l'encolure, les épaules, le poitrail et les membres antérieurs. Avant-main est une expression plus

adéquate pour un cheval monté et avant-train pour un cheval attelé.

forehead front *lat Frons*
Compris entre la nuque, les oreilles, les tempes, les salières, les yeux et le chanfrein.

forelegs membres antérieurs ; bipède antérieur

forelimb ; foreleg ; thoracic limb ; front leg membre antérieur / de devant ; antérieur ; membre thoracique ; jambe avant

forelock toupet *lat Cirrus capitis*
Partie de la crinière qui pousse entre les oreilles et tombe sur le front.

fore-punch => stamp

forfeit *r* forfait *c*
A fine that the owner of a horse scheduled to race must pay to scratch him.
Can.: Cheval engagé dans une course mais retiré avant le départ. Fr: Indemnité que doit payer le propriétaire d'un cheval engagé dans une course mais retiré avant le départ.

forge *v* forger

forge => farriery

forging ; clicking forger *n & v*
When, at any gait, a toe or a shoe of a hind hoof comes in contact with the shoe or the hoof (usually the sole, s.a. overreach) of the same side forefoot. If the horse is shod there is usually a contact between the shoes that is causing a distinct noise (clicking). *s.a. cross-firing*
Se dit du cheval chez qui, lorsqu'il se déplace, il y a un contact entre le fer ou la pince d'un postérieur et le fer ou la sole de l'antérieur du même côté.

formalin formol ; aldéhyde formique

forward seat monte en avant ; position de saut ; position en avant

foul => fault

foul claim *r* => objection

foundation colour ; basic colour couleur de fond ; fond de la robe (couleur du ~)

foundation mare => tap root / taproot mare

foundation sire étalon de base (d'une race)

foundation stock souche (de l'élevage)

founder ; chronic laminitis fourbure chronique *lat pododermatitis chronica diffusa aseptica*
The normal attachment of the coffin bone to the hoof wall is loosened, the bone rotates away from the wall and the space is filling with irregular

horn produced by a new set of sensitive laminae that forms near the surface of the bone. *s.a. laminitis (acute ~)*

Au début il s'agit d'une inflammation du tissu sensible (laminite) à l'intérieur du sabot, dans les cas extrêmes la troisième phalange peut en venir à passer à travers la sole. *v.a. fourbure aiguë*

four-beat canter galop à quatre temps

four-in-hand attelage à quatre
Two wheelers and two leaders.

four-in-hand harness attelage pour quatre chevaux ; harnais pour quatre chevaux

four-ring(ed) snaffle => Wilson snaffle (four-ring ~)

fourth carpal bone ; unciform bone
old os carpal IV ; os hamatum ; os crochu ; os unciforme *anc lat Os hamatum ; Os carpale IV*

fourth dam quatrième dame
Arrière-arrière-grand-mère.

fourth tarsal bone ; cuboid os tarsal IV ; os cuboïde *lat Os tarsale IV ; Os cuboideum*

fox hole ; foxhole renardière ; terrier du renard

fox tail => brush *n hunting*

fox tail => horsetail

Fox trotter (Missouri ~) *breed* fox trotteur *race*

fox-hunting chasse au renard

fractional time of the leader *r* temps fractionnaire du cheval en première position *c*

frame travail *pl: travails*
Appareil servant à la contention du cheval pour l'examiner, le ferrer etc.

Frederiksborg horse *breed* frederiksborg *race danoise* ; cheval de Frederiksborg

free choice ; ad-lib à volonté *lat ad libitum*

free flight (moment of ~) => suspension (moment of ~)

free generation génération libre de consanguinité

free handicap handicap libre

free walk pas libre

free walk on a long rein pas libre, rênes longues

free-for-all race course toutes catégories

free-legged pacer *br* ambleur sans entraves *ca* ; ambleur non entravé *ca*

freestyle style libre

freestyle dressage => kur

freeze brand *v* marquer à froid

freeze branding marquage à froid

Freiberg horse *breed* franc-montagnard ; feiberger ; cheval du Jura
Race suisse.

French hunting-coat redingote (à la française) de chasse à courre

French manner (old ~) => classic manner (of holding the reins)

French Saddle (horse) *breed* ; **Anglo-Norman** selle français ; anglo-normand
Issu du croisement de l'ancien cheval normand et du thoroughbred, ses origines se confondent avec celles du trotteur français. Il est inscrit au livre généalogique du cheval de selle français depuis 1958.

French trotter ; Norman trotter trotteur français

French-Canadian horse *old* => Canadian horse

Friesian (West ~) *breed* ; **Harddraver** frison (occidental)
Race d'origine hollandaise.

frightened ; afraid effrayé

frock coat jaquette
Longue veste noire portée dans les concours de dressage classique.

frog fourchette ; coin du sabot *rare lat Cuneus ungulae*

frog dermis => dermis of the frog

frog-stay => spine of frog

from top to bottom (at the wire) dans l'ordre (au fil d'arrivée)

front drop apron *br* tablier tombant avant *ca*

front end => forehand

front jockey (of a western saddle)

front leg => forelimb ; foreleg

front runner ; front running horse => field leader *r*

front shin and tendon boot guêtre de tendon et de canon antérieur

frontal bone os frontal *lat Os frontale*

frontal sinus ; conchofrontal sinus
sinus frontal ; sinus concho-frontal *lat Sinus conchofrontalis*
Il comporte deux compartiments, l'un étant le sinus frontal vrai (Sinus frontalis NAV) et l'autre, le sinus conchal dorsal (Sinus conchae dorsalis NAV).

frost ; frosty givré *adj*
A coat with white hairs at the base of the tail and in the mane. They can also occur down the back, over the pelvic bones and other bony prominences of the body.

frozen *abbr: f* gelée
Might be used to describe the condition of a race track at a particular moment.
Peut être utilisé pour décrire la condition d'une piste de course à un moment donné.

frozen semen sperme congelé ; semence congelée

frusemide => furosemide

full (blinker) cup gobelet (d'oeillère) entier

full brother frère propre

full extension of the neck descente de l'encolure

full field *r* ; **full pack** *r* peloton complet *c*

full gallop (at ~) grand galop (au ~)

full hood camail ; couvre tête et cou

full mouth bouche faite ; dentition complète
When all the milk teeth have been replaced by the permanent teeth.
Quand, vers l'âge de cinq ans, les coins d'adulte sont en contact et que les dents d'adultes sont toutes très visibles, y compris les crochets chez le mâle.

full pack *r* => full field *r*

full sister soeur propre

full spoon cheek filet à double spatule

full stocking => white to above knee // hock

full swedge(d) horseshoe fer à rainure complète ; fer entièrement rainé

full-cheek (mouthpiece) aiguilles (embouchure avec ~)

full-cheek snaffle filet à aiguilles

fuller => creaser

fullered shoe ; swedged shoe ; creased shoe fer rainé
The fullering in the swedged shoe is sometimes (mainly in North American harness racing) presented as being a wide and deep one.

fuller(ing) ; swedge / swedging ; crease rainure (d'un fer) ; cannelure
The swedge is sometimes presented as a wide and deep indentation in the shoe.
On y fait les étampures et elle empêche la tête du clou de trop dépasser. On lui attribue aussi d'autres utilités.

fullness (of a horseshoe) ; area of expansion *(1)* ; **projection** *(2)* garniture
The width of a shoe that is exceeding the bottom of the hoof wall. 1) To allow natural expansion of the foot, as it is going on and off the ground. 2) The area of the shoe where the hoof would stand if it were well shaped, this is done to shift the centre of weight bearing on the leg.
Portion du fer qui excède le bord de la muraille, que ce soit simplement pour permettre l'expansion naturelle du sabot ou pour aider à corriger un défaut d'aplomb.

Fulmer snaffle => loose-ring cheek snaffle

fundus of (the) stomach ; saccus cecus fond de l'estomac *lat Fundus ventriculi*

Furioso ; Furioso-North Star (horse) *breed* furioso
Race d'origine hongroise.

furlong furlong ; stade
tr: Equals to 1/8 statute mile, 40 rods, 220 yards or 201.2 metres.
ct: Mesure anglaise longue de 220 verges (1/8 de mille ou 660 pieds) ou 201,2 mètres.

furosemide ; frusemide furosémide ; lasix

furze => gorse

futurity futurité

futurity race course futurité
Participants are nominated during the gestation or during their birth year.
Les chevaux y sont mis en nomination pendant la gestation ou dans l'année de leur naissance.

gag bit filet releveur ; gag
Any bit with rounded cheekpieces passing through holes in the bit rings, or rollers, pulleys etc., its primary purpose being to raise the head.

gain ground *v r* ; **make up ground** *v r* remonter dans le peloton *c* ; reprendre du terrain *c*

gait ; pace *n* allure
N'importe laquelle parmi les façons qu'utilise le cheval pour se déplacer.
Peut aussi désigner la rapidité des mouvements du cheval qui se déplace.

gaited saddler => five-gaited horse

gaiting strap *br* courroie d'allure *ca*

gaits ; paces allures

Galician pony *breed* poney galicien
Race d'origine espagnole.

Galician-Asturian horse *breed* galicio-asturien
Race d'origine espagnole.

gallop *v* galoper

gallop galop *s.a. canter*

gallop a horse *v* => canter a horse *v*

gallop(ing) stride foulée de galop

Galvayne's groove rainure de Galvayne ; signe de Galvayne
Ligne foncée qui apparaît sur les bords externes des coins supérieurs vers l'âge de dix ans.

gambler joueur
Somebody playing games of chance for money.
Personne qui s'adonne à des jeux d'argent.

Gambler's Choice *hj*
Le cavalier accumule des points, sans risquer d'en perdre, selon les obstacles qu'il choisit et réussit pendant 60 secondes. Après cette période il bénéficie de 20 secondes pour sauter une clôture optionnelle, appelée «Joker».
Les points attribués à cette dernière clôture sont déductibles du total obtenu durant la première partie du parcours.

gamma-amino-butyric acid *abbr:*
GABA acide gamma-aminobutirique

ganglion ganglion *lat Ganglion*
Centre nerveux secondaire, ils sont pour la plupart dans le voisinage de la moelle épinière.

Gardian ; Gardien gardian *mot provençal*

Gardien => Gardian

Garrano *breed* garrano
Race d'origine portugaise.

gaskin ; second thigh ; leg *(1)* ; lower thigh jambe *lat Crus*
1) Stricto sensu, part of the horse's hind limb, between the stifle and the hock.
Au sens strict: partie du membre postérieur correspondant au tibia et comprise entre le grasset et le jarret du cheval.

Gasterophilus => bot fly (horse ~)

Gasterophilus equi / intestinalis Gastrophilus equi / intestinalis

gastric juice suc gastrique

gastritis gastrite
Inflammation of the lining of the stomach.
Inflammation de la muqueuse de l'estomac.

gastrocnemius muscle muscle gastrocnémien ; muscles jumeaux de la jambe *anc lat Musculus gastrocnemius*
Il possède deux corps charnus et forme, avec le muscle soléaire, le muscle triceps sural dont le tendon terminal entre dans la constitution du tendon calcanéen.

gastrocnemius tendon tendon gastrocnémien ; tendon des jumeaux de la jambe *anc*

gastroscopy gastroscopie

gate ; fence (vertical ~) barrière
An upright jumping obstacle looking like a fence around a field, paddock or park. s.a. other entry
Le mot barrière désigne ici un obstacle vertical composé de barres ou de planches disposées horizontalement ou verticalement et rappelant une clôture autour d'un champ ou d'un parc. v.a. autre inscription

gate barrière
A gate that is to be opened in some western-riding competitions. s.a. other entry
v.a. autre inscription

gate crew *r* préposés à la barrière *c*

gauze gaze

gear => tack ; tackle

geld *v* ; **castrate** *v* castrer ; châtrer ; hongrer

gelded horse => gelding

gelder hongreur
Personne qui castre les chevaux.

Gelderland horse *breed* gelderland ; cheval du Gelderland
D'origine hollandaise.

gelding ; gelded horse ; castrated horse hongre ; cheval castré / châtré
A male horse, at any age, that has no testicles left, or whose testicles are atrophied and not functioning.
Cheval mâle n'ayant plus de testicules, ou ayant des testicules atrophiés et non fonctionnels.

gemelli muscles muscles jumeaux ; muscles jumeaux du bassin *anc lat Musculi gemelli*

gene gène

genealogy généalogie *s.a. pedigree v.a. pedigree*

general condition état général

generalized edema / oedema => anasarca

genet => hinny

genetic *adj* ; **genetics** *n pl (treated as sing.)* génétique *n & adj*

genetics *n pl (treated as sing.)* => genetic *adj*

genital organ organe génital *pl: organes génitaux*

genitofemoral nerve nerf génito-fémoral *lat Nervus genitofemoralis*

genotype génotype

genu valgum => knock-knees

German rein ; Market Harborough
This is rather a martingale, two strips are passing through the bit rings and fastening onto the reins (which are directly attached to the bit rings) by means
of metal dees. A downward pressure is applied only when the horse throws the head upwards. In Germany it is known as the «English rein».

gestation gestation

get in the saddle *v* monter (en selle) ; mettre en selle (se ~)

get on one's high horse *v* monter sur ses grands chevaux
Grande colère ou réaction similaire. Au Moyen-Âge les seigneurs laissaient leurs palefrois à la maison et montaient sur leurs grands chevaux quand ils partaient se battre.

get the tongue over the bit *v* passer la langue sur l'embouchure ; lâcher son mors *Bel*

Getah virus disease

Giara pony *breed* poney de la Giara
Race d'origine italienne.

Gidran *breed* ; **Hungarian Anglo-Arab horse** anglo-arabe hongrois *race* ; gidran

gimmick wagering pari exotique
Tous les paris faits sur deux chevaux ou plus.

gingiva ; gum gencive *lat Gingiva*

girth *n* ; **cinch** sangle

girth *west.* ; **cinch** *west.* sangle *west.*
Normally attached on one side by its buckle to the off-billet (already fixed to the saddle), and on the other side by the cinch / tie strap (already fixed to the saddle) which passes through the ring of its second buckle.
Pour la selle western, la sangle proprement dite comporte une boucle de métal à chacune de ses extrémités, c'est par ces boucles qu'elle sera attachée à deux courroies déjà attachées à la selle.

girth *v* ; **tighten the girth** *v* sangler

girth cover ; cinch cover *west.*
couvre-sangle ; gaine de sangle

girth gall plaie de sangle

girth place ; heart girth passage des sangles
Area where the girth is applied.
Région du torse du cheval où l'on passe les sangles, tout juste en arrière des coudes.

girth strap *class.* contre-sanglon *class.*
To which the girth is buckled on the saddle. *s.a. off-billet*
Courroie trouée fixée à la selle et sur laquelle vient s'attacher la boucle de métal de la sangle. *v.a. courroie de sangle*

girth (strap) *br* => saddle girth *br*

girth's circumference ; circumference of chest tour de sangle / poitrine ; périmètre thoracique

give *v* céder
Le cheval cède à une pression (de la jambe, par exemple). Il cède aussi lorsqu'il répond positivement à toute autre sollicitation en laissant tomber une défense, une résistance ou une simple raideur. Le cavalier ou le meneur cède lorsqu'il relâche cette contrainte, cette pression ou cette sollicitation. Naturellement, on peut aussi dire que l'un ou l'autre cède lorsqu'il abandonne et ne fait plus d'efforts positifs, mais ce n'est pas le sens dans lequel le verbe céder est normalement utilisé.

give the signal to start *v* donner le départ

give way to the leg *v* céder à la jambe

glanders (cutaneous ~) farcin
Morve cutanée, lorsque la maladie n'a que des manifestations cutanées, les fosses nasales n'étant pas atteintes. Attention de ne pas l'assimiler au terme anglais «farcy».

glanders (equine ~) morve *lat malleus*
Caused by Pseudomonas mallei. *s.a. farcy*
Maladie d'origine microbienne très grave et très contagieuse. Des foyers de suppuration apparaissent dans la cloison médiane du nez et ailleurs sur le corps. *v.a. farcin*

glans penis gland du pénis *lat Glans penis*

glass-eye => wall-eye ; walleye

glossy coat robe brillante / lustrée

glove gant

gluteal artery / arteries (cranial // caudal ~) artère(s) glutéale(s) (crâniale(s) // caudale(s)) *lat Arteria glutea / glutaea (cranialis // caudalis)*

gluteal fascia fascia glutéal *lat Fascia glutea*

gluteal nerve (cranial // caudal ~) nerf glutéal (crânial // caudal) ; nerf fessier (antérieur // postérieur) *anc lat Nervus gluteus / glutaeus (cranialis // caudalis)*

gluteal region région glutéale ; région de la fesse

gluteus accessorius muscle muscle fessier accessoire *lat Musculus gluteus accessorius*

gluteus maximus muscle *old* => superficial gluteal muscle

gluteus medius muscle muscle fessier moyen ; muscle gluteus medius *lat Musculus gluteus medius*

gluteus profundus muscle ; deep gluteal muscle muscle fessier profond *lat Musculus gluteus profundus*

gluteus superficialis muscle => superficial gluteal muscle

glycerin glycérine *lat glycerinum*

go to the post *vr* rendre à la barrière de départ (se ~)

goat knee ; buck(ed) knee genou brassicourt ; genou arqué

goggles lunettes protectrices

gogue gogue
Variété de chambon.

going (of the track) => track condition

goiter *US* => goitre *Brit*

goitre *Brit* ; **goiter** *US* goitre

golden doré

golden bay bai doré
Golden yellowish-brown bay coat.
Robe baie avec des reflets dorés.

golden chestnut alezan doré

golden spot *br* position idéale *ca*
Just behind the leader, that is cutting the wind, and close enough to make a strong bid in the home stretch.
Derrière le meneur, qui coupe le vent, et qu'on pourra chercher à dépasser dans le dernier droit.

gonitis ; goneitis gonite
Inflammation or arthritis of the knee, stricto sensu the femorotibial (stifle) joint, but seems to be also applied to the forelimb.

good *abbr: gd* bonne
r: The physical condition of the track at a given time.
c: État de la surface de la piste à un moment donné.

good action allure énergique

good and easy seat ; supple seat assiette souple et élastique

good bone ; plenty of bone *(1)* bonne ossature
Good density of bone. 1) Usually (but not necessarily) applied to the legs.

good mouth bonne bouche
Se dit d'un cheval qui obéit bien au mors.

good seat bonne assiette

good seat (rider with a ~) bonne assiette (cavalier ayant une ~) ; bien en selle (cavalier ~)

good start ; fair start bon départ

goose rump ; jumping rump croupe en pupitre ; croupe avalée ; croupe abattue
The rump inclines sharply downwards, the slope of the pelvis being significantly greater than 30 degrees with the horizon. *s.a. sloping croup*
Trop oblique. *v.a. croupe inclinée*

gooseneck trailer semi-remorque

gorse ; furze ajonc

Gotland pony *breed* ; **Swedish pony** poney du Gotland *race suédoise*

government levy / take-out prélèvement (du gouvernement)

gracilis muscle muscle gracile ; muscle droit médial de la cuisse *anc* ; muscle droit interne *anc* *lat Musculus gracilis*

Grackle noseband => cross-over noseband

graded (shoe) pad ; degree pad coussinet (de pieds) à degrés

grains grains

Grand Prix Grand Prix

Grand Prix de Dressage Grand prix de dressage

Grand Prix Jumping (Event) Grand prix de sauts d'obstacles

Grand Prix Special Grand prix spécial

granddam => second dam

granddaughter petite-fille

grandsire deuxième père ; grand-père

grandson petit-fils

grandstand estrade des spectateurs ; grande estrade ; tribune principale

granulation tissue (excess ~) ; proud flesh tissu cicatriciel (excédentaire) ; granulation (tissu de ~ excédentaire) ; bourgeon charnu ; granulation fongueuse

grass herbe

grass (at ~) pré (au ~) ; prairie (en ~) ; herbe (à l'~)

grass course / track ; turf course / track piste de gazon *c* ; piste en herbe *c*

grass family graminées *lat Gramineae*

grass foal => weanling

grass horse *tr* cheval de courses au galop sur gazon

grass race => turf race

gravel => abscess (in a hoof)

gray *US* => grey *Brit*

graze *v* ; **pasture** *v* brouter ; pâturer ; paître

grazing grounds => pasture

grease for hoofs => hoof grease

grease heel *see cracked heels*

grease the hooves *v* graisser les sabots

great metatarsal *old* => metatarsal bone (large / third ~)

greater trochanter (of the femur) grand trochanter *lat Trochanter major*

great-granddam => third dam

green fodder fourrage vert ; vert

green horse cheval débutant
r: A horse that has not raced or has raced only a few times.

grey *Brit* ; **gray** *US* gris
Varying mosaic of white and coloured hairs growing from a dark hide. With the age, the coat becomes lighter and changes from patterns and shades, as the percentage of white hairs increases. If the colour is permanent it will rather be described as roan.
Poils noirs (ou presque) et blancs (ou presque), mélangés sur une peau foncée. Le qualificatif de gris peut s'appliquer aussi bien aux chevaux dont la couleur de la robe n'est pas permanente et devient de plus en plus pâle avec l'âge, qu'à ceux dont la robe est permanente, ce qui n'est pas le cas pour «grey».

greyhoundy *adj* => herring gut

greyish area grisonné *adj & n*
Area with enough white hairs to give a greyish appearance.
Zone ou robe dans laquelle les poils blancs sont assez nombreux pour donner une apparence grisâtre.

grey-ticked ; **rabicano** rubican *adj & n*
White hairs sparsely distributed through the coat.
Se dit du cheval ou de la robe présentant des poils blancs qui ne sont jamais assez nombreux pour changer la couleur du fond de la robe.

grind the teeth *v* grincer des dents

grinder => molar

grinders => molars ; molar teeth

grinding surface => dental table

Groningen horse *breed* groningue ; cheval de Groningue
Race hollandaise.

groom ; lad *(1)* palefrenier *f: palefrenière*
1) r: A lad looks after racehorses, rides them out and accompanies them to race meetings. *s.a. stable boy* v.a. garçon d'écurie et garde d'écurie

groom *v* panser

groom a horse *v* prendre soin d'un cheval ; soigner un cheval

groom horses *v* prendre soin de(s) chevaux ; soigner des / les chevaux

grooming pansage

grooming glove gant de massage

groove rainure

gross prize money montant brut distribué en prix

ground border => bearing edge (of the wall of the hoof)

ground rail barre (déposée sur le sol)

ground surface (of a shoe) face inférieure (d'un fer)

ground tie *v*
To have the horse standing still with the reins touching the ground, without being tied to a rail or post.

ground work => work in hand *n*

grounds of a race track / course enceinte d'un hippodrome

growth *of the hoof wall* avalure ; pousse
Croissance de la muraille du sabot.

grulla ; grullo => mouse-dun ; mouse-coloured

guard-rail / guardrail => take-off pole

gullet (of a saddle) liberté de garrot ; gosier (d'une selle) *west.*

gum => gingiva

gut => intestine

gut lining ; intestinal mucosa muqueuse intestinale

guttural pouch poche gutturale
Cavité située de part et d'autre du pharynx et s'ouvrant dans celui-ci par une fente d'environ trois centimètres de long.

gymkhana gymkhana

habit habitude

habronemiasis habronémose
A disease caused by the nematodes Habronema muscae, H. majus (also called H. microstoma) or

Draschia megastoma (also called Habronema megastoma). *s.a. cutaneous habronemiasis*

hacienda hacienda

hack cheval de promenade
class.: Type of refined riding horse with good conformation, manners and action.

hackamore hackamore ; jaquima
The true hackamore consists of a bosal, along with a mecate as reins, a fiador as throat latch which also prevents the bosal from bumping against the lower jaw, and a lightweight latigo headstall that may be slit to be passed over an ear. It may also be made more secure by a cavesada as a browband.
Le véritable hackamore comporte un bosal. On désigne parfois sous le nom de hackamore mécanique une bride sans mors qui agit sur le chanfrein le plus souvent par l'intermédiaire de branches agissant comme le levier.

hacking => pleasure

Hackney (horse) *breed* hackney
Race d'origine britannique.

Hackney (pony) *breed* hackney (poney)
Race d'origine britannique.

haematoma *Brit* ; **hematoma** *US* hématome
Hémorragie qui reste sous la peau.

haematuria *Brit* ; **hematuria** *US* hématurie
Présence de sang dans les urines.

haemorrhage *Brit* ; **hemorrhage** *US* hémorragie

haemorrhagic purpura *Brit* ; **hemorrhagic purpura** *US* purpura hémorragique *lat purpura haemorrhagica*

Haflinger (pony) *breed* haflinger
Race originaire du Tyrol.

hair (a ~) poil (un ~) *lat Pilus pl: Pili*

hair follicle follicule pileux
Les follicules pileux assurent la régénération des poils du cheval.

hairworm ; stomach hairworm ver capillaire *lat Trichostrongylus axei*

half (blinker) cup demi-gobelet (d'oeillère)

half of arena demi-manège

half pirouette renversée demi-pirouette renversée
Rotation, at the walk, through 180 degrees around a foreleg serving as a pivot.
Pivot, au pas, de 180 degrés autour d'un des antérieurs.

half round hardy ; curved metal bevel ; heel cutter hardy biseau métallique courbé ; tranche(t) coupe-éponge / à éponges

half spoon cheek filet demi-spatule

half volte reversed demi-volte renversée
On quitte la piste en prenant une oblique, puis on fait la moitié d'une volte pour venir la reprendre à l'autre main.

half-bar shoe fer à demi-traverse

half-bred demi-sang
A horse with only one parent being considered as purebred. Also applies to a thoroughbred horse that is not eligible for entry in the «General Stud Book».

half-brother *(1)* demi-frère *(1)* ; frère utérin
1) Usually applied only for horses having the same dam.
1) Se dit habituellement uniquement pour des chevaux qui ont la même mère.

half-chaps ; leggings demi-jambières

half-circle demi-cercle

half-halt demi-arrêt ; demi-parade *anc*
Suite à l'action de tout le corps du cavalier afin de provoquer un bref instant de rassemblement, de «suspension» ou «d'arrêt (parade)», pour augmenter / reprendre l'attention et l'équilibre du cheval.

half-mile pole / post *r* poteau au demi-mille *c*

half-moon mouthpiece => mullen mouth(piece) ; mullen-mouth(ed) bit

half-pass *v* appuyer *v*

half-pass *n* appuyer *n*
The horse travels sideways and forwards, head slightly turned in the direction of the movement, shoulders preceding the haunches.
Exercice dans lequel le cheval se déplace latéralement, les antérieurs et les postérieurs sur deux pistes distinctes.

half-pass in canter *n* appuyer au galop *n*

half-pass on the diagonal (of the arena) *n* appuyer sur la diagonale (du manège) *n*

half-pirouette demi-pirouette
Executed through 180 degrees, around the inside hindleg. *s.a. half-turn on the hocks*
Pivot de 180 degrés, autour d'un postérieur qui doit demeurer le plus immobile possible. *v.a. demi-tour sur les hanches*

half-round half-swedge horseshoe fer demi-rond demi-rainure
Fer demi-rond dont la rainure n'occupe qu'une branche de la face (inférieure) arrondie.

half-round horseshoe fer demi-rond
Dont une face est plate et l'autre arrondie.

half-seat demi-assiette

half-shoe demi-fer

half-sister *(1)* demi-soeur *(1)* ; soeur utérine
1) Usually applied only to horses having the same dam.
1) Se dit habituellement uniquement pour des chevaux qui ont la même mère.

half-swedge shoe fer demi-rainure ; fer à rainure sur une seule branche

half-turn demi-tour

half-turn on the hocks / haunches / quarters ; rollback *west.* demi-tour sur les hanches
Executed through 180 degrees. *s.a. half-pirouette*
Pivot de 180 degrés. *v.a. demi-pirouette*

half-volt ; half volte demi-volte
La moitié d'une volte, on revient reprendre la piste, à main opposée.

half-white coronet trace de balzane demi-circulaire

halt *n* parade
The horse has come to an halt on the bit and in good balance.
Arrêt, en équilibre, du cheval, comme à l'intérieur ou au milieu de sa marche.

halt *n* arrêt *v.a. parade*

halt *v* ; **stop** *v* arrêter

halt on a loose rein arrêt libre

halt (on the bit and in good balance) *v* arrêter (ferme et en équilibre) *v.a. parade*

halt through walk halte en passant par le pas

halter ; head halter / collar / stall licol ; licou

halter *v* mettre un licou

halter class classe de (présentation au) licou

hame attelle

hame dee / terret anneau d'attelle ; anneau pour guides ; clef d'attelle

hame strap courroie d'attelles

hame tug boucleteau de trait

hame tug buckle boucle à mancelles *att*

hammer (of the ear) marteau (de l'oreille) ; malleus *lat Malleus*

hammer (shoeing / driving / nailing ~) brochoir ; marteau de maréchal-ferrant ; mailloche *(1)*
Pour enfoncer les clous. 1) Parfois présentée comme n'ayant pas d'échancrure (nommée «oreilles» ou «panne») servant à arracher ou à couper les clous en les tordant.

hamstring muscles muscles ischio-tibiaux
Caudal thigh muscles: semimembranous, semitendinous and biceps femoris.
Semi-membraneux, semi-tendineux et biceps fémoral.

hand main *Can.*
A 4-inch (10.16 cm) unit measuring the height of a horse.
Mesure (valant 4 pouces ou 10,16 cm) de la taille d'un cheval.

hand grip poignée

hand hold ; handhold poignée de guide

hand service saillie assistée ; monte en main

handicap handicap
May be a weight or time handicap, or design the race for which a weight handicap has been fixed.
Peut être un handicap de poids ou de temps qui sert à niveler les chances entre les concurrents.
Peut désigner la position d'un cheval à la barrière de départ d'une course.

handicap *v* handicaper
1st: Assigning a given horse some sort of disadvantage (a handicap) according to the pertaining formula. 2nd: Estimating the odds, through comparative data, that each horse has to win something in a given race.
1° Assigner un désavantage (un handicap) selon la formule applicable dans la situation. 2° Estimer les chances de gain entre plusieurs participants à une course.

handicap according to rating handicap de catégorie

handicap race course avec handicap

handicap weight poids de handicap

handiness of the horse maniabilité du cheval

handle *r* paris (montant total des ~)
The total amount wagered, be it on a race, on a daily racing programme, or an entire season.

handle (file / rasp ~) manche de râpe

hands (action of the ~) mains (action des ~)
One of the natural aids for riding or driving a horse.
Une des aides naturelles pour solliciter un cheval.

hands (high) *abbr: hh* mains *Can.*
Height of a horse from top of withers to the ground.
Taille d'un cheval, du sol au sommet de son garrot.

hang out the tongue *v* sortir la langue

hanger ; suspender support

hanging rein ; floating rein rêne flottante ; rêne en guirlande

Hanover horse; Hanoverian (horse) *breed* hanovrien
Race d'origine allemande.

hard hat *class.* => cap (hunting / skull / jockey's ~)

hard mouth ; poor mouth bouche dure ; fort en bouche *adj*
A mouth more or less insensible to the bit.
S'applique au cheval peu sensible à l'action du mors.

hard palate palais dur *lat Palatum durum*

Harddraver => Friesian (West ~) *breed*

hardy *pl: hardies* tranche(t) (d'enclume)
A cutting off tool mounted in the anvil and used to cut hot or cold stock.

hardy for cold // hot cutting tranche(t) à froid // à chaud

hardy / hardie hole ; toolhole oeil porte-outils ; oeil carré ; mortaise
A square hole in the face on an anvil.
Trou carré dans la table d'une enclume.

harmonious use of aids accord des aides
Complémentarité et équilibre entre les différentes aides pour obtenir le mouvement recherché. Les aides ne doivent surtout pas avoir des effets antagonistes les unes par rapport aux autres, ce qui ne peut que créer de la confusion.

harness => tack ; tackle

harness bag sac à harnais

harness driving attelage (conduite d'un ~) ; menage

harness race course attelée

harness racing courses attelées ; courses sous harnais
In North America, harness races are held both at trot and at pace. In other parts of the world, races at trot are not always held harnessed. In Germany, harness racing is held only at trot and named accordingly «Trabrennen», but a colloquial «Pacer-Rennen» is also used.

harness (up) *v* ; **put the reins on a horse** *v* ; **put on the harness** *v* harnacher

harnessed team attelage
Ensemble des chevaux attelés à une voiture.

harnessing attelage
The actions performed or ways used to harness horses.
Action ou manière d'atteler. *v.a. autres inscriptions*

harness-maker bourrelier ; harnacheur
Fabricant de harnais. Le mot harnacheur peut aussi s'utiliser pour celui qui harnache les chevaux.

haunch => hip

haunches-in ; quarters-in hanches en dedans

haute école haute école
Travail des allures relevées: passage, piaffé, pirouette, levade etc.

haw => nictitating membrane

hay foin

hay bag / net filet à foin

hay bale balle de foin

hay rack râtelier (à fourrage)

hazel (colour) noisette (couleur ~)
Speaking of horse's eyes: amber-coloured.

head tête *lat Caput*
Composée de trente-quatre os différents. On peut lui identifier deux parties: le crâne et la face.

head bumper protecteur de tête ; protège-tête
Protecting the top of the head, around the ears.
Protège le sommet de la tête, autour des oreilles.

head cap => hood

head cap with ears ; trotting hood with ears *br* bonnet avec cache-oreilles ; bonnet d'âne

head carriage port de tête

head groom / lad chef d'écurie

head halter / collar / stall => halter

head number plate *br* plaque de tête numérotée *ca*

head (of a nail) tête (d'un clou)

head of the home stretch => top of the (home) stretch

head placement placer de la tête

head pole perche de tête ; baguette de tête

head to the wall => travers

headpiece ; crownpiece têtière

head-rope longe d'attache

headstall *west.* => bridle

healing guérison ; cicatrisation
On parle de guérison d'une maladie et de guérison ou de cicatrisation d'une plaie.

heart coeur *lat Cor*
Son poids varie généralement autour de quatre kilos et demi, chez certains chevaux de course il peut atteindre sept kilos.

heart bar shoe fer en coeur
Fer à planche prolongée sur la fourchette.

heart girth => girth place

heart muscle => cardiac muscle

he-ass => donkey stallion

heat chaude *n*
Chacune des périodes de chauffage et de façonnage du fer lors de sa fabrication, lorsque celui-ci est trop froid pour être travaillé efficacement il faut une nouvelle chaude.

heat ; estrus *US* **; oestrus** *Brit* chaleur(s) ; oestrus

heat => trial

heat exhaustion coup de chaleur

heat therapy thermothérapie

heated hay foin chauffé / échauffé

heaves => broken wind

heave(s) line
Appears as the junction between the belly and the aponeurose of the external abdominal oblique muscle becomes visible in heaves.

heavily raced horse cheval qui a participé à beaucoup de courses

heavy *abbr: hy* très boueuse
r: The physical condition of the track at a given time.
c: État de la surface de la piste à un moment donné.

heavy draught / draft horse trait lourd (cheval de ~)

heavy horse cheval lourd

heavy neck => bull neck

heavy on the forehand sur les épaules
Se dit du cheval dont l'avant-main supporte une trop grande proportion de son poids.

heavy on the hand pesant sur / à la main ; appui lourd *n*
Said of a horse that is leaning on the bit / hand.
Lorsque le cheval prend un contact très fort avec le mors.

hedge ; brush (jump) ; hurdle haie

heel *anat* talon *anat s.a. bulb (of a heel)*

heel calk / cork crampon d'éponge

heel crack seime en talon

heel cutter hardy => half round hardy

heel marking (left // right ~) => white (left // right) heel

heel (of a horseshoe) éponge (d'un fer)
Extrémité de la branche qui va sous les talons.

heel (of an anvil) talon (d'une enclume)

heel wedge talonnette
Plaque formée pour relever les talons lors du ferrage.

heels too low talons trop bas *s.a. foot broken back*
L'axe du paturon est ainsi plus vertical que celui du pied. *v.a. pied à talons trop bas*

height (at withers) taille (au garrot)
The height of a horse (unless otherwise stated) is measured «at withers»: from the ground to the top of the withers.
Mesure habituelle de la taille d'un cheval, se mesure en mains ou en mètres, du sol au sommet du garrot.

height measurement mesure de hauteur

height of rump hauteur à la croupe

heightening => elevation

helmet *r & class.: (safety ~), class.: (riding ~)* => cap (hunting / skull / jockey's ~)

helminth helminthe
Any parasitic worm, including nematodes, cestodes and trematodes.
Tout ver parasite, incluant les nématodes, les cestodes et les trématodes.

helminthiasis ; helminthinfestation helminthose ; helminthiase

hematoma *US* => haematoma *Brit*

hematuria *US* => haematuria *Brit*

hemorrhage *US* => haemorrhage *Brit*

hemorrhagic purpura *US* => haemorrhagic purpura *Brit*

he-mule => mullet

hepatic artery artère hépatique *lat Arteria hepatica*

hepatic vein(s) veine(s) hépatique(s) *lat Venae hepaticae pl*

herd harde

herdholder
In a cutting competition, there is two of them, riding on each side of the herd, to keep it centred along the back fence.

herding instinct instinct grégaire

hereditary defect => inborn defect

heredity hérédité

herring gut ; greyhoundy *adj* ventre de levrette ; ventre retroussé ; levretté (ventre / cheval ~)
Said of a horse having a mean body running upwards from girth to quarters.
Trop maigre à l'arrière, la ligne inférieure remonte vers le haut à l'arrière.

high (inside // outside) rim talus (en rive interne // externe)
High rim on a horseshoe.
Rive d'un fer qui est plus élevée que l'autre.

high jump saut en hauteur

high prancing gait => high stepping gait

high ringbone forme du paturon ; forme haute
Occurring around the pastern joint.
Implique l'articulation entre les deux premières phalanges.

high school horse cheval de haute école

high set tail queue attachée haut

high spavin
Located higher on the hock than usual.

high stepping gait ; high prancing gait allure relevée
A gait with high action of the legs, prancing refers to high flexion of both the hocks and the knees.
Dans laquelle les membres se fléchissent beaucoup.

high withers garrot saillant

high-crest encolure rouée
Dont le bord supérieur est courbé (convexe) sur toute la longueur.

high-jump competition compétition de saut en hauteur

Highland pony *breed* highland
Race originaire d'Écosse.

hind ankle boot guêtre de boulet arrière

hind leg / limb ; pelvic limb membre postérieur ; jambe postérieure / de derrière ; postérieur ; membre pelvien *lat Membrum pelvinum*

hind shin and half hock boot guêtre de canon arrière et demi-jarret

hind-cannon ; shannon canon (postérieur)
Partie des membres postérieurs comprise entre le jarret et le boulet.

hind-cannon bone => metatarsal bone (large / third ~)

hind-legs membres postérieurs ; bipède postérieur

hindquarter ; quarter (of the horse) quartier arrière (du cheval)
Area between the back of the flank, the root of the tail, and the top of the gaskin, but sometimes presented as including the whole leg and even the loin.
Bien que la notion de quartier existe en français elle ne semble pas être appliquée au cheval.

hinge(d) quarter boot protecteur en deux parties pour couronne et pied

hinny ; bardot ; jennet *(1)* **; genet** *(1)* bardot ; bardeau *lat hinnus*
Offspring of a horse or pony stallion and a female donkey. 1) Also a small Spanish horse and a type of horse (an ambling hack) known in the twelfth
century. *s.a. mullet and other entries*
Engendré d'un cheval et d'une ânesse. *v.a. mulet et autres inscriptions*

hinny (female ~) bardot femelle ; bardote *s.a. other entries v.a. autres inscriptions*

hinny (horse ~) bardot (mâle) *s.a. other entries v.a. autres inscriptions*

hip *(1)* **; haunch** *(2)* hanche *lat Coxa*
1) Corresponding to the front and side area of the pelvis. 2) The area around the hip, including the upper thigh, this is the term used when describing the
movements of the horse (haunches-in etc.).
Correspondant, dans l'usage courant, à la région de la bordure antérieure et de la bordure externe de l'os coxal (Regio tuberis coxae). Peut aussi être considérée comme la région comprise entre le sommet de la croupe, la fesse et le flanc.

hip bone ; os coxae os coxal *lat Os coxae*
Toujours soudé avec son vis-à-vis du côté opposé. Il est formé par une solide soudure de l'os ilium, de l'os pubis de l'os ischium.

hip down ; dropped hip hanche coulée
The permanent result of a fracture of the hip.
Déformation résultant d'une fracture.

hip dysplasia dysplasie de l'articulation de la hanche
Abnormally shallow development of the hip socket (acetabular dysplasia), and small femoral head; affecting hip joint size, shape and movement.

hip joint articulation de la hanche ; articulation coxo-fémorale *lat Articulatio coxae*

hip socket => acetabulum

hippology hippologie

hipshot *adj* => dislocation of hip joint *n*

hitching fee *r* droit d'inscription moyennant rétribution *c*

hitching post poteau d'attache

hitching rack barre d'attache

hitching ring *hj hd* => paddock

Hobbie => Connemara (pony) *breed*

hobble hangers / strap *hr* ; **hopple hangers / strap** *hr* supports d'entraves ; bretelles d'entraves
Suspendent les entraves en position.

hobble strap *west.*
Securing the fender and the stirrup leather just above the stirrup.

hobbled / hoppled pacer *hr* ambleur entravé *ca*

hobbles ; hopples entraves

hobbles entravon
Hind hobbles or front leg hobbles; the front leg hobbles are fastening the forelegs together to prevent the horse from straying.
Entrave formée de deux pièces adaptées aux deux antérieurs ou aux deux postérieurs du cheval.

hobby-horse cheval de bataille *sens figuré*

hock ; tarsus jarret ; tarse *lat Tarsus*
Région de la jambe postérieure, entre la jambe et le canon. Dans le sens strict le mot jarret désigne la région du tarse (Regio tarsi NAV) et le mot tarse (Tarsus NAV) le premier segment du squelette du pied.

hock *v* => engage (the haunches) *v*

hock boot protège-jarret ; jarretière ; botte de jarret

hock hygroma => capped hock

hock joint(s) articulation(s) du jarret / tarse *lat Articulatio(nes) tarsi*
Implique le tibia, les os du tarse et les trois métatarsiens.

hock, shin and ankle boot guêtre de jarret, canon et boulet ; botte pour jarret, canon et boulet

hog-back => arch-back

hogged mane ; roached mane crinière rase

hog's back dos d'âne
Where the first and third part of the jump are lower than the middle one.
Obstacle présentant une arête médiane et deux versants.

hold back a horse *v r* retenir un cheval *c*

hold in the haunches *v* tenir les hanches

hold on good *v r* tenir le coup *c*

hole in the field / pack *r* ouverture dans le peloton *c*

hole on the rail *r* ouverture (dans le peloton) le long de la clôture *c*

hole (pritchel / punching ~) oeil rond
A small round hole in the face on an anvil.
Petit trou rond dans la table d'une enclume.

hollow ; dip ensellement
Hollow of the back of a saddle-backed or sway-backed horse.
Courbe du dos du cheval qui est ensellé.

hollow (-mouth snaffle) bit filet creux

hollow of heel pli du paturon
Creux à l'arrière du paturon juste au dessus du sabot.

hollow of knee pli du genou

hollow of the flank creux du flanc *lat Fossa paralumbalis*

hollow wall fourmilière
Cavité qui s'est formée entre la corne et la partie vivante du pied, elle est le plus souvent sous la paroi mais peut aussi être sous la sole.

hollow-back => saddle-back

Holsteiner; Holstein (horse) *breed* holstein
Race d'origine allemande.

home market area *r* zone d'exploitation exclusive (d'un hippodrome)

homestretch ; home stretch ; straight / stretch (front ~) ; straight (home ~) droit ; dernier droit
The term «stretch» may be applied to any straight section of a racecourse or especially to the concluding stretch (the homestretch). The term «straight» applies especially to this concluding stretch. The «front straight / stretch» is the straight section on which are usually the starting and the finishing lines, and which is nearest to the main grandstand. The term «homestretch» applies more clearly and exclusively to the straight section where the competitors «run-in» to the winning post, from the last curve of the course.
Le dernier droit sur la piste de course mène au fil d'arrivée. C'est par ailleurs le droit le plus près des estrades, et où se situent normalement le départ et l'arrivée, qui présente le plus d'intérêt. C'est pour cette raison qu'il est souvent appelé simplement le droit. *v.a. autre droit (l'~)*

homestretch position => stretch position

honey roan aubère clair
Light sorrel, especially blond, and white hairs.
Robe composée de poils alezan clair et de poils blancs.

hood *(1)* ; **head cap** *(2)* capuchon *(1)* ; cagoule *(1)* ; bonnet *(2)*

1) A cloth covering for the head only or for the head and neck. 2) A cloth covering for the head only. *s.a. full hood*

1) Protège, en tout ou en partie, la tête et l'encolure. 2) Couvre la tête seulement. *v.a. camail*

hoof sabot *lat Ungula v.a. boîte cornée*

hoof bound / hoof-bound => contraction of a hoof

hoof cancer => canker

hoof chisel ciseau à sabots

hoof gauge ; protractor (foot ~) ; hoof leveller / leveler compas d'angularité (pour sabots) ; rapporteur à sabots

hoof grease ; grease for hoofs graisse à sabots

hoof knife ; hoof parer ; drawing knife rénette ; reinette ; rainette ; couteau de maréchal-ferrant ; couteau anglais *Fr*

Used to pare the sole, and for many other works in the horn. *s.a. sole knife*

Couteau à extrémité repliée, servant principalement à tailler la corne de la sole et de la fourchette. *v.a. rogne-pied*

hoof leveller / leveler => hoof gauge

hoof packing paquetage (pour les pieds des chevaux) ; rembourrage ; étoupade

hoof parer => hoof knife

hoof pick cure-pieds

hoof rings ; rings of horn cercles de corne / sur le sabot

They may be fever, growth or grass rings (associated with changes in the life and environment of the horse), or founder rings.

hoof tester(s) pince exploratrice ; pince à sonder

Large pincers used to detect soreness in deeper structures of the foot.

Large paire de pinces utilisée pour localiser une douleur dans le pied du cheval.

hoofcare ; hoof care => care of hooves

hook (of a corner incisor) queue d'aronde *pl: queues-d'aronde*

Excroissance qui apparaît sur le bord des coins supérieurs, elle s'usera contre les autres dents et disparaîtra.

hooks crochets

Located on the branches of a curb bit.

Sur les branches d'un mors de bride, ils servent normalement à attacher la gourmette.

hoop ceinture

r: One of the markings that may be part of a racing colour scheme.

c: Un des motifs pouvant faire partie d'un dispositif de couleurs.

hooped ; hoops *n* cerclé

r: One of the markings that may be part of a racing colour scheme.

c: Un des motifs pouvant faire partie d'un dispositif de couleurs.

hoops *n* => hooped

hopple hangers / strap *br* => hobble hangers / strap *br*

hopples => hobbles

horizontal croup => flat croup

horn *anat* corne *anat*

horn (of a saddle) *west.* corne (de la selle) *west.*

The prominent projection on the pommel of western saddles and some Australian stock saddles.

La différence entre la corne et le pommeau (lui-même désigné aussi parfois comme étant le gosier) n'a pas toujours été faite en français. *v.a. pommeau et liberté de garrot*

horn (of an anvil) ; beak ; bick bigorne (d'une enclume)

horn tubes / tubules (of the hoof wall) tubes cornés (de la paroi du sabot)

horny box boîte cornée *lat Capsula ungulae*

Composée de la sole, des glomes, de la fourchette et de la paroi du sabot.

horny laminae / lamellae ; epidermal lamellae / laminae lamelles kéraphylleuses ; feuillets de corne ; feuillets de kéraphylle *lat Lamellae epidermales s.a. laminar corium*

Lamelles de corne de l'intérieur de la paroi du sabot. Elles sont intimement insérées dans celles du podophylle. *v.a. chorion de la paroi (du sabot)*

horse cheval *pl: chevaux lat Equus caballus*

Species «Equus caballus» include all modern domesticated horses and some closely related feral and wild counterparts.

Le cheval domestique, de l'ordre des ongulés, famille des équidés. Il est apparu il y a environ un million d'années.

horse bean ; fava bean féverole *lat Vicia faba*

horse breed race équine / de chevaux

horse chestnut marron d'Inde *lat Aesculus hippocastanus*

horse chestnut tree marronnier

horse cloth => blanket (horse ~)

horse dealer / trader commerçant de chevaux ; maquignon

horse family => equines (the ~)

horse guard garde à cheval

Horse Guards (the ~) Garde à cheval (le régiment de ~)

horse identifier ; horse tattoo man préposé à l'identification des chevaux

horse improvement amélioration de la race chevaline

horse litter => mule chair

horse meat viande de cheval

horse person ; horseman homme de cheval *pl: hommes de chevaux s.a. expert v.a. connaisseur*

horse population population chevaline

horse pox ; horsepox variole équine

horse race course de chevaux

horse racing industry industrie des courses de chevaux

horse show *hd* concours hippique *att*
L'expression n'est pas précise et peut inclure toutes les compétitions impliquant des chevaux.

horse show *hj* concours hippique *cs*
L'expression n'est pas précise et peut inclure toutes les compétitions équestres, elle est souvent utilisée pour désigner spécifiquement les concours de sauts d'obstacles.

horse show *class.* concours hippique
    équitation
L'expression n'est pas précise et peut inclure toutes les compétitions équestres.

horse swimming pool piscine pour chevaux

horse tail queue-de-cheval *pl: queues-de-cheval*

horse tattoo man => horse identifier

horse team, three abreast attelage à trois chevaux (de front)

horse team, two abreast attelage à deux chevaux (de front)

horse that is closing up (on the leader) *r* cheval qui se rapproche (de la tête / du meneur) *c*

horse thief voleur de chevaux

horse trailing the field *r* cheval qui tire de l'arrière *c*

horse trial ; event concours complet
May be one, two or three-day event. The three tests are, in their usual order: dressage, speed and endurance, and jumping. The speed and endurance is divided into four phases: roads and tracks, steeplechase, a further section of roads and tracks, and cross-country.

Peut être d'un, deux ou trois jours. Comporte, dans l'ordre habituel: une épreuve de dressage, une épreuve de fond et une épreuve d'obstacles. L'épreuve de fond comporte quatre phases: un parcours routier, un parcours de type steeple, un deuxième parcours routier et un parcours de type cross-country, plus serré que le steeple.

horseback => mounted *adj*

horseback riding ; equitation équitation

horse-bay => stall (standing ~)

horsebreaker dompteur de chevaux

horse-breeding élevage chevalin / de chevaux

horse-doctor => equine veterinarian

horse-drawn hippomobile ; tiré par des chevaux

horseflies taons ; tabanidés ; mouches des chevaux *lat Tabanidae*

horsehair (a ~) crin (un ~)
Chacun des longs poils de la crinière et de la queue. *v.a. crins (les ~)*

horsehide cuir de cheval

horse-laugh gros rire

horseman => horse person

horse(meat) butcher's shop boucherie chevaline

horsemen's gate *r* barrière des hommes de chevaux *c*

horsepower *pl: same* cheval vapeur *pl: chevaux vapeur*

horseradish raifort

horse-sense bon sens (gros ~)

horseshoe ; shoe fer (à cheval)

horseshoeing ; shoeing ferrure ; ferrage

horseshoer ; farrier ; plater ; smith (shoeing-~) maréchal-ferrant *pl: maréchaux-ferrants*

horsetail ; Equisetum *pl: equisetums / equiseta* ; **fox tail ; mare's tail** prêle *lat Equisetum*
A plant with a hollow jointed stem and looking like a horse's tail. Horses eating a lot of E. arvense or E. palustre develop thiamin deficiency.

horse-trading commerce de chevaux ; maquignonnage

horsewhip *v* => whip *v*

host race track hippodrome hôte

hot brand *v* marquer au fer (rouge)

hot fit the shoe (on the hoof) *v* ; **place the hot shoe against the hoof** *v* porter le fer à chaud (sur le pied)

hot tongs => tongs (blacksmith's / farrier's ~)

hot-rasp lime à feu
Used on hot metal.
Utilisée sur le métal chaud.

hound chien de meute

hounds (the ~) ; pack meute (la ~)

house fly ; housefly mouche commune / domestique *lat Musca domestica*

hub rail *br* => fence

humerus humérus *lat Humerus*
The arm bone.
L'os du bras, entre la scapula et le radius, il est attaché au thorax par des muscles.

hump ; bump ; lump bosse

Hungarian Anglo-Arab horse => Gidran *breed*

Hungarian draught horse *breed* trait hongrois *race*

hunt *n* chasse à courre

hunt crop => hunting whip

hunter *horse* cheval de chasse

hunter clip tonte de chasse
Clipping all hair, except on the legs and where the saddle would rest.
On laisse le poil sous la selle et sur les membres jusqu'à la hauteur de l'épaule ou du grasset.

hunter (field ~) cheval de chasse (à courre)

hunter (over fences) ; working hunter chasseur (sur obstacles)

hunting boot => top boot

hunting breast plate collier de chasse ; bricole de chasse

hunting saddle selle de chasse

hunting whip ; hunt crop fouet de chasse

hunting-coat veste de chasse à courre

hunting-horn (English type) ; English hunt horn cor anglais ; cornette à l'anglaise

hunting-horn (French type) cor de chasse ; trompe

huntsman piqueux ; piqueur
The hunt official in charge of hounds. *s.a. master of the hunt*
c. à courre: Responsable de l'entretien des chiens et de leur conduite à la chasse.

hurdle => hedge

hurdle(s) race course de haies
The hurdles are smaller in size than in steeplechasing.
Course sur des haies de dimensions réduites.

Hutsul / Huzul horse *breed* huçul
Race d'origine polonaise.

hybridization métissage
Accouplement d'animaux d'origine métisse, c'est-à-dire de chevaux eux-mêmes issus de croisement.

hygroma hygroma

hyoid apparatus / bone appareil hyoïdien ; os hyoïde *lat Os hyoideum ; Apparatus hyoideus*

hyperkalaemic / hyperkaliemic / hyperkalemic periodic paralysis ; HYPP paralysie périodique hyperkaliémique

hypertrichosis hypertrichose
Excessive hairiness.
Pilosité excessive.

hyphomycosis (equine ~) hyphomycose du cheval
Summer sores, caused by the fungus Hyphomyces destruens.
Plaies d'été, infection fongique causée par Hyphomyces destruens.

hypodermis => subcutis

hypophysis ; pituitary gland hypophyse ; glande pituitaire *lat Hypophysis ; Glandula pituitaria*

HYPP => => hyperkalaemic

Iceland pony *breed* islandais
Robuste race de poneys de l'Islande.

ichthammol ichtammol ; ichtyolammonium

icterus => jaundice

idiopathic laryngeal hemiplegia *abbr: ILH* => laryngeal hemiplegia / paralysis

ileum ileum ; iléon *lat Ileum*
Partie de l'intestin grêle.

iliac artery (internal // external ~) artère iliaque (interne // externe) *lat Arteria iliaca (interna // externa)*

iliac vein (internal // external ~) veine iliaque (interne // externe) *lat Vena iliaca (interna // externa)*

iliac wing => wing of (the) ilium

iliacus muscle muscle iliaque *lat Musculus iliacus*

iliocostalis muscle muscle ilio-costal *lat Musculus iliocostalis*

iliopsoas muscle muscle ilio-psoas *lat Musculus iliopsoas*

ilium os ilium *lat Os ilium*

illness => disease

ill-tempered revêche

immobility immobilité
Standing still for a certain time, as part of a test.
Immobilité temporaire commandée lors d'une épreuve.

immobility immobilité ; vertigo *(1)*
When the horse is standing still and disinclined to move, as if suddenly blinded, responding to other stimuli unless there is another problem as with «immobilité active» and «vertigo».
Symptôme de maladies nerveuses. Passive: le cheval est comme frappé de stupeur et est incapable de faire certains mouvements élémentaires. Active: Le cheval est comme frappé de délire et pose des gestes désordonnés, il pourra, par exemples, sembler frappé d'épilepsie ou pousser aveuglément contre un mur. 1) Méningo-encéphalite qui provoque des mouvements désordonnés.

immunity immunité
Resistance of an organism against an infection.
Ensemble de facteurs protégeant l'organisme contre une infection ou une intoxication.

impede (the progress of another horse) *v r* nuire (à la progression d'un autre cheval) *c*

imposed (fine) *Can.* ; **inflicted** *Brit* imposée (amende ~) *Can.* ; infligée *Fr*

impulsion impulsion
The overall impetus and energy that the horse is putting in forward / upward movements, coming from the hindquarters through the pelvis and back of the horse.

impulsion control contrôle de l'impulsion

in at the knees => knock-kneed

in full stride (horse ~) en pleine foulée (cheval ~)

in the stretch *r* dans le droit *c*

inactive leg ; passive leg jambe passive

in-and-out (obstacle / combination) double à une foulée (obstacle ~) ; saut de puce

inattentive inattentif

inborn defect ; hereditary defect tare héréditaire

inbreeding ; close breeding accouplement consanguin
The mating of closely related animals.

inbreeding test test de consanguinité

incestuous breeding accouplement incestueux

inch pouce
Unité de mesure équivalente à 2,54 centimètres.

incisive bone os incisif ; os intermaxillaire *anc lat Os incisivum*
Il est creusé de cavités destinées à recevoir les incisives supérieures.

incisors incisives *lat Dentes incisivi*
In the growth order and from the midline outward: centrals, laterals and corners.
Leur ordre de croissance correspond à leur disposition à partir du milieu de la mâchoire: les pinces, les mitoyennes et les coins.

incoordination (enzootic equine ~) => wobbler syndrome

incorrect seat mauvaise assiette

incorrect seatal[falscher Si couteau (pour les oeufs de mouches)

independence of the aids indépendance des aides
Les aides doivent s'exercer indépendamment les unes des autres, sans entraîner tout le corps dans leur mouvement, ou produire d'autres mouvements indésirables que le cheval interpréterait quand même comme des signaux ou qui le contraindraient quand même de quelque façon.
v.a. accord des aides

index => indicator

indicator ; rating ; index indice

indirect life cycle cycle indirect
Life cycle of parasites requiring one or more intermediate host(s).
Cycle évolutif d'un parasite nécessitant obligatoirement un ou plusieurs hôte(s) intermédiaire(s).

indirect rein ; counter-rein rêne contraire
A rein which is acting on the side opposite to the direction the horse is taking as a result. *s.a. neck rein*
Rêne qui amène le cheval à se déplacer dans la direction du côté opposé à celui où elle agit.
v.a. rêne d'appui

indirect rein of opposition rêne contraire d'opposition

indirect rein of opposition behind the withers ; intermediate rein rêne contraire d'opposition en arrière des épaules ; rêne intermédiaire ; rêne d'action latérale

Conjuguée à une action appropriée des jambes, elle amène le cheval à se déplacer latéralement, à la fois des épaules et des hanches, du côté opposé à celui où elle est appliquée.

indirect rein of opposition in front of withers rêne contraire d'opposition en avant des épaules

individual classification classement individuel

individual dressage (competition) dressage individuel (compétition de ~)

indoor arena manège intérieur ; manège couvert

infection ; taint infection

infectious infectieux

infertile stallion étalon infertile

infield *r* ; **centre of the track** centre de la piste *c* ; champ intérieur

infield board *r* tableau des départs *c*

inflammation inflammation

inflammatory airway disease *abbr: IAD*

inflicted *Brit* => imposed (fine) *Can.*

influenza (equine ~) *abbr: EI* ; **flu (equine ~)** grippe équine ; influenza

Infection virale contagieuse localisée surtout dans les bronches et les poumons, surveillance et repos sont nécessaires, la guérison peut prendre jusqu'à six mois.

in-foal mare => mare in foal

infraspinatus muscle muscle infra-épineux *lat Musculus infraspinatus*

inguinal canal canal inguinal *lat Canalis inguinalis*

inguinal hernia hernie inguinale

inguinal ligament ligament inguinal *lat Ligamentum inguinale*

inguinal ring (superficial // deep ~) anneau inguinal (superficiel // profond) *lat Anulus inguinalis (superficialis // profundus)*

injury blessure

injury to the bulb(s) (overreach / self ~) atteinte au(x) glome(s)

injury to the coronet (overreach / self ~) atteinte à la couronne

inner and outer metacarpals => splint bones (front limb medial and lateral ~)

inner and outer metatarsals => splint bones (hind limb medial and lateral ~)

inner enamel ring (of a tooth) émail central / interne (d'une dent)

inner rein rêne intérieure

inner tube rim ; snow pad (1) ; anti-snowball pad (1) bourrelet

It lines the shoe's inner rim and acts as a shock absorber. 1) It is also presented as preventing snowball buildup under the foot.

Bande semi-circulaire clouée entre le fer et le pied, à la manière d'un coussinet, le bourrelet lui-même suit la rive interne du fer et agit ainsi comme amortisseur tout en pouvant prévenir l'accumulation de neige sous le sabot.

inquiry ; enquiry enquête (d'office)

r: An investigation ordered by the stewards of the meeting.

c: Menée sur l'initiative des commissaires des courses.

insect repellent insectifuge

insecticidal *adj* => insecticide *n*

insecticide *n* ; **insecticidal** *adj* insecticide *n & adj*

inseminate *v* inséminer

inseminator inséminateur

insensitive to the legs => cold to the legs

inside leg jambe intérieure

inside post position *r* position de départ intérieure *c*

instinct instinct

insurance assurance

inter track bet / wager(ing) pari inter-hippodrome ; mise inter-hippodrome

interbreeding => cross-breeding ; crossbreeding

intercostales interni // externi muscles muscles intercostaux internes // externes *lat Musculi intercostales interni // externi*

interdental space espace inter-dentaire ; barre *ostéologie*

Part des incisives, ou des canines, jusqu'aux prémolaires. Correspond au bord interalvéolaire (Margo interalveolaris NAV) présent sur chacune des mandibules et chacun des maxillaires.

interfere *v* atteindre (s'~)

Sometimes presented as a general term for the various ways in which a horse can injure himself;

and sometimes as a striking of a limb by the opposite foot which is in motion, this may occur in the front or in the rear pairs of limbs. *s.a. brush (v), forging, overreach (v) or speedy cutting. Voir les autres inscriptions pour atteindre (s'~).*

interference obstruction

r: Improper riding or driving which impedes the progress of another concurrent.

interfering shoe ; speedy-cutting shoe ; feather-edged shoe ; dropped crease shoe ; knocked down shoe fer tronqué

A square-quartered shoe: the inner branch is straight from toe to far enough to be away from the point of interference.

Fer dont une portion de la rive externe de la branche interne est droite. On parle parfois de fer à mamelle tronquée, à branche interne tronquée (dans la région du quartier) ou de fer à branche droite. *v.a. fer à pince tronquée et fer à branches tronquées*

intermandibular region / space auge ; région intermandibulaire *lat Regio intermandibularis s.a. jowl*

Espace compris entre les deux branches de la mâchoire inférieure (i.e. les deux mandibules).

intermediate carpal bone ; semilunar bone *old* **; lunar bone** *old* os intermédiaire du carpe ; os lunatum ; os semi-lunaire *anc lat Os carpi intermedium*

intermediate host hôte intermédiaire

A host that is necessary for part of the development of a parasite.

Hôte temporaire chez qui une partie du développement d'un parasite doit se faire.

intermediate rein => indirect rein of opposition behind the withers

intermittent limping boiterie intermittente

internal acoustic meatus méat acoustique interne ; conduit auditif interne *anc lat Meatus acusticus internus*

internal cuneiform *old for tarsal 1* => tarsal bone 1 and 2

internal oblique (abdominal) muscle muscle oblique interne de l'abdomen *lat Musculus obliquus internus abdominis*

internal parasite ; endoparasite parasite interne ; endoparasite *see: babesiasis, bot, filaria, microfilaria, hairworm, intestinal threadworm,* voir: babésiose, microfilaire, strongle, grand strongle, petit strongle, gros

International Equestrian Federation Fédération équestre internationale *abr: F.E.I.*

L'appellation 'Fédération Équestre Internationale' (la plupart du temps sans accent sur le E),

et l'acronyme FEI sont utilisés en différentes langues.

interosseus muscle => suspensory ligament

interparietal bone os interpariétal *lat Os interparietale*

interrupted star en tête interrompu

Coupé en deux par des poils autres que blancs.

intersesamoidean ligament ligament intersésamoïdien

Fibrous tissue between, and largely embedding, the two proximal sesamoid bones.

Masse fibreuse entre les deux os sésamoïdes.

intervertebral disc disque intervertébral *lat Discus intervebralis*

intestinal mucosa => gut lining

intestinal threadworm ver filiforme intestinal *lat Strongyloides westeri*

intestine ; gut intestin

in-toed => toed-in

invitational horse *r* cheval de la classe invitation *c*

invitational race course sur invitation

inviting fence => attractive-looking fence

iodine iode

Iomud *breed* iomud

Race originaire d'Asie centrale.

iris iris *lat Iris*

Irish bank banquette irlandaise

Irish draught horse *breed* trait irlandais *race*

Irish hunter *breed* irlandais *race*

Irish martingale ; Irish rings / spectacles alliance ; martingale irlandaise

A loop through which the reins pass, it is carried under the neck and preventing the reins being thrown over the horse's head.

Bande de cuir qui relie les rênes, entre la bouche et l'encolure.

Irish rings / spectacles => Irish martingale

iritis iritis

Inflammation de l'iris.

iron fer

iron grey => blue roan

iron (stirrup-~) *class.* => stirrup *west. & class.*

iron-deficiency anaemia anémie ferriprive

irregular star en tête irrégulier

irregularly (white marking on a limb) balzane irrégulière
Dont la hauteur n'est pas la même tout le tour de la jambe.

isabella => palomino

ischial arch arcade ischiatique *lat* *Arcus ischiadicus*

ischial tuber tubérosité ischiatique *lat* *Tuber ischiadicum*

ischium *pl: ischia* ; **pinbone** os ischium ; ischium *pl: ischia* ; ischion *lat* *Os ischii*

isoerythrolysis of the newborn *old* => alloimmune haemolytic anaemia of the newborn

isolation unit salle de quarantaine

Italian heavy draught horse *breed* trait italien *race*

Italian trotter horse *breed* trotteur italien *race*

itching ; **pruritus** démangeaison ; prurit *lat* *pruritus*

ivermectin ivermectin

Jacca Navarra horse *breed* jaca navarra
Race d'origine espagnole.

jack => donkey stallion

jack spavin
A bone spavin of large proportion.

jacket ; **silks (racing ~)** ; **coat** casaque
With colours and patterns, worn by a jockey during a race.
Veste en soie aux couleurs vives que porte un jockey pour la course.

Japanese B encephalitis encéphalite japonaise B

jaundice ; **icterus** jaunisse ; ictère

jaw mâchoire

jejunum jejunum ; jéjunum *lat* *Jejunum*
Partie de l'intestin grêle.

jennet genet
A small Spanish horse. The name genet or jennet might be given to a hinny or bardot.
Cheval de petite taille, originaire d'Espagne.

jennet => hinny

jenny-ass ; **jenny** ; **she-ass** ânesse

jerk around *v br*
To drive without trying to win.

jet-black ; **raven black** moreau *f: morelle* ; noir de jais ; jayet
A shining black horse, as black as jet. Body and points should be the same, even in strong sunlight.
Robe noire, foncée et luisante, comme le jais.

jib *n* => refusal

jib *v* => refuse *v*

jig *v* trottiner
Allure précipitée, trot très raccourci.

Jiggit djiguite (jeu de ~)
Equestrian acrobatics performed by Cossacks.
Jeu équestre acrobatique des cosaques.

jock mounts *US tr*
The standard fee for a jockey to ride a horse during an official race.

jockey *r* ; **driver** *br* ; **rider** *tr* ; **reinsman** *br* jockey *c* ; conducteur *ca*

jockey boot ; **racing boot** botte (à revers) de jockey

jockey club club des jockeys

jockey seat position de course

Jodhpur boot bottillon ; bottine Jodhpur
Raising to the ankle level, with elastic sides or a buckle-over front.
Chaussure montant à la hauteur de la cheville et ne comportant pas de lacets.

Jodhpurs ; **jodhpurs** ; **Jodhpur breeches** culottes Jodhpurs
The leg is unbuttoned, unlaced and extended down to the ankle, wearing of high boots is thus unnecessary.

jog *n west.* petit trot rassemblé
A slow collected trot.

jog cart / bike *br* => training cart / bike *br*

jogging *br* petit trot *ca*
Slow, steady tours of a race or training track.

joint articulation *lat* *Articulatio pl: Articulationes*

joint capsule capsule articulaire *lat* *Capsula articularis*
Membrane fibreuse doublée à l'intérieur par une membrane synoviale.

jointed ; **broken** brisé ; articulé
Jointed or broken mouth(piece) / bit / snaffle.
s.a. double jointed
Mors ou filet brisé ou articulé: L'embouchure est formée de deux canons articulés ensemble dans le centre. *v.a. double brisure*

jostle another horse *v* bousculer un autre cheval *c*

jowl
It is sometimes described or illustrated as the external throat region, sometimes as part of the cheek, and sometimes as being between the branches of the jaw bones (the intermandibular region).

jowl hood cagoule à gorge
Cagoule couvrant la gorge, la nuque et le sommet de la tête.

jowl sweat bandeau de transpiration (pour la nuque et la gorge)

judge juge

judges' box abri des juges ; mirador des juges

judge's official report rapport officiel des juges

judge's ruling *r* ordonnance des juges *c*

judge's sheet feuille de juge

judges' stand tribune des juges

judging jugement

judgment of (external) conformation ; conformation judging jugement de (la) conformation

jugular groove sillon jugulaire ; gouttière jugulaire *anc* *lat* *Sulcus jugularis*
Dépression le long du bord inférieur de l'encolure.

jugular vein (internal // external ~) veine jugulaire (interne // externe) *lat* *Vena jugularis (interna // externa)*

jump *n* saut

jump *v* sauter

jump *n* => obstacle

jump off / jump-off barrage

jumper ; show jumper (horse) cheval (de saut) d'obstacle(s) ; sauteur

jumper tendon boot => tendon support boot

jumping saut d'obstacles

jumping action (parts of the ~) ; phases of the jump saut (parties du ~)
Mainly: the approach, the take off, the suspension and the landing.
L'approche, la battue, la détente, le planer et la réception. La description du nom et du nombre des parties du saut peut varier selon les auteurs.

jumping competition ; show jumper / jumping competition concours de sauts d'obstacles

jumping heels => penciled heels

jumping phase / test *ht* ; **stadium jumping** *US ht* épreuve (de saut) d'obstacles *cc*

jumping rump => goose rump

jumping saddle selle de saut ; selle d'obstacle

jumping-lane ; Weedon-lane couloir d'obstacles

jury jury

Jutland *breed* jutland ; cheval du Jutland
Race danoise de trait de taille moyenne.

Karacebey horse *breed* karacebey
Race d'origine turque.

keep the horse on the aids *v* encadrer (le cheval entre les aides)

keep the lead *v* => be still on top *v*

kefir kéfir
Boisson d'origine caucasienne obtenue par fermentation du lait de jument, de chèvre ou de vache.

keg shoe => machine-made shoe

kennel chenil

Kentucky blue grass pâturin du Kentucky

Kentucky Derby *tr* derby du Kentucky *ct*
Held on the first Saturday in may since 1875, at the Churchill Downs track, Louisville Kentucky USA.
Tenu le premier samedi de mai depuis 1875, à la piste Churchill Downs, Louisville Kentucky E.U..

Kentucky Saddler / Saddlebred => American Saddlebred

keraphyllocele => keratoma

keratin kératine

keratoma ; keraphyllocele kéraphyllocèle

kick *v* ruer

kick *n* ruade

kicking boots
Worn by the mare during mating, to prevent possible injury to the stallion.

kicking chains

kicking strap *hd* courroie de ruade *att* ; barre de ruade *att*

kidney rein *lat* *Ren*

kidney link ; kidney-shaped linking *hd* coulant d'attelles
The kidney link ring is put on to the lower part of the kidney link.

kill *v* *hunting* servir l'animal *c. à courre*

kimblewick bit ; Spanish snaffle ; Spanish jumping bit mors espagnol ; mors kimblewick

This bit is considered as a member of the pelham group.

Kirghis ; Kirghiz *breed* kirghis(e) ; kirghiz(e) ; novokirghize

Race originaire de Russie, de taille moyenne.

Kladrub horse *breed* kladruber

Race d'origine tchécoslovaque.

Knabstrup *breed* knabstrup

Race d'origine danoise.

knackery équarrissage

Récupération et dépeçage des cadavres d'animaux.

knee ; carpus genou *pl: genoux* ; carpe *lat Carpus s.a. stifle*

Compris entre l'avant-bras et le canon. Nous lui donnons sans doute le nom de genou par analogie avec le nôtre, mais en fait il correspondrait plutôt à notre poignet. Son articulation implique le radius, les os du carpe et les trois métacarpiens. Les mouvements de l'articulation se font pour la plus grande part entre la rangée supérieure des os du carpe et le radius (l'articulation antébrachio-carpienne).

knee action action du genou

knee and arm boot guêtre de genou et avant-bras ; botte de genou et bras

knee bones => carpal bones

knee boot / guard protecteur de genou ; protège-genou ; botte de genou

Giving protection to the inside of the knee. *s.a. knee cap boot*

Fournissant une protection pour l'intérieur du genou.

knee boots suspenders bretelles pour / de protecteurs de genoux

knee cap (boot) ; knee cup / boot genouillère ; botte de devant de genou *s.a. knee boot / guard v.a. protecteur de genou*

knee cup / boot => knee cap (boot)

knee hitting atteinte au genou

knee insert => knee roll

knee pad => knee roll

knee roll ; knee insert ; knee pad insertion pour le genou

Packing or pad forming part of the front of the flap of the saddle and used for greater security.

Bourrelet (matelassure du quartier de la selle) permettant de caler et de supporter le genou du cavalier.

knee spavin => carpitis

knee sprung => over at / in the knees

knee-narrow => knock-kneed

knee-wide ; bandy-legged (in the forelimb) ; wide at the knees ; bow-legged / bow-legged (in the forelimb) cambré des genoux

L'adjectif «cambré» qualifie habituellement plutôt les genoux que le cheval.

knight chevalier

knighthood => chivalry

knock down a rail *v bj* faire tomber une barre *cs*

knock down an obstacle *v* renverser un obstacle

knocked down shoe => interfering shoe

knocking down an obstacle renversement d'un obstacle

knock-kneed ; knee-narrow ; in at the knees serré des genoux *v.a. genoux de boeuf*

knock-knees ; genu valgum ; carpus varus genoux de boeuf

Inward angulation of the knees, standing closer to each other than the rest of the limb.

Déviation des articulations vers l'intérieur; les genoux étant plus proches l'un de l'autre que le reste du membre.

knuckled over foot / fetlock / pastern ; upright pastern (horse having ~) ; straight in front *forelimb* droit jointé ; droit-jointé ; bouleté ; droit sur ses boulets *(1)*

The angle of the pastern is too close to the vertical (upright, straight) or in front of it (knuckled). *s.a. knuckling over and club foot*

Quand le paturon est redressé vers la verticale. 1) Lorsque boulet et paturon sont à la verticale ou presque. *v.a. pinçard (cheval / pied ~) et bouleture*

knuckling (over) ; overshot fetlock ; upright pastern ; cocked ankle bouleture *n*

Mild cases, in which the fetlock has not luxated or knuckled over, are described as upright or straight. «Cocked ankle» is a term sometimes considered equivalent to «knuckled over». However, in a severe case where the horse walks on the front of the hoof, the foot will no longer be cocked up on the toe. *s.a. club foot and knuckled over*

Quand le boulet est trop en avant, presque ou à la verticale avec le paturon (ang. «upright pastern» esp. «cuartilla erguida») ou en avant de celle-ci. *v.a. pinçard (cheval / pied ~) et droit jointé*

Konik *breed* konik

Race d'origine polonaise et balkanique.

kur ; freestyle dressage kur ; présentation à volonté

laced lacé

lacertus fibrosus lacertus fibrosus *lat* *Lacertus fibrosus ; aponeurosis m. bicipitis brachii*

lacrimal bone os lacrymal *lat Os lacrimale*

lacrimal gland glande lacrymale *lat Glandula lacrimalis*

lactating mare ; mare with foal at foot jument suitée
Se dit d'une jument qui allaite.

lactation tetany tétanie de lactation

lad => groom

lady driver conducteur féminin

lady rider cavalière

lady's mount cheval de dame ; cheval d'amazone

lady's riding skirt jupe d'amazone

lame ; limping boiteux

lame, left // right fore boiteux de l'antérieur gauche // droit

lameness boiterie

laminar corium / dermis chorion de la paroi (du sabot) ; derme lamellaire ; tissu feuilleté / podophylleux ; chair feuilletée *lat Dermis / Corium parietis*
Attached to the dorsal surface of the distal phalanx, it bears the primary dermal laminae (about 600), each one bearing 100 or more secondary laminae that interdigitate with these of the horny laminae.
Tissu vivant et sensible qui est en rapport direct avec la paroi la troisième phalange. Les lamelles podophylleuses en font partie et constituent sa surface externe qui est en rapport direct avec les lamelles kéraphylleuses de la paroi du pied.

laminitis (acute ~) fourbure aiguë ; laminite *lat pododermatitis acuta diffusa aseptica*
Inflammation of the sensitive laminae of the hoof. *s.a. founder*
Inflammation du tissu podophylleux du sabot.

lampas lampas
Oedème du palais, voisin des incisives.

land *v* recevoir (se ~)
Touching the ground after jumping an obstacle.
Toucher le sol après avoir sauté un obstacle.

landau landau
Véhicule à 4 roues.

Landes pony *breed* barthais ; poney des Barthes ; poney landais
Race française.

landing réception
Landing after passing over an obstacle.
Réception au sol après être passé au-dessus d'un obstacle.

landing poser *n*
Phase du mouvement d'un membre lors d'un déplacement.

landing side (of an obstacle) côté de la réception
Côté opposé au côté de la battue.

lapped on *adj* => overlapping

large colon gros côlon
The ascending and transverse parts of the colon.
Commence au caecum et se joint au côlon descendant.

large intestine gros intestin *lat Intestinum crassum*
Comprend le caecum, le gros côlon, le côlon descendant et le rectum.

large roundworm of horses => whiteworm

large star fortement en tête
Large marque blanche sur le front.

large strongyle grand strongle
Strongylus vulgaris, S. edentatus et S. equinus, Triodontophorus brevicauda, T. serratus et T. tenuicollis.

large-mouthed stomach worm ver gastrique à grande bouche *lat Habronema muscae*

larva larve

larval larvaire

laryngeal hemiplegia / paralysis ; roaring ; idiopathic laryngeal hemiplegia *abbr: ILH* cornage *m*
The roaring is the abnormal noise made during the respiration, due to laryngeal hemiplegia (commonest cause) or bilateral paralysis.
Bruit lié à une paralysie des muscles qui agissent sur une ou les deux corde(s) vocale(s), n'étant plus tendue(s) la(les) corde(s) vocale(s) vibre(nt) avec le passage de l'air de la respiration.

laryngitis laryngite

larynx larynx *lat Larynx*
Ensemble complexe formant un bref conduit qui fait communiquer le pharynx avec la trachée. Entre autres, il agit sur le débit de l'air et est l'instrument principal de la phonation.

lasso ; rope lasso

lasso *v* prendre au lasso

last quarter (mile) *r* dernier quart de mille *c*

last turn *r* dernier tournant / virage *c*

latch verrou

late closer ; late closing race course à mises en nomination tardives

For which the nominations are closing less than six weeks before the scheduled date of the race.

Pour laquelle la fermeture des inscriptions se fait moins de six semaines avant la date fixée pour la course.

late scratching retrait de dernière heure ; abstention de dernière heure

lateral aid aide latérale

Aide qui n'agit que d'un côté du cheval, l'expression pourra aussi désigner l'action simultanée de deux aides (ce sont habituellement la main et la jambe qui sont citées) du même côté du cheval, on parle ainsi souvent d'aides latérales.

lateral cartilage of the foot => fibrocartilage of the third phalanx

lateral cartilage of the third phalanx => fibrocartilage of the third phalanx

lateral cleft / groove / furrow of the frog ; paracuneal groove ; collateral groove of the frog lacune latérale de la fourchette ; sillon collatéral de la fourchette *lat Sulcus paracunealis (medialis // lateralis)*

lateral collateral ligament (of carpus)ligament collatéral ulnaire / latéral (du carpe) *lat Ligamentum collaterale carpi laterale*

lateral collateral ligament of the stifle joint ligament collatéral latéral / fibulaire (du grasset) *lat Ligamentum collaterale laterale*

lateral cutaneus sural nerve *lat Nervus cutaneus surae lateralis*

lateral digital extensor muscle muscle extenseur latéral du doigt ; muscle extenseur latéral des phalanges *anc lat Musculus extensor digitorum lateralis*

lateral (digital) extensor tendon tendon de l'extenseur latéral du doigt

lateral epicondyle épicondyle latéral *lat Epicondylus lateralis*

lateral gait allure latérale

In which the front and hind feet of the same side move or work together.

Dans laquelle les membres se meuvent par paires du même côté.

lateral head of the deep digital flexor muscle *hindlimb* muscle fléchisseur latéral du doigt *membre postérieur* lat *Musculus flexor digitorum / digitalis lateralis*

lateral head of triceps chef latéral du triceps (brachial)

lateral incisor mitoyenne

lateral incisors mitoyennes

Between the central and the corner incisors, there is two on each jaw.

Font partie des incisives, entre les pinces et les coins, il y en a deux par mâchoire.

lateral pair bipède latéral

Paire de membres formée par les deux membres du même côté.

lateral saphenous vein veine saphène externe *lat Vena saphena lateralis / parva*

latigo strap => cinch strap

latissimus dorsi muscle muscle grand dorsal *lat Musculus latissimus dorsi*

lavage lavement

Therapeutic rinsing, with large volumes of fluid.

lavender roan => lilac roan

lay a complaint *v* porter plainte

lay off one's normal pace *v r* ralentir son allure normale *c*

lay-out of the track *r* tracé de la piste *c*

lead bit => Chifney

lead (chain / line / strap / shank) => leash

lead horse position *r* position du cheval de tête *c*

lead (on / at the right // left ~) main (à ~ droite // gauche)

L'on manœuvre «à main droite» lorsque l'antérieur droit du cheval est le plus en avant dans la foulée de galop, ou lorsque le déplacement ou le changement de direction se fait dans le sens du mouvement des aiguilles d'une montre.

lead rope laisse (en fibre tressée)

lead the field *v r* ; **set the pace** *v r* mener (le peloton) *c*

leader *bd* cheval de volée *att*

leader's time temps du meneur

leading rein => opening rein

leading stallion étalon de grande classe

leading the field *r* en tête du peloton *c*

lean heavily on the hand / bit *v* ; **bore** *v* appuyer lourdement sur la main / le mors (s'~) *s.a. pull v.a. tirer*

lean-flanked efflanqué

leash ; lead (chain / line / strap / shank) laisse *avec une chaînette*

leasing contract contrat de location

leather cuir

leave a hole (in the field) *v r* laisser une ouverture (dans le peloton) *c*

left foreleg ; near foreleg *old* antérieur gauche

left hind-leg ; near hind-leg *old* postérieur gauche

left side *of a horse* ; **near-side** *old* côté gauche *du cheval*
C'est le côté appelé parfois «montoir», c'est-à-dire celui par lequel l'on monte habituellement à cheval.

leg => limb

leg => gaskin

leg brace orthosome *anc*
Built using a shoe as a base, it is designed and constructed for a specific need of support to the lower limb.
Construit à partir d'un fer, il sert à supporter le boulet ou une autre partie du membre inférieur.

leg in the air membre au soutien

leg mange => chorioptic mange

leg marking => white marking on a limb / leg

leg (of an elimination race) tranche (d'une élimination) *c*

leg on the ground ; supporting limb membre (qui est) à l'appui

leg pressure pression de la jambe

leg up (to give a ~) courte échelle (faire la ~)

leggings => half-chaps

legitimate contender aspirant logique

leg-yielding cession à la jambe

length longueur (de cheval)

length of stride => beaten length

length of stride longueur de foulée

length of the head longueur de la tête

lengthen *v* => extend *v*

lengthen the reins *v* allonger les rênes

lengthening (of strides) allongement (d'allure)
Accroissement de l'amplitude de la foulée, sans accélération de celle-ci.

lens cristallin ; lentille *lat Lens*

leopard *coat* léopard *robe*
Horse that is mainly white with coloured spots in his coat. If the background colour is not white, that colour should be specified in the description (e.g. sorrel leopard). A «patterned leopard» shows spots that seem to flow out of the flank (sometimes called raindrops).

leopard pattern / marking tigrures *pl*
Darker spots are widely distributed on a lighter background in a horse's coat.
Taches foncées sur un fond plus clair, et dont la disposition rappelle celle que l'on observe chez la panthère et le léopard.

lessee locataire

lessor locateur

letter => marker letter

levade levade
Assis sur ses postérieurs, le cheval élève son avant-main, les antérieurs étant pliés.

levator ani muscle muscle élévateur / rétracteur de l'anus *lat Musculus levator ani*

levator muscle of upper lip muscle releveur de la lèvre supérieure *lat Musculus levator labii superioris*

levator nasolabialis muscle muscle releveur naso-labial ; muscle releveur commun de la lèvre et du nez *anc* *lat Musculus levator nasolabialis*

levy ; take out tantième ; prélèvement
Taxe ou autre pourcentage prélevé sur le montant des transactions (paris etc.).

lice *pl* poux *pl*

licence *Brit* ; **license** *US* licence

license *US* => licence *Brit*

licensee détenteur d'une licence

licking block => salt lick

lifetime earnings / winnings gains à vie

lifetime record record à vie

ligament ligament

ligament of ergot ligament de l'ergot

ligament of the femoral head ligament de la tête fémorale *lat Ligamentum capitis femoris*

ligamentum nuchae => nuchal ligament

light bay bai clair
Bay of a light red / yellow body colour. *s.a. buckskin*
Robe baie dont la teinte principale est jaunâtre ou d'un rouge pâle. *v.a. isabelle*

light chestnut ; sorrel *(1)* alezan clair
1) Darkest shades of sorrel.
Robe pâle, proche de café au lait.

light draught horse cheval de trait léger ; cheval d'attelage léger

light frame
A slender bone structure, giving an unsubstantial appearance to a horse.

light grey gris clair
Mainly white coat on black skin, very light grey thus often but wrongly called white.
Robe grise où les poils blancs prédominent largement, la robe grise très claire est ainsi souvent appelée, par erreur, blanche.

light hide peau de couleur pâle ; cuir de couleur pâle

light horse cheval de race légère

light in / on the forehand léger sur l'avant-main

light mouth => soft mouth

light-framed
A horse having a slender bone structure.

lightness légèreté
High degree of responsiveness to the aids.

lilac roan ; lavender roan aubère foncé
Coat resulting from dark or liver chestnut, and white hairs.
Robe dont les poils blancs sont disséminés à travers de nombreux poils rouge foncé.

limb ; leg membre ; jambe ; patte
Au sens large le mot jambe désigne chacun des quatre membres du cheval.

limb faults défauts des membres

limbs (the ~) membres (les ~) *lat Membra*

limited handicap handicap limité

Limousin (horse) *breed* limousin
Race française de chevaux de selle relativement lourds.

limp *v* boiter

limping => lame

line breeding ; linebreeding élevage en lignée ; sélection en lignée
The mating of individuals in the same family but not closely related.

line crossing croisement entre lignées

line firing (scars) => strip firing (scars)

line of the course tracé du parcours

linea alba ligne blanche *lat Linea alba*
The tendinous median white line on the ventral abdominal wall, mainly formed from aponeuroses.
Cordon fibreux très solide, formé principalement de fibres aponévrotiques, qui s'étend du sternum au pubis, où il se confond avec le tendon prépubien.

lineage ; strain ; bloodline lignée *s.a. pedigree v.a. pedigree*

linear whorl épi penné *lat Linea pilorum convergens // divergens*
Arrangement of hairs, meeting from, or taking different directions, along a line.
Épi dont les poils convergent ou divergent le long d'une ligne.

lineback(ed)
A horse with a dorsal stripe.

liniment ; brace liniment

link (mouthpiece with ~) => double jointed mouthpiece

linseed ; flax seed ; flax-seed graine de lin

linseed oil huile de lin *lat oleum lini*

lip lèvre *lat labium pl: labia*

lip strap ring oeil de perdrix ; anneau de branche
Petit anneau fixé sur chacune des branches de la bride, servant à fixer la fausse gourmette.

Lipitsa / Lipizza horse => Lipizzaner *breed*

Lipizzaner *breed* ; **Lipitsa / Lipizza horse** lipizzan
Race de chevaux qui descend des andalous, fortement associée avec l'École espagnole de Vienne. Le nom vient de Lipica (prononcé lipizza) près de Trieste en Italie.

lips (of the mouth) lèvres (de la bouche) *lat Labia oris*

lipstrap fausse gourmette

lip-tattooed tatoué à la lèvre

list declarations *v* enregistrer les engagements *c*

list of runners *r* => runners list *r*

litter ; bed ; bedding litière

lively vif

liver foie *lat Hepar*

liver chestnut alezan brûlé
Darkest chestnut coat, deep brown and reddish colour.
La plus foncée des robes alezanes, d'une couleur brun-roux qui rappelle celle du café torréfié.

liver chestnut with washed-out / flaxen mane and tail => dark chestnut with washed-out / flaxen mane and tail

liverpool liverpool (obstacle comprenant un ~) ; bidet (obstacle sur ~)

Liverpool bit liverpool

Mors utilisé très souvent en attelage. Bien qu'il soit parfois désigné par le nom de «filet» il ne répond pas à cette définition, il est conçu pour attacher les rênes à ses branches (qui sont droites) , ces dernières étant aussi prévues pour recevoir une gourmette.

load the horses (into the starting boxes) *v* placer les chevaux (dans les stalles de la barrière de départ)

loaded shoulder épaule noyée ; épaule chargée

Trop charnue.

lockjaw => tetanus

locus *pl: loci* locus *pl: loci*

Specific place of a gene on a chromosome.

lodge an objection *v* déposer une réclamation *c*

loin strap *bd* barre de fesse(s) *att*

loin(s) rein(s) *lat Lumbus ; Psoa*

Lower back (lumbar) area of the horse.

Région lombaire: délimitée par le dos, la croupe, les hanches et les flancs; soit autour des vertèbres lombaires. *v.a. région lombaire*

long digital extensor muscle => common digital extensor muscle

long head of triceps chef long du triceps (brachial)

long pastern long jointé *adj*

Quand le paturon est trop long.

long pastern bone *old* => proximal phalanx

long plantar ligament ; plantar tarsal ligament ligament plantaire long ; ligament plantaire du jarret ; ligament calcanéo-métatarsien *lat Ligamentum plantare longum*

Bande ligamenteuse située contre la face postérieure des os du tarse, de la pointe du jarret jusqu'à la partie supérieure des métatarses.

long rein longue rêne

long rein (on / at a ~) rênes longues (les ~)

e.g.: walk on a long rein

par ex.: pas, les rênes longues

long shot négligé *adj & n* ; surcoté

Horse that is considered, by the bettors / handicappers as having few if any chances of finishing a given race in the money.

Cheval négligé par les parieurs / sélectionneurs.

long sloping pastern long et bas jointé (paturon / cheval ~)

long thoracic nerve nerf long thoracique *lat Nervus thoracicus longus*

long upright pastern long et droit jointé (paturon / cheval ~)

long-distance ride ; raid longue randonnée ; raid *(1)*

1) Fr: Randonnée de plusieurs semaines.

longe / lunge (line) => longeing line

longe whip => lunge(ing) whip

longeing line ; longe / lunge (line) longe

longissimus atlantis muscle muscle longissimus de l'atlas *lat Musculus longissimus atlantis*

longissimus capitis et atlantis muscles muscles longissimus de l'atlas et de la tête ; muscle petit complexus *anc* Longissimus atlantis and longissimus capitis.

Muscle longissimus de l'atlas et muscle longissimus de la tête.

longissimus capitis muscle muscle longissimus de la tête *lat Musculus longissimus capitis*

longissimus (dorsi) muscle muscle longissimus dorsi *lat Musculus longissimus*

Includes Musculus longissimus capitis, l. atlantis, l. cervicis, l. thoracis and l. lumborum.

Inclut Musculus longissimus capitis, l. atlantis, l. cervicis, l. thoracis et l. lumborum.

longissimus thoracis muscle muscle longissimus du thorax ; muscle long dorsal *anc lat Musculus longissimus thoracis*

longus capitis muscle ; rectus capitis ventralis major *old* muscle long de la tête ; muscle grand droit antérieur de la tête *anc lat Musculus longus capitis*

loop (of a serpentine) demi-cercle (d'une serpentine)

loose box => box (stall)

loose-ring cheek snaffle ; Fulmer snaffle ; Australian loose-ring (cheek) snaffle filet brisé à aiguilles (et anneaux mobiles)

With full and long cheeks, a rather broad jointed mouthpiece and loose rings attached outside the cheeks.

loose-ring jointed snaffle filet (brisé) Chantilly

loose-ring (mouthpiece) anneaux mobiles (embouchure avec ~)

lop ears oreilles de cochon ; oreilles plaquées
Long, pendulous and dropping ears.
Oreilles qui sont grosses et tombantes.

lope *west.* => canter *n*

lop-eared oreillard ; mal coiffé ; clabaud
Horse with ears tending to flop downwards.
Dont les oreilles sont à l'horizontale.

lopsided victory / win victoire écrasante

lorry / lorrie horse => dray horse

Losa horse *breed* losa ; cheval de Losa
Race d'origine espagnole.

lose a shoe *v* perdre un fer

lose ground *v* perdre du terrain

lose momentum *v* perdre de la vitesse

loss of condition détérioration de l'état général

louse (biting ~) *pl: lice* pou *pl: poux*

louse egg ; nit lente
Oeuf de pou.

louse-fly (horse ~) mouche araignée ; hippobosque du cheval *lat Hippobosca equina*

low ringbone forme coronaire ; forme basse
At the coffin joint. May be due to a fractured extensor process of the coffin bone.
Implique l'articulation entre la 2ième et la 3ième phalange. On distingue parfois une forme de l'éminence pyramidale (du processus extenseur).

low school basse école
Travail «de base»: sur une et deux pistes, aux trois allures, jusqu'au changement de pied au galop.

low set tail queue attachée bas

lower jaw => mandible

lower lip lèvre inférieure *lat Labium inferius*

lower thigh => gaskin

Lowicz horse *breed* lowicz
Race d'origine polonaise.

Lublin horse *breed* lublinois
Race d'origine polonaise.

lucerne => alfalfa

lumbar plexus plexus lombaire *lat Plexus lumbalis*

lumbar region région lombaire *lat Regio lumbalis*

lumbar vertebrae vertèbres lombaires *lat Vertebrae lumbales*
Le cheval en a 5 (fréquemment chez les chevaux arabes) ou 6. Elles forment la charpente osseuse de la région des reins et leur mouvement est beaucoup plus ample que celui des vertèbres thoraciques.

lumbodorsal fascia *old* => thoracolumbar fascia

lumbosacral plexus plexus lombo-sacré *lat Plexus lombosacralis*

lump => hump

lunar bone *old* => intermediate carpal bone

lung poumon *lat Pulmo (dexter // sinister)*
Formé de tissu élastique, il est formé de plusieurs millions d'alvéoles.

lunge / longe *v* longer

lungeing surcingle ; roller (breaking ~) *US* sursangle pour longer

lunge(ing) whip ; longe whip chambrière

lungworm ; lung worm strongle respiratoire
Horses and donkeys can be parasitized by Dictyocaulus arnfieldi and affected by coughing.

Lusitanian horse *breed* ; **Portuguese horse** lusitano *race*

luteinizing hormone *abbr: LH* hormone lutéinisante ; lutropine

lymph lymphe *lat Lympha*
A liquid collected from tissues in all parts of the body and returned to the blood via the lymphatic system.
Son apparence varie selon la partie de l'organisme où elle est élaborée. Elle collecte les substances nutritives absorbées par la muqueuse intestinale et les déchets de diverses cellules de l'organisme.

lymph node ganglion lymphatique ; noeud lymphatique *lat Lymphonodus pl: Lymphonodi*
Any of the lymphoid organs along the course of lymphatic vessel, they are the main of lymphocytes, removing noxious agent and critical in antibody formation.
Les ganglions lymphatiques filtrent la lymphe et en détruisent les germes et corpuscules nocifs.

lymphangitis lymphangite
Inflammation in the lymphatic system.
Infection microbienne dans le système lymphatique. En pratique elle ne frappe la plupart du
temps que les membres postérieurs qui peuvent
devenir énormément gonflés.

lymphatic system système lymphatique
lat Systema lymphaticum
Sometimes named the white blood system.
Composé des vaisseaux lymphatiques et des
ganglions lymphatiques. Il se déverse dans le
confluent des veines jugulaires, au voisinage
immédiat du coeur.

lymphatic vessel vaisseau lymphatique
lat Vas lymphaticum

Macedonian pony *breed* poney macédonien *race*

**machine-made shoe ; keg shoe ;
factory shoe** fer (à la) mécanique ; fer
de compagnie ; fer industriel
Fer fabriqué en industrie, qu'il faut ajuster au
pied du cheval.

made => well-schooled (horse)

mahogany bay *US* => dark bay

mahogany chestnut *US* => dark
chestnut

maiden novice
r: Horse that has never won a race with a purse.
c: Cheval n'ayant jamais gagné une course
dotée d'une bourse.

maiden three cheval novice de trois ans
r: Horse that is three years old and has never
won a race with a purse.
c: Cheval de trois ans n'ayant jamais gagné une
course dotée d'une bourse.

maintenance ration ration d'entretien ;
ration de base

maize => corn

make a higher bid *v* enchérir ;
surenchérir
Miser une somme supérieure à l'offre courante
lors d'une vente aux enchères.

make a horse stand correctly *v* placer
(un cheval) d'aplomb

make up ground *v r* => gain ground *v r*

mal de caderas ; caderas mal de Caderas
Caused by Trypanosoma equinum.

Malakan horse *breed* malakan
Race d'origine turque.

male line ; sire family lignée mâle
Line of male ancestors of a horse (from sire to
sire on a direct genealogical line from male to
male only). *s.a. pedigree*
Lignée des ascendants mâles (de père en
grand-père paternel en arrière-grand-père paternel etc.) d'un individu. *v.a. pedigree*

mallenders malandre
The word mallenders is quite often used as a
translation for the German 'Mauke'. *see
sallenders voir solandre*

malleolus (medial // lateral ~) malléole
(médiale // latérale) *lat Malleolus
(medialis // lateralis)*

Mallorcan saddle horse *breed* majorquin *race*

Malopolski horse *breed* malopolski
Race d'origine polonaise.

management régie
Equine or stable management etc.
Régie de l'écurie, du troupeau, de l'élevage
etc.

mandatory vaccination =>
compulsory vaccination

mandible ; lower jaw mâchoire inférieure ; mandibule *lat Mandibula*
En fait et dans le sens strict, la mâchoire inférieure est formée de deux mandibules.

mandibular gland glande mandibulaire
lat Glandula mandibularis

mandibular nerve nerf mandibulaire *lat
Nervus mandibularis*

mane crinière *lat Juba*

mane and tail (hairs) crins (les ~)
Incluent les poils de la crinière et de la queue.
Bien qu'ils ne soient généralement pas inclus
quand on parle des crins, il y en a aussi qui
constituent les fanons.

mane comb peigne à crinière

mane pulling comb peigne à tirer la crinière

manège => outdoor arena

manège figures => school figures

mange (horse ~) gale (des équidés)
Skin disease caused by mites.
Dermatose d'origine parasitaire.

mange mite acarien psorique ; sarcoptide
; sarcoptoïdé

manger => feed tub

manica flexoria manica flexoria ; anneau
du (tendon) perforé *lat Manica flexoria*

manner of handling / holding reins
tenue des rênes

manubrium manubrium *lat Manubrium sterni*

manure fumier

manure heap tas de fumier

manus main *anat lat Manus*
Partie distale du membre thoracique, formée du carpe, du métacarpe et des doigts (eux-mêmes formés des phalanges).

marathon *hd* marathon (épreuve de ~) *att*

marble => varnish roan

marble eye => wall-eye ; walleye

marching pace allure marchée
Dans laquelle le corps ne quitte jamais complètement le sol: pas, pas relevé, aubin.

mare jument
Female horse aged four or five (according to disciplines and interpretations) and over.
Femelle de quatre ou cinq ans (selon les disciplines et les interprétations) et plus.

mare in foal ; in-foal mare jument gestante ; jument pleine

mare keeping élevage de juments

mare with foal at foot => lactating mare

Maremma / Maremmana horse *breed* maremme ; cheval de Maremme ; toscan
Race italienne.

mare's tail => horsetail

marker letter ; letter point de repère ; lettre
Dans une carrière ou un manège, utilisé(e) surtout pour la reprise de dressage.

Market Harborough => German rein

marking marque
Spot, area etc., usually white, in the coat of a horse.
Tache, habituellement blanche, (balzane, liste etc.) apparaissant dans la robe d'un cheval.

marking of the course jalonnement du parcours

marking system => scheme of marking

marsh horsetail prêle des marais *lat Equisetum maximum / palustre*

marshal (parade ~) *r* => outrider *r*

martingale martingale

mash mash
Mélange d'avoine, d'orge et de graines de lin, le tout concassé, salé et cuit et mélangé de son.

masseter muscle muscle masséter *lat Musculus masseter*

master of hounds / foxhounds *abbr. MFH* => master of the hunt

master of the hunt ; master of hounds / foxhounds *abbr. MFH* maître d'équipage
The master of the hunt, should he hunt the hounds himself, may also be the huntsman. *s.a. huntsman*
Personne qui assume la direction et la responsabilité d'une chasse à courre.

master rider maître (en équitation)

mastitis mastite

mastoid part partie mastoïdienne / cléido-mastoïdienne *lat Pars mastoïdea*

Masuren *breed* ; **Mazury horse** mazure ; cheval mazurien ; masuren
Race: le «trakehner polonais».

match race match
Arranged and conditions agreed upon, between the contestants.
Course organisée par les participants, qui ont aussi décidé entre eux des conditions de celle-ci.

mate (horses) *v* accoupler (des chevaux)

maternal family / line => female line

matinee race course matinée
An entrance fee may be charged, and the premiums, if any, may be other than money.
Pour laquelle il peut y avoir des droits d'inscription, et dont l'enjeu peut être autre que de l'argent.

mating => breeding

maxilla => upper jaw

maxillary nerve nerf maxillaire *lat Nervus maxillaris*

maxillary sinus sinus maxillaire *lat Sinus maxillaris*

Mazury horse => Masuren *breed*

meadow fescue fétuque des prés *lat Festuca pratensis*

mealy muzzle / nose
Cream or oatmeal coloured, it is the rule for Exmoor ponies.

measles => cysticercosis

measuring stick canne hippométrique ; toise à potence

measuring tape ruban à mesurer

measuring-compass => divider

mebendazole mébendazole
A benzimidazole anthelmintic.

mecate mecates
Rope that is attached to the bosal and act as reins.
Corde tressée reliée au bosal et qui sert de rênes dans le hackamore.

Mecklemburg (horse) *breed* mecklembourg(eois)
Race, d'origine allemande, de chevaux de selle relativement lourds.

meclofenamic acid acide méclofénamique

meconium méconium
Ensemble des débris accumulés dans l'intestin du poulain au cours de la gestation.

medial collateral ligament of carpus ligament collatéral radial / médial du carpe *lat Ligamentum collaterale carpi mediale*

medial collateral ligament of the stifle joint ligament collatéral médial / tibial du grasset *lat Ligamentum collaterale mediale*

medial epicondyle épicondyle médial *lat Epicondylus medialis*

medial head of the deep digital flexor muscle *hindlimb* muscle fléchisseur médial du doigt *membre postérieur* ; muscle fléchisseur interne / tibial / oblique des phalanges *anc lat Musculus flexor digitorum / digitalis medialis*

medial head of triceps chef médial du triceps (brachial)

medial palmar artery artère digitale commune palmaire II *lat Arteria digitalis palmaris communis II*
The largest artery of the front lower limb.

medial saphenous vein veine saphène interne *lat Vena saphena medialis / magna*

medial splint suros médial / interne

median artery artère médiane *lat Arteria mediana*

median cubital vein veine médiale du coude *lat Vena mediana cubiti*

median furrow of frog ; cleft of frog (central ~) ; central sulcus / groove of (the) frog ; central cuneal sulcus ; median groove lacune médiane (de la fourchette) ; sillon médian de la fourchette ; sillon cunéal central *lat Sulcus cunealis centralis*

median groove => median furrow of frog

median nerve nerf médian *lat Nervus medianus*

mediastinum médiastin

medication => medicinal treatment

medication => medicine

medicinal treatment ; medication médication
Emploi de médicaments.

medicine ; medication ; drug *medicinal* médicament ; remède

medicine box ; medicine chest trousse de médicaments ; coffre / boîte à médicaments

medicine chest => medicine box

medium canter galop moyen

medium trot ; ordinary trot trot moyen
Differences are sometimes made between «medium» and «ordinary» paces.

medium trot sitting trot moyen assis

medium walk ; ordinary walk pas moyen / ordinaire
Differences are sometimes made between «medium» and «ordinary» paces.
Des différences sont parfois faites entre les allures «moyennes» et les allures «ordinaires».

meet program(me) => race card / program(me)

meeting (race ~) réunion (de courses)
A programme on a given date, at a given venue.
Un évènement (en journée ou en soirée) avec un programme défini et à un endroit précis.

meibomian gland ; tarsal gland glande de Meibomius *lat Glandulae tarsales pl*

melanin mélanine

melanoma mélanome
Tumour most common in the skin, eye and oral cavity of aged grey horses.
Tumeur développée aux dépens des cellules du système pigmentaire.

melanosis mélanose *n f*
Disorder of pigment metabolism and pigmentary deposits.
Accumulation anormale de pigments dans le derme.

melioidosis mélioïdose
Caused by Pseudomonas pseudomallei.

menisci (medial // lateral ~) ménisque (médial // latéral) *lat Meniscus (medialis // lateralis)*

meniscofemoral ligament ligament ménisco-fémoral *lat Ligamentum meniscofemorale*

merbromin => Mercurochrome

Mercurochrome ; merbromin mercurochrome

Merens pony *breed* merens ; mérens ; ariégeois (de Mérens) ; poney ariégeois
D'origine française, race rustique des Pyrénées, leur taille est d'environ 1,40 mètres.

Merrion blue grass
Variété de gazon cultivée sur une grande échelle au Kentucky et très répandue en Amérique du Nord.

Merychippus Mérychippus
Lived during the Miocene era.
Il est venu après les Eohippus, Mésohippus et Miohippus. Ses pieds comportaient encore trois doigts.

mesenteric artery (cranial // caudal ~) artère mésentérique (crâniale // caudale) *lat Arteria mesenterica (cranialis // caudalis)*

mesenteric plexus (cranial // caudal ~) plexus mésentérique (crânial // caudal) *lat Plexus mesentericus (cranialis // caudalis)*

mesenteric vein (cranial // caudal ~) veine mésentérique (crâniale // caudale) ; veine mésentérique (petite // grande ~) *anc lat Vena mesenterica (cranialis // caudalis)*

mesentery ; mesenterium mésentère *lat Mesenterium*
Membrane qui suspend une grande partie de l'intestin grêle à la voûte de l'abdomen.

mesocolon mésocôlon

Mesohippus Mésohippus
Three-toed, it might not be in the direct line of ancestors of the modern horse.
N'est peut-être pas un des ancêtres directs du cheval moderne.

messenger betting service service de paris par messager

metabolite métabolite

metacarpal bone (large / third ~) ; forecannon bone ; cannon bone (fore...) os métacarpien principal ; métacarpe (troisième os du ~) ; os du canon (antérieur)

metacarpal bones os du métacarpe (les ~) ; métacarpiens (les os ~) ; métacarpes (les ~) *lat Ossa metacarpalia*
The large metacarpal and the small metacarpals.
Le métacarpien principal et les métacarpiens rudimentaires.

metacarpal region région du métacarpe *lat Regio metacarpi*

metacarpophalangeal joint capsule synoviale métacarpo-phalangienne ; synoviale de l'articulation du boulet (antérieur)
C'est la synoviale qui est impliquée dans la mollette articulaire du boulet.

metacarpophalangeal // metatarsophalangeal joint => fetlock joint

metacarpus métacarpe *lat Metacarpus*
Segment du squelette du membre antérieur, formé des os métacarpiens.

metacercaria métacercaire
Stage of development of a fluke, enclosed in a protective cyst and infective for a new host.
Forme larvaire enkystée des douves, capable d'infecter un nouvel hôte.

metal bevel => straight (cut off) hardy

metal curry comb étrille en métal

metaphysis métaphyse *lat Metaphysis*

metatarsal bone (large / third ~) ; hind-cannon bone ; shannon bone ; shank ; great metatarsal *old* **; cannon bone (hind-~)** os métatarsien principal ; métatarse (troisième os du ~) ; os du canon (postérieur)

metatarsal bones os du métatarse (les ~) ; métatarses (les ~) ; métatarsiens (les os ~) *lat Ossa metatarsalia*
Os des canons des membres postérieurs: un métatarsien principal (III) et deux métatarsiens rudimentaires (II ou médial, et IV ou latéral) pour chaque membre.

metatarsophalangeal joint capsule synoviale métatarso-phalangienne ; synoviale de l'articulation du boulet (postérieur)

metatarsus métatarse *lat Metatarsus*
Deuxième segment du squelette du pied, formé par les os métatarsiens.

methylene blue bleu de méthylène

metre / meter mètre
Unit of linear measure equal to 3.2808 feet.
Unité de mesure équivalente à 3,2808 pieds anglo-saxons.

microfilaria microfilaire
The larva of a filaria.
Embryon de filaire.

midcarpal joint capsule synoviale médio-carpienne

middle conchal sinus sinus du cornet moyen ; sinus conchal moyen *lat Sinus conchae mediae*

middle cuneiform *old for tarsal 2* => tarsal bone 1 and 2

middle phalanx ; short pastern bone *old* **; os coronae** *old* **; second phalanx** phalange intermédiaire ; os de la couronne ; deuxième / seconde phalange *lat Phalanx media ; Os coronale*
Son articulation inférieure est à l'intérieur du sabot.

middle scalenus muscle muscle scalène moyen *lat Musculus scalenus medius*

mild steel acier doux

mildew ; mold *US* **; mould** *Brit* moisissure

mile mille
Unité de mesure équivalente à 8 furlongs, 5280 pieds ou 1,6093 kilomètres.

milk foal ; suckling (foal) poulain // pouliche de lait ; poulain // pouliche non-sevré(e)

milk (set of) teeth première dentition ; dentition de lait

milk teeth ; deciduous teeth ; temporary teeth dents de lait *lat Dentes decidui*

milkshake ; alkalizing agents

milky white blanc mat ; blanc laiteux / de lait ; blanc de pigeon *(1)*
Robe qui ne présente aucun reflet brillant. 1) Expression utilisée en été lorsque les poils ont pris toute leur blancheur.

millet millet *céréale*

mineral lick => salt lick

miniature horse cheval miniature

minimum culling level sélection par note de passage
Pour chaque caractère considéré, un animal doit obligatoirement obtenir la note de passage ou plus, pour être sélectionné.

Minorcan saddle horse *breed* minorquin *race*

minus pool cagnotte déficitaire
For which the race track has to pay off more on bets, than the total amount of bets.

Miohippus Miohippus
Lived during the Oligocene period.

miracidium miracidium
The first developmental stage of the larva of a fluke.
Premier stade de développement de la larve des douves.

mitral valve valvule mitrale *lat Valva atrioventricularis sinistra*
Valvule entre l'oreillette gauche et le ventricule gauche du coeur.

mixed mélangé
Usually describing a marking or an area in which hairs of different colours are mixed.
Généralement, qualifie une marque ou une surface de la robe dans laquelle des poils de différentes couleurs sont mélangés.

mixed colour robe mixte

mixed sale *r* vente mixte *c*

mixed star en tête mélangé

mixed stripe liste mélangée
Lorsque des poils de la couleur principale de la robe apparaissent dans la liste.

mobile starting gate barrière de départ mobile

Modified Grand Prix Grand prix modifié

moist corn bleime humide / hémorragique

molar ; grinder molaire

molars ; molar teeth ; grinders molaires *lat Dentes molares*
Le cheval en possède vingt-quatre.

molasses *US* **; treacle** *Brit* mélasse

mold *US* => mildew

molt *US* => shedding

Monday morning sickness / disease => azoturia

money accruing *r* montant non versé *c*

Mongolian pony *breed* poney de Mongolie *race*

Mongolian wild horse => Prjevalski horse ; Przewalski's horse

monorchid monorchide

monorchidism ; monorchism monorchidie
Condition of having only one testis or one descended testis.
Absence d'un testicule, congénitale dans le sens strict.

moonblindness ; moon blindness => equine recurrent uveitis *abbr: ERU*

Morgan *breed* morgan
Chevaux de taille moyenne, race originaire des E.U..

morning line (odds) cote matinale
Odds on each horse in a race, according to an handicapper before the day of the race.
Évaluation des chances d'un cheval de remporter une course selon un handicapeur, et qui se fait généralement quelques jours avant la course.

motion sickness mal des transports

mould *Brit* => mildew

moult ; moulting => shedding

mount *n* monte
Façon de monter à cheval.

mount monture *n*
Cheval que l'on monte.

mount (a horse) *v* **; ride (a horse)** *v*
monter (à / un cheval) ; chevaucher

mounted *adj* **; horseback** monté *adj* ; à cheval *(1)*
1) S'utilise aussi dans être à cheval sur (les principes, son opinion), écrire à quelqu'un une lettre à cheval etc. Action ou état manifestés en des termes solides et nets. L'expression s'explique par analogie avec le cavalier bien établi sur sa monture.

mounted bullfight combat à cheval *tauromachie*

mounted horse race (at the gallop) course au / de galop ; course montée (au galop)

mounting step ; block (horse ~) montoir
Bloc ou piédestal servant à monter sur le cheval plus aisément.

mouse-dun ; mouse-coloured ; grulla ; grullo ; blue-dun souris *adj*
Light blue or soft grey, with black points, almost always with primitive marks.
Poils gris uni, crins et extrémités noirs, très souvent avec des zébrures et une raie de mulet.

moustache hairs vibrisses *lat Vibrissae*

mouth bouche *lat Os*

mouth (entrance to the ~) => oral cleft / aperture

mouthing bit ; bit with keys / players ; breaking bit filet avec pendentifs ; filet à jouet(s)
May be a straight or jointed bit.

mouthing (process) faire la bouche d'un cheval ; assurer la bouche d'un cheval ; travailler la bouche d'un cheval
Usually said for the initial training of a horse to the bit.
Développer la sensibilité de la bouche d'un cheval à l'action du mors.

mouth(piece) embouchure
Stricto sensu, the part of the bit which goes in the mouth. *s.a. canon (bit ~)*
Au sens strict, la partie du mors qui entre dans la bouche du cheval, en pratique ce mot désigne souvent le mors. *v.a. canon (du mors)*

move into position *v r* prendre position *c*

move off (from the halt) ; strike off (from the halt) départ (à partir de l'arrêt)

movement mouvement

much ground => plenty of ground

muck out *v* => remove the droppings *v*

mucosa muqueuse
Inner layer of different organs and body cavities.
Membrane interne de différents organes et cavités du corps.

mud apron *br* tablier à boue *ca*

mud guard ; fender *br* garde-boue

muddy *abbr: m* boueuse
Describing the condition of a race track at a particular moment.
Décrit la condition d'une piste de course à un moment donné.

mule chair ; horse litter cacolet

mule driver => muleteer

mule ears oreilles d'âne
Large and mule like ears.
Anormalement longues.

mule (female ~) ; she-mule mule *lat mula*
Female offspring of a donkey stallion and a horse or pony mare.
Femelle du mulet, engendrée d'un âne et d'une jument.

mule (male ~) => mullet

mule shoe fer de mulet

mule track chemin muletier

muleteer ; mule driver muletier *n*
Personne qui conduit des mulets.

mullen mouth(piece) ; mullen-mouth(ed) bit ; half-moon mouthpiece cintré (mors / canon / filet ~) ; incurvé (mors / canon / filet ~)
Bent in a slight curve.

mullet ; mule (male ~) ; he-mule mulet *lat mulus*
Male offspring of a donkey stallion and a horse or pony mare. *s.a. hinny*
Mâle engendré d'un âne et d'une jument. *v.a. bardot*

Murge / Murgese horse *breed* cheval des Murgies
Race d'origine italienne.

muscle-relaxant drug myorelaxant

muscles of external ear muscles de l'oreille externe
Très petits, ils produisent les mouvements du pavillon de l'oreille.

musculocutaneous nerve nerf muscu-lo-cutané *lat Nervus musculocutaneus*

mustang ; Mustang mustang

Appellation générale pour les chevaux d'Amérique mi-sauvages, mi-domestiqués, tenant des chevaux apportés par les colons et des descendants de ceux apportés par Colomb aux Antilles et par Cortés au Mexique en 1519, c'est ce dernier qui a réintroduit les chevaux sur le continent américain.

muttony withers => poorly marked withers

mutual grooming toilettage mutuel

mutuel field champ (de pari) mutuel

mutuel machine machine à billets / tickets (de pari mutuel)

mutuel manager responsable du pari mutuel

mutuel odds cote au pari mutuel

mutuel payoff / return prix payé / versé (par le pari mutuel)

mutuel wagering pool => wagering pool

mutuel wicket / window ; betting wicket / window guichet de pari (mutuel) ; guichet P.M.U. *Fr (1)*

1) P.M.U.: Pari mutuel urbain.

muzzle ; apex of the nose museau ; bout du nez *lat Apex nasi*

Au-dessus de la lèvre supérieure et entre les naseaux.

muzzle muselière

Protective, bucket-like, covering for the nose of the horse.

myocardium => cardiac muscle

myoclonia ; myoclonus myoclonie(s) ; tremblement(s)

myoglobinuria (paralytic ~) => azoturia

nail a shoe (on a hoof) *v* brocher un fer

nail cutter(s) => nail nipper(s)

nail hole contre-perçure ; étampure contre-percée

Trou percé dans un fer pour recevoir un clou.

nail (horseshoe ~) clou (à ferrer)

nail nipper(s) ; nail cutter(s) tenaille(s) à clous ; coupe-clous

nail prick / tread ; puncture wound (sole // frog ~) clou de rue

Penetration of the sole by a sharp object to the depth of the sensitive laminae.

La sole est traversée par un clou ou par tout autre corps étranger produisant une blessure similaire.

narrow at the chest ; both legs coming out of one hole (having ~) ; narrow in front serré de poitrail / poitrine

Front legs set very closely at the top.

narrow chest poitrine étroite

narrow in front => narrow at the chest

narrow neck ; thin neck encolure grêle

nasal bone os nasal *lat Os nasale*

nasal cavity cavité nasale / du nez *lat Cavum nasi*

nasal conchae cornets nasaux *lat Conchae nasales*

nasal discharge ; snuffles jetage ; écoulement nasal

nasal diverticulum diverticule nasal ; fausse narine *lat Diverticulum nasi*

Repli de la peau au bord de chaque narine externe.

nasal septum cloison nasale *lat Septum nasi*

Essentiellement formée de cartilage, elle sépare les deux cavités nasales.

nasogastric intubation intubation naso-gastrique

nasolacrimal duct conduit naso-lacry-mal *lat Ductus nasolacrimalis*

national stud haras national

Nations' Cup ; Prix des Nations Prix des nations

natural aid aide naturelle

Une des suivantes: les jambes, les mains, l'assiette et la voix.

natural obstacle obstacle naturel

Obstacle construit avec des éléments dits naturels (troncs, eau, fosses, etc.) auxquels on laisse leur apparence sans couleurs vives et autres composantes qui donneraient un air artificiel à l'obstacle.

natural pace allure naturelle

natural place for the saddle to sit => saddle site

natural service saillie naturelle ; monte naturelle

navel ; umbilical scar ; umbilicus nombril ; ombilic *lat Umbilicus*

navel ill => omphalitis

navicular bone *old* => distal sesamoid bone

navicular bone => central tarsal bone

navicular bursa => podotrochlear bursa

navicular disease / lameness / bursitis ; podotrochleitis naviculaire (maladie ~) ; ulcère corrosif de l'os naviculaire

A corrosive ulcer on the navicular bone. Podotroch... points more specifically to the inflammation of the podotrochlear bursa.

Affection de l'os naviculaire à l'endroit où le tendon du fléchisseur profond des phalanges coulisse sur lui. Les termes commençant par podotroch... réfèrent plus spécifiquement à l'affection de la bourse podotrochléaire.

Near Eastern equine encephalomyelitis => Borna disease

near foreleg *old* => left foreleg

near hind-leg *old* => left hind-leg

near to the ground => well let down

near-side *old* => left side *of a horse*

neat's-foot oil ; neatsfoot oil huile de pied de boeuf

Made from boiled cow heel and used to dress leather.

neck encolure ; cou *lat Collum*

S'étend de la tête jusqu'aux épaules et au poitrail. Le terme encolure est le plus approprié.

neck guard

To prevent the neck of the mare during mating.

neck (of a nail) collet (d'un clou)

neck of uterus => cervix of uterus

neck rein rêne d'appui ; rêne d'encolure

The action of this indirect rein is to touch, even very lightly, on the side of the neck which is opposite to the direction of the resulting move.

Rêne contraire qui s'appuie sur le côté de l'encolure, ce contact peut être d'une très grande légèreté chez un cheval bien dressé (qui obéit «au poids des rênes").

neck strap surcou

neck sweat couvre-cou

Il sert pour faire transpirer et amincir l'encolure.

neck threadworm ver du ligament de la nuque ; ver filiforme de la nuque *lat Onchocerca cervicalis*

necrosis of the lateral cartilage(s) => quittor (of horses)

neigh *v* ; **whinny / whinney** *v* hennir *lat hinnire see whinny (n) or neigh (n)* voir hennissement

neigh *n (1)* ; **whinny** ; **whinney** *n (2)* hennissement

1) Loud and sometimes prolonged, the common call between horses that are not near. 2) A gentle neigh, denoting pleasure or expectancy. The word whinny is sometimes used for the common call in a situation of separation. *s.a. squeal, nicker, snort (warning ~) and snort*

Le hennissement proprement dit est un appel qui est produit la bouche ouverte et qui porte loin, correspondant en général à une situation de séparation. *v.a. couinement, appel de contact, renâclage et ébrouement*

nematocide nématicide

nematode ; roundworm ; threadworm nématode ; ver rond

Any individual organism of the class Nematoda.

Ver parasite, cylindrique, appartenant à la classe des Némathelminthes.

neonatal isoerythrolysis => alloimmune haemolytic anaemia of the newborn

neonatal maladjustment syndrome syndrome convulsif

Might be named: barker, wanderer, dummy, respiratory distress, shaker foal or convulsive foal.

nephritis néphrite

Inflammation des reins.

nephrosplenic entrapment accrochement néphrosplénique

nerve *pl: nerves* nerf *pl: nerfs*

nerve *v* sectionner un nerf

nerve block *v* anesthésier un nerf

nerve-blocking anesthésie d'un nerf

nerving => neurectomy

nervous nerveux

nervousness nervosité

neurectomy ; nerving névrectomie ; neurectomie

New-Forest (pony) *breed* new-forest

Race de poneys, originaire du sud de l'Angleterre.

newspaper picks choix des chroniqueurs de courses

nicked ear oreille fendue

May be used for identification purposes.

Peut servir de marquage à des fins d'identification.

nicker *n & v* appel de contact *n*

Friendly, low-pitched and vibrating sound, addressed by mother to foal, to another nearby horse, or as the feeding hand approaches.

Frémissement sourd et modulé, ce salut ou cet appel amical est toujours émis lorsque le destinataire (soigneur, poulain, autre cheval ~) est à courte distance.

nictitating membrane ; haw ; third eyelid membrane nictitante ; troisième paupière ; corps clignotant *lat Palpebra III (tertia)* ; *Plica semilunaris conjunctivae*

nipper(s) (hoof ~) ; trimmer / cutter (hoof ~) ; cutting nipper pince coupante / à parer ; rogneuses ; cisailles ; tenailles à corne ; tricoises à parer
Used to cut the surplus growth of the wall.

nit => louse egg

nitrofural => nitrofurazone

nitrofurazone ; nitrofural nitrofural

nitrogen azote

nitrogenous wastes déchets azotés
Sous-produits toxiques du métabolisme qui se trouvent dans le sang.

Nivernais draught horse *breed* trait nivernais
Race d'origine française.

no foot, no horse pas de pied, pas de cheval

nomination slip *r* feuille des engagements *c*

non competitive race course non-équilibrée

non reported (on other tracks) *r* non signalé (sur d'autres pistes) *c*

nonarticular ringbone => false ringbone

Nonius *breed* nonius
Race d'origine hongroise.

non-starter *n* non-partant *adj & n*

non-striated muscle => smooth muscle

Nordland horse => Northland horse

Noric horse *breed* ; **Pinzgau horse** norique
Race d'origine autrichienne.

Norman Cob *breed* cob normand
Race de trait française.

Norman trotter => French trotter

North Ardennes horse *breed* ardennais du nord ; trait du nord
Race française.

North Swedish horse *breed* suédois du nord *race*

Northland horse *breed* ; **Nordland horse** northland
Race originaire du nord de l'Europe.

nose nez *lat Nasus*
Comprend le chanfrein, le bout du nez et les naseaux.

nose (bridge of the ~) => bridge of the nose

nose bridle => bitless bridle

nose fly => bot fly (horse ~)

noseband muserolle
Bande, en une ou deux pièce(s), passant sur le chanfrein et se bouclant sous l'auge. Elle empêche le cheval d'ouvrir trop largement la bouche, elle peut aussi servir à mettre de la pression sur le chanfrein du cheval.

nostril naseau *pl: naseaux* ; narine *lat Nares pl*

not true to type non-conforme au type de la race

not-betting promotional race course promotionnelle sans paris

notch x victories / wins *v r* remporter x victoires *c*

notice of intent *r* avis de pourvoi en appel *c*

notification of claim avis de réclamation

nuchal ligament ; ligamentum nuchae ligament nuchal ; ligament de la nuque ; ligament cervical *anc lat Ligamentum nuchae*

numnah => saddle pad *class.*

nursery handicap race course handicap pour chevaux de deux ans

nutcracker action cribbing strap collier pince-gorge contre le rot

nutmeg *rare* => flea-bitten grey

nutrient ; nutriment nutriment

nutrition nutrition

nylon cord girth sangle en corde de nylon

nylon lead (rope) laisse / guide en nylon *tressé*

oats avoine *lat Avena sativa*

obedience obéissance

Oberland horse *breed* oberland ; cheval de l'Oberland
Race allemande.

objection ; protest ; foul claim *r* objection ; réclamation *c* ; contestation
r: A claim by a jockey, owner or trainer, that their order of finish is adversely affected by an infraction to the rules by another participant.

obliquus externus abdominis muscle => external abdominal oblique muscle

obstacle ; jump *n* obstacle

obstacle driving test *bd* épreuve de maniabilité *att*

obstacle judge juge aux obstacles

obstacle with a take-off element appelé *adj*
Se dit d'un obstacle devant lequel on a placé une barre, une haie ou un autre élément (dits d'appel) pour guider l'appel au moment du saut.

obturator artery artère obturatrice *lat* Arteria obturatoria

obturator (internus // externus) muscle muscle obturateur (interne // externe) *lat* Musculus obturatorius (internus // externus)

obturator nerve nerf obturateur *lat* Nervus obturatorius

occipital bone os occipital *lat* Os occipitale

occipital condyle condyle occipital *lat* Condylus occipitalis

occipital foramen *old* => foramen magnum

occult spavin ; blind spavin éparvin aveugle
A bone spavin in which there is no external enlargement.
Qui ne présente pas de déformation extérieure.

odd-coloured (coat / horse) robe bigarrée
Admixture of more than two colours tending to merge into each other.
Robe nuancée de différentes couleurs en taches irrégulières.

odds ; rating cote
1st: A horse's chances of winning a particular race. 2nd: Number indicating the amount of profit per dollar to be paid to holders of winning pari-mutuel ticket.

odds board tableau des cotes

odds payoff ratio ; pay-off odds ; odds percentage / ratio pourcentage de retour selon les cotes ; pourcentage de rendement sur les cotes

odds percentage / ratio => odds payoff ratio

oedema *Brit* ; **edema** *US* oedème
An abnormal accumulation of fluid in the cavities and intercellular spaces of the body.
Infiltration d'un tissu par une abondance de liquide séreux.

oesophagus *Brit* ; **esophagus** *US* oesophage *lat* Oesophagus ; Esophagus
Tuyau qui s'étend du pharynx à l'estomac. Ses fibres musculaires lui impriment un mouvement de vagues qui amènent le bol alimentaire jusqu'à l'estomac.

oestrus *Brit* => heat

off foreleg *old* => right foreleg

off hind-leg *old* => right hind-leg

off side / offside *old* => right side *of a* horse

off-billet *west.* courroie de sangle (côté droit) *west.*
Secured to the right front rigging dee of the saddle. It resembles a short belt with series of holes on each end; it makes a loop around the ring of the rigging dee and the cinch is attached to it by its metal buckle, like in an English saddle girth strap.
Équivalent du contre-sanglon sur une selle anglaise, il n'y en a toutefois qu'une, autour de l'anneau droit avant de la selle.

offending fautif

official finish position *r* position officielle au fil d'arrivée *c*

official race report rapport officiel de courses

official starters list liste officielle des partants

offset *v* compenser *c*

offset *r* compensation *c*

offset knees => bench knees

off-set stirrup étrier à passant décentré

offspring rejeton

off-track bet(ting) ; off-track wager(ing) pari hors-piste ; mise hors-piste

off-track wager(ing) => off-track bet(ting)

oil glands => sebaceous glands

old âgé
Le cheval commence à être qualifié d'âgé à partir de 7 à 12 ans ou plus, selon les milieux et les disciplines.

Oldenburg (horse) *breed* oldenbourg ; oldenburg
Race qui doit son nom à sa région d'origine en Allemagne.

olecranon olécrane / olécrâne *lat* Olecranon
Extrémité supérieure de l'ulna, formant la base du coude du cheval.

Olympic dressage test reprise olympique

Olympic Games Jeux olympiques

omohyoideus muscle muscle omo-hyoïdien *lat Musculus omohyoideus*

omotransversarius muscle muscle omo-transversaire *lat Musculus omotransversarius*

omphalitis ; navel ill omphalite
Inflammation de l'ombilic.

on the aids ; between legs and hands bien encadré ; entre mains et jambes

on the bit (horse ~) en main (cheval ~)
On peut aussi dire que le cheval est bien mis, qu'il est dans la main, etc.

Onchocerca bohmi ; Elaeophora bohmi *lat Onchocerca bohmi ; Elaeophora bohmi*
A filariid nematode.

onchocercosis => summer mange (of horses)

one-factor handicapping handicap d'une seule entrée

one-horse draught attelage à un cheval

open bridle bride ouverte

open carriage calèche

open ditch fossé ouvert
Fossé comportant une haie devant et une barrière du côté de la réception.

open horse cheval de classe ouverte

open housing stabulation libre

open knees genoux non-fermés ; genoux déformés de profil
Irrégularité du contour du genou, vu de profil, donnant l'impression que les diverses articulations du carpe ne sont pas encore complètement fermées.

open race course ouverte

open-front boot guêtre ouverte
A jumper tendon support boot.
Guêtre pour la protection des tendons des sauteurs, ouverte à l'avant.

opening odds cote à l'ouverture (des paris)

opening rein ; leading rein rêne d'ouverture
A direct rein, an opening rein opens out to the side and guides the horse. Leading rein may be presented as opening farther to the side and actually lead the horse around the turn.
Rêne directe dans laquelle la main se déplace latéralement vers l'intérieur de la courbe à exécuter, créant ainsi une ouverture sans comprimer le mouvement du cheval.

ophthalmic nerve nerf ophtalmique *lat Nervus ophtalmicus*

opposing action of the leg action de résistance de la jambe
Lorsque la jambe du cavalier s'oppose ou contient un mouvement du cheval, par exemples lorsqu'elle ralentit et régularise un mouvement latéral ou sert de pivot.

optic nerve nerf optique *lat Nervus opticus*

oral cleft / aperture ; mouth (entrance to the ~) bouche (extérieur / ouverture de la ~) *lat Rima oris*

orbicularis oris muscle muscle orbiculaire de la bouche *lat Musculus orbicularis oris*

orbit (eye ~) => eye socket

order of finish ; placing of the horses (at the wire) ordre d'arrivée ; placement à l'arrivée ; classement des chevaux (au fil d'arrivée)

ordinary canter galop ordinaire

ordinary chestnut alezan ordinaire
Medium shade of red.
De la couleur de la cannelle.

ordinary noseband => cavesson (noseband)

ordinary trot => medium trot

ordinary walk => medium walk

organophosphorus compound composé organophosphoré
Poison used as insecticide and anthelmintic.
Poison utilisé comme insecticide et anthelmintique.

Orloff / Orlov (horse / trotter) *breed* orloff ; orlov
Race d'origine russe.

os calcis *old* => calcaneus

os coronae *old* => middle phalanx

os coxae => hip bone

os magnum *old* => third carpal bone

os pedis *old* => distal phalanx

os suffraginis / saffragenous *old* => proximal phalanx

osselets ; arthritis of the fetlock joint (traumatic ~) osselet
Exostosis or periosteal inflammation affecting the fetlock joint.
Exostose au niveau du boulet, du canon ou du genou, les définitions sont inconstantes. Le mot anglais «osselets» ne désigne que celle qui affecte l'articulation du boulet (arthrite traumatique métacarpo-phalangienne).

ossify *v* ossifier (s'~)

osteitis ostéite
Inflammation d'un os.

osteo-arthritis ostéo-arthrite

osteochondritis dissecans *abbr:* OCD ; **dissecting osteochondritis** ; **osteoochondrosis** ostéochondrite disséquante / dissécante *abr:* OCD *lat* osteochondritis dissecans

osteoochondrosis => osteochondritis dissecans *abbr:* OCD

osteoperiostitis ostéopériostite
Inflammation of a bone and its periosteum. *s.a.* periostitis, osteitis
Inflammation du périoste et de l'os. *v.a.* périostite, ostéite

otitis otite

out at the hocks => bandy-legged (in the hindlimb)

outbreeding ; **outcrossing** accouplement éloigné / régulier
The mating of unrelated or distantly related individuals.
Accouplement de reproducteurs non-apparentés ou apparentés de loin.

outcome (of a race) résultat (d'une course)

outcrossing => outbreeding

outdoor arena ; **manège** *(1)* manège extérieur ; carrière
1) An enclosure for the teaching of equitation or the schooling of horses; more likely to mean an outdoor enclosure.

outer covering (of the eye) => sclera

outer enamel ring (of a tooth) émail externe / périphérique (d'une dent)

outer rein => outside rein

outing sortie

outrider *r* ; **marshal (parade ~)** *r* cavalier *c*
One of the employees of a track who assist and supervise jockeys and horses during the post parade from the paddock to the starting gate. They are responsible for catching runaways and horses which have lost their riders.

outside leg jambe extérieure

outside rein ; **outer rein** rêne extérieure

outside sire étalon de renforcement
Introduced into a breed, line etc.
Étalon introduit dans une lignée, un élevage etc.

outside track => track (around a riding arena)

ovarian cyst kyste ovarien

ovarian follicle follicule ovarien

ovary *pl: ovaries* ovaire *lat Ovarium*

over at / in the knees ; **buck-kneed** ; **knee sprung** brassicourt (genou / cheval ~) ; arqué (genou ~)
Anterior deviation of the carpal joint.
Déviation de l'articulation du genou vers l'avant: vu de côté, le genou est trop en avant, par rapport à l'axe du membre. *v.a. genou brassicourt*

over the bit => above the bit

overall average moyenne cumulative

over-bending (of the head) encapuchonnement

over-bent encapuchonné
The lower head is approaching the chest, behind the vertical dropping from the upper part of the head to the ground.

overcheck bit => check bit

overcheck (rein) *hd hr* ; **bearing rein** *hd* ; **check rein** *hr* fausse rêne *att ca* ; courroie d'arrêt *ca* ; rétenteur *ca* ; enrênement *att*

overcompeted => sour

overlapping ; **lapped on** *adj* chevauchement
r: A horse is lapped on another at the wire when his nose is at least up to the hindquarters of this other horse.
c: Entre deux chevaux, à l'arrivée d'une course, lorsqu'un cheval ne détient pas une longueur complète d'avance sur l'autre.

overlay *r* pari spéculatif ; mise spéculative

overnight event course ordinaire

overo
Pinto coat in which the white areas usually display more ragged edges than on the tobiano, and rarely extend onto the top line. The head is usually marked extensively with white and the eyes are frequently blue. The general impression is usually a horizontally arranged white pattern.

overrate a horse *v* surévaluer un cheval

overreach *v* atteindre (s'~) ; attraper (s'~) *en talons* ; couper (se ~) ; tailler (se ~) ; toucher (se ~)
The striking of a hind toe on the back of a front leg (usually on the heel of the same side).
Lorsque la pince du membre postérieur atteint le pied antérieur du même côté. Bien que les auteurs ne soient pas unanimes, l'expression s'atteindre (en talons) semble la plus adéquate. On

dit aussi qu'un cheval s'atteint au coude («elbow hitting») ou au genou («knee hitting»). *v.a. autre inscription*

overreach boot => bell boot

overriding rule règlement dérogatoire

overshot fetlock => knuckling (over)

overshot jaw => brachygnathia ; brachygnathism

overstep *v* méjuger (se ~) ; mécouvrir (se ~)
Se dit du cheval dont le pied postérieur se pose devant l'empreinte de l'antérieur au pas ou au trot.

overtake (another horse) *v* ; **take over another horse** *v* dépasser (un autre cheval) ; doubler (un autre cheval)

overtrained / overworked / overschooled => sour

owner propriétaire

ownership propriété

ox warble *rare* => warble

oxer oxer
Could be an hedge with a rail on one side. Usually a «double oxer»: at least two poles on two different stands and possibly with a hedge between them. Literally, rails prevent oxen from eating the hedge.

oxfendazole oxfendazole

oxibendazole oxybendazole

pace *n* rythme ; train ; allure
The speed with which a race is run or a gait is performed. *s.a. other entries*
Rapidité ou vitesse avec laquelle est effectué un déplacement, par exemple: la vitesse (plus ou moins rapide) à laquelle est disputée une course.
v.a. autre inscription pour allure

pace *v hr* => amble *v*

pace *n hr* => amble *n*

pace *n* => gait

pace rating *r* cote d'allure *c*

pacer *hr* => ambler

pacer race(s) / racing course(s) d'ambleurs / à l'amble

paces => gaits

pack => hounds (the ~)

pack *r* => field *r*

pack animal animal de bât / somme

pack horse ; packhorse cheval de bât ; cheval de somme

pack saddle bât

pad point strap *hd* contre-sanglon de mantelet *att*
À être bouclé au boucleteau de mancelle. Dans les attelages à 2 ou plus il est l'équivalent de la dossière.

pad (shoe ~) coussinet (de pieds) ; plaque
Destiné(e) à loger entre le fer et le pied du cheval.

pad terret *hd* => saddle terret *hd*

paddle *v* ; **wing out** *v* ; **dish** *v* billarder ; cagneux en marche (être ~) ; faucher
When moving forwards, the foot of one or both of the forelegs is throw outwards while in the air, and then taken back inwards to its landing position.
Lorsque le cheval se déplace vers l'avant, le pied au soutien décrit un demi-cercle vers l'extérieur.

paddock ; hitching ring *hj hd* paddock
An enclosed area where horses are detained (hr) or walked and viewed by the public (tr) just prior to a race, or in which they are warmed-up and/or waiting just before their participation (hj & hd). *s.a. other entry for paddock*
Enclos à accès restreint où les chevaux sont rassemblés (ca) ou paradés (ct), ou encore dans lequel ils attendent tout juste avant leur participation à une compétition (cs & att). *v.a. autre inscription*

paddock enclos ; paddock
An enclosed area, generally of grassland where the horses are kept relatively free. *s.a. other entry*
Surface clôturée, souvent dans une prairie, dans laquelle les chevaux sont laissés en semi-liberté. *v.a. autre inscription pour paddock*

paddock boot ; ankle boot botte d'écurie ; bottine

paddock judge *hr* juge de paddock *ca*

pail seau

paint(ed) (horse) => pinto ; pintado

pair (of legs) bipède

palate palais

palatine bone os palatin *lat Os palatinum*

palfrey palefroi
Cheval de parade des grands seigneurs au Moyen-Âge.

palisade rails => stockade

palmar carpal ligament ligament commun palmaire
Formé par l'union du ligament radio-carpien palmaire (L. radiocarpeum palmare NAV), du ligament ulno-carpien palmaire (L. ulnocarpeum

palmare NAV) et du ligament rayonné du carpe (L. carpi radiatum NAV).

palmar metacarpal artery (medial // lateral ~) artère métacarpienne palmaire (médiale // latérale) *lat Arteriae metacarpeae palmares II et III*

palmar metacarpal nerve (medial // lateral ~) nerf métacarpien palmaire (médial // latéral) *lat Nervi metacarpei palmares pl*

palmar nerve (medial // lateral ~) nerf palmaire (médial // latéral) *lat Nervus palmaris (medialis // lateralis) ; Nervus digitalis palmaris communis (II // III)*

palmar process (of the distal phalanx) processus palmaire (de la phalange distale) *lat Processus palmaris (medialis // lateralis)*

palmar proper digital artery (medial // lateral ~) artère digitale palmaire propre (médiale // latérale) *lat Arteria digitalis (palmaris propria III) medialis // lateralis*

palomino ; isabella *(1)* palomino
Golden with lighter mane and tail, occasionally with pink skin or a few black hairs, but without the red tint of the chestnuts. 1) In North America this term is proposed to be restricted to very light cream coloured palominos with non-blue eyes.
Alezan doré ou café-au-lait, à crins lavés.

pancreas pancréas *lat Pancreas*

panel (saddle ~) matelassure
The cushion between the tree and the horse's back.
Partie rembourrée de la selle qui repose sur le dos du cheval.

pangaré
Arrangement of light areas that can be superimposed over any colour. The lighter areas are: over the muzzle, over the eye, inside the legs, in the flanks.

panic snap mousqueton de sécurité

papillae papilles
They are filiform, four to six millimetres in length, covering the superficial surface of the coronary corium, entering the openings of the coronary groove, and nourishing the stratum germinativum of the hoof.
Projection filiforme du bourrelet principal. Elles sont en très grand nombre et nourrissent la couche germinative de la corne du sabot.

paracuneal groove => lateral cleft / groove / furrow of the frog

parade ; post parade *r* parade ; défilé
r: A parade of the horses in front of the public, on their way to the starting gate.
c: Passage des concurrents devant le public, avant la course.

parade horse *r* => pony (lead ~) *r*

parallel poles barres parallèles
Oxer composé seulement de deux barres parallèles entre elles.

paranasal sinuses sinus paranasaux *lat Sinus paranasales*
Cavités communiquant avec la cavité du nez, servant à réchauffer l'air inspiré.

parapatellar fibrocartilage (medial // lateral ~) fibro-cartilage parapatellaire (médial // latéral) *lat Fibrocartilagines parapatellares*

parapet ; sloping wall garde-botte ; pare-botte
To protect the rider's leg, along the wall in an indoor arena.

parasite parasite *s.a. internal parasite v.a. parasite interne*

parasitosis parasitose
Maladie due à un parasite.

parasympathetic nervous system système nerveux parasympathique ; parasympathique *lat Pars parasympathica*
Partie du système nerveux autonome, a des effets contraires à ceux du sympathique.

pare (a hoof) *v* ; **trim** *v* ; **dress** *v* parer (un sabot)

parenchyma parenchyme

parentage test(ing) épreuve de parenté
Test usually based on red cells antigens, the offspring's antigens make it possible to exclude some possible sires.

parietal bone os pariétal *lat Os parietale*

parietal sulcus (of the distal phalanx) sillon pariétal (de la phalange distale) *lat Sulcus parietalis (medialis // lateralis)*

parietal surface (of the distal phalanx) ; dorsal surface face pariétale (de la phalange distale) ; face dorsale *lat Facies parietalis*

pari-mutuel pari mutuel
Le principe de base est le suivant: les parieurs détenant les mises gagnantes empochent les montants des mises perdantes, après déduction des prélèvements des organisateurs et des pouvoirs publics.

pari-mutuel department service du pari mutuel

pari-mutuel director directeur du pari mutuel

parked out *br* pris à l'extérieur (du peloton) *ca*

A horse prevented from racing near the rail. He is forced to race outside the field and must travel a longer distance.

Le cheval ne peut pas se faufiler vers l'intérieur près de la rampe, il doit ainsi parcourir une plus grande distance.

parlay bet / wager(ing) pari progressif ; mise progressive ; report *(1)*

Taking all the money won in one wager and betting it on a next race.

Reporter, sur une course subséquente, une somme déjà gagnée. 1) Spécifique au pari mutuel urbain français (P.M.U.), on désigne des chevaux dans plusieurs courses et le gain éventuel dans une course est reporté à la course suivante et ainsi de suite.

parotid gland parotide (glande ~) *lat Glandula parotis*

Glande salivaire située sous l'oreille, le long de la branche montante de la mâchoire inférieure.

parotidoauricularis muscle muscle parotido-auriculaire *lat Musculus parotidoauricularis*

parrot mouth / jaw => brachygnathia ; brachygnathism

partial wheel roulette partielle

Wager on one or more of the horses which must finish a race in a predetermined order, entered along with some of the other horses finishing the race in the money.

Pari sur un ou des chevaux devant terminer une course dans un ordre précis, tout en étant couplés à certains des autres chevaux devant être dans les positions de rapport.

partly white coronet trace de balzane

Qui ne recouvre qu'une partie de la couronne.

partly (white marking on a limb) balzane incomplète

That is not going completely around the leg.

Ne circonscrivant pas entièrement le membre.

parturition => foaling

pas de deux pas de deux

Paso Fino *breed* paso fino *race*

The horses are shown at three gaits: paso fino, paso corto and paso largo.

passage passage

Trot écourté et relevé, très rassemblé, soutenu et cadencé.

passive leg => inactive leg

past performance lines => chart lines (race ~)

pastern paturon *lat Compes*

Partie comprise entre le boulet et la couronne.

pastern axis axe du paturon

Viewed from the front or side, an imaginary line through the long axis of the pastern dividing it in equal parts.

pastern joint ; proximal interphalangeal joint articulation du paturon ; première articulation interphalangienne ; articulation interphalangienne proximale

Implique les deux premières phalanges.

pasture ; grazing grounds pâturage ; pacage *(1)*

1) Le pacage sera souvent une prairie naturelle pauvre ou de richesse moyenne.

pasture *v* => graze *v*

pasture *v* ; **take to pasture** *v* faire paître

pasture breeding saillie au champ

pasture rotation rotation des pâturages

The technique of alternating the areas on which animals graze. Ideally allowing time for parasites that are contaminating pasture to die before animals are grazed on that area again.

patch plaque

An area of hairs, larger than a spot, differing from the background colour.

Tache, relativement grande, de poils qui diffèrent de la couleur de fond.

patella rotule *lat Patella*

Dans la partie avant de l'articulation du grasset, cet os s'articule sur l'extrémité inférieure du fémur.

patellar desmotomy desmotomie patellaire / rotulienne

The cutting of a patellar ligament.

Opération parfois nécessaire suite à un accrochement de la rotule.

patellar ligament (medial // middle // lateral ~) ligament patellaire (médial // intermédiaire // latéral) *lat Ligamentum patellae (mediale // intermedium // laterale)*

patellar subluxation => upward fixation of the stifle / patella

patent urachus (still-~) persistance de l'ouraque

patrol film (camera ~) *r* film d'une / de la course ; film-contrôle *Fr c*

patrol judge *br* juge de parcours *ca* ; juge de patrouille *ca*

Any of a number of judges around the track and watching for infractions during a race.

patrol service *r* service de surveillance des courses

paw the ground *v* piaffer *v*
Action du cheval qui frappe le sol d'un, ou des deux, antérieur(s), sans avancer.

payoff ; return (on a bet) rendement (sur un pari)

pay-off odds => odds payoff ratio

pay-off position *r* position de rapport / rendement *c*

pay-out price montant de rapport

pay-out price slip *r* bordereau du montant des rapports *c*

peach-coloured chestnut roan aubère fleur de pêcher *adj inv*
Of the colour of a peach-flower or blossom.
Poils blancs ou similaires mélangés à des poils cerises, ces derniers pouvant former des plaques.

peacock-neck => arched neck

pectineus muscle muscle pectiné *lat Musculus pectineus*

pectoral nerves nerfs pectoraux *lat Nervi pectorales*

pectoralis ascendens / profundus muscle => ascending pectoral muscle

pectoralis descendens muscle => descending pectoral muscle

pedal bone *old* => distal phalanx

pedal joint => coffin joint

pedal osteitis ostéite de la troisième phalange
Inflammation and demineralization of the third phalanx.

pedigree pedigree
Pedigree, lineage and ancestry, these terms are sometimes presented as equivalents. However, you may follow a particular bloodline or lineage on a pedigree, which is a recorded portion of a horse ancestry. Lineage and bloodline include both ancestors and descendants.
Pedigree, lignée, ascendance, ces mots sont parfois utilisés indifféremment. Le mot pedigree a toutefois un sens généalogique plus concret et est ainsi souvent représenté sur papier. On peut consulter le pedigree d'un cheval, dans lequel n'est identifiée qu'une partie de ses ancêtres (son ascendance), et y suivre, à titre d'exemple, une partie de la lignée de sa grand-mère paternelle. La lignée inclut à la fois les ancêtres et les descendants.

Pegasus Pégase

pelham bit mors pelham ; pelham

pellet comprimé *n & adj Can.* ; granulé *n & adj Fr*

pelvic cavity cavité pelvienne *lat Cavum pelvis*

pelvic diaphragm diaphragme pelvien *lat Diaphragma pelvis*

pelvic girdle ceinture pelvienne *lat Cingulum membri pelvini*

pelvic limb => hind leg / limb

pelvic nerves nerfs pelviens *lat Nervi pelvini*

pelvis pelvis ; bassin *lat Pelvis*
Constitué par les deux os coxaux et le sacrum.

pelvis angle angle du bassin

penalty pénalité ; sanction

penalty point point de pénalité

penalty table barème des pénalités

penciled heels ; underslung heels ; racing heels ; jumping heels éponges biseautées
The heels of the shoe are shaped in the line continuing directly the buttresses as viewed from the side. They are also sometimes called beveled heels, but this term is confusing.

Peneia pony *breed* poney de Pénée
Race d'origine grecque.

penicillin pénicilline

penis pénis ; verge *lat Penis*

pepsin pepsine

Percheron *breed* percheron
Race de chevaux de trait lourd français, elle tire son nom de sa région d'origine en Normandie.

perfect trip course parfaite *c* ; parcours parfait

perfecta *US* => exacta ; exactor *Can.*

perforating tarsal artery artère tarsienne perforante *lat Arteria tarsea perforans*

performance performance ; rendement

performance against time *r* => time trial *r abbr: tt*

periarticular ringbone => articular ringbone

pericardium péricarde *lat Pericardium*

perineal nerve (superficial // deep ~) nerf périnéal (superficiel // profond) *lat Nervus perinealis (superficialis // profundus)*

perineum périnée *lat Perineum*

periodic ophthalmia => equine recurrent uveitis *abbr: ERU*

periople périople *lat Perioplum*
Band of soft, rubbery horn near the coronet. Dried periople will form the stratum externum of the wall.

Genre de vernis qui s'étale sur le sabot à partir du bourrelet périoplique. Il protège la paroi contre une trop forte évaporation de son humidité.

perioplic dermis / corium => perioplic ring

perioplic groove gouttière périoplique

perioplic ring ; perioplic dermis / corium bourrelet périoplique ; derme périoplique ; chorion périoplique *lat Dermis / Corium limbi*
Lies in the perioplic groove, just above the coronary border of the wall.

Bande située tout contre le bourrelet principal et qui nourrit la couche germinative du périople.

periosteum périoste *lat Periosteum*
Membrane fibreuse, dont le rôle est très important, qui recouvre les os, sauf sur leurs faces articulaires et aux points d'insertion des muscles et des tendons.

periostitis ; periosteitis périostite
Inflammation of the periosteum. *s.a. osteoperiostitis*
Inflammation du périoste. *v.a. ostéopériostite*

periostosis périostose
Abnormal growth of periosteal bone.
Production entraînant un élargissement localisé du tissu osseux périostal.

peritendinitis / peritenonitis => tenosynovitis

peritoneum péritoine *lat Peritoneum*

peritonitis péritonite

perlino => cream

permanent (set of) teeth dentition d'adulte

permanent teeth dents de remplacement ; dents d'adulte *lat Dentes permanentes*

peroneal nerve (common // superficial // deep ~) nerf péronier (commun // superficiel // profond) *lat Nervus fibularis / peronaeus/peroneus (communis // superficialis // profundus)*

peroneus tertius muscle ; tendinous part of flexor metatarsi *old* corde fémoro-métatarsienne ; muscle troisième péronier *lat Musculus peroneus tertius*
It is almost exclusively tendinous.
Chez les équidés ce «muscle» est presqu'entièrement fibreux.

Persian (horse) persan
Cheval qui a fait son apparition dans l'histoire plusieurs siècles av. J.-C. et sans doute relié aux origines du cheval arabe.

Peruvian paso / ambler *breed* ; **Caballo de Paso Peruano** ambleur péruvien
Race péruvienne, la taille standard est de 1,45 à 1,55 mètres au garrot.
L'association nationale de l'ambleur péruvien a été formée un peu après la deuxième guerre mondiale.

pesade pesade

pest (insect) insecte nuisible

petechia pétéchie
A minute, pinpoint, purplish red spot caused by a little haemorrhage.
Tache rouge résultant d'une petite hémorragie. Il en apparaît sur les muqueuses du cheval atteint d'anasarque.

petrosal crest crête du rocher *lat Crista partis petrosae*

petrous part (of temporal bone) rocher ; partie pétreuse (de l'os temporal) *lat Pars petrosa*

phalange => phalanx

phalangeal exostosis => ringbone ; ring bone ; ring-bone

phalanges of pelvic appendage phalanges des postérieurs

phalanx ; phalange phalange

pharynx pharynx *lat Pharynx*
Section of the alimentary canal between the mouth and the oesophagus, which also serves, except during swallowing, to connect the nasal passages with the larynx.
Tunnel entre la bouche et l'oesophage qui fait passer les aliments dans ce dernier. Il permet aussi de faire circuler l'air entre les fosses nasales et le larynx.

phases of the jump => jumping action (parts of the ~)

phenylbutazone ; bute phénylbutazone

phlebotomy => blood-letting

phosphorus phosphore

photo finish *r* photo d'arrivée *c* ; photo de fin de course

photo finish booth *r* cabine de prises de photos d'arrivée *c*

photo patrol *r* contrôle photographique *c*

photophobia photophobie
Excessive sensitivity to sunlight.
Sensibilité excessive de l'oeil à la lumière solaire.

phrenic nerve nerf phrénique *lat Nervus phrenicus*

phycomycosis (equine ~) phycomycose

Plaies d'été, terme générique pour les infections dues à des champignons de la classe des Phycomycètes.

physical check-up / examination examen médical

piaffé ; piaffer ; piaffe piaffé ; piaffer *n*

Trot rassemblé sur place.

pica ; allotriophagia ; depraved appetite pica *m* ; allotriophagie

Craving for unnatural articles of food, often caused by a nutritional deficiency.

Modification des habitudes alimentaires qui amène le cheval à ingérer des substances telles que du crottin ou de la terre.

picador picador

Cavalier qui, dans les corridas, combat le taureau à l'aide d'une pique.

pick out a foot *v* curer un pied / sabot

pick-up tongs ; fire tongs tenailles à mettre au feu ; lopinières

With long handles, they are used to pick up or move the stock in the fire.

Longues et faites pour manipuler le matériel directement dans le feu.

piebald noir pie

The body coat consists of large irregular patches of black and white. Black is the foremost colour in «noir pie». *s.a. other entry*

Cheval pie, noir et blanc, dont la couleur de fond (qui domine) est le noir. *v.a. pie noir*

piebald pie noir

The body coat consists of large irregular patches of black and white. *s.a. other entry*

Cheval pie, noir et blanc, dont la couleur de fond (qui domine) est le blanc. *v.a. noir pie*

pied (horse) => pinto ; pintado

pigeon breast poitrail de chèvre

Having a sternum that seems to project in front of the shoulders.

pigeon-toed => toed-in

pig(gy) eye oeil de cochon

Abnormally small eye.

Petit et enfoncé dans l'orbite.

pig-jump(ing) => buck(ing)

pigment pigment

pile-up ; pileup *br* empilage *ca*

pillars piliers

For working the horse between the pillars.

Pour le travail du cheval entre les piliers.

pin ; brooch agrafe ; broche ; épingle ; épinglette

pin firing (scars) pointes de feu

pinbone => ischium *pl: ischia*

pincer => central incisor

pincers => central incisors

pincer(s) (farrier's ~) => puller (shoe ~)

pincher(s) => puller (shoe ~)

Pindos pony *breed* pindos ; poney de Pinde

Race d'origine grecque.

pinna => auricle

pinto ; pintado ; paint(ed) (horse) ; calico ; pied (horse) *(1)* pie *adj & n m* ; pinto *adj & n*

Body marked in large patches of white and another colour. s.a. piebald, skewbald, tobiano, overo and sabino. 1) When the body presents only a few small patches of white on a solid colour, the horse might be designed as pied chestnut, pied black etc.

Deux couleurs, dont le blanc, en plaques homogènes. Si le blanc domine on dira que le cheval est pie et de cette autre couleur (pie noir etc.); si l'autre couleur domine on placera cette autre couleur devant le mot pie (noir pie etc.).

pin-toed => toed-in

pinworm (horse ~) ; seatworm oxyure *lat Oxyuris equi*

Pinzgau horse => Noric horse *breed*

piperazine pipérazine

Un produit antiparasitaire.

piroplasmosis => babesiasis

pirouette pirouette

A complete turn of the horse on himself. In the pirouette, forefeet and outside hind foot are moving around the inside hind foot which must be limited to a minimal horizontal displacement.

Tour sur lui-même que le cheval exécute, au pas ou au galop. Dans la pirouette, les antérieurs et le postérieur extérieur pivotent autour du postérieur intérieur.

pirouette at a canter pirouette au galop

pirouette at walk pirouette au pas

pirouette renversée => reversed pirouette

pisiform bone => accessory carpal bone

pitchfork fourche à foin

pituitary gland => hypophysis

place a bet *v* => bet *v*

place pool *r* poule de chevaux de deuxième place *c* ; cagnotte de chevaux placés *c*

place the hot shoe against the hoof *v* => hot fit the shoe (on the hoof) *v*

place(d) *r* placé *c*

In Canada, a position at the finish line and a type of bet: horse must finish first or second; may also be used specifically for the second position. In England any horse finishing first, second or third is considered a placed horse. In other English-speaking countries it might be applied to the first and second horses only. *s.a. other entry & forecast*

Au Canada, position à l'arrivée et type de pari: le cheval doit arriver premier ou deuxième; le terme peut aussi être utilisé pour désigner spécifiquement la deuxième position. En Europe francophone le terme s'applique au premier et au deuxième s'il y a de quatre à sept partants. *v.a. autre inscription*

place(d) => show

placed bet ; placed wager(ing) pari exécuté *Fr* ; mise exécutée

placed wager(ing) => placed bet

placing classement

placing judge *br* juge à l'arrivée ; juge d'arrivée

placing of bets / wagers enregistrement des paris

placing of the horses (at the wire) => order of finish

placing system système de classement

plain uni

r: One of the markings that may be part of a racing colour scheme.

c: Un des motifs pouvant faire partie d'un dispositif de couleurs.

plain cavesson (noseband) => cavesson (noseband)

plain gaited horse => three-gaited horse

plain mouthpiece canon d'une seule pièce

plait *v* ; **braid** *v* tresser

plait *n* ; **braid** *n* tresse (de crinière et / ou de queue)

plait *v* => walk on a line *v*

plaited mane ; braided mane crinière tressée

plaited reins => braided reins

plan of the course plan du parcours

plank(s) palanque(s)

The word plank will normally identify a flat piece used in the gate type obstacle called planks or sometimes plank jump.

Le mot palanque (au singulier) est utilisé pour désigner chacune des planches superposées composant l'obstacle (de type barrière) qu'il sert aussi à désigner. Utilisé au pluriel, le mot sert aussi parfois à désigner ce même obstacle.

plantain plantain

plantar artery (medial // lateral ~) artère plantaire (médiale // latérale) *lat Arteria plantaris (medialis // lateralis)*

plantar cushion => digital cushion

plantar metatarsal artery (medial // lateral ~) artère métatarsienne plantaire (médiale // latérale) *lat Arteriae metatarseae plantares II et III*

plantar metatarsal nerve (medial // lateral ~) nerf métatarsien plantaire (médial // latéral) *lat Nervi metatarsei plantares*

plantar nerve (medial // lateral ~) nerf plantaire (médial // latéral) *lat Nervus plantaris (medialis // lateralis)*

plantar proper digital artery (medial // lateral ~) artère digitale plantaire propre médiale // latérale ; artères collatérales du doigt *anc lat Arteria digitalis (plantaris propria III) medialis // lateralis*

plantar tarsal ligament => long plantar ligament

planum cutaneum (of the distal phalanx) surface solaire (de la phalange distale) *lat Planum cutaneum*

plasma (blood ~) plasma (sanguin)

Sérum sanguin qui a été séparé des corpuscules qui y baignent normalement.

plastic shoe fer en matière plastique

plater => horseshoer

pleasure ; hacking plaisance ; promenade (équitation de ~)

Pleasure classes are presented in some western riding competitions. Hack classes are held in some classical (hj) riding competitions.

Des classes de plaisance sont tenues dans certains concours d'équitation western.

plenty of bone => good bone

plenty of ground ; much ground large base de sustentation

Horse that is standing over ~

Cheval ayant une ~

pleura plèvre *lat Pleura*

pleural cavity cavité pleurale *lat Cavum pleurae*

pleuritis ; pleurisy pleurésie

Pleven horse *breed* pleven *race* ; cheval de Pleven

Pliohippus Pliohippus
The link from the primitive horse to the actual Equus.

Il a succédé au Mérychippus, c'est le prédécesseur immédiat de l'Equus caballus, Il mesurait jusqu'à 1,20 mètres. Il n'avait en pratique qu'un seul doigt, les autres étant passé à l'état rudimentaire ont disparu durant cette période.

plough *Brit* ; **plow** *US* charrue

plough horse cheval de labour

plow *US* => plough *Brit*

pneumonia pneumonie

podotrochlear bursa ; navicular bursa bourse podo-trochléaire ; synoviale podotrochléaire ; synoviale du petit sésamoïdien *anc* ; synoviale petite sésamoïdienne *anc lat bursa podotrochlearis*

podotrochleitis => navicular disease / lameness / bursitis

point *v* pointer ; montrer le chemin de St-Jacques *Fr*
The horse places one forefoot in front of its normal position, resting mainly on the toe.

Le cheval repose un pied antérieur douloureux, sur la pince seulement et en avant de l'endroit où il serait normalement déposé.

point (of a clinch cutter) chasse-souche *v.a. hache à sabots*

point (of a nail) pointe (d'un clou)

point of buttock pointe de la fesse *lat Regio tuberis ischiadici*
Correspondant à la partie postérieure de l'os coxal.

point of elbow pointe du coude

point of frog => apex of frog

point of hip pointe de la hanche

point of hock pointe du jarret
Correspondant au sommet du calcaneus.

point of shoulder pointe de l'épaule
Saillie de l'articulation scapulo-humérale.

point of the croup

point strap (on hame tug buckle) *hd* contre-sanglon de mancelle *att*
To be buckled with the belly band buckle.
Destiné à être bouclé à la sous-ventrière.

point to point
Course d'un point à un autre, comportant souvent des obstacles.

pointer pointeur
Dans une vente aux enchères, personne qui informe le commissaire-priseur des mises faites par les enchérisseurs.

points extrémités
Sometimes used to include mane, tail and bottom of the legs; and sometimes to designate only the lower limbs.

Le sens dans lequel le mot «extrémités» est utilisé seul n'est pas toujours très clair mais désigne habituellement le bas des quatre membres. L'expression «crins et extrémités» inclut nécessairement la crinière, la queue et le bas des membres.

poisonous snake bite morsure de serpent venimeux
La morsure de vipère est presque toujours mortelle pour le cheval, s'il n'y a pas de soins appropriés.

Poitevin => Poitou horse *breed*

Poitou horse *breed* ; **Poitevin** poitevin mulassier
Chevaux de trait, race d'origine française.

poker tisonnier

pole *hd* timon *att*
Longue pièce centrale de chaque côté de laquelle on attelle un cheval.

pole ; post poteau

pole => rail

pole head => crab

pole head *hd* crapaud *att s.a. crab v.a. trompe (d'attelage ~)*

pole hook => crab

pole hook *voir trompe (d'attelage ~)*

pole strap // chain *hd* chaînette *att*
Reliée au bout du timon (le crapaud) pour arrêter / ralentir la voiture. Elle peut être en cuir et être appelée chaînette en cuir («ang.: pole strap / all.: Aufhalter").

poll nuque *lat Nucha*

poll evil
Infection of the poll.
Inflammation des tissus mous de la région occipitale du cheval.

polo polo

polo boot botte de polo

polo helmet casque de polo

polo mallet maillet de polo

polo pony poney de polo
Called ponies even when of horse size, because the rules originally limited their sizes.

polo saddle selle de polo

polo shoe fer de polo

poly lead (rope) laisse / guide en polypropylène *tressée*

polydipsia ; excessive thirst polydipsie

pommel pommeau

pommel horse cheval d'arçons

pony poney
Equine measuring up to around 14-14,2 hh, depending on the breed or discipline, except for polo ponies to which no height limit applies and to Arabs, which are always called horses.

pony (lead ~) *r* **; parade horse** *r* cheval (accompagnateur) de parade *c*

Pony of America *breed, abbr: POA* poney d'Amérique *race* ; poney des Amériques

pool poule

pool betting turnover taux de rotation des paris de la cagnotte

pool (betting ~) poule ; cagnotte
Total of the bets and/or money invested in a given event, after the deductions, and to be divided among winning bets.
Somme des paris et/ou des montants investis dans une compétition, moins les prélèvements, et devant être partagée entre les paris gagnants.

poor mouth => hard mouth

poorly marked withers ; muttony withers garrot effacé / empâté / enfoncé ; garrot noyé ; garrot plat

poorly-muscled thigh mal gigoté / gigotté *adj* ; mal culotté *adj* ; cuisse plate / maigre *n* ; cuisse de grenouille *n*
Musculature des cuisses mal développée.

popliteal artery artère poplitée *lat Arteria poplitea*

popliteus muscle muscle poplité *lat Musculus popliteus*

popped knee => carpal hygroma

porcelain white blanc porcelaine
Robe qui a une teinte bleuâtre due à la coloration de la peau que l'on devine sous les poils.

port liberté de langue ; dégagement de langue ; passage de langue
The raised section in the middle of a mouthpiece.
Forme donnée au canon du mors, pour accommoder la langue du cheval.

portal vein veine porte *lat Vena portae*

Portuguese horse => Lusitanian horse *breed*

Portuguese pony *breed* poney galicien portugais *race*

position in the back of the saddle *n* ; **seated too far back (in the saddle)** *adj* position sur le troussequin *n* ; assis sur la queue *adj*
S'applique à un cavalier assis trop en arrière de la selle.

position of the rider position du cavalier

post => pole

post => stand (of an obstacle)

post and rail (vertical fence) stationata
Obstacle vertical fait de barres superposées, d'aspect assez massif.

post horse postier ; cheval de poste / relais *lat paravederus*

post parade *r* => parade

post position *r* position au départ *c*

post position number *r* numéro de position de départ *c*

post time *r* heure de / du départ (d'une course)

post (to the trot) *v* enlever (s'~ au trot)

posting trot ; rising trot trot enlevé ; trot à l'anglaise *anc*

post-legged *adj* => straight hind legs

Potomac horse fever fièvre du Potomac
Caused by Ehrlichia risticii.

Pottock *breed* ; **Basque-Navarre horse** basco-navarrais *race*

Pottok pony *breed* pottok *race* ; poney basque

poultice cataplasme

poultice boot botte à cataplasme ; botte pour le traitement des pieds ; soulier médical

powdered grey *old* => dark grey

Poznan horse *breed* poznan
Race d'origine polonaise.

practice obstacle obstacle d'entraînement / d'essai
Obstacle sur lequel les concurrents peuvent se pratiquer avant une compétition.

Preakness (Stakes) Preakness
tr: Held annually, at the Pimlico course, Baltimore Maryland USA.
ct: Tenu annuellement, à la piste Pimlico, Baltimore Maryland E.U..

preferred *adj* => favourite / favorite *n & adj*

pregnant gravide (jument ~) ; gestante ; pleine

pregnant mare serum gonadotropin
old abbr: PMSG => equine chorionic gonadotropin *abbr: eCG*

preliminary canter (to the starting post) galop d'essai (avant la course)

preliminary score (of a race) sortie préliminaire (des résultats d'une course)

preliminary warm-up mise en train ; sortie préliminaire

premolars ; premolar teeth prémolaires *lat Dentes premolares*

prepare a horse *v* affûter un cheval *c*

prepotent prépotent
Having greater power. Of the two parents, the one with the greater power to transmit heritable characteristics.

prepubic tendon tendon prépubien *lat Tendo prepubicus*

prepuce => sheath

prepurchase exam examen d'achat

pre-race strategy ; racing strategy plan de course

presentation *hd* présentation (épreuve de ~) *att*

president of the jury président du jury

presiding judge juge en chef

presiding steward premier commissaire

press gallery / row tribune de la presse

press the pace *v* accentuer le rythme *c*

presternal region => breast

price prix
Prix à payer, valeur en argent à verser lors d'une transaction etc.

prick ear oreille pointée
Short, pointed ear normally directed to the front.
Oreille bien formée et normalement dirigée vers l'avant.

pricking *(by the farrier)* => quicking

primitive marks
On a horse, may include a stripe down the back, called dorsal stripe / list or eel stripe, a stripe over the withers called withers stripe, and stripes over the knees and hocks called zebra stripes or sometimes tiger stripes. Most commonly observed on the dun colours, any of these may be present in any combination on any horse colour.

Prince of Wales spur prince de galles (éperon ~)
With a drooping neck, with or without rowel.
Avec ou sans molette, sa tige est courbée vers le bas.

principal bronchus bronche principale *lat Bronchus principalis*

pritchel for back punching poinçon à contre-percer

pritchel (hot work ~) poinçon emporte-pièce ; perce-trou
Used to shear the bottom of the nail hole after the stamp have been used to form the countersunk for the nail head.

private sale vente à l'amiable ; vente privée

private stud haras privé

Prix Caprilli Prix Caprilli

Prix des Nations => Nations' Cup

Prix St. George Prix Saint Georges

prize prix
Prize, other than money, to be won: a cup, a plate etc.
Prix, autre que de l'argent, que l'on peut remporter: coupe, plaque, objet d'art etc.

prize prix
Un enjeu, un concours ou un prix que l'on peut remporter.

prize (cash / money ~) prix (en argent) *à remporter*

Prjevalski horse ; Przewalski's horse ; Mongolian wild horse cheval de Prjevalski *lat Equus przewalskii*

procaine procaïne
A local anaesthetic.

proceed *v* => break into *v*

prod with a spur coup d'éperon

produce a winner *v* => produce a winning horse *v*

produce a winning horse *v* ; **produce a winner** *v* développer un (cheval) gagnant

producing mare reproductrice (jument ~)

production assessment jugement de la production

progeny (of a particular horse) production (d'un cheval en particulier) ; progéniture

progeny test(ing) épreuve sur / de la descendance

Testing the potential on an animal by assessing the qualities of his progeny. *s.a. parentage test(ing)*

Appréciation des qualités d'un reproducteur à la lumière de celles de ses descendants. *v.a. épreuve de parenté*

prognathism / prognathia (mandibular ~) prognathisme / prognathie (mandibulaire) ; bec de perroquet inversé ; gueule de singe

Abnormal protrusion of the lower jaw.

Lorsque la mâchoire inférieure dépasse la mâchoire supérieure.

program *US* => programme *Brit*

programme *Brit* ; **program** *US* programme

program(me) director *r* directeur des programmes *c*

progress of a race card ; unfolding of a race card déroulement d'un programme de courses

progressive aggregate wagers résultat cumulatif (des paris)

prohibitive odds cotes exorbitantes

projection => fullness (of a horseshoe)

pronator teres muscle muscle rond pronateur *lat Musculus pronator teres*

pro-oestrus / proestrus pro-oestrus

prophet's thumb mark

Muscular depression in the neck, often to the left side only.

prostate prostate *lat Prostate*

prostatic artery artère prostatique *lat Arteria prostatica*

protein protéine

proteolytic enzyme enzyme protéolytique

protest => objection

protractor (foot ~) => hoof gauge

proud flesh => granulation tissue (excess ~)

prove oneself *v* faire ses preuves

proven horse cheval qui a fait ses preuves

proven stallion / sire étalon qui a fait ses preuves ; père testé

provisional driver *br* conducteur recrue *ca*

proximal interphalangeal joint => pastern joint

proximal interphalangeal joint capsule synoviale interphalangienne proximale

proximal intertarsal sac synoviale médio-tarsienne

proximal phalanx ; long pastern bone *old* ; **os suffraginis / saffragenous** *old* ; **first phalanx** phalange proximale ; première phalange ; os du paturon *lat Phalanx proximalis ; Os compedale*

proximal sesamoid bones ; sesamoid bones (proximal ~) os grands sésamoïdes ; sésamoïdes (os grands ~) ; grands sésamoïdes (os ~) *lat Ossa sesamoidea proximalia*

Small, pyramid-shaped bone forming the back of the fetlock joint, beneath the flexor tendons.

Petits os en forme de pyramide qui sont au nombre de deux dans le boulet, ils s'articulent étroitement sur la partie postérieure de l'os du canon. Les tendons fléchisseurs des phalanges coulissent sur eux (à la surface du scutum proximal).

pruritus => itching

psoas major muscle muscle grand psoas *lat Musculus psoas major*

psoas minor muscle muscle petit psoas *lat Musculus psoas minor*

psoroptic mange ; body mange *(1)* ; **ear mange** *(2)* gale psoroptique ; prurit des oreilles *(2)*

1) Due to Psoroptes equi. 2) Due to P. cuniculi.

pterygoid bone os ptérygoïde *lat Os pterygoideum*

pubis (bone) os pubis *lat Os pubis*

public auction sale vente aux enchères publiques

public barn écurie publique

public enclosure pelouse

Enclosure which exists on some racing track grounds.

Partie gazonnée du champ de course qui est ouverte au public.

public handicapper handicapeur public ; sélectionneur public

public sale vente publique

public stands estrade publique

pudendal artery (internal // external ~) *lat Arteria pudenda (interna // externa)*

pudendal nerve nerf honteux *lat Nervus pudendus*

puissance jumping épreuve de puissance *cs*

pull *v* tirer (sur la main) *s.a. lean heavily ~ v.a. appuyer lourdement ~*

pull off the shoe *v* => unshoe *v*

pull off(s) => puller (shoe ~)

pull the mane *v* => thin the mane *v*

pull the tail *v* => thin the tail *v*

puller => field leader *r*

puller (shoe ~) ; pull off(s) ; pincher(s) ; pincer(s) (farrier's ~) tenailles à arracher ; tricoises à déferrer

pulley of the middle phalanx => scutum medium

pulleys of the digit => scutum distale

pulmonary alveolus alvéole pulmonaire *lat Alveoli pulmonis*

The tiny space where oxygen is presented to the blood in the lungs.

Minuscule terminaison à l'extrémité des voies aériennes dans les poumons.

pulmonary artery (right // left ~) artère pulmonaire (droite // gauche) *lat Arteria pulmonalis (dextra // sinistra)*

pulmonary plexus plexus pulmonaire *lat Plexus pulmonalis*

pulmonary vein(s) veine(s) pulmonaire(s) *lat Venae pulmonales pl*

pulp cavity (of a tooth) cornet dentaire interne (d'une dent)

pulp tooth pulpe dentaire

pulse pouls

pumiced foot => dropped sole

pumiced hoof

A rough and porous appearance of the hoof resulting from chronic coronitis.

punch poinçon

punched fine // coarse étampé à maigre // à gras (fer ~)

Said of a nail hole, this refers to the distance between the nail hole and the rim of the shoe.

puncture wound (sole // frog ~) => nail prick / tread

punish *v* punir

punishment punition

punter => bettor

pupa *pl: pupae* pupe

The second stage in the development of an insect.

Stade de développement entre la larve et l'insecte adulte.

pupil pupille *lat Pupilla*

purebred ; pure bred pur-sang ; pur sang *adj et n m inv*

Le terme est parfois utilisé imprécisément pour désigner les thoroughbreds (i.e. les pur-sang anglais).

purity of strides pureté des allures

purse bourse

purulent purulent

pus pus

pus pocket => abscess (in a hoof)

put a horse to sleep *v* => destroy a horse *v*

put off the harness *v* => unharness *v*

put off the pack saddle *v* débâter

put on the harness *v* => harness (up) *v*

put on the pack saddle *v* bâter

put the cart before the horse *v* mettre la charrue avant / devant les boeufs

put the reins on a horse *v* => harness (up) *v*

pylorus pylore *lat Pylorus*

pyramidal disease ; buttress foot ; pyramiditis forme de l'éminence pyramidale

Low ringbone or fracture affecting the extensor process of the third phalanx (the pyramiditis) that may result in malformation of the foot (the buttress foot) and lameness.

pyramiditis => pyramidal disease

pyrantel pyrantel
An anthelmintic.

pyrethrin pyréthrine

pythiosis (cutaneous / equine ~) => bursattee / bursatti

quadratus femoris muscle muscle carré fémoral *lat Musculus quadratus femoris*

quadriceps femoris muscle muscle quadriceps fémoral *lat Musculus quadriceps femoris*

quadrille quadrille

qualification qualification

qualifier épreuve de qualification

qualifying list liste de qualification

qualifying race course de qualification
In which a horse must meet the standards of the concerned class.

Le cheval doit y faire la preuve de ses capacités selon les normes établies pour la classe visée.

qualifying standard norme de qualification

quarantine quarantaine

quarry gibier ; animal

quarté bet / wager(ing) *Fr* quarté (pari ~) *Fr*
Pari sur les quatre premiers chevaux d'une même course en précisant leur ordre respectif à l'arrivée. Comme le tiercé il peut être gagné «dans le désordre".

quarter boot protège-talon ; talonnière ; botte de talon
It must be buckled to fit very closely on the foot and one may prefer to use rubber scalpers or bell boots instead. A trotting quarter boot has the protective portion to the rear, and a pacing quarter boot to the inside and the rear. *s.a. coronet boot v.a. protège-couronne*

quarter clip pinçon en quartier
A clip on the quarter area of a horseshoe.

quarter crack seime en quartier ; seime quarte

quarter (of a hoof wall) quartier (du sabot)

quarter (of a shoe) quartier (d'un fer)

quarter (of the horse) => hindquarter

quartered écartelé
r: One of the markings that may be part of a racing colour scheme.
c: Un des motifs pouvant faire partie d'un dispositif de couleurs.

Quarterhorse / Quarter Horse (American ~) quarterhorse ; quarter horse
Race d'origine américaine très répandue, tire son nom du fait qu'on l'élevait particulièrement pour des courses sur un quart de mille.

quarter-mile pole / post *r* poteau au quart de mille *c*

quarters out => renvers

quarters-in => haunches-in

quash a decision *v* renverser une décision

Queen's Plate Trophée de la reine
Can. tr: Raced since 1836, now raced exclusively at the Woodbine Race Track in Toronto, Ontario.
Can. ct: Tenu annuellement depuis 1836, maintenant couru exclusivement à la piste Woodbine de Toronto en Ontario.

Queensland itch *Australia* => sweet itch

quick hitch coupler *br* => tug (open ~)

quicking ; pricking *(by the farrier)* piqûre
Penetration of a sensitive structure by a horseshoe nail.
Piqûre, dans la chair vive ou très près de celle-ci, du clou à ferrer.

quiet calme

quilted cotton piqué (de coton) *n & adj*

quinella *Can. & US* jumelé *n & adj* ; quiniela *Can.* ; couplé gagnant *Fr*
Wager on the horses that will finish first and second in a given race, without considering their respective finishing order.
Pari sur les deux premiers chevaux à l'arrivée, indépendamment de leur ordre respectif à l'arrivée.

quirt ; blacksnake whip ; bullwhip
US: Small riding whip, short-handled and with a length of plaited leather.

quittor (of horses) ; necrosis of the lateral cartilage(s) javart cartilagineux
Infection of the fibrocartilage(s) of the third phalanx.
Plaie, à l'arrière de la couronne, dans laquelle un (les) cartilage(s) complémentaire(s) de la troisième phalange est (sont) attaqué(s).

rabicano => grey-ticked

rabies rage
Infection virale mortelle dont le diagnostic ne peut être certain qu'après le décès. Elle peut affecter tous les animaux à sang chaud et est contagieuse.

rabies rhabdovirus / virus virus de la rage

race course

race card / program(me) ; meet program(me) programme de courses

race control station poste de contrôle des courses

race course => race track ; racetrack *facility*

race course / track official ; racing official officiel de courses

race course / track operator exploitant d'un hippodrome

race declared no contest course déclarée hors programme

race horse ; racehorse cheval de course(s)

race judge juge de courses

race on the engine *v* courir à pleine vitesse ; courir à toute allure

race over jumps course à obstacles ; course d'obstacles

Terme général pour toutes les courses comportant des obstacles devant être sautés.

race recklessly *v br* => do a careless drive *v br*

race track ; racetrack *facility* ; **race course** hippodrome ; piste de course ; champ de courses *s.a. other entry for track (race ~)*

Bien que ces termes soient souvent utilisés indifféremment, il faut faire attention de ne pas toujours confondre la piste elle-même avec l'ensemble de l'hippodrome. De plus, un champ de courses peut véritablement être un champ aménagé. *v.a. autre entrée pour piste (de course)*

racegoer amateur de courses ; turfiste

Patrons and fans frequenting horse races.

race-horse (gallop ~) => turf horse

races (the ~) ; turf *(1)* courses (les ~)

1) Turf is sometimes used as a general term for Thoroughbred horse-racing at gallop, and sometimes as a specific term for such racing on a grass track.

racing attire tenue de course

racing boot => jockey boot

racing colour scheme *r* dispositif de couleurs *c*

The pattern and colours of the owner of the horse, they are used for the confection of the silks.

Les couleurs sont portées par le jockey, elles répondent au dispositif de couleurs qui identifie l'écurie propriétaire du cheval.

racing gallop ; run *n US* galop de course

A diagonal four-beat gait.

racing harness harnais de course

racing heels => penciled heels

racing office secrétariat des courses

racing official => race course / track official

racing plate (aluminium // steel ~) fer de course (en aluminium // en acier)

racing saddle selle de course

racing secretary secrétaire des courses

racing snaffle (Dee-cheek ~) => D-shaped snaffle bit

racing strategy => pre-race strategy

racing strip parcours d'une piste *c*

rack

A fast four-beat artificial gait of the American Saddlebred, in which each foot is coming down in a steady 1-2-3-4 rhythm, similar to the slow gait, but with rounder ground covering strokes and no hesitation.

Allure du cheval de selle américain («American Saddlebred»), sorte d'amble à quatre temps similaire au «slow-gait» mais dont les mouvements sont réguliers (sans hésitations) et beaucoup plus rapides. *v.a. trot décousu*

radial artery artère radiale *lat Arteria radialis*

radial carpal bone ; scaphoid (carpal) bone os radial (du carpe) ; os scaphoïde (carpien) *lat Os carpi radiale ; Os scaphoideum*

radial (check) ligament *old* => accessory ligament of the superficial digital flexor

radial nerve nerf radial *lat Nervus radialis*

radial vein veine radiale *lat Venae radiales pl*

radiocarpal dorsal ligament ligament radio-carpien dorsal ; ligament commun dorsal *anc* ; membrane (commune) dorsale *lat Ligamentum radiocarpeum dorsale*

radiocarpal joint capsule synoviale radio-carpienne ; synoviale antébrachio-carpienne

radius radius

Os principal de l'avant-bras, entre l'articulation du coude et celle du carpe.

raging fever fièvre de cheval

raid => long-distance ride

rail => fence

rail ; bar ; pole barre ; perche

Longue pièce de bois servant à édifier des obstacles, ou simplement déposée sur le sol.

raised arrondi

Applies to browbands, nosebands and martingales with «half-round» sections.

Frontière, muserolle ou martingale arrondies, l'expression s'utilise même si elles ne sont pas complètement rondes. Leurs sections, ou coupes, sont le plus souvent demi-rondes.

rake *v* plonger

When the horse is lowering head abruptly and with force, fighting against the hands of the rider.

ramener ramener

Head carriage of the horse with the nose near the vertical, and a flexion of the poll obtained and supported by the rider's aids.

Placer de la tête du cheval, suite à une flexion de la nuque obtenue et soutenue par le cavalier. Le chanfrein devrait être, à toutes fins pratiques, très près de la verticale.

ranch ranch

ranch hand ; ranchero ouvrier de ranch

rancher => ranchman

ranchero => ranch hand

ranchman ; rancher propriétaire de ranch

Ranch owner, if said of an employee (esp. rancher) could be a cowboy or a ranch hand.

rap a horse *v* barrer un cheval

Hitting, stricto sensu with a pole called a rapping pole, the legs of a horse while passing over an obstacle. This practice is usually prohibited.

Pratique généralement interdite qui consiste à frapper les membres d'un cheval au moment où il passe sur un obstacle, habituellement en soulevant une barre supérieure de cet obstacle.

rasp *v* râper

rasp râpe

La râpe utilisée en maréchalerie est souvent une «râpe-lime», râpe d'un côté et lime de l'autre.

rat tail queue de rat

Qui n'est couverte que de quelques crins.

rating => indicator

rating => odds

rattles ; rhodococcal pneumonia

Caused by Rhodococcus equi.

raven black => jet-black

rear *v* cabrer (se ~)

For a horse, to raise himself on his hind legs.

rear cinch strap *west.* **; flank strap**
west. courroie de la sangle de flanc *west.* ; attache de la sangle de flanc *west.*

Fixée à la selle, elle sert à boucler la sangle de flanc.

rear end arrière-main ; arrière-train

Croupe, fesse, membres postérieurs et queue. Arrière-main est une expression plus adéquate pour un cheval monté et arrière-train pour un cheval attelé.

rearer => breeder (up)

rearing cabrer *n* ; cabrade

recall of a race ; restart of a race reprise d'un départ *c*

receiving barn *r* écurie d'attente *c*

recessive récessif

reciprocal apparatus appareil réciproque

Provided by two tendinous cords, the peroneus tertius and the superficial digital flexor.

recognized competition / show
concours reconnu

rectal palpation palpation rectale

rectococcygeus / rectococcygeal muscle muscle recto-coccygien *lat Musculus rectococcygeus*

rectum rectum *lat Rectum*

Dernier des compartiments de l'intestin, s'étend du côlon descendant à l'anus.

rectus abdominis muscle muscle droit de l'abdomen *lat Musculus rectus abdominis*

rectus capitis lateralis muscle muscle droit latéral de la tête *lat Musculus rectus capitis lateralis*

rectus capitis ventralis major *old* => longus capitis muscle

rectus femoris muscle muscle droit de la cuisse *lat Musculus rectus femoris*

red bay ; standard bay bai (ordinaire)

Coat of a clear shade of red (bay or reddish-brown), with little variation in intensity.

red dun baillet *adj & n anc*

Washed-out or yellowish red coat; brown, red or flaxen lower limbs, mane and tail; usually with primitive marks; ranging from a light red shade tending to yellow (apricot dun) to a light brownish red shade with chocolate brown points (muddy dun).

Se dit d'un cheval qui a le poil roux tirant sur le blanc.

red mange => sarcoptic mange

red roan => bay roan

redhibitory defect vice rédhibitoire *v.a. rédhibition*

redwater fever => babesiasis ; babesiosis

redworm => strongyle

redworm infestation => strongylosis

reed fescue => tall fescue (grass)

refusal ; jib *n* refus

registration enregistrement

registry (of a breed) => stud-book (general ~)

regularity *(1)* **; consistency** *(2)* régularité

1) Applies to the pace. 2) Applies to the performances.

rein rêne ; guide *s.a. reins v.a. rênes ou guides*

rein straightener *br* redresseur de guide *ca*

rein-back *v* => back *v*

rein-back ; reinback *n* reculer *n*

reining dressage western ; reining

reining horse cheval de dressage western ; cheval de reining

reins rênes ; guides *(1)*
Long straps attached to the bit and used to guide the horse with the hands.
Courroies fixées au mors et que l'on tient en main pour diriger le cheval. 1) En attelage, on utilise souvent le mot guides.

reins enrênement(s)
Ensemble des rênes, fausses rênes, rênes fixes, chambon, gogue etc., qui servent à guider le cheval ou à lui imposer un port de tête.

reins in both hands conduite à deux mains

reins in one hand rênes dans une seule main

reinsman *br* => jockey *r*

reinsman boot bottine de conducteur

rejection of declaration *r* refus d'engagement *c*

relaxation of the jaws décontraction de la mâchoire

release
Release of the reins tension while jumping an obstacle.
Relâchement de la tension des rênes durant le saut d'un obstacle.

remove the droppings *v* ; **muck out** *v* enlever les crottins

remove the shoe *v* => unshoe *v*

renal artery artère rénale *lat Arteria renalis*

renal cortex cortex rénal

renal pelvis bassinet (du rein) *lat Pelvis renalis*
Organe en forme d'entonnoir s'ouvrant dans le rein, dont il collecte l'urine, et se continuant par l'uretère.

renal pyramid pyramide rénale *lat Pyramis renalis*
Élément conique à l'intérieur du rein.

renal tubules tubules rénaux *lat Tubuli renales*

renal vein veine rénale *lat Vena renalis*

rental stable écurie (de chevaux) de location

renvers ; tail to the wall ; quarters out renvers ; croupe au mur ; croupe en dehors

reopened race course réouverte / rouverte

reproduction => breeding

reset a shoe *v* relever un fer
Le terme «relever» peut aussi se rencontrer pour le simple fait de rasseoir un fer dans sa position en remplaçant un ou quelques clous.

resistance ; defence *(1)* résistance ; défense *(1)*
Any attempt by a horse to disobey the rider. 1) The action by which the horse is disobeying or resisting.
1) Action par laquelle le cheval résiste à la demande du cavalier.

respiratory system appareil respiratoire

responsiveness
Obedience to the aids. *s.a. lightness*

restart a race *v* reprendre une course

restart of a race => recall of a race

results chart *r* tableau des résultats *c*

retained sole ; false sole pied comble
The sole does not flake away, a «pied comble» is when this sole outgrows the hoof wall.
La sole est convexe et dépasse le bord inférieur de la paroi du sabot. *v.a. autre inscription et pied plat*

retainer ; retaining fee provision
Honoraires versés pour s'assurer de la disponibilité d'une personne et de ses services pendant un certain nombre d'heures.

retention area *r* enclos *c*

retina rétine *lat Retina*
Sensory membrane lining the back surface of the eye's interior. The lensfocuses an image on the retina, which in turn transmits it to the optic nerve.

retinaculum rétinacle ; rétinaculum

retractor muscle of penis ; retractor penis muscle muscle rétracteur du pénis *lat Musculus retractor penis*

retractor penis muscle => retractor muscle of penis

retrossal process processus rétrossal
Partie du processus palmaire.

return (on a bet) => payoff

reversed pirouette ; pirouette renversée pirouette renversée
The hindlegs describe a complete circle, at the walk, around a foreleg which is acting as a pivot.
Tour complet qui s'exécute, au pas, autour d'un des antérieurs.

reward *v* récompenser

reward *n* récompense

Rhenish heavy draught horse *breed* ; **Rhineland horse** trait lourd de Rhénanie
Race d'origine allemande.

Rhineland horse => Rhenish heavy draught horse *breed*

Rhinoestrus purpureus ; Russian gad fly Rhinoestrus purpureus *lat Rhinoestrus purpureus*

rhinopneumonitis (equine viral ~) *abbr: EVR* rhinpneumonie (virale du cheval) ; rhume
Maladie contagieuse due à l'herpèsvirus équin de type 4.

rhinopneumonitis (herpes)virus (equine ~) => equine herpesvirus 4 *abbr: EHV-4*

rhodococcal pneumonia => rattles

rhomboideus cervicis muscle => cervical rhomboid muscle

rhomboid(eus) muscle muscle rhomboïde *lat Musculus rhomboideus*

rhomboideus thoracis muscle muscle rhomboïde thoracique *lat Musculus rhomboideus thoracis*

rib côte *lat Costa*

rib (bone) côte (os d'une ~) ; os costal *lat Os costale*

rib cage / ribcage cage thoracique

ribbon ruban

ribs côtes *lat Costae*
Le cheval en a 18 paires.

rice riz *lat Oryza sativa*

rickets rachitisme
Carence en vitamine D.

ridden horse cheval monté

ride (a horse) *v* => mount (a horse) *v*

ride astride *v* monter à califourchon

ride at the walk *v* monter au pas

ride bareback *v* monter à cru / à poil

ride cross-country *v* monter à travers champs

ride side-saddle *v* monter en amazone
La cavalière assise les deux jambes sur le côté gauche du cheval.

ride to hounds *v* chasser à courre

ride (trail ~) randonnée

rider ; equestrian *n f: equestrienne* cavalier *f: cavalière*

rider *tr* => jockey *r*

ridgling ; ridgeling ; risling *n* => cryptorchid *adj*

riding aid => aid

riding aids => aids

riding boot botte d'équitation

riding boot (laced ~) ; field boot botte d'équitation (~ avec lacets / ~ de campagne)

riding club club d'équitation

riding coat ; riding jacket veste / veston d'équitation

riding dress habit d'équitation

riding horse => saddle horse

riding instructor instructeur d'équitation

riding jacket => riding coat

riding master ; écuyer *(1)* écuyer
1) Particularly associated with the Cadre Noir.

riding on the fork assis sur l'enfourchure *adj* ; position sur l'enfourchure *n*
S'applique à un cavalier assis trop en avant de la selle.

riding pony poney de selle

riding school école d'équitation

riding technique technique d'équitation

riding to the right // left équitation à main droite // gauche

riding whip => crop

rifle case *(1)* **; rifle scabbard** *(2)* étui à carabine
1) With a hand-hold. 2) With straps to suspend it to the saddle.

rifle scabbard => rifle case

rig *adj* => cryptorchid *adj*

right foreleg ; off foreleg *old* antérieur droit

right hind-leg ; off hind-leg *old* postérieur droit

right side *of a horse* **; off side / offside** *old* côté droit *du cheval*
C'est le côté appelé parfois «hors montoir».

rim (of a horseshoe) ; edge rive (d'un fer)
There is an inner rim and an outer one.
Bordure, on distingue une rive interne concave et une rive externe convexe.

ring => arena

ring martingale => running martingale

ringbone ; ring bone ; ring-bone ; phalangeal exostosis forme

rings (of a bit) anneaux (du mors)
They can be flat or wire, fixed to the cheeks or loose.
Ils peuvent être plats ou arrondis, fixes sur les branches ou mobiles.

rings of horn => hoof rings

ringworm ; dermatophytosis ; trichophytosis *(1)* **; tinea** *(2)* teigne ; trichophytose *(1)*

Very superficial infection that is highly infectious but causing almost no injury to animals. 1) Caused by fungi of the genus Trichophyton. 2) Term uncommonly used in animals.

Maladie contagieuse de la peau, sans grande conséquence. Les poils disparaissent par petites plaques. 1) Causée par des fungi du genre Trichophyton.

rising trot => posting trot

roach-back => arch-back

roached mane => hogged mane

roads and tracks *ht* parcours routier *cc*

roadster routier

roan aubère *(1)* ; rouan *(2)*

Permanent colour with an admixture of white hairs and one or two other colours of hairs in the coat. This includes some colours that would be called «gris» in French. *s.a. blue roan and other entry*

Mélange de poils de différentes couleurs. 1) Lorsqu'il y a deux couleurs de poils dans la robe (le blanc et une autre couleur sauf le noir et le gris), la couleur foncée prédominant habituellement dans les crins et sur le bas des membres. 2) Lorsqu'il y a trois couleurs de poils en présence, habituellement blanc, rouge et noir, le noir prédominant dans les crins et sur le bas des membres. *voir gris fer*

roan *Clydesdales* => sabino

roaring => laryngeal hemiplegia / paralysis

robe => coat (colour)

rock out over his hocks *v* vaciller sur ses jarrets *s.a. twisting of the fetlocks*

Le membre postérieur tout entier pivote sur le pied lorsqu'il est à l'appui avant de venir au soutien lors d'un déplacement.

rocker-toed shoe fer relevé en pince

rocking horse cheval berçant ; cheval à bascule

rodeo rodéo

rollback *west.* => half-turn on the hocks / haunches / quarters

rolled grains grains aplatis

roller *US* => surcingle

roller bit mors à molette

There can be a single roller as centre piece or attached as a player on the bit (mainly among the western curb bits), or a few rollers set round the mouthpiece itself (mainly in the classical riding snaffles, called «roller mouth" or «cherries»). The «Magenis snaffle» has slits in the mouthpiece into which are set the rollers.

roller (breaking ~) *US* => lungeing surcingle

roller (of a bit) molette (d'un mors) *see roller bit voir mors à molette*

roman nose ; convex face busqué(e) (cheval / tête ~) ; chanfrein convexe

Romanian horse *breed* roumain *race*

rope => lasso

rope burn prise de longe

1° Le fait, pour le cheval, de se prendre dans une corde. 2° La blessure cutanée subie lorsque le cheval s'est pris dans une corde.

roping

Catching an animal with a rope while riding a horse in pursuit of this animal.

rosette ; cockade ruban ; rosette

rosette *hd* cocarde *att* ; fleuron

rostral maxillary sinus sinus maxillaire rostral / antérieur *lat Sinus maxillaris rostralis*

Rottal *breed* bavarois ; rottal
Race d'origine allemande.

roughage fourrage grossier

round manche ; ronde *n*

round pen => walking ring

round up (the cattle) *v* rassembler (le bétail)

rounding hammer => turning hammer

roundworm => nematode

router cheval de longue distance

routine routine

rowel molette (d'un éperon)

rub *n* tutoiement (d'un obstacle)

The horse touches a rail with its leg(s), while jumping over it.

Lorsque le cheval touche légèrement à l'obstacle en le sautant.

rub (an obstacle) *v* ; **brush** *v* toucher (légèrement un obstacle) ; tutoyer (un obstacle)

rubber caoutchouc

rubber curry comb étrille en caoutchouc

rubber stable torchon ; époussette
A duster or cloth used in grooming.

rubican chestnut *old* alezan rubican
White hairs scattered here and there upon the coat.

Se rapproche de l'aubère, la robe est semée çà et là de poils blancs.

rug => blanket (horse ~)

rump => croup

run *n hunting* poursuite *c. à courre*

run *n US* => racing gallop

run away *v* => bolt *v*

run (on the) outside courir à l'extérieur (du peloton) ; faire les extérieurs
There is usually one or more horses nearer the inside rail.

run out *v* dérober (se ~)
Avoiding an obstacle to be jumped, by passing to either side of it.
Lorsqu'un cheval détourne par la gauche ou la droite, l'obstacle qu'il devrait normalement sauter.

runaway horse => bolting horse ; bolter

runners list *r* ; **list of runners** *r* déclaration des partants *c*

running martingale ; **ring martingale** martingale à anneaux
Divisée en deux devant le poitrail, elle se termine par des anneaux dans lesquels passent les rênes.

running nose nez qui coule

run-out *n* dérobade

Russian gad fly => Rhinoestrus purpureus

rusty black => black-brown

rye seigle *lat Secale cereale*

saber-legged => sickle-hocked

sabino ; **calico paint** ; **flecked roan** ; **buttermilk roan** ; **roan** *Clydesdales (1)*
A coat in which most animals have both flecks and patches of white, the head is usually extensively white, the upper lip is commonly pigmented, the legs are usually white, and the patches usually cover the belly. 1) Designation commonly used for such a coat in the description of Clydesdale horses. *s.a. other entry for roan*

saccus cecus => fundus of (the) stomach

sacral canal canal sacral *lat Canalis sacralis*
Partie du canal vertébral.

sacral nerves nerfs sacraux / sacrés *lat Nervi sacrales*

sacral plexus plexus sacré / sacral *lat Plexus sacralis*

sacral tuber tuber sacrale ; angle de la croupe *ostéologie lat Tuber sacrale*

sacral vertebrae vertèbres sacrées / sacrales *lat Vertebrae sacrales*
The horse have 5 fused sacral vertebrae forming the sacrum.
Au nombre de 5 chez le cheval, elles sont soudées et forment le sacrum qui est la base de la croupe.

sacroiliac joint articulation sacro-iliaque *lat Articulatio sacroiliaca*

sacrosciatic ligament ligament sacro-sciatique ; ligament sacro-spino-tubéral *lat Ligamentum sacrotuberale latum ; Ligamentum sacrospinotuberale NAV 1968*

sacrum sacrum (os ~) *lat Os sacrum*
La hauteur maximale de la croupe correspond au plus haut des processus épineux du sacrum.
L'os sacrum, formé par les vertèbres sacrales soudées, est solidement uni aux os coxaux et forme avec eux le bassin. Le sacrum reçoit ainsi l'impulsion des membres pelviens et la transmet au reste du corps.

sad grey *old* => dark grey

saddle *v* seller

saddle selle

saddle bag sacoche (de selle)

saddle blanket *west. (1)* ; **saddle pad** *west. (2)* tapis de selle *west.*
With a western saddle, a difference is made since actual blankets (1) and pads (2) are used, sometimes all together.
1) couverture servant comme tapis de selle, 2) coussin (tapis coussiné / matelassé).

saddle blanket *class. & west.* => saddle pad *class.*

saddle bronc riding monte en selle de chevaux sauvages

saddle carrying bag étui à selle ; sac à selle

saddle cloth *class.* => saddle pad *class.*

saddle cloth / towel *r* serviette de selle *c* ; tapis de selle *c*

saddle cover couvre-selle

saddle girth *hr* ; **saddle strap** *hr* ; **girth (strap)** *hr* sangle de selle *ca*

saddle (harness ~) sellette ; selle *att*

saddle horse ; **riding horse** cheval de selle
Cheval que l'on monte, ou qui est d'une taille permettant normalement de l'utiliser pour la selle.

saddle pad *class.* ; **saddle cloth** *class.* ; **saddle blanket** *class.* & *west.* ; **numnah** tapis de selle *class.*
Made with two basic shapes: 1) English-saddle-like. 2) about rectangular, blanket-like.

saddle pad *bd* ; **back pad** *bd* coussin de sellette *att*

saddle pad *west.* coussin de selle *west.*

saddle pad *west.* => saddle blanket

saddle room sellerie (de l'écurie) *s.a. tack room*

saddle site ; **natural place for the saddle to sit** emplacement de la selle

saddle soap savon de selle

saddle sore plaie de selle

saddle strap *br* => saddle girth *br*

saddle strings (of a western saddle)

saddle terret *bd* ; **pad terret** *bd* clef de sellette *att* ; anneau de sellette *att*

saddle-back ; **hollow-back** ; **dipped back** dos ensellé ; dos négligé ; dos concave ; dos creux
Depressed vertebral column, behind the withers only in light cases. *s.a. sway-back.*
Plus ou moins concave, le dos négligé est peu concave. La dépression de la colonne vertébrale se limite à l'arrière du garrot dans les cas légers. *v.a. dos fortement ensellé.*

saddled sellé

saddler sellier

saddlery; saddler's shop sellerie

safety disk (for a sulky wheel) disque de sécurité (pour une roue de sulky)

safety margin innocuité

safety stirrup étrier de sécurité

sale contract contrat de vente

Salerno horse *breed* salernitain
Race d'origine italienne.

saliva salive *lat Saliva*

salivary gland glande salivaire *lat Glandula salivaria*
Parotid, mandibular, sublingual and buccal glands.

sallenders solandre ; salandre
Localized dermatitis in front of the hock. Behind the knee (carpal joint on the foreleg) it is called mallenders.
Crevasse apparaissant dans le pli du jarret du cheval. Lorsqu'elle apparaît dans le pli du genou elle est appelée malandre. Cette fissure, qu'elle soit au genou ou au jarret, est aussi appelée râpe.

salt sel

salt lick ; **mineral lick** ; **licking block** bloc à lécher ; pierre à lécher

salute salut

sample échantillon

San Fratello *breed* san fratello ; cheval de San Fratello
Race italienne.

sand course *r* => sand track *r*

sand scald ; **scalding**
Reaction of a horse's hide that cannot stand the direct heat from the sun and the reflected heat from the sand, this happens usually only in the hottest regions of the world.

sand track *r* ; **sand course** *r* piste en sable *c*

sandcrack / sand crack ; **crack (hoof ~)** seime *f*
Crack running downward the hoof, will cause lameness if deep enough to touch the laminae. It may be referred to according to its location: toe, quarter, heel or bar (sand)crack.
Fissure longitudinale de la muraille du sabot. Elle pourra faire boiter si elle atteint la partie vivante du pied.

saphenous artery artère saphène *lat Arteria saphena*

saphenous nerve nerf saphène interne *lat Nervus saphenus*

saphenous nerve (lateral / external ~) *old* => caudal cutaneus sural nerve

sarcoptic mange ; **red mange** gale sarcoptique / sarcoptinique ; gale du corps

Sardinian (Anglo-Arab(ian)) horse *breed* anglo-arabe sarde ; sarde
Race italienne.

sartorius muscle muscle sartorius ; muscle couturier *anc lat Musculus sartorius*

satellite race track hippodrome satellite

sausage boot ; **shoe-boil boot** bourrelet à rondelle
A stuffed ring strapped around the coronet as a protection against a capped elbow.

scalding => sand scald

scale ; **weight scale** balance

scale brush brosse métallique

scalp (tickets) *v* trafiquer des billets

scalper trafiqueur de billets / paris

scalper boot => coronet boot

scalping marché noir de billets / tickets

English - français - latin

scalping scalper (se ~)
The toe of the front foot hits the front (the dorsal aspect) of the hind limb of the same side.
La pince du membre antérieur frappe l'avant (la face dorsale) du membre postérieur du même côté.

Scamperdale pelham bit mors Scamperdale
The mouthpiece is turned so that the cheeks are set back and cannot chafe the lips.

scaphoid (carpal) bone => radial carpal bone

scaphoid (tarsal) bone *old* => central tarsal bone

scapula ; shoulder blade scapula ; omoplate *anc* ; scapulum *anc* *lat Scapula*
L'os de l'épaule, sa partie inférieure s'articule avec l'humérus, il n'est relié au thorax que par des muscles.

scapula(r) cartilage ; cartilage of prolongation cartilage scapulaire ; cartilage de prolongement *lat Cartilago scapulae*
Au sommet de l'omoplate, au niveau du garrot, les trapèzes s'y attachent.

scapular spine => spine of the scapula

scapulohumeral angle angle scapulo-huméral
Angle entre l'épaule et l'humérus du cheval.

scar ; cicatrix cicatrice

scar tissue => cicatricial tissue

scent *hunting* trace ; empreinte
Chasse à courre: Odeur ou piste laissée par le gibier et que les chiens suivent.

schedule races *v* inscrire des courses au calendrier

scheduled start départ prévu

scheme of marking ; marking system barème (de notation)

Schleswig (horse) ; Schlesinger horse *breed* schleswig ; trait du Schleswig
Race allemande.

school a horse *v* dresser un cheval

school a jumper *v* entraîner à l'obstacle

school air / pace air d'école

school figures ; manège figures figures de manège

school jumps sauts d'école

schooling => training

schooling level degré de dressage

schooling on the lunge line exercice à la longe

schooling race course-école

sciatic nerve nerf sciatique *lat Nervus ischiadicus*

scissors => shears

sclera ; outer covering (of the eye) sclérotique *lat Sclera*

scope (over an obstacle) amplitude (au-dessus de l'obstacle)
Élévation et dégagement du cheval par rapport à l'obstacle.

scour(s) ; scouring => diarrhoea *Brit*

scratch égratignure ; éraflure

scratch list liste des retraits

scratched retiré

scratches crevasses
Chapped skin in the hollow of the heel. *s.a. cracked heels*
Gerçures dans le pli du paturon.

scratch(ing) retrait
Withdrawal, for any reason, from a race or other event.
Le fait de se retirer, ou d'être retiré, et de ne pas compléter l'évènement auquel on s'était inscrit.

screw worm ver en vis
Any fly larvae that develop in sores and wounds.

scrotal hernia hernie scrotale *lat hernia scrotalis*

scrotum scrotum *lat Scrotum*

scurry jumping (with time factor) ; competition against the clock *hj* épreuve au chronomètre *cs* ; épreuve contre la montre *cs*

scutum distale ; pulleys of the digit scutum distal *lat Scutum distale*

scutum medium ; pulley of the middle phalanx scutum moyen ; bourrelet glénoïdal *anc* *lat Scutum medium*

scutum proximale ; sesamoid groove scutum proximal *lat Scutum proximale*

seams coutures
r: One of the markings that may be part of a racing colour scheme.
c: Un des motifs pouvant faire partie d'un dispositif de couleurs.

seasoned expérimenté

seasoning of a horse développement d'un cheval

seat (of a rider) assiette (du cavalier)
Manière d'être «assis» à cheval, de préférence de façon stable, avec une assiette liante qui suit les mouvements du cheval.

seat (of a saddle) siège (d'une selle)

seat of corn ; angles of the sole intérieur des arc-boutants
The angle of the wall, at the heel, the area between the wall and bar.

seat of spavin
A region where the spavins commonly begin, near the meeting of third tarsal, central tarsal and third metatarsal bones.

seated too far back (in the saddle) *adj* => position in the back of the saddle *n*

seating (out) ajusture (d'un fer)
~ of foot surface on a shoe, to avoid pressure on the sole.
Concavité de la face supérieure, allant des contre-perçures à la rive interne, ce qui évite la compression de la sole par le fer.

seatworm => pinworm (horse ~)

sebaceous glands ; oil glands glandes sébacées *lat Glandulae sebacea*
Secrete the necessary oils to keep the hide pliable and resistant.
Sécrètent le sébum, une huile de protection pour la peau.

sebum sébum *lat Sebum*

second and fourth metacarpals => splint bones (front limb medial and lateral ~)

second and fourth metatarsals => splint bones (hind limb medial and lateral ~)

second carpal bone ; trapezoid bone os carpal II ; os trapézoïde *lat Os trapezoideum ; Os carpale II*

second dam ; granddam deuxième mère ; grand-mère

second horse *hunting* cheval de rechange / relais *c. à courre*

second phalanx => middle phalanx

second thigh => gaskin

secondary dentine ivoire central (d'une dent)
It is darker than the primary dentine, prevents the pulp of being exposed as the tooth wears out, and forms the dental star.

seed => semen

seed entries *v r* trier les engagements *c*

seedy-toe fourmilière (en pince)
The hoof wall is separated from the sensitive tissue near the toe.
Cavité formée sous la paroi du sabot, entre la corne et la chair.

seesaw (the reins) *v* tirailler (un cheval)
Bel c ; scier (la bouche d'un cheval)
Tirer le mors d'un côté à l'autre dans la bouche du cheval.

selected sale *r* vente sélectionnée *c*

selenium sélénium

self-carriage
Cheval qui se «porte lui-même» dans un bon équilibre dynamique, sans dépendre ou s'appuyer de façon constante sur les aides qui lui sont fournies par le cavalier.

self-injury atteinte
Self-injury by brushing, forging, overreaching or speedy cutting.
Blessure à une jambe du cheval provoquée par le fait que ses membres se touchent. *v.a. atteindre (s'~)*

semen ; seed semence

semen *anat* => sperm

semicircular canals canaux semi-circulaires (de l'oreille) *lat Canales semicirculares*

semilunar bone *old* => intermediate carpal bone

semilunar crest *old* => semilunar line

semilunar line ; semilunar crest *old* ligne semi-lunaire ; crête semi-lunaire *anc lat Linea semilunaris*

semimembranous / semimembranosus muscle muscle semi-membraneux *lat Musculus semimembranosus*

seminal vesicle => vesicular gland

semitendinous / semitendinosus muscle muscle semi-tendineux ; muscle demi-tendineux *lat Musculus semitendinosus*

semiwild horse cheval semi-sauvage ; cheval demi-sauvage

sensible / sensitive mouth => soft mouth

sensitive coronary band => coronary corium / dermis

sensitive frog => dermis of the frog

sensitive laminae => dermal laminae

sensitive sole => dermis of the sole

sensitive to the legs léger à la jambe

separate betting entities entités de paris distinctes

separate betting pool poule de paris séparés

separate the reins *v* partager les rênes
Prendre une rêne dans chaque main.

serosa ; serous membrane séreuse *n*
lat Tunica serosa
Membrane facilitant le glissement de parois l'une contre l'autre. Les membranes synoviales sont des séreuses.

serous membrane => serosa

serpentine serpentine
Série de demi-cercles alternés dans l'une et l'autre direction.

serratus ventralis muscle muscles dentelés ventraux ; muscles grands dentelés *anc*
Muscle dentelé du cou et m. dentelé ventral du thorax.

serum sérum *lat Serum*

serve *v* => cover (a mare) *v*

served mare jument saillie

service ; covering of mare saillie ; monte
On utilise plutôt le terme saillie pour désigner un acte d'accouplement en particulier, et le terme monte pour désigner cette action de façon plus collective par ex.: service de monte, période de monte, monte publique.

service crate montoir
Dispositif facilitant l'accouplement.

service season saison de monte

service / serving hobbles => breeding hopples / hobbles

service station ; covering station station de monte

sesamoid bones (proximal ~) => proximal sesamoid bones

sesamoid groove => scutum proximale

sesamoidean ligament(s) (oblique / middle ~) ligament sésamoïdien distal moyen / oblique ; ligament sésamoïdien inférieur moyen *anc lat Ligamenta sesamoidea distalia obliqua pl*
Peut être considéré comme un ensemble de trois ligaments et être désigné au pluriel.

set a horse back => set back a horse

set back a horse *v r* ; **set a horse back** *v r* rétrograder un cheval *c*

set down *n* => suspension

set the pace *v r* => lead the field *v r*

shadow roll ; shadow blind cache-ombrages ; cache-vue

shaft brancard ; limon ; montant *Can.* ; ménoire *Can.* ; timon *(1)*
Either of the two pieces between which a horse is hitched to a vehicle.
Chacune des pièces entre lesquelles on attelle un cheval à une voiture. 1) En courses attelées le terme timon est parfois utilisé pour désigner les brancards.

shaft carrier *br* => tug (open ~)

shaft girth / strap *br* => belly band *bd*

shaft tip *br* bout de timon *ca*

shaft tugs *br* => tug (open ~)

Shagya (Arab) horse *breed* shagya arabe
Race d'origine hongroise.

shake the head secouer la tête

shake the head (up and down) *v* => bob the head *v*

shank *west.* => branch (of a bit)

shank (of a nail) => blade (of a nail)

shannon => hind-cannon

shannon bone ; shank => metatarsal bone (large / third ~)

shape (of a horseshoe) tournure (d'un fer)
Forme donnée à un fer pour lui faire épouser le contour d'un sabot.

share in a purse *v* partager une bourse

share of a purse part d'une bourse

sharp croup croupe de mulet ; croupe tranchante
Dont les plans latéraux sont obliques.

shavings copeaux

sheared heels talons chevauchés
One heel is higher and longer than the other, a twisting takes place in the heel region.

shearmouth
Bad occlusion of the molar teeth. They wear so that they pass each other like the blades of a pair of shears.

shears ; scissors ciseaux

she-ass => jenny-ass ; jenny

sheath ; fleece ; prepuce fourreau ; prépuce *lat Praeputium ; Preputium*

shedder => shedding blade

shedding ; moult ; moulting ; molt *US* ; **changing of coat** mue

shedding blade ; shedder lame d'acier ; lame dépouillante

sheen lustre

sheep knee => calf-knee / calf knee

sheep-pen *obstacle* ; **cattle-yard** parc à moutons *obstacle*

sheep's profile (head with a ~) tête moutonnée

sheepskin peau de mouton

sheetwriter => chart maker

she-mule => mule (female ~)

Shetland (pony) ; Shetlie *breed* shetland

Race d'origine écossaise.

shin and ankle boot guêtre complète ; botte de canon et boulet

Fournissant principalement pour l'intérieur du membre. *v.a. guêtre de tendon et boulet*

shin, ankle and tendon boot guêtre de canon, boulet et tendon

shin bone *rare* => cannon bone

shin boot ; brushing boot *(2)* guêtre d'avant-jambe *(1)* ; botte de canon *(2)*

1) Stricto sensu, and corresponding to the «guêtre d'avant-jambe», this boot is designed to protect the front part on the cannon bone. However the term «shin» is currently used for boots protecting the cannon bone, which most frequently needs protection on the inside, usually against brushing (2) or speedy-cutting and such harder striking in racing.

1) Faite pour protéger le devant du canon. 2) Guêtre qui sert à protéger le canon, lequel a le plus souvent besoin de protection à la face interne.

shin buck *see splint*

ship-in horse *r* cheval venu de l'extérieur *c*

shipping bandage bandage de transport

shipping boot guêtre de transport ; botte de transport

Shire (horse) *breed* shire

The English Cart Horse Society (later the Shire Horse Assn.) was formed in 1878.

Race de trait lourd d'origine britannique.

shod ferré

shoe *v* ferrer

shoe => horseshoe

shoe boil => capped elbow

shoe spreader tenailles pour élargir les fers

shoe with springs fer à ressort

A V-shaped piece of steel creates outwards pressure on the heels of the horse.

Un ressort en forme de V, à l'intérieur du fer, exerce une pression sur l'intérieur des barres du pied.

shoe-boil boot => sausage boot

shoeing => horseshoeing

shoeing box boîte à ferrer

shoeing (hot // cold ~) ferrage (à chaud // à froid)

shoemaker cordonnier

short pastern court jointé *adj*

Quand le paturon est trop court.

short pastern bone *old* => middle phalanx

short sesamoidean ligaments ligaments sésamoïdiens courts *lat* Ligamenta sesamoidea brevia

Au nombre de deux, dans le plan profond.

short stride courte foulée

short upright pastern court et droit jointé (paturon / cheval ~)

short winded => broken winded

short-coupled ; close-coupled ; compact ; cobby compact

shorten the reins *v* raccourcir les rênes

shortened walk, collected pas raccourci, rassemblé

shoulder épaule

Corresponding to the scapula area, some interpretations include the humerus.

Comprise entre le garrot et le bras ou l'avant-bras selon les interprétations, comprend donc la scapula (Regio scapularis NAV), plus l'humérus si on y inclut le bras.

shoulder angle angle de l'épaule

shoulder blade => scapula

shoulder joint articulation de l'épaule ; articulation scapulo-humérale *lat* Articulatio humeri

shoulder joint region pointe de l'épaule (région de la ~) *lat* Regio articulationis humeri

shoulder lameness boiterie de l'épaule

shoulder slip => suprascapular paralysis

shoulder sweat couverture d'épaule

shoulder-in épaule-en-dedans

shovel (for coal) pelle à charbon

show *(1)* ; **place(d)** *(2)* classé *(1)* ; placé *(2)* ; triplé *(3)*

1) In Canada: position at the finish line of the race: horse finishing third; type of bet and position at the finish line: horse finishing first, second or third. In other countries might be applied to the horse finishing second. 2) In England any horse finishing first, second or third is a placed horse. In other English speaking countries the term might be applied to the first and second horses only. *s.a. other entry for «place(d)»*

1) Au Canada: position à l'arrivée de la course: cheval qui termine une course en troisième place; position à l'arrivée et type de pari: cheval qui termine premier, deuxième ou troisième. 2) En Europe francophone, position à l'arrivée: cheval qui termine premier, deuxième ou troisième s'il y a huit partants ou plus. 3) Fr: Type de pari: Dans une course comportant plus de huit partants, pari sur les trois premiers chevaux à l'arrivée sans tenir compte de leur ordre relatif. *v.a. autre inscription pour «placé»*

show (a horse) in hand *v* présenter (un cheval) en main

show jumper (horse) => jumper

show jumper / jumping competition => jumping competition

show jumper (rider) cavalier d'obstacles

show jumping compétition (de saut) d'obstacles (la ~)

show nerves trac

show pool *r* poule de troisième place *c*

show secretary secrétaire de concours

shuffling gait allure basse ; allure rasante
1° Quand le déplacement vertical du centre de gravité du cheval est peu important. 2° Dans laquelle les pieds se déplacent au ras du sol.

shut out *r* blanchi *c*
Bettor who presents himself to bet after wagering has closed for that particular race.
Parieur se présentant trop tard au guichet pour pouvoir parier sur une course.

shuttle bone *old* => distal sesamoid bone

shy *v* effrayer (s'~)

sickle hock(s) ; curby conformation jarret(s) coudé(s) ; jarret(s) à courbe *(1)*
When seen from the side, hocks are bent too strongly at the joint, the lower leg is then angled forwards instead of vertical.
Vu de côté, angularité excessive de l'articulation du jarret: le cheval devient sous-lui du derrière à partir du jarret. 1) Cette expression signifie que le jarret est prédisposé à souffrir d'une courbe. Bien qu'une tare du nom de courbe ait été mentionnée en français, on la présente, dans les documents plus récents, plutôt

comme étant une tare dure de la tubérosité inférieure interne du tibia. Le mot courbe semble utilisé ici comme traduction de «curb». *voir jarde*

sickle-hocked ; saber-legged coudé des jarrets
L'adjectif «coudé» qualifie habituellement plutôt les jarrets que le cheval.

side bone ; sidebone forme cartilagineuse
Ossification of a fibrocartilage of the third phalanx.
Ossification d'un cartilage complémentaire de la troisième phalange.

side clip pinçon latéral
There is usually one on each side of the toe of the shoe.
Dans la région de la mamelle du fer.

side rein rêne fixe

side step pas de côté

side weight shoe ; side-weighted shoe fer à poids en dedans // en dehors
Dont une branche est plus lourde que l'autre.

sidesaddle selle d'amazone

sight test test d'acuité visuelle

signal for the closing of bets / wagers signal d'arrêt des mises / paris

silage fourrage ensilé ; ensilage

silent heat chaleurs discrètes

Silesian warm-blooded *breed* silésien à sang chaud
Race d'origine polonaise.

silks (racing ~) => jacket

silver dapple => dark chestnut with washed-out / flaxen mane and tail

silver eye oeil vairon
Oeil dont l'iris, dépigmenté, est gris-clair.

silver grey (coat) gris argenté
Robe d'un gris vif, brillant et reluisant.

silver nitrate nitrate d'argent

silver white (coat) blanc argenté
Robe offrant des reflets brillants et nacrés.

simple change of lead / leg (through the trot) changement de pied simple ; changement de galop de ferme à ferme

simple colour robe simple
Formée de poils et de crins d'une seule couleur, hormis les marques éventuelles.

simple obstacle obstacle simple
Qui se franchit en un seul saut.

simple (twisted) wire (snaffle) bit filet de broche tordue simple

simple whorl épi centré convergent ; épi concentrique
Into which hairs converge from various directions.

simultaneous action of the legs action simultanée des jambes

single bet / wager(ing) pari simple ; mise simple
Pari qui ne porte que sur un cheval.

sinuous whorl épi penné convergent sinueux
Into which hairs from two directions meet along an irregular curving line.
Épi dont les poils, venant de deux directions, se rencontrent le long d'une ligne sinueuse.

sire père ; géniteur

sire *v* engendrer

sire family => male line

sit too far forward *v* devancer le mouvement (du cheval)

sitting trot trot assis

six bars *hj* six barres (épreuve des ~) *cs*

six horse hitch ; six-in-hand attelage de six

six-in-hand => six horse hitch

size of a course / track *r* longueur d'une piste *c*

skeletal squelettique

skeleton squelette *lat Systema skeletale*
Comprend de 192 à 205 os (selon les sujets et les interprétations) représentant de 7 à 8 % du poids du corps chez un cheval moyen.

skewbald pie (sauf noir)
The body coat consists of large irregular patches of white and of any definite colour, except black. Chestnut and white is frequent and one may identify a brown and white (1).
Cheval pie dont la couleur de fond (qui domine) est le blanc et l'autre couleur n'est pas le noir. Si cette dernière couleur est plus présente que le blanc, l'on devrait la placer en premier, c'est-à-dire devant le mot pie, par exemple: alezan pie.

skid boot botte antidérapage

skin peau *lat Cutis*

skinny obstacle obstacle étroit
Ayant jusqu'à moins de dix pieds ou trois mètres de large (de front).

skirt *class.* petit quartier
The part of the saddle covering, and protecting the rider from, the metal spring bar.

skirt *west.* manteau (d'une selle) *west.*

skull ; cranium crâne *lat Cranium*
1° Partie de la tête qui renferme le cerveau. 2° Squelette de la tête.

Skyros pony *breed* skyros
Race d'origine grecque.

slate-coloured ardoise
On a horse's coat: dark bluish grey colour.
Teinte bleu foncé dans une robe.

slaty blue grey ; slate-colour(ed) grey gris ardoisé
Robe foncée (plus foncée que le gris fer), d'aspect bleuâtre, réfléchissant la couleur de l'ardoise.

slaughter horse cheval de boucherie

slaughterhouse ; abattoir abattoir

sledge hammer marteau à frapper devant
A heavy blacksmithing hammer, weighting 6 pounds or more it may require both hands.
Lourd marteau de forgeron, manipulé à deux mains.

sleeping sickness => encephalomyelitis (equine viral ~)

slide-cheek (bit) mors à pompe
The mouthpiece is sliding within the cheeks, this can be found in different types of bits. *s.a. slide-cheek Weymouth (curb) bit*
Les branches coulissent sur le canon, ceci peut se présenter dans différents types de mors. *v.a. mors (de bride) à pompe*

slide-cheek Weymouth (curb) bit mors (de bride) à pompe
The mouthpiece is sliding within the cheeks.
Les branches coulissent sur le canon.

sliding girth / strap *br* sangle coulissante *ca*

sliding stop *west.* arrêt en glissade *west.*

slipper and bar clip shoe fer à pantoufle et à oreilles

slipper (heeled) shoe ; contraction shoe ; bevel heeled shoe fer à pantoufle ; fer à éponges obliques ; fer Porret *anc*
Dont la rive interne des éponges est plus haute que la rive externe.

slope inclinaison

slope => banking (of a track)

sloping croup croupe inclinée *s.a. goose rump*
L'angle souhaité dépend naturellement des disciplines et des perceptions, mais il devrait être environ d'une trentaine de degrés avec l'horizon. *v.a. croupe en pupitre*

sloping heels talons fuyants

sloping pastern / foot bas jointé *adj*

Pastern / foot with a low angle; if the pastern angle is lower than the hoof angle, the foot is broken forward.

Quand le paturon est trop incliné vers le sol. Les définitions rencontrées varient et manquent de précision, il n'est ainsi pas clair si l'axe du paturon bas-jointé est plus à l'horizontale que l'axe du pied correspondant. *v.a. autre inscription*

sloping shoulder épaule inclinée / oblique

sloping wall => parapet

sloppy *abbr: sy* détrempée

Describing the condition of a race track at a particular moment.

Décrit la condition d'une piste de course à un moment donné.

slow *abbr: sl* lente

Describing the condition of a race track at a particular moment.

Décrit la condition d'une piste de course à un moment donné.

slow-gait ; stepping pace / amble

High stepping lateral four-beat gait: the front foot is raised very high, hesitates and then lands after the hind foot of the same side.

Allure du cheval de selle américain («American Saddlebred»), sorte d'amble à quatre temps, le cheval trousse en levant le pied très haut, le pied hésite alors un peu avant de se poser sur le sol, un peu après le pied postérieur du même côté. *v.a. trot décousu*

SM pelham pelham SM

With a broad and flat mouthpiece, the cheeks move in a restricted area.

small colon => descending colon

small intestine intestin grêle *lat Intestinum tenue*

Formé du duodénum, du jéjunum et de l'iléum.

small metacarpal (bone) ; splint bone os métacarpien rudimentaire ; métacarpien rudimentaire (os ~) ; stylet *rare* ; péroné *anc*

Il y en a un interne (II ou médial) et un externe (IV ou latéral), ils sont parfois nommés «latéraux» par rapport au métacarpien principal. Chacun est relié, sur toute sa longueur, au métacarpien principal par un ligament. Avec l'âge, le ligament s'ossifie et les métacarpiens peuvent finir par se fusionner.

small metacarpal bones => splint bones (front limb medial and lateral ~)

small metatarsal => splint bone

small star légèrement en tête

small strongyle petit strongle

Cette dénomination inclut les genres Cyathostomum, Cylicocyclus, Cylicostephanus, Cylicodontophorus et Gyalocephalus.

smegma smegma (préputial)

smithy => farriery

smoky black

When the body colour is quite lighter than the points.

smooth muscle ; non-striated muscle ; visceral muscle muscle lisse ; muscle viscéral ; muscle à contraction involontaire

Muscle remplissant une fonction interne ne nécessitant pas d'intervention directe volontaire du cerveau. *v.a. muscle cardiaque*

smutty ; dark

When added to a colour denomination, means that black is mixed with the body colour.

snaffle a horse *v* conduire un cheval sur le bridon

snaffle bit mors de filet ; filet

A bit consisting of a single mouthpiece, jointed or not.

Avec une embouchure, rigide ou articulée, aux extrémités de laquelle sont fixés des anneaux.

snaffle (bridle) bridon ; bride à filet

A bridle with any snaffle bit attached, or designed to receive such a mouthpiece.

Bride légère comprenant un filet simple, ou destinée à en recevoir un.

snaffle-rein rêne de filet

snake bit filet serpentin

snap fermoir ; mousqueton

snapper cordelette ; forcet ; mèche

The snapping cord on the end of a whip.

Ficelle terminant la lanière d'un fouet ou d'une cravache.

snip ladre mélangé près des naseaux ; marque / tache (blanche) près des naseaux

White marking between, near or extending into the nostrils.

Le ladre ou la marque dans cette région peut aussi être désigné selon d'autres positions, par exemples: dans, entre ou entre et dans les naseaux.

snip flesh mark ladre au bout du nez

A flesh mark situated between or in the region of the nostrils.

Le ladre peut aussi être désigné encore plus précisément selon sa position, par exemples: dans, entre ou entre et dans les naseaux.

snort *n & v* ébrouement *n* ; ébrouer (s'~) *v*

Strong and tense snorts can be warning ones; relaxed and vibrating snorts can be signs of a contented horse or, may be, simply the sound of nose clearing. *s.a. blow*

Sorte d'éternuement, pour dégager les naseaux, lorsque le cheval se détend ou est content, on entend alors la vibration des narines. Si le son est fort et tendu, et marque la surprise et/ou l'inquiétude, on devrait plutôt dire que le cheval renâcle.

snort (warning ~) ; blow *n* renâclage *n* ; renâcler *v*

Exhaling of air, with more force than normal, from the nostrils. The horse makes this sound when suspicious or afraid.

Ronflement puissant par les naseaux, dont le son porte loin. Le cheval émet ce son lorsqu'il est effrayé, inquiet ou surpris.

snow pad => inner tube rim

snowflake (pattern / marking / coat) neigé *adj & n*

Small collections of white spots distributed in a horse's coat. This pattern varies with the age of the horse.

Se dit du cheval ou de la robe présentant de petites taches blanches arrondies (neigeures ou flocons de neige) sur un fond foncé. Elles peuvent être regroupées et/ou localisées.

snuffles => nasal discharge

soak *v* tremper

soaking swab boot botte de trempage en feutre

sock => white to half-cannon

sodium sodium

sodium chloride chlorure de sodium

soft bristles brush brosse douce

soft mouth ; tender mouth ; sensible / sensitive mouth ; fine mouth ; light mouth bouche fine / légère / chatouilleuse / tendre / sensible

Mouth which is delicate to the action of the bit.

Bouche particulièrement sensible à l'action du mors.

soft palate voile du palais ; palais mou *lat Palatum molle ; Velum palatinum*

Rideau de chair molle qui, partant du bord postérieur du palais dur, sépare la cavité buccale de la cavité du pharynx. Une fois que l'eau ou les aliments ont passé dans le pharynx, le voile du palais leur interdit de revenir dans la bouche. S'ils devaient alors être rejetés, ils ne pourraient l'être que par les cavités nasales.

Sokolka horse *breed* sokolsk

Race d'origine polonaise.

solar border (of the distal phalanx) bord solaire (de la phalange distale) *lat Margo solearis*

solar plexus plexus solaire

Sometimes presented as the celiac plexus and sometimes as a celiacomesenteric plexus.

Désigne habituellement le plexus céliaque.

solar surface (of the distal phalanx) face solaire (de la phalange distale) *lat Facies solearis*

Surface plantaire (inférieure) de la phalange distale.

sole sole *lat Solea*

sole dermis => dermis of the sole

sole knife ; toeing knife rogne-pied *(1)* ; tranchet *(2)*

Held in one hand and struck with a hammer, it is used to remove dry and hard layers of sole. *s.a. hoof knife*

1) Dans le sens traditionnel c'est une simple lame dont une partie est tranchante et sert à couper la corne, on le tient d'une main et le frappe avec un marteau de l'autre, il peut aussi servir à dériver les clous. 2) Formé d'une épaisse lame tranchante d'un côté, épaisse de l'autre et dotée d'un manche, il sert à couper la corne et est manié de la même façon que le rogne-pied. *v.a. rénette*

sole ulcer => bruise (of the sole)

solear corium => dermis of the sole

soleus muscle muscle soléaire *lat Musculus soleus*

solid black (whole coloured) noir zain *s.a. whole colour(ed) v.a. zain*

solid fence obstacle fixe

son fils

sore => wound

sorghum sorgho

Sorraya horse ; Sorraia sorraïa ; sorraia ; sorraiano

A breed from Portugal, coats are frequently mouse dun or zebra dun.

Race d'origine portugaise, les robes isabelles et souris y sont fréquentes ainsi que les zébrures.

sorrel *(1)* alezan café-au-lait ; café-au-lait

1) Lighter shades of sorrel.

Un peu plus foncé que l'alezan soupe-au-lait. *v.a. palomino*

sorrel

Light reddish-brown colour. *s.a. chestnut*

sorrel => light chestnut

sorrel => chestnut

sound *adj* sain

In good condition and showing no significant defects.

Qualifie le cheval en bon état de santé et ne souffrant d'aucune tare qui puisse handicaper ses performances ou son avenir.

sound a recall *v r* sonner le signal d'une reprise *c*

soundness bon état

Bon état de santé et bonne conformation: Le cheval ne souffre d'aucune maladie ou d'aucun défaut qui puisse handicaper ses performances ou son avenir.

sour ; overtrained / overworked / overschooled ; stale ; overcompeted surentraîné (cheval ~)

South German cold-blooded horse *breed* cheval allemand du sud à sang froid *race*

Spanish fly => blister beetle / fly

Spanish jumping bit => kimblewick bit

Spanish Riding School in Vienna École espagnole de Vienne

Spanish snaffle => kimblewick bit

Spanish trot trot espagnol

In which the horse raises and extends the forelegs.

Spanish trotter *breed* trotteur espagnol *race*

Spanish walk pas espagnol

In which the horse raises and extends forelegs.

spatula (mouthpiece with ~) => double jointed mouthpiece

spavin éparvin

spayed mare jument châtrée

special attraction => feature race

special evening meet *r* soirée spéciale *c*

special event meet *r* évènement / événement spécial *c*

speckle tacheture

speckled tacheté

speculum *pl: specula* spéculum *pl: spéculums*

speed vitesse

speed derby *hj* derby de vitesse *cs*

speed range (of a horse) échelle des vitesses (d'un cheval)

speed-weight *r* coefficient poids-vitesse *c*

speedy cut boot guêtre haute

Made specially high, to prevent speedy cutting, which, in racing, is most likely to be a high interference.

speedy cutting couper à haute vitesse (se ~)

There is no clear definition, this term is most often used in racing but could include any damage to a limb by another one at a fast gait.

speedy-cutting shoe => interfering shoe

sperm ; semen *anat* sperme ; semence *anat* *lat* Sperma ; Semen

spermatic cord cordon spermatique *lat* Funiculus spermaticus

sphenoid bone os sphénoïde *lat* Os sphenoidale

sphenopalatine sinus sinus sphénoïdal *lat* Sinus sphenoidalis

spike cribbing strap collier avec pointes contre le rot

spin *west.* vrille *west.*

spinal column; spine => vertebral column

spinal cord moelle épinière *lat* Medulla spinalis

spinal nerves nerf spinaux

spinalis muscle muscles longs épineux *pl* *lat* Musculus spinalis

spinalis thoracis muscle muscle épineux du thorax ; muscle long épineux *anc* *lat* Musculus spinalis thoracis

spine épine dorsale

spine of frog ; frog-stay arête de la fourchette ; arrête-fourchette *anc* *lat* Spinea cunei

spine of the scapula ; scapular spine épine scapulaire ; épine acromienne *anc* *lat* Spina scapulae

spinous process processus épineux *lat* Processus spinosus

Their great length on the second to the ninth thoracic vertebrae causes the prominence of the withers.

Saillie osseuse qui s'élève à la verticale, de façon plus ou moins prononcée sur certaines vertèbres.

spirally graded surface => banking (of a track)

splanchnic nerve nerf splanchnique *lat* Nervus splanchnicus

splashed white

A coat pattern in which the edges of the white areas are distinct as in the tobiano. The four legs are usually white, the head is largely white and the belly is white to varying extents. The eyes are commonly blue.

splayed foot ; splay-footed => toed-out

spleen rate
Emmagasine des réserves de sang qui peuvent être libérées dans le flot sanguin au besoin.

splenic artery artère liénale *lat* Arteria lienalis

splenius muscle muscle splénius *lat* Musculus splenius

splint suros
Osteitis, periostosis, exostosis or interosseous desmitis on the cannon, and frequently touching the splint bones (hence the name). A peg splint is located behind the cannon bone and next to the suspensory ligament. A shin splint or shin buck is located on the front of the cannon bone and results from a surface fracture.

Ostéite, périostose, exostose ou inflammation ligamentaire dans la région du canon impliquant souvent les os rudimentaires.

splint bone ; small metatarsal os métatarsien rudimentaire ; stylet *rare* ; péroné *anc*
Il y en a un interne et un externe. Chacun est relié, sur toute sa longueur, au métatarsien principal par un ligament.

splint bone => small metacarpal (bone)

splint bones (front limb medial and lateral ~) ; second and fourth metacarpals ; inner and outer metacarpals ; small metacarpal bones os métacarpiens rudimentaires ; stylets *rare* ; péronés *anc* ; métacarpiens II et IV (os ~)

splint bones (hind limb medial and lateral ~) ; second and fourth metatarsals ; inner and outer metatarsals os métatarsiens rudimentaires ; stylets *rare* ; péronés *anc* ; métatarsiens II et IV (os ~)
The fourth metatarsal is the lateral (external) splint bone.

splint boot guêtre pour suros

split a race *v* diviser une course

spoiled mouth bouche abîmée

spoke (of a sulky wheel) ; sulky wheel spoke rayon (de roue de sulky)

sponge éponge

sponsor commanditaire

spooky ombrageux

spoon coquille
On a heel of a shoe, it extends upward and cover the heel, fitted closely it might prevent the horse from pulling the shoe while overreaching.

Sur l'éponge d'un fer, elle remonte en suivant la forme du talon et peut limiter les problèmes d'arrachage de fer lorsque le cheval s'atteint en talons.

spoon cheek barrette ; spatule
A flattened and short cheek to a snaffle bit. A full spoon cheek is extending above and below the mouthpiece; a half spoon cheek is extending only on one side (above) of the mouthpiece.

Tige latérale, aplatie, qui empêche les anneaux du filet de pénétrer dans la bouche du cheval. Une demi-spatule n'occupe qu'un côté du mors (pointant vers le bas) alors qu'une double spatule s'étend des deux côtés (en haut et en bas) du mors.

spoon mouth snaffle bit filet à cuillère(s)
Filet avec un / des pendentifs rappelant une / des cuillère(s).

spoon (on a mouthpiece) cuillère / cuiller (sur le canon d'un mors)

sporocyst sporocyste
Second larval stage of the fluke, inside an intermediate host.

Deuxième stade larvaire des douves.

spots pois
r: One of the markings that may be part of a racing colour scheme.
c: Un des motifs pouvant faire partie d'un dispositif de couleurs.

spotted blanket over croup croupe tachetée
The area covered by a blanket should be specified, since it may cover much larger than the croup.

sprain => strain

spread fence / jump obstacle large *s.a.* spread jump *v.a.* saut en largeur

spread jump ; broad jump saut en largeur *s.a.* spread fence *v.a.* obstacle large

spreading of bets / wagers / stakes ventilation des enjeux

spring open the starting gate *v* déclencher la barrière de départ

spring show concours printanier

spring tree (of a saddle) arbre à ressort (d'une selle)

springhalt => stringhalt

sprint race course de courte distance

sprinter sprinter

spur *v* éperonner

spur *n* éperon

spur vein => superficial thoracic vein

spur wound
Blessure faite par un éperon.

spurrier éperonnier
Spur maker.
Fabricant ou vendeur d'éperons.

squamous (part of) temporal (bone)
écaille (de l'os temporal) ; partie écailleuse
(de l'os temporal) *lat Pars squamosa*

square oxer oxer carré
Dont les barres supérieures de chacun des éléments sont à la même hauteur.

square toe (shoe) fer à pince tronquée

squares => check

squeal *n & v* couinement *n* ; couiner *v*
Short and high-pitched sound, used in aggressive situations.
Son aigu et bref, essentiellement lié à l'agressivité, le son commence la bouche fermée mais les commissures se retroussent et la bouche peut finir par s'ouvrir.

stable => barn

stable area *r* zone des écuries *c*

stable bandages ; standing wraps / bandages bandages de repos

stable boy / man garçon d'écurie *s.a. groom and stable fatigue v.a. palefrenier et garde d'écurie*

stable equipment équipement d'écurie

stable fatigue garde d'écurie ; surveillant d'écurie *s.a. stable boy v.a. garçon d'écurie*

stable fly mouche de l'étable ; mouche charbonneuse ; mouche piqueuse des étables *lat Stomoxys calcitrans*

stable head collar / stall ; stable (head) halter licou / licol d'écurie
Comporte un anneau permettant d'y attacher une chaîne.

stable (head) halter => stable head collar / stall

stable sheet couverture d'écurie
Couverture que le cheval porte à l'écurie.

stabled horse cheval (mis) à l'écurie

stable-plaque plaque d'écurie

stabling stabulation

stack of logs *obstacle* stère
Obstacle d'extérieur formé d'une empilade de rondins ou de billes de bois.

stadium jumping *US ht* => jumping phase / test *ht*

stag face => dished (face)

stag-hunting chasse au cerf

stake enjeu (à gagner)
Money offered as a prize in a race.
Montant offert en bourse dans une course. Le mot enjeu peut aussi être utilisé pour désigner le montant des paris.

stake *v* => bet *v*

stake *n* => bet *n*

stakes ; stake race stake(s) (prix / courses ~)
Will be run during the year following the closing of the nominations. Monies given by the sponsor and/or the track conducting the race will be added to the participation fees, to determine the total amount of the purse.
Course importante disputée dans l'année suivant la fermeture des inscriptions et dans laquelle des sommes sont ajoutées aux droits de participation pour déterminer la valeur totale de la bourse.

stale => sour

stall guard barrière de stalle

stall housing stabulation entravée

stall mat tapis de caoutchouc

stall rest a horse *v*
Mettre un cheval au repos dans un box.

stall (standing ~) ; horse-bay stalle (d'écurie) ; entre-deux
Usually open at the rear, the horse must be tied-up in it.
Compartiment qui n'est pas complètement fermé et dans lequel le cheval doit être attaché.

stallion ; entire (male horse) étalon ; entier (cheval mâle ~) *n & adj*
An uncastrated male horse.

stallion man ; stud farmer étalonnier

stallion support / shield support d'étalon ; suspensoir ; bouclier d'étalon

stamina vigueur ; résistance
The ability to endure a prolonged physical strain.
Capacité à fournir un effort physique durant une période relativement prolongée, sans se fatiguer indûment.

stamp ; fore-punch étampe
Outil de maréchal-ferrant, servant à former l'emplacement de la tête de chacun des clous, lors de la fabrication des fers.

stance => stand(s)

stance phase appui

Phase of a stride, when the foot is on the ground and bearing weight.

Phase du mouvement d'un membre lors d'un déplacement du cheval, lorsqu'il s'appuie sur ce membre.

stand level *v* => stand square *v*

stand (of an obstacle) ; post chandelier ; support (d'un obstacle)

stand square *v* **; stand to attention** *v* **; stand level** *v* tenir ferme (se ~)

Standing with balance (and with attention) on all four legs at the halt.

Arrêté ferme, le cheval se tient en équilibre et carré sur ses quatre membres. *v.a. parade*

stand still *v* tenir immobile (se ~)

stand (straight / good ~) aplomb (bon ~)

stand to attention *v* => stand square *v*

standard bay => red bay

Standardbred ; American trotter standardbred ; trotteur américain

US originating breed, at the beginning selected only on their capacity of racing a mile, without galloping, within 2:30 minutes (the standard to be met, adopted in 1879).

Race originaire des E.U., les chevaux ont été sélectionnés au début uniquement sur leur capacité à courir un mille, sans galoper, en moins de deux minutes et trente secondes (le standard, adopté en 1879).

standing jump saut de pied ferme

standing martingale ; fixed martingale ; tie-down *west.* martingale fixe / droite

standing stretched => camped (out)

standing under sous-lui

Standing under in front // behind: Front limbs sloping toward the rear or hind limbs sloping toward the front, being too much under the horse.

Sous-lui du devant // du derrière: Quand, vus de côté, les membres sont trop sous le corps du cheval par rapport à leurs articulations supérieures.

standing wraps / bandages => stable bandages

stands gradins

stand(s) ; stance aplomb(s)

Axe et position des membres sous le tronc du cheval.

star en tête

A white mark on the forehead of the horse, it may have any shape (like star, Stern and estrella) or no shape at all.

Marque blanche localisée sur le front du cheval, on la qualifiera selon sa forme et sa grosseur, par exemples: étoile ou pelote.

star and stripe conjoined en tête prolongé par une liste

star inclined to left // right en tête à gauche // droite

Se rapprochant de l'arcade sourcilière gauche // droite.

starch amidon

star-gaze *v* porter le nez au vent

A horse carrying his head very high with the muzzle forward.

Se dit du cheval qui porte la tête très haut, le museau par en-avant.

star(s) étoile(s)

r: One of the markings that may be part of a racing colour scheme.

c: Un des motifs pouvant faire partie d'un dispositif de couleurs.

start *v* prendre le départ

start départ

start at a trot *v* partir au trot

start at a walk rompre / partir au pas

start at the canter *v* partir au galop

starter cheval partant

starter *br* => starting judge

starting gate barrière de départ

starting gate door controls commande de portillons de la barrière de départ

starting gate (vehicle) véhicule de la barrière de départ

starting judge ; starter *br* juge au / de départ

An official supervising the start of a / the participant(s).

Responsable du signal de départ, et, en course, de l'alignement des participants.

starting line ligne de départ

starting order ordre de départ

starting point point de départ

starting pole / post => fair start pole / post

stationary starting gate barrière fixe

stay apparatus (passive ~) appareil de soutien / station

stay in contention *v r* demeurer près des meneurs *c*

stayer cheval de fond ; cheval de tenue

steady a horse *v* **; calm a horse** *v* calmer un cheval

steel wear insert insertion en acier ; renfort de pince en acier

Into an aluminium shoe, to postpone its wearing out.

Dans un fer à cheval en aluminium, pour en retarder l'usure.

steel-plated shoe fer à revêtement d'acier

steeplechase course au clocher ; steeple ; steeple-chase

Steeplechasing takes place over tracks with rather high obstacles or in the open country.

steeplechase phase *ht* steeple (phase de ~) *cc*

steer wrestling terrassement du bouvillon

step pas

Term used mainly for displacements to the side, backwards and at the walk. A step is also a complete movement of a limb in any gait, and the distance covered by this.

Terme utilisé surtout pour les déplacements de côté, vers l'arrière et au pas en général.

step aside *v* faire un // quelques pas de côté

step back *v* => back *v*

step backwards *n* pas vers l'arrière

step (obstacle) piano

A jumping obstacle consisting of a series of steps.

Obstacle formé de deux banquettes soudées, à deux niveaux différents. Le terme est aussi utilisé pour des obstacles comportant trois niveaux différents.

stepping pace / amble => slow-gait

sternal ligaments ligaments sternaux *lat Ligamenta sterni*

sternal ribs côtes sternales ; côtes vraies *lat Costae verae*

Dont les cartilages s'articulent directement sur le sternum.

sternebrae sternèbres *lat Sternebrae*

sternocephalicus muscle muscle sterno-céphalique *lat Musculus sternocephalicus*

sternocostal articulations articulations sterno-costales / sterno-chondrales *lat Articulationes sternocostales*

sternum sternum *lat Sternum*

steward commissaire (d'un concours)

stewards' list liste des commissaires

stewards' stand tribune des commissaires

stiffness raideur

stifle grasset ; genou *anat lat Genu s.a. knee*

Région entre la cuisse et la jambe. *v.a. genou et articulation du grasset*

stifle joint articulation du grasset ; articulation du genou *anat lat Articulatio genus*

Implique le fémur, la rotule et le tibia, elle peut ainsi être désignée «fémoro-tibio-patellaire».

stifled horse

Horse with an upward fixation of the stifle.

stirrup *west. & class.* ; **iron (stirrup-~)** *class.* étrier

stirrup bar porte-étrivière (couteau ~)

stirrup leather / strap étrivière

stirrup (of the ear) étrier (de l'oreille) ; stapes *lat Stapes*

stirrup pad / tread ; foot pad coussinet d'étrier

stock horse cheval de vacher / cow-boy

A type of horse for the working cowboys: relatively short head with a neck long enough to act as a balance arm, short coupling, well muscled hip and gaskin, not too heavy on the forehand, 14,2 - 15 hh.

Type de cheval utilisé pour travailler (rassembler, conduire etc.) avec le bétail.

stock saddle => western saddle

stock tie lavallière

stockade ; palisade rails palissade

Vertical fence, stricto sensu solid, in which the pieces are vertically arranged.

Obstacle formé de pièces serrées les unes contre les autres et disposées verticalement.

stocking => white to above knee // hock

stocking up

Accumulation of excess fluid in the soft tissues, especially in the legs.

stocky ; thick-set trapu

stomach estomac *lat Ventriculus ; Gaster*

Relativement petit pour la taille du cheval. Ses deux orifices sont relativement proches et permettent un transit relativement rapide de l'eau vers l'intestin.

stomach hairworm => hairworm

stomach wall paroi gastrique

stomach worms vers de l'estomac

Of the genus Habronema. *s.a. hairworm*

stone

English weight unit for riders, 14 lb or 6.3 kg.

stone bruise => bruise (of the sole)

stone wall mur de pierres

stop *v* => halt *v*

stopwatch chronomètre (à main)

straight back dos droit

straight bar bit / snaffle ; straight mouthpiece rigide (filet / canon ~)

straight behind *adj* => straight hind legs

straight (cut off) hardy ; metal bevel biseau métallique ; tranche(t) (d'enclume) droit(e)

straight forecast *Brit* => exacta ; exactor *Can.*

straight hind legs ; post-legged *adj* ; **straight behind** *adj* jarrets droits

straight hock jarret droit *s.a. straight hind legs*

straight (home ~) => homestretch ; home stretch

straight in front *forelimb* => knuckled over foot / fetlock / pastern

straight mouthpiece => straight bar bit / snaffle

straight neck encolure droite

straight (service) fee saillie sans conditions

straight sesamoidean ligament ; superficial sesamoidean ligament ligament sésamoïdien distal superficiel / droit ; ligament sésamoïdien droit ; ligament sésamoïdien inférieur superficiel *anc* *lat* *Ligamentum sesamoideum distale rectum*

straight shoulder => upright shoulder

straight ; straightaway ligne droite

A long straight section of a racecourse.

~ sur une piste de course.

straight / stretch (front ~) => homestretch ; home stretch

strain *(1)* ; **sprain** *(2)* entorse *(1 & 2)* ; foulure *(1)*

Strain and sprain are occasionally presented as equivalents. 1) Overstretching of a muscle or other non-tearing distension of a tendon or a ligament. The ligament is the structure involved in the «entorse». 2) Wrenching or twisting of a joint with rupture of fibres of ligaments, and possibly of other associated structures.

Le mot «strain» peut désigner un simple étirement d'un muscle ou d'un tendon. 1) L'entorse légère, ou foulure, est celle dans laquelle les ligaments d'une articulation ne sont qu'étirés ou détendus («strain»); 2) l'entorse est plus grave lorsqu'il y a rupture, à différents degrés, de ligaments («sprain»).

strain => lineage

strangles ; distemper (equine ~) gourme

Highly contagious infection, caused by Streptococcus equi, characterized by fever, nasal discharge becoming thick pus, lack of appetite and moist cough. The abscesses in lymph glands (retropharyngeal nodes) around throat may become so large as to obstruct the airway (hence the name strangles).

Infection bactérienne contagieuse des voies respiratoires supérieures. Les complications sont nombreuses et elle peut causer la mort. Les symptômes sont: fièvre, augmentation de la fréquence respiratoire, écoulement nasal, agitation et perte d'appétit.

stratum externum of the wall ; external layer of the hoof couche externe du sabot *lat Stratum externum*

stratum germinativum (epidermidis Malpighii) couche germinative ; stratum germinativum ; couche génératrice du corps muqueux de Malpighi ; couche basale de l'épiderme

A layer of epithelial cells, directly on the membrane of the dermis / corium, here these cells are not cornified and, in the hoof, their proliferation maintains the growth of the wall.

Elle repose directement sur la membrane du derme / chorion. Les cellule épithéliales non-kératinisées y prolifèrent, remplaçant les cellules plus anciennes et plus ou moins kératinisées, lesquelles s'éloignent ainsi de plus en plus de la partie vivante, dans le pied ceci résulte en l'accroissement (la pousse) de la corne du sabot.

straw paille

strawberry roan => chestnut roan

streak *v r* filer à toute vitesse *c*

stress test épreuve d'effort

stretch drive (in a race) dernière poussée (dans une course)

stretch position ; homestretch position position dans le dernier droit

striated muscle ; voluntary muscle muscle (à contraction) volontaire ; muscle strié

Muscle qui obéit directement au cerveau.

stride foulée ; enjambée

strike off at the canter => break into canter / gallop

strike off at the canter from the halt *v* partir au galop de pied ferme

strike off (from the halt) => move off (from the halt)

strike-fly => blowfly

stringhalt ; springhalt harper *n & v* ; éparviner ; pas de coq
Sporadic disease due to unknown cause, characterized by involuntary repetitive exaggerated flexion of a hock.
Flexion brusque, répétitive et exagérée du jarret, sans cause bien identifiée, mais que l'on attribue parfois à un éparvin, quelquefois nommé «éparvin sec».

strip firing (scars) ; line firing (scars) raies de feu

stripe liste
Narrow white marking down the face, not wider than the flat anterior portion of the nasal bones.
Marque blanche étroite localisée sur le chanfrein et pouvant se prolonger jusqu'à la bouche.

stripe *n* ; **striped** *adj* bande *n* ; rayé *adj*
r: One of the markings that may be part of a racing colour scheme.
c: Un des motifs pouvant faire partie d'un dispositif de couleurs.

stripe inclined to left // right liste déviée à gauche // droite

stripe (narrow ~) liste (fine / petite)

striped *adj* => stripe *n*

striped hoof sabot rayé

stroke of the whip coup de cravache

strong finish *r* fin de course en trombe

strongyle *(1)* ; **redworm ; Strongylus** *(2)* strongle
1) May be used to designate any roundworm of the family Strongylidae. 2) Including Strongylus vulgaris, S. equinus, S. edentatus, S. asini, all these being large strongyles.

strongylosis ; redworm infestation strongylose

Strongylus => strongyle

stubborn rétif ; têtu

stud farm ; breeding farm (horse-~) haras ; ferme d'élevage
Établissement destiné à la reproduction de chevaux, dans un haras on fait de la sélection et on vise l'amélioration de la race.

stud farm dépôt d'étalons
Un centre où des étalons sont rassemblés.

stud (farm) manager directeur de haras

stud farmer => stallion man

stud fee(s) frais de saillie *Can.* ; prix de saillie *Eur*

stud horse reproducteur (mâle) ; étalon reproducteur

stud (horseshoe / screw-in ~) => calk (screw-in ~)

stud-book (general ~) ; registry (of a breed) registre (général) ; livre généalogique

stud-book ; stud book livre de(s) haras ; livre généalogique

stumble *v* buter

sturdy costaud

subclavian artery artère subclavière *lat* Arteria subclavia

subclavian pectoral muscle ; subclavius muscle ; anterior pectoral muscle *old* muscle subclavier ; muscle pectoral scapulaire *anc* *lat* Musculus subclavius

subclavius muscle => subclavian pectoral muscle

subcutaneous synovial bursa bourse synoviale sous-cutanée *lat* Bursa synovialis subcutaneus

subcutaneous tissue => subcutis

subcutis ; subcutaneous tissue ; hypodermis toile sous-cutanée ; hypoderme *lat* Tela subcutanea
Attaches the dermis to the deeper structures, it is thin in general. In the foot, it forms the coronary cushion and the digital cushion.

sublingual gland glande sublinguale
A salivary gland.

subscapular artery artère subscapulaire *lat* Arteria subscapularis

subscapular nerve nerf subscapulaire *lat* Nervus subscapularis

subscapular(is) muscle muscle subscapulaire *lat* Musculus subscapularis

substituted race course substituée

subtarsal (check) ligament *old* => accessory ligament of the deep digital flexor (tendon) *hind limb*

suckling allaitement

suckling (foal) => milk foal

Suffolk (Punch) suffolk
A British heavy breed. The Suffolk Stud Book Society was founded in 1877.
Race de trait lourd d'origine britannique. La Suffolk Stud Book Society a été fondée en 1877.

sugar sucre

sugar beet pulp pulpe de betteraves

sulfonamide ; sulphonamide sulfamide

sulfur *US* => sulphur

sulky ; bike sulky
Light two-wheeled cart used for harness racing.
Voiture légère à deux roues, utilisée pour les courses attelées.

sulky wheel spoke => spoke (of a sulky wheel)

sulphonamide => sulfonamide

sulphur ; sulfur *US* soufre

summary of cashed tickets *r* relevé des billets / tickets remboursés *c*

summer black noir d'été
Robe noire dont la couleur, terne et mate l'hiver, devient brillante et luisante l'été.

summer blistering
May be done by the reflected heat from the sand in white markings or pale coloured horses.

summer coat poil d'été

summer cold rhume d'été

summer dermatitis / eczema => summer sores

summer mange (of horses) ; onchocercosis gale d'été (du cheval)
Severe dermatitis occurring during summer and associated with Onchocerca microfiliariae.

summer pasture pâturage d'été ; estive *(1)*
1) Pâturage d'été en montagne.

summer sores ; summer dermatitis / eczema plaies d'été ; mal d'été
Sores that are most prevalent during summer months. *s.a. sweet itch, bursattee and summer mange*
Différentes plaies peuvent faire leur apparition, ou être beaucoup plus importantes, durant les mois d'été. *v.a. habronémose cutanée, hyphomycose du cheval et gale d'été*

sunburn coup de soleil
May designate the fading of colour caused by sweat and pressure in the regions of saddles and other man-made contraptions.

sunken road *obstacle* passage de route
Obstacle d'extérieur, la «route» est située en bas, entre deux pentes se faisant face.

superciliary arch arcade sourcilière *lat Arcus superciliaris*

super-couplé super-couplé (pari ~) *Fr*

superficial digital flexor muscle ; flexor perforatus muscle *old* muscle fléchisseur superficiel du doigt ; muscle perforé *anc* ; muscle fléchisseur superficiel des phalanges *anc lat Musculus flexor digitorum superficialis*
Fortement mêlé de tissu fibreux.

superficial (digital) flexor tendon tendon (du) fléchisseur superficiel (des phalanges / du doigt) ; tendon (du) perforé
Au-dessus du boulet il se sépare en deux branches, entre lesquelles passe le tendon du fléchisseur profond, et qui s'attachent de chaque côté de la partie supérieure de la deuxième phalange. Il est plat et passe sous la peau, tout contre la face postérieure du tendon du fléchisseur profond.

superficial gluteal muscle ; gluteus superficialis muscle ; gluteus maximus muscle *old* muscle fessier superficiel ; muscle grand fessier *anc lat Musculus gluteus superficialis*

superficial sesamoidean ligament => straight sesamoidean ligament

superficial thoracic vein ; spur vein veine sous-cutanée thoracique ; veine de l'éperon *lat Vena thoracica superficialis*

superior check ligament *old* => accessory ligament of the superficial digital flexor

supple seat => good and easy seat

supplementary ration ration supplémentaire

suppleness souplesse

suppling exercise assouplissement (exercice d'~)
Exercice visant le développement de l'élasticité du corps du cheval et/ou du cavalier.

support bandage bandage de support

supporting limb => leg on the ground

suppurating corn bleime suppurative / suppurée
Due to infection of corn.
Dans laquelle il y a infection.

supraglenoid tubercle tubercule supraglénoïdal *lat Tuberculum supraglenoidale*

supraorbital fossa salière ; fosse supra-orbitaire *lat Fossa supraorbitalis*
Depression above the eye of the horse.
Dépression située au-dessus de l'oeil du cheval.

suprascapular artery artère suprascapulaire *lat Arteria suprascapularis*

suprascapular paralysis ; sweeney / sweeny ; shoulder slip paralysie du nerf suprascapulaire
Muscular atrophy in the shoulder region due to damage to the suprascapular nerve.

supraspinatus muscle muscle supra-épineux ; muscle sus-épineux *anc lat Musculus supraspinatus*

supraspinous ligament ligament su-pra-épineux *lat Ligamentum supraspinale*

surcingle ; roller *US* surfaix

A webbing belt or strap used to keep a rug in position on a horse.

Sangle servant à maintenir une couverture en place sur le cheval.

surcingle

A webbing belt or strap passing over the saddle and around the horse's belly, to give greater security to the saddle. *s.a. flank cinch*

surgery chirurgie

surra surra

Caused by Trypanosoma evansi.

suspended phase => suspension (moment of ~)

suspender => hanger

suspenders *br* bretelles *ca*

suspension planer

Suspension phase over an obstacle.

Phase au-dessus d'un obstacle.

suspension ; set down *n* mise-à-pied ; suspension

Sanction against a jockey who will not be allowed to ride or drive for a certain period of time or definitively.

Interdiction de monter ou de conduire, temporaire ou définitive, prononcée contre un jockey.

suspension (moment of ~) ; suspended phase ; free flight (moment of ~) *(1)* suspension (temps de ~)

During a motion, when a foot or feet, is/are off the ground. 1) At the gallop, when all four feet are off the ground.

Dans un déplacement, moment durant lequel un membre, un bipède, ou, dans le galop, les quatre membres («free flight»), ne touche(nt) pas le sol.

suspensory apparatus (of the fetlock) appareil suspenseur (du boulet)

Comprising the interosseus muscle, the proximal sesamoid bones and the distal sesamoidean ligaments, it is tensed under load and prevents the fetlock joint from overextension in the passive stay apparatus. It is reinforced by the action of the accessory ligament and the superficial and deep flexor tendons. The intersesamoidean ligament may be included in this list.

Comprend le muscle interosseux, les os sésamoïdiens proximaux et les ligaments sésamoïdiens distaux. Il est renforcé par l'action du ligament accessoire et des tendons fléchisseurs (superficiel et profond). Certains auteurs y incluent aussi le ligament intersésamoïdien.

suspensory ligament ; interosseus muscle ligament suspenseur du boulet ; muscle interosseux (III)

Entièrement fibreux chez l'adulte; pour le membre antérieur: il commence à l'arrière du genou et au haut du métacarpien principal, il se sépare en deux grosses branches se rattachant au sommet de l'os grand sésamoïde qui leur correspond. Ces bandes présentent aussi une bride fibreuse qui va se rattacher au tendon de l'extenseur dorsal du doigt.

suspensory ligament(s) of the lens => zonula ciliaris

sustentaculum of talus ; sustentaculum tali sustentaculum tali *lat Sustentaculum tali*

Partie du calcanéus qui borde le talus et semble le supporter.

sustentaculum tali => sustentaculum of talus

suture suture *lat sutura*

swamp cancer *Australia* => bursattee / bursatti

swan neck => arched neck

sway-back ; bobby-back dos fortement ensellé

When the downward curvature of a horse's back include the lumbar spine.

Quand la concavité du dos inclut la région lombaire.

sweat sueur ; transpiration *lat Sudor*

sweat flap (of a saddle) faux-quartier (d'une selle)

sweat glands glandes sudoripares *lat Glandulae suduriferae*

sweat scraper couteau de chaleur ; écumoir ; écumoire

sweating sudation

swedge / swedging => fuller(ing)

swedged shoe => fullered shoe

swedged-up heels => wedge heels

Swedish Ardennes horse *breed* ardennais suédois *race*

Swedish oxer oxer suédois ; oxer en ciseaux

Dont les barres (toutes ou seulement les supérieures) sont en angle par rapport à l'horizontale, inclinant sur un côté et sur l'autre, formant ainsi un x.

Swedish pony => Gotland pony *breed*

Swedish warm-blooded horse *breed* trait suédois *race*

sweeney / sweeny => suprascapular paralysis

sweet itch ; allergic dermatitis ; Queensland itch *Australia*
A summer sore, intensively itchy dermatitis caused by hypersensitivity to the bites of insects, worst along the back.
Une des plaies d'été.

swelling enflure ; tuméfaction

swells (of a saddle) *west.* épaules (d'une selle) *west.*

swerve *v br* zigzaguer *ca*

swerve *v bj*

swing phase (of a stride) ; flight (of the foot) soutien
When the foot is off the ground and moving.
Phase du mouvement d'un membre lors d'un déplacement du cheval, lorsque le membre est en l'air.

swinging rail bat-flanc
Panneau mobile qui sépare deux stalles.

swingle-tree ; bar *bd* palonnier ; bacul *Can.*

Swiss Holstein horse *breed* holstein suisse *race*

switch the tail *v* fouailler de la queue

symbiotic mange => chorioptic mange

sympathetic nervous system système nerveux sympathique ; sympathique *lat Pars sympathica*
Partie du système nerveux autonome, il a des effets contraires à ceux du parasympathique.

sympathetic trunk tronc sympathique *lat Truncus sympathicus*

syndication constitution d'un syndicat

synovia => synovial fluid

synovial bursa bourse synoviale *lat Bursa synovialis*
Poche synoviale placée entre un tendon et l'emplacement sur lequel il passe ou s'appuie.

synovial fluid ; synovia synovie *lat Synovia*
Liquide visqueux, limpide et jaune clair, servant à la lubrification des articulations ou des parties de tendons qui s'appuient sur d'autres structures.

synovial membrane synoviale (membrane ~) *lat Membrana synovialis*

synovial sheath synoviale vaginale *lat Vagina synovialis tendinis*
Habituellement, une telle membrane accompagne un ou des tendon(s) pour en faciliter le glissement à l'intérieur d'une gaine tendineuse.

synovitis synovite
Inflammation synoviale.

syringe seringue

systole systole

T (bar) shoe fer en T

table *jump* table *obstacle*

table => face (of an anvil)

table surface => dental table

tack box coffre d'écurie

tack room sellerie (de l'écurie) *s.a. saddle room*

tack ; tackle ; gear ; harness harnachement ; harnais *(1)*
Equipment worn by a horse to be driven, including bridle, girth, collar etc.
Équipement porté par le cheval pour la conduite, y incluant sangle, bride, rênes, collier etc. 1) Le mot harnais est souvent utilisé dans un sens qui semble exclure la bride.

tack ; tackle harnachement ; équipement
Equipment worn by a horse to be ridden, including bridle, saddle, girth, etc.
Équipement porté par le cheval pour la selle, y incluant selle, sangle, bride, rênes, etc.

taenia / tenia *anat* ténia *anat lat Taenia ; Tenia*
A flat ribbon-like structure, especially the muscles of the colon.

taenia / tenia => tapeworm

tail queue *lat Cauda ; Coccyx*

tail hairs crins de la queue *lat Cirrus caudae*

tail head naissance de la queue

tail holder porte-queue

tail mange ; chorioptic mange at the base of tail gale du croupion

tail setting attache de la queue

tail to the wall => renvers

tail vertebrae => caudal vertebrae

tail wrap protège-queue ; fourreau de queue

tail-female lineage => female line

tailor tailleur

taint => infection

take a big lead *v r* distancer le peloton *c*

take a sample *v* ; **collect a sample** *v*
prélever un échantillon ; recueillir un échantillon

take a wide turn *v* => turn wide *v*

take off *v bj* enlever (s'~) *cs*

take off impulsion élan ; détente

From the take-off point and before the suspension, pushing in the air over the obstacle.

Action ou moment où le cheval se pousse dans les airs pour franchir l'obstacle. Il s'agit d'une phase entre la battue et le planer.

take off point emplacement de la battue d'appel

take-off pole ; guard-rail / guardrail barre d'appel

take-off side (of an obstacle) côté de la battue

Côté du départ, par lequel un obstacle est prévu pour être abordé.

take off (stride) battue d'appel ; appel *cs*

take off the halter *v* enlever le licou

take out => levy

take over another horse *v* => overtake (another horse) *v*

take the bit in the teeth *v* prendre le mors aux dents

Le cheval prend son mors entre ses molaires et peut ainsi négliger toute sollicitation qui lui serait faite par l'intermédiaire du mors. On emploie aussi l'expression comme synonyme de s'emballer.

take the bridle off *v* => unbridle *v*

take to pasture *v* => pasture *v*

taking of sample prélèvement d'échantillon

tall fescue (grass) ; reed fescue fétuque élevée *lat Festuca arundinacea ; Festuca eliator var. arundinacea*

talocrural sac ; tibiotarsal sac synoviale tibio-talienne ; synoviale cruro-tarsienne

This sac is the one chiefly involved in bog spavins, distention by excess of fluid.

Ses distensions produisent les vessigons articulaires du jarret.

talus ; astragalus *old* **; tibial tarsal bone** *old* talus ; astragale *anc lat Talus* Un des os du tarse.

tamper with a horse *v* tripoter un cheval *c*

tan

Yellowish-brown colour.

tandem tandem (attelage en ~)

Two horse, one in front of the other.

tap root strain (of horses) branche-maîtresse (de chevaux)

Lignée importante dans la généalogie d'une race.

tap root / taproot mare ; foundation mare jument de base ; jument-base ; jument-souche ; jument originaire

The earliest known mare in a female line.

La souche (maternelle) à laquelle une lignée femelle remonte.

tapeworm ; taenia / tenia taenia ; ténia ; ver plat segmenté *lat Taenia*

Internal parasite with elongated flat body, living in the intestines.

Parasite interne.

Tarbenian (horse) *breed* tarbais

Race de chevaux de selle, originaire de la région de Tarbes en France.

Tarpan tarpan

The wild horse of Tartary.

Race de chevaux sauvages des steppes de l'Asie occidentale.

tarsal bone 1 and 2 ; first (and second) tarsal bone ; middle cuneiform *old for tarsal 2* **; cuneiform parvum** *old for tarsal 2* **; internal cuneiform** *old for tarsal 1* os cunéiforme médial ; os petit cunéiforme *lat Os tarsale I et II ; Os cuneiforme mediointermedium*

The first and the second tarsal bones are usually fused.

Cet os est susceptible d'être séparé (os tarsal 1 et 2).

tarsal bones os du tarse (les ~) *lat Ossa tarsi*

Il y en a normalement six.

tarsal gland => meibomian gland

tarsal sheath (synovial ~) ; deep flexor tendon sheath synoviale (de la gaine) tarsienne ; synoviale de la gaine plantaire du tarse

Lying around the deep flexor tendon.

Dans laquelle passe le tendon du fléchisseur profond, à cette hauteur celui-ci est formé du tendon du muscle fléchisseur latéral auquel s'est déjà joint celui du muscle tibial caudal.

tarsocrural joint articulation cruro-tarsienne ; articulation tibio-talienne *lat Articulatio tarsocruralis*

The obliquity of the tibial and talus articular surfaces ensures that the lower part of the limb is carried outward as well as forward when the joint is flexed.

Seule articulation du tarse qui soit mobile, le reste du tarse est solidement fixé au métatarse.

tarsometatarsal sac synoviale tarso-métatarsienne

tarsus => hock

tattooing tatouage

tawny bay => fawn bay

team classification classement par équipes

team dressage (competition) dressage par équipes (compétition de ~)

team jumping (competition) saut par équipes (compétition de ~)

team pen *v* rassembler (le bétail) par équipes

team-mate coéquipier

teaser (stallion) boute-en-train ; souffleur (étalon ~) ; étalon d'essai
Horse used to test whether or not a mare is in heat.
Cheval utilisé pour déterminer si les juments sont en chaleur.

technical delegate délégué technique

telescope blinds côtés télescopiques

telescope bridle bride à oeillères télescopiques ; bride télescope

teletimer => automatic timing device

temperament tempérament

temperature température
La température rectale normale du cheval est de 37,5°C, elle peut atteindre 40,5°C durant un galop important.

temple tempe
Région de la tête du cheval, située entre la joue, l'oeil, le front et l'oreille.

temporal bone os temporal *lat Os temporale*
Base de la région de la tempe.

temporal muscle muscle temporal ; muscle crotaphite *anc lat Musculus temporalis*

temporary teeth => milk teeth

tender mouth => soft mouth

tendinitis tendinite
Inflammation of a tendon. *s.a. peritendinitis and tendon bow*
Inflammation d'un tendon. *v.a. chauffage et claquage de tendon*

tendinous part of flexor metatarsi *old* => peroneus tertius muscle

tendon tendon
Cordon fibreux qui prolonge un muscle et le rattache à un os. Il porte habituellement le nom de ce muscle.

tendon anastomosis anastomose tendineuse

tendon boot guêtre de tendon ; botte de tendon
Made to protect the tendons at the back of the cannon bone.
Faite pour protéger les tendons qui passent en arrière de l'os du canon.

tendon bow claquage de tendon
Usually presented as a chronic tendinitis (affecting both the tendon and its synovial sheath) of flexor tendons, usually of the forelimb.
Inflammation d'un tendon (tendinite) dans laquelle il n'y a pas seulement la gaine d'affectée (ce qui serait un chauffage de tendon).

tendon of common digital extensor => common (digital) extensor tendon

tendon support boot ; jumper tendon boot guêtre de sauteur ; botte de tendon pour sauteur

Tennessee Walking horse walking horse du Tennessee ; cheval du Tennessee
A breed: the plantation (walking) horse. Special gaits, often being shod with excessive weight and length of foot, are the flat-foot walk and the running walk.
Race originaire des E.U.

tenosynovitis ; peritendinitis / peritenonitis ; tenovaginitis chauffage de tendon ; péritendinite
Inflammation of the sheath of a tendon.
Inflammation de la gaine du tendon.

tenovaginitis => tenosynovitis

tensor fasciae antebrachii muscle muscle tenseur du fascia antébrachial *lat Musculus tensor fasciae antebrachii*

tensor fasciae latae muscle muscle tenseur du fascia lata *lat Musculus tensor fasciae latae*

teres major muscle muscle grand rond *lat Musculus teres major*

teres minor muscle muscle petit rond *lat Musculus teres minor*

terpineol terpinéol

test a horse *v* soumettre un cheval à une analyse

testicle ; testis testicule *lat Testis*

tetanus ; lockjaw tétanos ; mal de cerf
Causée par la contamination d'une plaie par Clostridium tetani, une bactérie qui est présente dans l'intestin et les excréments du cheval. La raideur musculaire est particulièrement visible au niveau des mâchoires.

tetanus immune serum => antitetanus serum

tetrahydropyrimidine tétrahydropyrimide
Groupe de produits antiparasitaires.

tetrathlon tétrathlon
Riding, running, swimming and shooting.

therapeutic index indice thérapeutique
The margin of safety of a medication, the difference between the dose that cures and the dose
that harms the patient.
Rapport entre la dose minimale suffisante pour
soigner et la dose maximale tolérée sans danger
pour le patient.

therapeutic riding équitation thérapeutique

therapeutic shoe => corrective shoe

thiabendazole thiabendazole

thick at the throat

thick-set => stocky

thigh cuisse *lat Femur*
Partie du membre postérieur, dont le squelette
est formé par le fémur. *v.a. fesse*

thigh bone => femur

thimble *br* gobelet de timon *ca*
Dans lequel on insère l'extrémité du timon.

thin neck => narrow neck

thin the mane *v* ; **pull the mane** *v*
éclaircir la crinière

thin the tail *v* ; **pull the tail** *v* éclaircir la
queue

third carpal bone ; **os magnum** *old*
os carpal III ; os capitatum ; os cuboïde
anc lat Os capitatum ; Os carpale III

third dam ; **great-granddam** troisième
mère
Arrière grand-mère.

third eyelid => nictitating membrane

third phalanx => distal phalanx

third tarsal bone ; **cuneiform medium** *old* ; **external cuneiform** *old* os
tarsal III ; os cunéiforme latéral ; os grand
cunéiforme *lat Os tarsale III ; Os
cuneiforme laterale*

third trochanter troisième trochanter ;
crête sous-trochantérienne *anc lat
Trochanter tertius*

thoracic aorta aorte thoracique *lat
Aorta thoracica*

thoracic artery (internal // external ~)
artère thoracique (interne // externe) *lat
Arteria thoracica (interna // externa)*

thoracic cavity ; **chest cavity** cavité
thoracique *lat Cavum thoracis*

thoracic limb => forelimb ; foreleg

thoracic vertebrae vertèbres thoraciques *lat Vertebrae thoracicae*
Le cheval en a 18.

thoracodorsal nerve nerf thoraco-dorsal
lat Nervus thoracodorsalis

thoracolumbar fascia ; **lumbodorsal
fascia** *old* fascia thoraco-lombaire ;
fascia lombo-dorsal *anc lat Fascia
thoracolumbalis*

thorax thorax *lat Thorax s.a. chest v.a.
poitrine*

Thoroughbred thoroughbred ; pur-sang
anglais
English breed, bred chiefly for racing since the
end of the 17th century. The word thoroughbred
is the literal translation of the Arabic «Kehilan»
meaning pure-bred all through.
Race d'origine anglaise.

Thoroughbred race course de thoroughbred

thoroughpin vessigon tendineux de la
gaine tarsienne
Inflamed synovial sheath of the deep flexor tendon as it passes just above the hock.
Vessigon de la gaine du tendon du fléchisseur
profond.

threadworm => nematode

three fold girth sangle portefeuille ;
sangle en cuir, trois plis

three in one trois pour une
A method of holding the reins, taught in the
Spanish Riding School, the left hand holds three
reins and the right hand one.
Une méthode de tenue des rênes, enseignée à
l'École espagnole de Vienne, trois rênes dans la
main gauche et une dans la main droite.

three-day event concours complet (de
trois jours)

three-gaited horse ; **plain gaited
horse** cheval à trois allures
Three-gaited show horses, in US, are mostly of
American Saddlebred breeding.

three-point seat assiette à trois points
de contact
Using legs and seat.

three-quarter-mile pole / post *r* poteau aux trois quarts de mille *c*

three-quarters brother // sister
trois-quarts frère // soeur

throat gorge *lat Jugulum*
Comprise entre l'encolure, l'auge et les gana-
ches, a pour base anatomique le larynx.

throatlash ; **throatlatch** sous-gorge ;
gorgette *Can. ca*

thrombosis thrombose

thrombus thrombus ; caillot
Blood clot in artery or vein, restricting blood flow.

throw a shoe perdre un fer

throw the head *v* => bob the head *v*

throw the rider *v* ; **unseat** *v* ; **buck off**
v (1) désarçonner (le cavalier)
1) To throw the rider by mean of bucking.

thrown from the horse (to be ~) =>
unseated (to be ~)

thrush pourriture de la fourchette ;
échauffement de la fourchette
Degeneration of the frog with a foul-smelling discharge. Habituellement la résultante d'une mauvaise hygiène des sabots et de l'action d'une bactérie. L'échauffement de la fourchette précède la pourriture de celle-ci.

thymus thymus *lat Thymus*

thyroid (gland) thyroïde (glande ~) *lat Glandula thyroidea / thyreoidea*

tibia tibia *lat Tibia*
Os principal de la jambe, de l'articulation du grasset à celle du jarret, cet os est très peu protégé sur sa face interne. La fibula lui est soudée.

tibial artery (cranial // caudal ~) artère tibiale (crâniale // caudale) *lat Arteria tibialis (cranialis // caudalis)*

tibial nerve nerf tibial *lat Nervus tibialis*

tibial tarsal bone *old* => talus

tibial tuberosity tubérosité du tibia *lat Tuberositas tibiae*

tibialis anterior / anticus muscle *old*
=> tibialis cranialis muscle

tibialis caudalis muscle muscle tibial caudal *lat Musculus tibialis caudalis*
Only partially separable from the lateral head of the deep digital flexor.
Très intimement lié au fléchisseur latéral du doigt.

tibialis cranialis muscle ; tibialis anterior / anticus muscle *old* ; **flexor metatarsi muscle** *old* muscle tibial crânial ; muscle fléchisseur du métatarse *anc* ; muscle tibial antérieur *anc lat Musculus tibialis cranialis*

tibialis cranialis tendon ; cunean tendon tendon tibial crânial ; tendon cunéen

tibiotarsal sac => talocrural sac

tick fever => babesiasis ; babesiosis

ticket (issuing-reading) terminal terminal (imprimeur-lecteur) de billets / tickets

ticket rack porte-billets *m inv* ;
porte-tickets

ticks tiques

tie strap => cinch strap

tied in (at / below the) knees poignets étranglés derrière
Viewed from the side the canon is narrower just below and in back of the knee than elsewhere. Flexor tendons are too close to the cannon bone, or the cannon bone itself is smaller at this place than it is when we look lower.
Vu de côté, juste au dessous du genou, le diamètre du canon apparaît plus petit que lorsque l'on regarde plus bas. Les tendons fléchisseurs y sont trop serrés contre l'os du canon, ou l'os du canon lui-même est plus petit à cet endroit.

tied-in shoulder épaule chevillée
Le cheval éprouve une gêne persistante, due à une mauvaise conformation, l'épaule semble rivée au corps.

tie-down *west.* => standing martingale

tiercé *Fr (1)* ; **triactor** *(2)* ; **trifecta** *(2)*
tiercé *Fr (1)* ; trifecta *Can. (2)*
Wager in which one selects the first three finishing horses in precise order, in a particular race. 1) The tiercé may be won in the finishing order chosen by the bettor or it may pay a certain amount anyway if the three chosen horses finish in the first three places without being in the order predicted by the bettor. 2) The finishing order must be correctly predicted to win.
Pari sur trois chevaux d'une course, en précisant leur ordre à l'arrivée. 1) Le tiercé peut être gagné «dans l'ordre» choisi par le parieur, il peut quand même rapporter un certain montant si les trois chevaux choisis sont les trois premiers sans l'être dans l'ordre choisi par le parieur (gagner «dans le désordre"). 2) L'ordre d'arrivée doit être respecté pour que la mise soit gagnante.

tier(s) of horses *r* rangée(s) de chevaux *c*

tight finish *r* fin de course serrée

tight mouth lèvres serrées

tighten the girth *v* => girth *v*

time temps

time allowance concession de temps ;
allocation de temps

time allowed temps accordé

time bars *r* restrictions de vitesse *c*

time bonus bonification du temps

time handicap handicap de temps

time keeping ; timing chronométrage

time limit temps limite

time of winner => winner's time

time penalty pénalité de temps

time record *r* record de vitesse *c*

time standard *r* norme de vitesse *c*

time steward *br* juge de chronométrage *ca*

time trial *r abbr: tt* ; **performance against time** *r* épreuve chronométrée ; épreuve contre la montre
ca: Un autre cheval doit courir à côté de celui passant l'épreuve, mais sans le dépasser.

timed chronométré

timed work out *r* essai chronométré *c*

timekeeper ; **timer** chronométreur ; préposé au chronomètre

timer => timekeeper

timing => time keeping

timothy (grass) fléole (des prés) ; phléole ; mil *lat Phleum pratense*

timothy pellets mil en comprimés

tinea => ringworm

tip sheet *r* feuille de sélection *c*

tip shoe fer à branches tronquées ; fer à lunette

tobiano
Pinto coat in which the white areas usually have a distinct sharp edge, and generally cross the topline at some point. The head is usually coloured and patterned and the eyes, as a rule, are not blue. The general impression is usually a vertically arranged white pattern.

toe calk => toe grab

toe clip pinçon en pince
A clip on the toe of a horseshoe.

toe crack seime en pince

toe grab ; **toe calk** grappe (en pince) ; crampon (linéaire) en pince
A rather narrow and long calk located at the toe of a horseshoe.
Crampon plutôt étroit et allongé, situé en pince sur le fer.

toe (of a hoof) pince (d'un sabot)
The dorsal or anterior portion of the hoof wall.
Partie antérieure du sabot.

toe (of a shoe) pince (d'un fer)

toed-in ; **pin-toed** ; **toeing-in** ; **pigeon-toed** ; **in-toed** cagneux du pied *adj* ; pied cagneux *n*
One or both feet (toes) pointing inwards, usually because the legs are turning inwards. *s.a. base narrow*
Quand un pied, ou les deux, reste(nt) tourné(s) en dedans, les pinces convergent l'une vers l'autre.

toed-out ; **splayed foot** ; **splay-footed** ; **foot turned out** ; **toeing-out** panard du pied (cheval ~) ; pied panard
The hoof points outwards, usually because the whole limb is rotated slightly. *s.a. base wide*
Quand le pied reste tourné vers l'extérieur; c'est habituellement tout le membre qui est tourné vers l'extérieur. *v.a. panard des membres et ouvert*

toe-in conformation cagnardise

toeing knife => sole knife

toeing-in => toed-in

toeing-out => toed-out

tongs (blacksmith's / farrier's ~) ; **hot tongs** pinces à feu ; pinces de forge
There are different models, the tongs most frequently used in horseshoeing may also be called shoe tongs or flat-jawed tongs, they are intended to hold the horseshoe during its fabrication. *s.a. pick-up tongs*
Il en existe différents types, en maréchalerie on utilise le plus couramment celles qu'on pourrait aussi appeler «tenailles (à main) justes», bien adaptées pour tenir le fer chaud durant sa fabrication. *v.a. tenailles à mettre au feu*

tongue langue *lat Lingua*

tongue => billet (of a buckle)

tongue clicking => click (of the tongue)

tongue grid (snaffle with a ~) palette (filet à ~)

tongue over the bit (horse getting the ~) langue sur l'embouchure (cheval qui passe ~) *s.a. «get the tongue over the bit» v.a. «passer la langue sur l'embouchure»*

tongue strap / tie courroie de langue ; attache-langue

too high at withers dos abaissé (vers l'arrière) ; fait en montant (cheval ~) ; bâti en montant (cheval ~)

toolhole => hardy / hardie hole

tooth *pl: teeth* dent *pl: dents lat Dens pl: Dentes*
Dans l'ordre d'apparition: dents de lait et dents d'adulte ou de remplacement. *v.a. table dentaire*

tooth float blade ; **tooth rasp** lime à dents ; râpe dentaire

tooth rasp => tooth float blade

tooth root racine d'une dent *lat Radix dentis*

top boot ; hunting boot botte à revers ; botte de chasse / vénerie

A boot with contrasting top, originated by riders turning down the tops of their boots to expose the coloured lining.

top of the (home) stretch ; head of the home stretch début du dernier droit ; entrée du dernier droit

top winning barn / stable écurie gagnante

top-hat haut-de-forme (chapeau ~)

topline (of a horse) ligne du dessus (d'un cheval)

torsion (of a loop of intestine) => volvulus

torso => trunk

toss the head *v* => bob the head *v*

totalizator ; tote board tableau central des cotes ; totalisateur

Board in the infield, giving details on the coming race, or on the one that just finished.

Tableau indicateur au centre de la piste qui donne les informations sur la course qui sera disputée dans les minutes qui suivent, ou sur celle qui vient tout juste de se dérouler.

tough résistant

tournament tournoi

trace *hd* trait *att*

Courroie de cuir allant du collier au palonnier, par laquelle un cheval tire une charge ou un véhicule.

trace element élément phospho-calcique ; oligo-élément *pl: oligo-éléments*

trace tug attache de trait

trachea ; windpipe trachée *lat Trachea*

Air passage extending from the larynx to the main bronchi.

Long tuyau formé d'anneaux cartilagineux. Il achemine l'air entre le larynx et les bronches.

track (around a riding arena) ; outside track piste extérieure (dans un manège)

track condition ; condition of track ; going (of the track) condition de la piste ; état de la piste

In racing, may be rated and reported by abbreviations, in North America: ft: fast, gd: good, sy: sloppy, sl: slow, my: muddy, hy: heavy, f: frozen.

L'état de la piste de course peut être décrit par des abréviations, en Amérique du Nord: ft: rapide, gd: bonne, sy: détrempée, sl: lente, m: boueuse, hy: très boueuse, f: gelée.

track (in a riding arena) piste (dans un manège)

track percentage ; track take out ; track take / legal percentage tantième de la piste ; pourcentage / prélèvement de la piste

track qualifying standard *r* norme de qualification d'une piste *c*

track (race ~) *course* piste (de course) *s.a. race track v.a. hippodrome*

track record *r* record de piste *c*

track rules *r* règlements de la piste *c*

track take out ; track take / legal percentage => track percentage

track to the right // left piste à main droite // gauche

track variants *r* variables de la piste *c*

trail sentier

trail horse *west.* cheval d'obstacles western

trail riding randonnée à cheval

trail the field *v r* être à l'arrière du peloton *c* ; tirer de l'arrière *c*

trailer branche américaine

Extended heel used to give lateral support to the foot as it lands, usually turned to around 45 degrees with the medial line of the foot.

Branche plus longue et déviée vers l'extérieur par rapport à la ligne médiane du pied.

trailer *r* partant de seconde ligne (cheval ~) *c*

trailer (horse ~) remorque (à chevaux)

train (a horse) *v* entraîner (un cheval) *see training voir entraînement ou dressage*

trainer ; coach entraîneur

trainer (horse ~) dresseur (de chevaux) ; entraîneur (de chevaux)

training ; schooling ; dressage entraînement ; dressage

The schooling and training of a horse for jumping or such disciplines may be considered being the same thing. For endurance performances however, the term training appears to be more adequate. Dressage stands especially for training in responsiveness, deportment and skills.

Entraînement d'un cheval en fonction d'une discipline. Une fois que le cheval est dressé ou entraîné à se comporter de la façon qu'on attend de lui, à exécuter des mouvements particuliers, il pourra encore faire l'objet d'un autre genre d'entraînement. On dit plutôt, par exemple, qu'on entraîne un cheval, pour qu'il acquière la résistance nécessaire, à la course d'endurance.

training cart / bike *hr* **; jog cart / bike** *hr* voiture d'entraînement *ca*

training grounds terrain d'entraînement

training level => degree of training

training mile *r* mille d'entraînement *c*

Trakehner ; Trakehnen horse *breed* ; **East Prussian (horse)** trakehner
Race originaire du haras de Trakehnen en Prusse-Orientale.

tranquillizer tranquillisant

transfer of entries *r* cession d'engagements *c*

transition transition

transition from pace to pace transition entre des allures

transition within a pace transition dans une même allure

transverse abdominal muscle ; transversus abdominis muscle muscle transverse de l'abdomen *lat Musculus transversus abdominis*

transverse colon côlon transverse *lat Colon transversum*

transverse cubital artery artère transverse du coude *lat Arteria transversa cubiti*

transverse pectoral muscle muscle pectoral transverse *lat Musculus pectoralis transversus*

transverse process processus transverse *lat Processus transversus*
Saillie osseuse de chaque côté d'une vertèbre, plus ou moins marquée selon la région de la colonne vertébrale.

transversus abdominis muscle => transverse abdominal muscle

trapezium bone => first carpal bone

trapezius muscle muscle trapèze *lat Musculus trapezius*

trapezoid bone => second carpal bone

trappings (horse's ~) ; caparison caparaçon

travel sickness => equine pleuropneumonia

travers ; head to the wall travers ; tête au mur ; croupe en dedans

treacle *Brit* => molasses *US*

treble => triple (combination)

tree (boot ~) embauchoir ; embouchoir
A support inserted, when not being worn, to preserve the shape of leather boots.
Support que l'on introduit dans les bottes de cuir pour les aider à maintenir leurs formes quand elles ne sont pas portées.

tree (of a saddle) arbre (d'une selle) ; arçon

trematode trématode
Any parasite belonging to the class Trematoda, including flukes. Ver appartenant à l'ordre des Trématodes, incluant les douves.

triactor => tiercé *Fr*

trial ; heat épreuve *s.a. eliminating heat*

triceps muscle muscle triceps (brachial) *lat Musculus triceps brachii*

trichophytosis => ringworm

tricorne tricorne
A three-cornered hat.

trifecta => tiercé *Fr*

trigeminal nerve nerf trijumeau *lat Nervus trigeminus*

trim *v* => pare (a hoof) *v*

trim gauge tige américaine

trimmed area suppression d'appui ; sifflet
In the ground border of a hoof wall, to release pressure on the corresponding part of the wall.
Sur le bord inférieur de la muraille.

trimmed mane crinière toilettée

trimmed tail queue toilettée

trimmer / cutter (hoof ~) => nipper(s) (hoof ~)

trimming toilette ; toilettage

trimming (of the hoof) parage (de la corne)
On utilise aussi parfois l'expression parage des sabots.

trio trio
Fr: Pari sur trois chevaux indépendamment de leur ordre d'arrivée respectif.

triple bar(s) barres triples ; spa *(I)* ; barres de spa *(I)*
An obstacle made of three bars, widely spread and of increasing height.
Un obstacle dont la hauteur des barres est croissante. 1) Les barres ne sont pas nécessairement au nombre de trois.

triple (combination) ; treble triple (obstacle ~)

Triple Crown Triple couronne ; aller au pasa[walk

triple entry inscription jumelée (de trois chevaux)
Entry, in a given race, of three horses owned or trained by the same person(s), and that are considered as one for betting purposes.
Participation à une même course de trois chevaux relevant du même propriétaire ou du même

entraîneur, et qui sont considérés ensemble pour fins de paris. *v.a. inscription jumelée (de deux chevaux)*

trochanteric bursa (of gluteus medius) bourse trochantérique (du muscle fessier moyen) *lat Bursa trochanterica m. glutei medii*

trochlea of the femur => femoral trochlea

troika troïka
Attelage à trois chevaux de front, cette méthode est originaire de Russie. Le cheval du centre est entre les brancards et sous une arche (la douga) et les deux autres chevaux ont l'encolure tournée vers l'extérieur.

Trojan Horse (the ~) ; Wooden Horse of Troy (the ~) cheval de Troie (le ~)

trophy trophée

trot *v* trotter ; aller au trot

trot trot
At this gait, the horse moves his left front and right rear legs simultaneously or almost, then the right front and the left rear.
Au trot, le cheval déplace en alternance l'antérieur gauche avec le postérieur droit, puis l'antérieur droit avec le postérieur gauche. En course le trot pourra être à quatre temps, les deux membres déplacés ensemble n'étant pas alors déposés au sol simultanément.

trot race course au trot
Mounted trot races are seen in France.
Les courses au trot peuvent être attelées ou montées, ces dernières étant populaires en France.

trot rising *v* trotter enlevé

trot sitting *v* trotter assis

trotter ; trotting horse trotteur

trotting bit => Dr. Bristol snaffle bit

trotting hood with ears *br* => head cap with ears

trotting horse => trotter

true canter / gallop => canter / gallop at / on the true lead *n*

true to type conforme au type de la race

trueness to breed conformité au type de la race

trunk ; torso ; barrel (of the horse) tronc *lat Truncus*

trypanosomiasis trypanosomiase *s.a. dourine, mal de caderas and surra*

tuber calcis => calcanean tuber

tuber coxae => coxal tuber

tuber of scapula ; tuberosity of the scapular spine tubérosité de l'épine scapulaire ; tubérosité acromienne *anc lat Tuber spinae scapulae*

tuberosity of the scapular spine => tuber of scapula

tug (French ~) => tug (open ~)

tug (open ~) *(1)* ; **tug (French ~)** *(2)* ; **quick hitch coupler** *br (3)* ; **shaft carrier** *br* ; **shaft tugs** *br* porte-brancard ; bracelet de brancard ; porte-timon *ca*
1) Strong oval shaped band through which the shaft passes, it is buckled to the backband which goes through the top of the saddle. 2) Laying outside the backband. 3) Metal attachment used in the quick hitch harness. 1) Solide bracelet dans lequel passe le brancard, il est attaché du côté intérieur de la dossière. 2) Situé du côté extérieur de la dossière.

tugstop *bd* arrêtoir *att*

tunica flava => abdominal tunic

turbinate bone volutes ethmoïdales ; ethmoturbinaux *n lat Ethmoturbinalia*

turbinate (ventral // medial // dorsal ~) cornet (ventral // moyen // dorsal) *lat Concha nasalis (ventralis // media // dorsalis)*

turf => races (the ~)

turf course / track => grass course / track

turf horse ; race-horse (gallop ~) cheval de courses au galop ; galopeur *s.a. grass horse*

turf race ; grass race course sur piste de gazon / gazonnée

turf speed rating cote de vitesse sur le gazon / turf

Turkoman horse *breed* turkmène *race* ; turcoman ; turkoman

turn *r* virage *c* ; tournant *c*

turn on the centre pivot sur le centre

turn on the forehand *n & v* tourner sur les antérieurs *n & v* ; pivot sur les antérieurs *s.a. reversed pirouette v.a. pirouette renversée*

turn (on the forehand // haunches) *n & v* tourner (sur les antérieurs // postérieurs) *n & v* ; tourner de pied ferme *n & v* ; conversion *(1) s.a. pirouette*
Pivot sur les épaules / l'avant-main, ou bien sur les hanches / l'arrière-main. 1) Une conversion peut s'effectuer sur les antérieurs, sur les postérieurs ou encore par une combinaison des deux. *v.a. pirouette*

turn on the haunches / quarters / hocks *n & v* tourner sur les postérieurs *n & v* ; pivot sur les postérieurs

turn short / sharply *v* tourner court

turn wide *v* ; **take a wide turn** *v* tourner large

turnback rider
In a cutting competition, there is two of them, riding to encourage the cow that is being worked, to not simply run off the far end, but to try to get back into the herd.

turned-in elbow ; elbow inclined inwards coude serré ; coude au corps

turned-out elbow ; elbow inclined outwards coude écarté
Un coude écarté correspond souvent à un membre cagneux.

turned-over neck => arched neck

turning hammer ; blacksmith hammer ; rounding hammer marteau de forgeron
The names for hand hammers are used in different and confusing ways, however, in North America the preferred horseshoe making hammer has one slightly convex face, so it won't mark the work and is useful for turning shoes and pulling clips.
Marteau à main, pour tourner et former le fer.

turning out to grass mise à l'herbe

turnip navet

turpentine térébenthine

tush => canine (tooth)

tushes => canine teeth

twilight race course en soirée

twisted mouth snaffle bit filet tordu / torsadé

twisting of the fetlocks vacillement des jarrets
~ while the limb is supporting weight and moving. *s.a. rock out over his hocks*

twitch (chain ~) tord-nez (avec chaîne)

twitch (nutcracker action ~ / humane ~) tord-nez (casse-noisettes) ; mouchette *Can.*
Serre-nez en forme de casse-noisettes.

two tracks (on ~) deux pistes (sur ~)

two-degree shoe => wedge-heeled shoe

two-horse trailer remorque (à) deux places ; remorque (pour) deux chevaux

two-point seat assiette à deux points de contact
Using legs only.
Les jambes seules sont utilisées.

two-wheeled cart charrette
Le mot charrette désigne habituellement un véhicule à deux roues.

tying-up (syndrome) => azoturia

tympanic cavity caisse du tympan *lat Cavum tympani*
Cavité de l'oreille moyenne.

tympanic membrane tympan *lat Membrana tympani*

type of race classe de la course
May be conditioned, open, free for all, claiming race etc.
Peut-être une course à réclamer, sur invitation etc.

udder (the ~) mamelles (les ~) *lat Uber*

ulcer ulcère *lat ulcus*

ulcerative lymphangitis of horses and cattle ; Corynebacterium pseudotuberculosis infection lymphangite ulcéreuse du cheval et du bovin

ulna ; cubitus *old* ulna ; cubitus *anc lat Ulna*
Fusionné à la partie supérieure du radius, sa pointe supérieure (l'olécrâne)forme la pointe du coude.

ulnar carpal bone ; cuneiform (carpal) bone *old* os ulnaire ; os pyramidal *lat Os carpi ulnare ; Os triquetrum*

ulnar nerve nerf ulnaire *lat Nervus ulnaris*

ulnaris lateralis muscle muscle ulnaire latéral *lat Musculus ulnaris lateralis ; Musculus extensor carpi ulnaris*
This muscle is flexor to the carpus of the horse.
Chez le cheval, ce muscle est fléchisseur du carpe.

ultrasound scanning échographie

umbilical artery artère ombilicale *lat Arteria umbilicalis*

umbilical hernia hernie ombilicale
Descente d'un segment de l'intestin dans l'ouverture du nombril.

umbilical scar ; umbilicus => navel

unbridle *v* ; **take the bridle off** *v* débrider

uncharted race / meeting course sans résultats statistiques

unciform bone *old* => fourth carpal bone

under lease (horse ~) donné à bail (cheval ~)

underrate a horse *v* sous-évaluer un cheval

undershot jaw
Sometimes presented as a short lower jaw (brachygnathism or parrot mouth) andsometimes as a short maxilla with a protruding lower jaw (prognathism).

underslung heels => penciled heels

understep *v* déjuger (se ~) ; découvrir (se ~)
Se dit du cheval dont le pied postérieur se pose en arrière de l'empreinte de l'antérieur, au pas ou au trot.

unfolding of a race déroulement d'une course

unfolding of a race card => progress of a race card

ungird *v* dessangler

ungulates (the ~) ongulés (les ~) *lat Ungulata*

unharness *v* ; **put off the harness** *v* déharnacher

unhitch *v* dételer

unicorn arbalète (attelage en ~)
Two wheelers and one leader.
Deux chevaux de timon et un cheval de volée.

unpaid claim *r* plainte de non-paiement *c*

unproven qui n'a pas fait ses preuves

unruly horse ; difficult horse cheval difficile

unsaddle *v* desseller

unseat *v* => throw the rider *v*

unseated (to be ~) ; thrown from the horse (to be ~) désarçonné (être ~)

unshod déferré

unshoe *v* ; **remove the shoe** *v* ; **pull off the shoe** *v* déferrer (un pied)

unsound
Qualifie le cheval qui n'est pas sain.

unwilling (horse) peu généreux (cheval ~)

upper jaw ; maxilla mâchoire supérieure ; maxillaire *lat Maxilla*
Au niveau des os, la mâchoire supérieure est composée de deux maxillaires et de l'os incisif. C'est donc par extension que l'on assimile maxillaire et mâchoire supérieure; certains auteurs donnent même parfois le nom de maxillaire inférieur à la mâchoire inférieure.

upper lip lèvre supérieure *lat Labium superius*

upright obstacle => vertical

upright pastern => knuckling (over)

upright pastern (horse having ~) => knuckled over foot / fetlock / pastern

upright shoulder ; straight shoulder épaule droite
The angle from the point of the shoulder to the withers is too close to the vertical, inhibiting desirable movement of the front legs.
L'angle de la pointe de l'épaule au garrot est trop à la verticale.

upset *v* refouler
Upsetting the extremity of a stock bar, to make it thicker.
L'on refoule le bout d'une barre de fer chauffée pour l'épaissir.

upside-down neck => ewe neck

upward fixation of the stifle / patella ; patellar subluxation accrochement (supérieur) de la rotule

urachus ouraque

ureter uretère *lat Ureter*
Conduit de drainage du rein vers la vessie.

urethra urètre *lat Urethra (feminina // masculina)*

urine urine *lat Urina*

urine sample prélèvement d'urine ; échantillon d'urine

urogenital system appareil génito-urinaire

urticaria urticaire

uterine artery artère utérine *lat Arteria uterina*

uterine horn corne utérine / de l'utérus *lat Cornu uteri (sinistrum // dextrum)*

uterine tube trompe utérine ; oviducte ; trompe de Fallope *lat Tuba uterina*

uterus utérus *lat Uterus*

utility trot trot de service / route

vaccination vaccination

vaccine vaccin

vagal trunk (ventral // dorsal ~) tronc vagal (ventral // dorsal) *lat Truncus vagalis (ventralis // dorsalis)*

vagina vagin *lat Vagina*

vaginal artery artère vaginale *lat Arteria vaginalis*

vaginal fornix fornix du vagin ; cul-de-sac vaginal *lat Fornix vaginae*

vaginal ring anneau vaginal *lat Anulus vaginalis*

vagosympathetic trunk tronc vago-sympathique *lat Truncus vagosympathicus*

vagus nerve nerf pneumogastrique ; nerf vague *lat Nervus vagus*

valet (jockey ~) valet
tr: A person who assists the jockey in caring for his and the horse's equipments, and the trainer in saddling the horse.

van horse => dray horse

varnish roan ; marble marbré *adj & n*
Pattern of roan in which the head has white hairs, and the coloured hairs are concentrated over the bony prominences (facial bones, withers, shoulders, knees, stifles and pelvic bones). These darker areas are called varnish marks.
Les définitions rencontrées pour «marbré» et «marbrures» sont très inconsistantes. Le mot est pris ici dans le sens qu'il suggère: des marques rappelant les veines qu'on observe dans certains marbres.

vastus intermedius muscle muscle vaste intermédiaire ; muscle crural *anc* ; muscle fémoral antérieur *anc*
Situated on the cranial face of the femur, it is entirely covered by the other heads of the quadriceps femoris.

vastus lateralis muscle muscle vaste latéral / externe *lat Musculus vastus lateralis*
Chef latéral du muscle quadriceps fémoral.

vastus medialis muscle muscle vaste médial / interne *lat Musculus vastus medialis*

vaulting ; voltige voltige

veer out *vr* dévier (de sa course)

vein veine
Les veines ramènent le sang depuis les tissus jusqu'au coeur, elles comportent souvent des valvules pour que le sang ne puisse y circuler que dans ce sens.

vena cava (cranial // caudal ~) veine cave (crâniale // caudale) *lat Vena cava (cranialis // caudalis)*

Venezuelan equine encephalomyelitis *abbr: VEE* encéphalite / encéphalomyélite équine du Venezuela

ventral border of mandible ganache *s.a. jowl*
Saillie formée par le bord inférieur de la mandibule.

ventral colon (left // right ~) côlon ventral (gauche // droit) *lat Colon ventrale (sinistrum // dextrum)*
Part of the ascending colon.

ventral scalenus muscle muscle scalène ventral *lat Musculus scalenus ventralis*

ventral serrated muscle of neck muscle dentelé (ventral) du cou ; muscle angulaire de l'omoplate / l'épaule *anc lat Musculus serratus ventralis cervicis*

ventral serrated muscle of thorax muscle dentelé ventral du thorax *lat Musculus serratus ventralis thoracis*

ventricle of heart (right // left ~) ventricule (droit // gauche) *lat Ventriculus (dexter // sinister)*

vermicide => anthelmintic (drug)

verminous arteritis artérite vermineuse

verminous colic colique vermineuse

vertebra *pl: vertebrae* vertèbre

vertebral artery artère vertébrale *lat Arteria vertebralis*

vertebral canal canal vertébral ; canal rachidien *anc lat Canalis vertebralis*
La moelle épinière y est logée dans la colonne vertébrale.

vertebral column ; spinal column; spine colonne vertébrale ; rachis *anc lat Columna vertebralis*

vertebral vein veine vertébrale *lat Vena vertebralis*

vertex of (the) bladder vertex de la vessie ; apex de la vessie *lat Apex vesicae ; Vertex vesicae*

vertical ; upright obstacle vertical (obstacle ~) ; droit (obstacle ~)

vesicant => blister ; blistering

vesicular gland ; seminal vesicle glande vésiculaire ; vésicule séminale *lat Glandula vesicularis*

vestibule of ear vestibule de l'oreille *lat Vestibulum auris*

vestibule of vagina vestibule du vagin *lat Vestibulum vaginae*

vesting of title to a claimed horse *r* transfert des droits de propriété d'un cheval réclamé *c*

vet check *v* faire un examen vétérinaire

vet check => veterinary examination

vet clean *v* passer l'examen vétérinaire
To be accepted as meeting the minimal results required for this particular veterinary examination.
Pour le cheval, être accepté lors de l'examen vétérinaire comme rencontrant les normes minimales exigées pour cet examen.

veterinarian ; veterinary surgeon vétérinaire *n*

veterinarian's list liste du vétérinaire

veterinary vétérinaire *adj*

veterinary commission commission vétérinaire

veterinary examination ; vet check examen vétérinaire

veterinary medicine médecine vétérinaire

veterinary surgeon => veterinarian

vice vice

victory => win *n*

vinyl electrical tape => electrical insulating tape

visceral muscle => smooth muscle

visceral nervous system => autonomic nervous system

visible white sclera oeil cerclé (de blanc)

vital functions fonctions vitales

vitamin vitamine

vocal fold / cords cordes vocales *lat Plica vocalis*
Deux plis de tissus élastiques verticaux à l'arrière du larynx.

voice voix

volte at the walk volte au pas

volte (to the left // right) volte (à gauche // droite)

volte ; volt volte
acad: Cercle de 6 mètres de diamètre.

voltige => vaulting

voluntary muscle => striated muscle

volvulus ; torsion (of a loop of intestine) volvulus

vomer vomer *lat Vomer*

vulcanite ébonite

vulva vulve *lat Pudendum femininum ; Vulva*

vulvar cleft fente vulvaire *lat Rima pudendi / vulvae*
Ouverture de la vulve sur l'extérieur.

wager *v* => bet *v*

wager *n* => bet *n*

wagered => bet

wagerer => bettor

wagering pool ; mutuel wagering pool montant des paris

wagering unit unité de mise

wagon chariot

waist (of a saddle)
The narrowest part of the seat, just behind the front arch.

Waler *(1)* **; Australian Stock horse** *(2)* waler
1) Originating from New South Wales, Australia. The term was mostly used before World War II but is still in use today. 2) Sometimes regarded as the modern descendant of the Waler. A breed society was founded, but it is sometimes considered as a type rather than a breed.
Cheval de selle australien, originellement de Nouvelle-Galles du Sud.

walk *n* pas

walk a horse (hand ~) *v* faire marcher un cheval

walk on a line *v* **; walk on a single track** *v* **; plait** *v* croiser (se ~) ; tricoter
Les sabots des antérieurs ou ceux des postérieurs se posent presque l'un devant l'autre lorsque le cheval se déplace.

walk on a long rein *n* pas, les rênes longues

walk on a loose rein *n* pas, les rênes abandonnées

walk on a single track *v* => walk on a line *v*

walk (over) the course *v* marcher le parcours

walk with contact *n* pas, sur la main ; pas, dans la mise en main

walker (automatic ~) marcheur automatique
Souvent situé dans un rond, on y attache les chevaux pour les faire marcher.

walking circle / ring cercle de parade
tr: Walking enclosure for horses and jockeys before the race.
ct: Pour les chevaux et les jockeys avant la course.

walking ring ; round pen rond ; enclos circulaire
An area where horses are walked, either for exercise or to cool off. A round pen may be used for different kind of exercises, including longeing.
Espace rond dans lequel on fait marcher les chevaux, que ce soit pour l'exercice ou pour les aider à refroidir adéquatement. Il peut aussi servir pour différentes autres activités, y incluant le travail à la longe.

walk-over course sans concurrence

Where a horse is alone and need only to walk the distance to win, or there is no serious competition for him in the field.

Le cheval est seul en piste, ou il est très supérieur aux autres ce qui fait que la course ressemble, pour lui, à une promenade.

wall mur

Vertical obstacle looking like a wall.

Obstacle vertical imitant un mur.

wall hay rack râtelier mural (pour le foin)

wall (of the hoof) paroi (du sabot) ; muraille

wall-eye ; walleye ; glass-eye ; china eye ; marble eye

Eye with a lack of pigment in the iris, and with a bluish-white or pinkish-white appearance. Some authors will mention eyes with a grey appearance and include them under these names. *s.a. silver eye and blue eye*

Dont l'iris manque de pigmentation. *v.a. oeil vairon et oeil bleu*

war horse cheval de guerre

warble ; warbles *(1)* **; ox warble** *rare* **; cattle brus / grub** *rare* varron ; hypodermose *(1)*

The lump housing the warble-fly (Hypoderma bovis or H. lineatum / lineata) maggot. 1) The lumps or the disease caused by Hypoderma.

Larve d'Hypoderma bovis (ou H. lineatum), la mouche du varron (ou hypoderme), laquelle est un oestre. 1) La maladie provoquée par ces larves.

warbles => warble

warmblood ; warm-blooded horse cheval à sang chaud ; cheval de sang (chaud)

Type of horse with finer bones than the coldblood (the overlap being a matter of opinion), usually suitable for riding. In some countries the term may be used to distinguish horses containing a strain of Arab blood.

warm-up a horse *v* réchauffer un cheval

warm-up (exercise) réchauffement (exercice de ~)

warm-up (period) période de réchauffement

wash rack douche ; aire de lavage

washed out mane and tail crins lavés

Applied to a coat in which the mane and tail are lighter than the body colour.

Se rapporte à une robe dont les crins sont plus clairs que les poils du corps.

washed-out lavé

Faded colour or coat.

Qualifie une robe ou une couleur décolorée.

washer comb étrille pour laver

water *n* eau

water *v* abreuver ; donner à boire

water brush brosse de lavage

water ditch => water jump (open ~)

water horsetail prêle fluviale *lat Equisetum fluvialis / fluviatale*

water jump (open ~) ; brook ; water ditch rivière *cs obstacle* ; fossé d'eau

waterer => water(ing) trough

water(ing) trough ; waterer ; drinking trough abreuvoir

watery fluid (of the eye) humeurs (de l'oeil)

wavemouth

Tables of molar teeth are worn unevenly and have a wavy appearance.

way behind the field *r* loin derrière le peloton *c*

weak back dos mou

weakness faiblesse

wean *v* sevrer

weaning sevrage

weanling ; grass foal poulain // pouliche sevré(e) ; poulain // pouliche d'herbe

From the weaning to the following January first, the horse is then usually considered being a yearling.

Du sevrage jusqu'au premier janvier suivant, alors que le cheval est habituellement considéré avoir un an.

weaving tic de l'ours

A vice, the horse rocks from side to side on his front legs. This prevents him from resting properly.

Tic du cheval qui se balance d'un antérieur à l'autre, ce qui empêche un repos adéquat.

web => width (of a horseshoe)

wedge heels ; swedged-up heels éponges nourries

Dont les branches sont progressivement épaissies vers l'arrière.

wedge-heeled shoe ; two-degree shoe fer à éponges nourries

Weedon-lane => jumping-lane

weigh *v* peser

weigh in *v tr* peser (après la course) *v ct*

weigh-in ; weighing-in *n tr* pesée / pesage (après la course) *ct*

weighing pesage

weighing room pesage (salle de ~) ; balances (salle / enceinte des ~)
tr: The place where the jockeys are weighed.
ct: Lieu ou l'on pèse les jockeys.

weighing-out *n tr* pesage / pesée (avant la course) *ct*

weight allowance concession (de poids) ´ ; allocation de poids

weight cloth fontes

weight for age race *tr* course à poids pour âge *ct*
The weight that has to be carried by horses depends on their age.
Les poids que doivent y transporter les chevaux varient en fonction de leur âge.

weight handicap handicap de poids
Weight that is to be carried by each horse to give each one a chance as equal as possible in the race.

weight scale => scale

weight (toe-~ // side-~) pesée (de sabot)

well let down ; well to the ground ; close to the ground ; near to the ground bien descendus ; près de terre
Applied to hocks or knees which are set low, resulting in short cannon bones.
S'applique aux genoux ou jarrets placés bas, ce qui résulte en un canon court, caractéristique très souhaitable.

well set (on) bien attaché
Describing a favourable angle of meeting: one part of the body well set on another.

well shaped croup bien croupé (cheval ~) ; croupe bien conformée

well to the ground => well let down

well-defined hock jarret bien sculpté

well-defined knee genou bien sculpté

well-framed (horse) armé ; bien armé
Se dit d'un cheval dont le squelette est bien développé.

well-ribbed-up *adj* => well-sprung ribs

well-schooled (horse) ; made dressé (cheval bien ~) ; confirmé

well-sprung ribs ; well-ribbed-up *adj* coffre
The floating ribs are «sprung» or rounded outwards, providing plenty of room for the organs.
Avoir du coffre ou être bien coffré, lorsque la cage thoracique est bien développée.

well-topped
Horse with a good conformation above the legs.

Welsh welsh
Le poney du pays de Galles. Le livre généalogique se divise en quatre sections dans lesquelles les sujets sont inscrits selon leur taille, du plus petit au plus grand: welsh mountain, poney, poney (type cob) et welsh cob.

Welsh Cob cob gallois

Welsh pony poney welsh

western equine encephalomyelitis *abbr: WEE* encéphalite / encéphalomyélite équine de l'ouest des États-Unis

western saddle ; stock saddle selle western *s.a. Australian stock saddle*

western trail class classe d'obstacles western

Westphalian (warm-blooded horse) westphalien ; sang chaud de Westphalie
1) Breed 2) An individual in that breed.
1) Race 2) Un individu de cette race.

wet hoof pied gras
Containing too much moisture.

Weymouth bridle => double bridle

Weymouth (curb bit) *class.* => curb bit

wheat blé ; froment

wheat bran son de blé

wheel *r* roulette *c*
Wagering on one or more of the horses who must finish a race in a predetermined order, while being coupled along with all the other horses in the field that finish the race in the money.
Pari sur un ou des chevaux devant terminer une course dans un ordre précis tout en étant couplé(s) à tous les chevaux dans les positions de rapport.

wheel disc enjoliveur de roue

wheelbarrow brouette

wheeler *hd* cheval de timon *att* ; timonier

wheeler's centre terret *hd* clef centrale de mantelet *att*

whinny / whinney *v* => neigh *v*

whinny ; whinney *n* => neigh *n*

whip fouet

whip *v* ; **horsewhip** *v* cravacher

whiplash coup de fouet

whipper-in valet-de-chiens
A huntsman's assistant.
Il soigne les chiens et les accompagne à la chasse, sous les ordres du piqueux. Le terme allemand «Pikör» recoupe aussi différents autres rôles au sein de l'équipage de chasse.

white blanc

Sometimes used to designate a grey horse whose hairs have turned white with age. *s.a. albino*

Parfois utilisé pour désigner un cheval gris dont le poil a blanchi avec l'âge. *v.a. albinos*

white above knee // hock, reaching the forearm // leg balzane très haut chaussée

Très grande balzane s'étendant au delà du genou ou du jarret et envahissant l'avant-bras ou la jambe. Pour être plus précis, on pourra l'appeler, par exemple, très grande balzane mi-avant-bras.

white blanket over croup croupe blanche

The area covered by a blanket should be specified, since it may cover much larger than the croup.

Le terme anglais «blanket» peut désigner une surface beaucoup plus grande que la croupe.

white coronet principe de balzane

Balzane limitée à la hauteur de la couronne et en faisant le tour en totalité.

white face ; bald face ; calf face belle-face *n*

white faced ; bald faced ; calf faced belle-face *adj*

The white marking covers the forehead and front of the face, extending laterally.

Se dit du cheval dont la liste est très large et couvre tout le chanfrein et descend même sur les côtés.

white foaled blanc de naissance

white fore-leg balzane antérieure

white heels trace de balzane aux deux talons

white hind-leg balzane postérieure

white inside // outside heel

white (left // right) heel ; heel marking (left // right ~) trace de balzane en talon (gauche // droit)

white left (-side) fore (-leg) balzane antérieure gauche

white left (-side) hind (-leg) balzane postérieure gauche

white line (of the hoof) ; white zone ligne blanche (du sabot) *lat Zona alba*

white marking at front of coronet trace de balzane en pince

white marking on a limb / leg ; leg marking balzane

Marque blanche habituellement limitée aux extrémités des membres.

white markings underneath the body taches blanches sous le ventre

white muzzle (to have a ~) boire dans son blanc

The white marking is covering both lips.

Lorsqu'un ladre ou une marque blanche occupe les deux lèvres.

white muzzled boit dans son blanc (cheval qui ~)

white right (-side) fore (-leg) balzane antérieure droite

white right (-side) hind (-leg) balzane postérieure droite

white spots neigeures ; flocons de neige
s.a. snowflake v.a. neigé

white to above knee // hock ; stocking ; full stocking balzane au-dessus du genou // jarret ; balzane haut-chaussée

white to below the fetlock balzane au-dessous du boulet

white to fetlock balzane boulet

white to half-cannon ; sock balzane mi-canon ; grande balzane (mi-chaussée)

white to half-pastern balzane mi-paturon

white (true ~) => albino

white up to hock balzane jarret ; balzane chaussée

white up to knee balzane genou ; balzane chaussée

white zone => white line (of the hoof)

whiteworm ; large roundworm of horses gros ver rond *lat Parascaris equorum ; Ascaris equorum ; Ascaris megalocephala*

whole colour(ed) zain *adj*

Body, legs, mane, tail and head of the same colour, with no hairs of any other colour.

Formée de poils et de crins d'une seule couleur, sans poils ou marques d'une autre couleur.

whorl ; cowlick épi

A circle or other irregular setting of coat hair. *s.a. simple whorl, linear w. and sinuous w.*

Zone où les poils, changeant de direction, ressemblent à un petit tourbillon ou prennent une autre forme irrégulière.

wide at the chest large de poitrine

wide at the knees => knee-wide

wide chest poitrine large

wide-fitted shoe fer à forte garniture

width (of a horseshoe) ; cover ; web *(1)* couverture (d'un fer)

1) May represent the whole structure of the horseshoe (thickness and breadth of the metal bar), usually applied to the width of the actual shoe. Largeur d'une rive à l'autre.

width of chest largeur de la poitrine

width of hips largeur aux hanches

Wielkopolski horse *breed* wielkopolski ;
cheval de Wielkopolski
Race polonaise.

wild horse cheval sauvage

willing (horse) généreux (cheval ~)

**Wilson snaffle (four-ring ~) ;
four-ring(ed) snaffle ; driving snaffle** filet Wilson ; filet Esterhazy ; filet
(papillon) à quatre anneaux / à doubles
anneaux ; mors-papillon ; filet d'attelage à
quatre anneaux

win *n r* gagnant *n c*
Type of bet and position in the order of finish
(first place). Type de pari et de positionnement à
l'arrivée (première position).

win *n* ; **victory** victoire

win by a neck *v r* gagner par une encolure *c*

win percentage *r* pourcentage de victoires *c*

win pool *r* poule de première place *c* ;
poule gagnante *c*

win position première position ; première
place

win record actif

wind gall / puff (articular ~) mollette
articulaire ; vessigon articulaire

wind gall / puff (tendinous ~) mollette
tendineuse ; vessigon tendineux
Wind gall of a synovial sheath.

wind gall / windgall => wind puff /
windpuff

**wind puff / windpuff ; wind gall /
windgall** mollette ; molette ; vessigon
Protrusion due to excessive fluid in tendon
synovial sheaths or jointcapsules.
Dilatation exagérée des membranes synoviales,
due à un excès de synovie. On parle habituellement de mollette dans la région du boulet et du
paturon, et de vessigon dans la région du carpe
et du jarret.

windpipe => trachea

wind-sucker

wind-sucking tic aérophagique (sans appui) ; tic à l'air
1st: Gulping and swallowing of air, can be accompanied by crib-biting. 2nd: This term may
also be applied to drawing of air and expelling it
from the reproductive tract by the vulva with
each change of intra-abdominal pressure. This
can result from a laceration of the vulva or by a
closure that is not effective enough.
Tic du cheval qui avale de l'air sans prendre
appui avec ses dents sur quelque chose.

wing of atlas aile de l'atlas *lat Ala
atlantis*

wing of (the) ilium ; iliac wing aile de
l'ilium *lat Ala ossis ilii*

wing of the sacrum aile de l'os sacrum
lat Ala ossis sacri

wing out *v* => paddle *v*

wing (standard) oreille
An extension at the side of an obstacle.
Extension, ajoutant de la largeur ou de l'enca-
drement au chandelier, sur le côté d'un obstacle.

winging in coup de manchette (donner
un ~) ; panard en marche (être ~)
While walking, the foot makes an inward curve
(wings-in), coming near (and possibly hitting) the
opposite leg.
Le membre au soutien suit une trajectoire
courbe, il se rapproche du membre à l'appui et
risque de le frapper.

wings of the starting gate ailes de la
barrière de départ

wink *v* => blink *v*

winker => blinker

winker stay ; blinker stay support
d'oeillère ; lanière d'oeillère

winner vainqueur ; gagnant *n*

winner's circle / enclosure cercle du
vainqueur

winner's time ; time of winner temps
du gagnant

winning combination combinaison gagnante

winning ticket billet gagnant

winter coat poil d'hiver ; pelage hivernal

wire (finish ~) => finish(ing) line

wire mesh driving goggles lunettes
contre la boue

wisp bouchon
A grooming pad made of rope, hay or straw.
Nowadays, a wisp is more likely a brush made of
horse hair.

wisp brosse en crin de cheval

withdraw *v* retirer

withers garrot
Éminence comprise entre l'encolure, les épaules et le dos du cheval.

withers stripe bande cruciale
A dark stripe over the shoulders of the horse.
Bande foncée, rejoignant les épaules en passant par le garrot.

W-mouth snaffle => double snaffle

wobbler syndrome ; wobbles ; wobblers ; incoordination (enzootic equine ~) wobbler (syndrome de ~)
A series of diseases (chronic incoordination or ataxia), affecting mainly foals and young horses.

wobbles ; wobblers => wobbler syndrome

wolf tooth dent de loup *lat Dens lupinus*
The first premolar, usually to be removed.
La première prémolaire, elle n'est que rudimentaire quand elle apparaît et est considérée comme une nuisance.

woman jockey femme-jockey

wonder horse cheval cendrillon

wood shavings copeaux de bois

Wooden Horse of Troy (the ~) => Trojan Horse (the ~)

work between the pillars *n* travail entre (les) piliers

work in hand *n* ; **ground work** travail à la main

work in long reins *n* travail sur / aux longues rênes

work on two tracks *n* travail sur deux pistes

work under saddle *n* travail monté

working canter galop de travail

working hunter => hunter (over fences)

working ration ration de travail

working trot trot de travail

working trot rising trot de travail, enlevé

working trot sitting trot de travail, assis

World Championship championnat du monde

World Cup Coupe du monde

World Cup Qualifier épreuve de qualification pour la Coupe du monde

World Equestrian Games Jeux équestres mondiaux

worm *pl: worms* ver *pl: vers*

worm burden charge parasitaire

worm test test de vers

wormer => anthelmintic (drug)

worming => deworming

worthless horse *r* tocard *c* ; toquard

wound ; sore plaie

wrap => bandage

Württemberg horse *breed* wurtemberg ; württemberg
Race d'origine allemande.

xiphoid cartilage cartilage xiphoïde *lat Cartilago xiphoidea*

X-ray examination examen radiographique

yard verge
Unit of measure equal to 0.9144 metre.
Unité de mesure équivalente à 0,9144 mètre.

year of foaling année de naissance (d'un poulain)

yearling (colt // filly) poulain // pouliche d'un an
Usually and for administrative purposes, the horse is considered as being one year old, hence a yearling, on January first following his birth, until January first the following year.
Pour les fins administratives et de façon habituelle, le poulain ou la pouliche est considéré(e) comme ayant un an le premier janvier qui suit sa naissance.

yellow body ; corpus luteum corps jaune *lat Corpus luteum*

yellow-dun café-au-lait à crins et extrémités foncés (alezan ~)
Yellow body colour with brown points; however it can be considered as a group including palominos (having light points) and claybank dun, which is a shade between apricot dun and palomino. *s.a. red dun*

yielding cession

Y-mouth snaffle => double snaffle

yolk-sac => choriovitelline placenta

young stock jeunes (produits de l'élevage)

Yugoslav mountain pony poney des montagnes yougoslaves
Bosnian and Macedonian ponies.
Poney bosnien et poney macédonien.

Yugoslavian draught horse *breed* trait yougoslave *race*

zebra zèbre *lat Equus zebra*

zebra stripes / marking(s) zébrures
Dark, horizontal zebra-like stripes on the knees, hocks and above.
Lignes foncées et transversales apparaissant sur les membres, autour des genoux, des jarrets et plus haut. Elles ressemblent à celles que l'on observe chez le zèbre.

zebra-dun => buckskin

zero-grazing zéro-pâturage

zigzag half-pass => counter-change of hand

zonula ciliaris ; suspensory ligament(s) of the lens zonula ; ligament(s) suspenseur(s) du cristallin *lat Zonula ciliaris*

Zweibrücken horse *breed* zweibrücker ; cheval de Zweibrücken
Race d'origine allemande.

zygomatic arch arcade zygomatique *lat Arcus zygomaticus*

zygomatic bone ; cheekbone os zygomatique *lat Os zygomaticum*

zygomaticus muscle muscle zygomatique *lat Musculus zygomaticus*

FRANÇAIS

Index

aile de l'atlas wing of atlas

aile de l'ilium wing of (the) ilium

aile de l'os sacrum wing of the sacrum

ailes de la barrière de départ wings of the starting gate

air d'école school air / pace

airs bas airs on the ground

airs relevés airs above the ground

aisselle axilla

ajonc gorse

ajuster le fer (à froid // à chaud) fit a shoe (cold // hot ~)

ajuster les rênes adjust the reins

ajusture (d'un fer) seating (out)

akhal teke ; akhal-teké Akhal-teké

albinos albino

albumine albumin

alezan chestnut

alezan à crins blonds chestnut / sorrel with blond / flaxen mane and tail

alezan brûlé liver chestnut

alezan brûlé à crins lavés dark chestnut with washed-out / flaxen mane and tail

alezan café-au-lait sorrel

alezan clair light chestnut

alezan cuivré coppery chestnut

alezan doré golden chestnut

alezan foncé dark chestnut

alezan ordinaire ordinary chestnut

alezan rubican rubican chestnut

alezan soupe-au-lait cream

allaitement suckling

allèle allele

alliance Irish martingale

allongement (d'allure) lengthening (of strides)

allonger extend

allonger les rênes lengthen the reins

allure gait

allure artificielle artificial pace

allure basse shuffling gait

allure diagonale diagonal gait

allure énergique good action

allure latérale lateral gait

allure marchée marching pace

allure naturelle natural pace

allure relevée high stepping gait

allures gaits

allures allongées extended paces

allures de base basic gaits

allures rassemblées collected paces

alter-réal Alter-Real

alvéole pulmonaire pulmonary alveolus

amateur amateur

amateur de courses racegoer

amble amble

ambler amble

ambleur ambler

ambleur entravé hobbled / hoppled pacer

ambleur péruvien Peruvian paso / ambler

ambleur sans entraves free-legged pacer

ambre foncé dark amber

amélioration de la race chevaline horse improvement

amende fine

amidon starch

amnios amnion

amplitude (au-dessus de l'obstacle) scope (over an obstacle)

ampoule blister

analgésique analgesic

analyse de sang blood examination

anasarque anasarca

anastomose tendineuse tendon anastomosis

andalou Andalusian

âne (en général) donkey

âne (mâle) donkey stallion

anémie anaemia

anémie ferriprive iron-deficiency anaemia

anémie infectieuse équine / des équidés equine infectious anaemia / anemia

ânesse jenny-ass ; jenny

anesthésie d'un nerf nerve-blocking

anesthésier un nerf nerve block

anesthésique anesthetic ; anaesthetic

anévrisme aneurysm

anfractueux anfractuous

angle de l'approche angle of the approach

angle de l'épaule shoulder angle

angle du bassin pelvis angle

angle scapulo-huméral scapulohumeral angle

anglo-arabe Anglo-Arab(ian) (horse)

anglo-arabe hongrois Gidran

anglo-arabe sarde Sardinian (Anglo-Arab(ian)) horse

animal de bât / somme pack animal

anneau d'attelle hame dee / terret

anneau inguinal (superficiel // profond) inguinal ring (superficial // deep ~)

anneau vaginal vaginal ring

anneaux (du mors) rings (of a bit)

anneaux mobiles (embouchure avec ~) loose-ring (mouthpiece)

année de naissance (d'un poulain) year of foaling

annonceur (officiel) announcer (house / track ~)

annulation cancellation

annulé cancelled

annuler cancel

anoestrus anestrus ; anoestrus

ânon donkey foal

anorchide anorchid

anorchidie ; anorchie anorchidism ; anorchism

antérieur droit right foreleg

antérieur gauche left foreleg

anti-inflammatoire anti-inflammatory

antibiotique antibiotic

anticorps antibody

antidopage (contrôle ~) antidoping (control)

antiparasitaire antiparasitic product

anus anus

aorte aorta

aorte abdominale abdominal aorta

aorte ascendante ascending aorta

aorte descendante descending aorta

aorte thoracique thoracic aorta

aplomb (bon ~) stand (straight / good ~)

aplomb (d'~) balanced (well ~)

aplomb latéral du pied foot level

aplomb(s) stand(s)

aponévrose aponeurose

appaloosa Appaloosa

appaloosa appaloosa

appareil de soutien / station stay apparatus (passive ~)

appareil génito-urinaire urogenital system

appareil hyoïdien hyoid apparatus / bone

appareil réciproque reciprocal apparatus

appareil respiratoire respiratory system

appareil suspenseur (du boulet) suspensory apparatus (of the fetlock)

appel de contact nicker

appelant appellant

appelé obstacle with a take-off element

application de froid cold treatment / application

apprenti apprentice

apprentissage apprenticeship

approche d'un obstacle approach of an obstacle

approuvé approved

appui stance phase

appui contact with the bit (horse moving into a ~)

appuyer half-pass

appuyer half-pass

appuyer au galop half-pass in canter

appuyer lourdement sur la main / le mors (s'~) lean heavily on the hand / bit

appuyer sur la diagonale (du manège) half-pass on the diagonal (of the arena)

aptitude disposition

arabe Arab ; Arabian

arbalète (attelage en ~) unicorn

arbre à ressort (d'une selle) spring tree (of a saddle)

arbre (d'une selle) tree (of a saddle)

arc-boutant buttress (of heel)

arc costal costal arch

arcade arch

arcade ischiatique ischial arch

arcade sourcilière superciliary arch

arcade zygomatique zygomatic arch

ardennais Ardennais ; Ardennes (horse)

ardennais belge Belgian Ardennes (horse)

ardennais de l'Auxois Auxois

ardennais du nord North Ardennes horse

ardennais suédois Swedish Ardennes horse

ardillon billet (of a buckle)

ardoise slate-coloured

are are

arête de la fourchette spine of frog

armé well-framed (horse)

arquer arch

arrêt halt

arrêt en glissade sliding stop

arrêt libre halt on a loose rein

arrêt (sur la main) collected halt

arrêter halt

arrêter (ferme et en équilibre) halt (on the bit and in good balance)

arrêtoir tugstop

arrière-main rear end

arrivée finish

arrondi raised

arrondir la nuque flex the poll

art équestre art of equestrian riding

artère artery

artère axillaire axillary artery

artère brachiale brachial artery

artère carotide commune common carotid artery

artère carotide (interne // externe) carotid artery (internal // external ~)

artère cervicale (superficielle // profonde) cervical artery (superficial // deep ~)

artère circonflexe humérale (crâniale // caudale) circumflex humeral artery (cranial // caudal ~)

artère circonflexe iliaque profonde deep circumflex iliac artery

artère coeliaque celiac artery

artère collatérale ulnaire collateral ulnar artery

artère coronaire coronary artery

artère digitale commune palmaire II medial palmar artery

artère digitale palmaire propre (médiale // latérale) palmar proper digital artery (medial // lateral ~)

artère digitale plantaire propre médiale // latérale plantar proper digital artery (medial // lateral ~)

artère dorsale du pied dorsal pedal artery

artère faciale facial artery

artère fémorale femoral artery

artère hépatique hepatic artery

artère honteuse (interne // externe) pudendal artery (internal // external ~)

artère iliaque (interne // externe) iliac artery (internal // external ~)

artère liénale splenic artery

artère médiane median artery

artère mésentérique (crâniale // caudale) mesenteric artery (cranial // caudal ~)

artère métacarpienne palmaire (médiale // latérale) palmar metacarpal artery (medial // lateral ~)

artère métatarsienne dorsale II // III dorsal metatarsal artery II // III

artère métatarsienne plantaire (médiale // latérale) plantar metatarsal artery (medial // lateral ~)

artère obturatrice obturator artery

artère ombilicale umbilical artery

artère plantaire (médiale // latérale) plantar artery (medial // lateral ~)

artère poplitée popliteal artery

artère prostatique prostatic artery

artère pulmonaire (droite // gauche) pulmonary artery (right // left ~)

artère radiale radial artery

artère rénale renal artery

artère(s) glutéale(s) (crâniale(s) // caudale(s)) gluteal artery / arteries (cranial // caudal ~)

artère saphène saphenous artery

artère subclavière subclavian artery

artère subscapulaire subscapular artery

artère suprascapulaire suprascapular artery

artère tarsienne perforante perforating tarsal artery

artère thoracique (interne // externe) thoracic artery (internal // external ~)

artère tibiale (crâniale // caudale) tibial artery (cranial // caudal ~)

artère transverse du coude transverse cubital artery

artère utérine uterine artery

artère vaginale vaginal artery

artère vertébrale vertebral artery

artères caudales caudal arteries

artérite vermineuse verminous arteritis

artérite virale du cheval equine viral arteritis

arthropode arthropod

articulation joint

articulation antébrachio-carpienne antebrachiocarpal joint

articulation atlanto-axiale atlanto-axial articulation

articulation cruro-tarsienne tarsocrural joint

articulation de l'épaule shoulder joint

articulation de la hanche hip joint

articulation du boulet fetlock joint

articulation du coude elbow joint

articulation du grasset stifle joint

articulation du paturon pastern joint

articulation du pied coffin joint

articulation fémoro-patellaire femoropatellar articulation

articulation fémoro-tibiale femorotibial articulation

articulation(s) du carpe carpal joint(s)

articulation(s) du jarret / tarse hock joint(s)

articulation sacro-iliaque sacroiliac joint

articulations costo-chondrales costochondral articulations

articulations sterno-costales / sterno-chondrales sternocostal articulations

ascaride ascarid

ascendance ancestry

aspirant challenger

aspirant logique legitimate contender

assateague Assateague

assiette à deux points de contact two-point seat

assiette à trois points de contact three-point seat

assiette (du cavalier) seat (of a rider)

assiette souple et élastique good and easy seat

assis sur l'enfourchure riding on the fork

assis sur les poignets coon-footed

assistance attendance

assistant-instructeur assistant instructor

association d'éleveurs breeder's association

assouplissement (exercice d'~) suppling exercise

assurance insurance

asthme asthma

asturçon Asturian pony

ataxie ataxia

ataxie du poulain foal ataxia

athlète athlete

atlas atlas

atrésie atresia

attache de la queue tail setting

attache de trait trace tug

attaches (chaînes / cordes d'~) cross-ties

atteindre (s'~) interfere

atteindre (s'~) ; attraper (s'~) brush

atteindre (s'~) ; attraper (s'~) overreach

atteinte self-injury

atteinte à la couronne injury to the coronet (overreach / self ~)

atteinte au coude elbow hitting

atteinte au genou knee hitting

atteinte au(x) glome(s) injury to the bulb(s) (overreach / self ~)

attelage harnessing

attelage harnessed team

attelage à deux chevaux (de front) horse team, two abreast

attelage à quatre four-in-hand

attelage à trois chevaux (de front) horse team, three abreast

attelage à un cheval one-horse draught

attelage (conduite d'un ~) harness driving

attelage de six six horse hitch

attelage fin fine harness

attelage pour quatre chevaux four-in-hand harness

atteler hitch

attelle hame

attraction spéciale feature race

au-dessus de la main above the bit

aubère roan

aubère chestnut roan

aubère clair honey roan

aubère fleur de pêcher peach-coloured chestnut roan

aubère foncé lilac roan

aubère mille-fleurs flea-bitten chestnut / strawberry roan

aubérisé flecked

auge intermandibular region / space

autre droit (l'~) back stretch ; backstretch

avaloire breeching

avalure growth

avant-bras forearm

avant-main forehand

avelignais Avelignese (horse)

avermectin avermectin

avis de pourvoi en appel notice of intent

avis de réclamation notification of claim

avoine oats

avoir pris une fausse allure be off stride

avortement viral de la jument equine viral abortion

Français => English

avulsion avulsion
axe du paturon pastern axis
axe du pied foot axis
axe du pied et du paturon digit axis
axis axis
azote nitrogen
babésiose babesiasis ; babesiosis
bacille bacillus
bactérie bacteria
bai bay
bai-brun brown
bai cerise cherry bay
bai clair light bay
bai cuivré coppery bay
bai de Cleveland Cleveland Bay
bai doré golden bay
bai fauve fawn bay
bai foncé dark bay
bai (ordinaire) red bay
bai sanguin blood bay
baillet red dun
balance scale
balle de foin hay bale
ballotade ; ballottade ballotade
balzane white marking on a limb / leg
balzane antérieure white fore-leg
balzane antérieure droite white right (-side) fore (-leg)
balzane antérieure gauche white left (-side) fore (-leg)
balzane au-dessous du boulet white to below the fetlock
balzane au-dessus du genou // jarret white to above knee // hock
balzane bordée bordered white (marking on a limb)
balzane boulet white to fetlock
balzane genou white up to knee
balzane herminée ermined white (marking on a limb)
balzane incomplète partly (white marking on a limb)
balzane irrégulière irregularly (white marking on a limb)
balzane jarret white up to hock
balzane mi-canon white to half-cannon
balzane mi-paturon white to half-pastern
balzane postérieure white hind-leg
balzane postérieure droite white right (-side) hind (-leg)

balzane postérieure gauche white left (-side) hind (-leg)
balzane très haut chaussée white above knee // hock, reaching the forearm // leg
bandage ; bande bandage
bandage de support support bandage
bandage de transport shipping bandage
bandage élastique brace bandage
bandages de repos stable bandages
bande stripe
bande cruciale withers stripe
bandeau de transpiration (pour la nuque et la gorge) jowl sweat
banquette bank
banquette irlandaise Irish bank
barbe chin groove
barbe barb
barbelée barbed wire
bardigien Bardi horse
bardot hinny
bardot femelle hinny (female ~)
bardot (mâle) hinny (horse ~)
barème (de notation) scheme of marking
barème des pénalités penalty table
barrage jump off / jump-off
barre bar (hoof ~)
barre rail
barre d'appel take-off pole
barre d'attache hitching rack
barre de fesse(s) loin strap
barre (de la bouche) bar (of the mouth)
barre (déposée sur le sol) ground rail
barrer un cheval rap a horse
barres parallèles parallel poles
barres triples triple bar(s)
barrette spoon cheek
barrière gate
barrière gate
barrière de départ starting gate
barrière de départ mobile mobile starting gate
barrière de stalle stall guard
barrière des hommes de chevaux horsemen's gate
barrière fixe stationary starting gate
barthais Landes pony
bas-jointé foot broken forward
bas jointé sloping pastern / foot

basco-navarrais Pottock
bascule (du pied) breakover (of the foot)
base de la queue dock
bashkir Bashkir pony
bashkir bouclé Bashkir Curly horse
basse école low school
bassinet (du rein) renal pelvis
bât pack saddle
bat-flanc swinging rail
bâter put on the pack saddle
battre à la main bob the head
battue beat (hoof...)
battue d'appel take off (stride)
bavarois Rottal
bavette bib
bavette bib (halter ~)
belge à sang chaud Belgian warm-blooded (horse)
belge (trait lourd ~) Belgian (draft / heavy draught horse)
belle-face white faced
belle-face white face
benzimidazole benzimidazole
bétail cattle
betterave beet
bicorne bicorne
bien attaché well set (on)
bien croupé (cheval ~) well shaped croup
bien descendus well let down
bien encadré on the aids
bien gigoté / gigotté well-muscled thigh (horse having a ~)
bigorne anvil (portable ~)
bigorne (d'une enclume) horn (of an anvil)
bile bile
billarder paddle
billet gagnant winning ticket
billet remboursé cashed ticket
biotine biotin
bipède pair (of legs)
bipède diagonal diagonal pair
bipède latéral lateral pair
biseau métallique straight (cut off) hardy
biseau métallique courbé half round hardy
bistouri de castration / à castrer castrating / castration knife

blanc white
blanc argenté silver white (coat)
blanc de naissance white foaled
blanc mat milky white
blanc porcelaine porcelain white
blanc sale creamy white
blanchi shut out
blé wheat
bleime corn
bleime humide / hémorragique moist corn
bleime sèche / simple dry corn
bleime suppurative / suppurée suppurating corn
blessure injury
bleu de méthylène methylene blue
bloc à lécher salt lick
bloc à river clinch / clench block
boghei buggy
boire dans son blanc white muzzle (to have a ~)
boit dans son blanc (cheval qui ~) white muzzled
boîte box
boîte à ferrer shoeing box
boîte cornée horny box
boiter limp
boiterie lameness
boiterie de l'épaule shoulder lameness
boiterie intermittente intermittent limping
boiteux lame
boiteux de l'antérieur gauche // droit lame, left // right fore
bon cavalier fine rider
bon départ good start
bon état soundness
bon sens (gros ~) horse-sense
bonification du temps time bonus
bonne good
bonne assiette good seat
bonne assiette (cavalier ayant une ~) good seat (rider with a ~)
bonne bouche good mouth
bonne ossature good bone
bonnet anti-mouches fly-mask
bonnet avec cache-oreilles head cap with ears
bonnet avec oeillères blinker hood

bord coronaire (de la muraille du sabot) coronary border (of the hoof wall)

bord solaire (de la phalange distale) solar border (of the distal phalanx)

bordé bordered

bordereau d'inscription entry form

bordereau du montant des rapports pay-out price slip

bordereau rectificatif correction slip

bore boron

bosal bosal

bosse hump

botte à cataplasme poultice boot

botte à revers top boot

botte (à revers) de jockey jockey boot

botte antidérapage skid boot

botte d'écurie paddock boot

botte d'équitation riding boot

botte d'équitation (~ avec lacets / ~ de campagne) riding boot (laced ~)

botte de polo polo boot

botte de trempage en feutre soaking swab boot

bottes boots

bottier bootmaker

bottillon Jodhpur boot

bottine de conducteur reinsman boot

botulisme botulism

bouche mouth

bouche abîmée spoiled mouth

bouche dure hard mouth

bouche (extérieur / ouverture de la ~) oral cleft / aperture

bouche faite full mouth

bouche fine / légère / chatouilleuse / tendre / sensible soft mouth

boucherie chevaline horse(meat) butcher's shop

bouchon wisp

boucle buckle

boucle à mancelles hame tug buckle

boucle (de la sous-ventrière) belly band buckle

boucle (en chape) de support d'oeillères blinker stay buckle

boucleteau de trait hame tug

boueuse muddy

boulet fetlock

bouleture knuckling (over)

boulonnais Boulonnais (horse)

bourrelet inner tube rim

bourrelet à rondelle sausage boot

bourrelet générateur de la corne coronary band

bourrelet périoplique perioplic ring

bourrelier harness-maker

bourse purse

bourse annoncée advertised purse

bourse podo-trochléaire podotrochlear bursa

bourse synoviale synovial bursa

bourse synoviale sous-cutanée subcutaneous synovial bursa

bourse trochantérique (du muscle fessier moyen) trochanteric bursa (of gluteus medius)

bousculer un autre cheval jostle another horse

bout de timon shaft tip

boute-en-train teaser (stallion)

box box (stall)

brachygnathie (mandibulaire) brachygnathia ; brachygnathism

braire bray

brancard shaft

branche américaine trailer

branche (d'un fer) branch (of a shoe)

branche (d'un mors) branch (of a bit)

branche de la fourchette branch of frog

branche-maîtresse (de chevaux) tap root strain (of horses)

bras arm (upper / true ~)

brassicourt (genou / cheval ~) over at / in the knees

bréchet brisket

bréhaigne barren

bretelles suspenders

bretelles braces

bretelles pour / de protecteurs de genoux knee boots suspenders

breton de trait léger Breton draught post horse

bricole breast collar

bricole breast collar / plate

bride bridle

bride à oeillères télescopiques telescope bridle

bride à oreille ear bridle

bride d'attelage driving bridle

bride double double bridle

bride du muscle interosseux extensor branch of interosseus
bride fermée blind bridle
bride ouverte open bridle
bride régulière custom bridle
bride sans mors bitless bridle
bride seule (sur la ~) curb only (on the ~)
brider (un cheval) bridle (a horse)
bridon snaffle (bridle)
bris d'allure breaking of stride
brisé jointed
brocher un clou drive a nail
brocher un fer nail a shoe (on a hoof)
brochoir hammer (shoeing / driving / nailing ~)
bronche bronchus
bronche principale principal bronchus
bronchiole bronchiole
bronchite bronchitis
bronco bronco
brosse (à panser) brush
brosse de lavage water brush
brosse en crin de cheval wisp
brosse métallique scale brush
brosse rigide dandy brush
brouette wheelbarrow
brouter graze
brucellose brucellosis
bulgare oriental East Bulgarian (horse)
bull-finch bull-finch / bullfinch
burguete Burguete (horse)
busqué(e) (cheval / tête ~) roman nose
buter stumble
cabine de prises de photos d'arrivée photo finish booth
cabrer rearing
cabrer (se ~) rear
cabriole capriole
cache-ombrages shadow roll ; shadow blind
cacolet mule chair
caecum cecum / caecum
café-au-lait à crins et extrémités foncés (alezan ~) yellow-dun
cage thoracique rib cage / ribcage
cagnardise toe-in conformation
cagneux du pied toed-in
cagnotte déficitaire minus pool
cagoule à gorge jowl hood

caisse du tympan tympanic cavity
calabrais Calabrese
calcaneus ; calcanéus calcaneus
calcification calcification
calcifié calcified
calcifier calcify
calcium calcium
calcutta auction pools
calèche open carriage
calme quiet
calmer un cheval steady a horse
camail full hood
camarguais Camarguais ; Camargue horse / pony
cambendazole cambendazole
cambré des genoux knee-wide
cambré des jarrets bandy-legged (in the hindlimb)
campdrafting campdrafting
campé camped (out)
campé du derrière camped behind
canadien Canadian horse
canal anal anal canal
canal biliaire bile duct
canal carpien carpal canal
canal inguinal inguinal canal
canal sacral sacral canal
canal vertébral vertebral canal
canaux semi-circulaires (de l'oreille) semicircular canals
canine canine (tooth)
canines canine teeth
canne hippométrique measuring stick
canon cannon
canon (antérieur) forecannon
canon d'une seule pièce plain mouthpiece
canon (du mors) canon (bit ~)
canon (postérieur) hind-cannon
cantharide blister beetle / fly
caoutchouc rubber
cap de maure / more dark head
cap de maure / more black-faced
capacité de transformation des aliments feed (conversion) efficiency
caparaçon trappings (horse's ~)
capelet capped hock
capillaire (vaisseau ~) capillary (vessel)
capsule articulaire joint capsule

capuchon hood
caractère character
carcan (pour le cou) cradle (neck ~)
carcinome carcinoma
cardia cardia
caresse caress
caresser caress
carotte carrot
carpite carpitis
carrosse coach
carrousel carousel ; carrousel
cartilage cartilage
cartilage articulaire articular cartilage
cartilage costal costal cartilage
cartilage épiphysaire epiphyseal cartilage
cartilage manubrial cartilage of manubrium
cartilage scapulaire scapula(r) cartilage
cartilage xiphoïde xiphoid cartilage
casaque jacket
casque de polo polo helmet
casque protecteur cap (hunting / skull / jockey's ~)
castration castration
castrer geld
cataplasme poultice
cataracte cataract
catégorie class
cathéter catheter
catria Catria (horse)
cautérisation cauterization
cautérisation par le froid cryocautery
cautériser cauterize
cavalerie cavalry
cavaletti cavaletti
cavalier rider
cavalier outrider
cavalier d'obstacles show jumper (rider)
cavalier de concours complet event rider
cavalier de dressage dressage rider
cavalière lady rider
caveçon cavesson (lungeing / longeing / breaking ~)
cavité abdominale abdominal cavity
cavité articulaire articular cavity
cavité buccale buccal cavity
cavité du crâne cranial cavity

cavité nasale / du nez nasal cavity
cavité pelvienne pelvic cavity
cavité pleurale pleural cavity
cavité thoracique thoracic cavity
céder give
céder à la jambe give way to the leg
ceinture hoop
ceinture pelvienne pelvic girdle
cément (d'une dent) cement (of a tooth)
centimètre centimetre
centre de gravité centre of gravity
centre de la piste infield
centre équestre equestrian centre / center
cercaire cercaria
cerclé hooped
cercle de parade walking circle / ring
cercle du vainqueur winner's circle / enclosure
cercles de corne / sur le sabot hoof rings
certificat certificate
certificat d'enregistrement certificate of registration
certificat d'origine certificate of origin
certificat de saillie covering certificate
cerveau brain
cervelet cerebellum
cession yielding
cession à la jambe leg-yielding
cession d'engagements transfer of entries
cestodes cestodes
chaff chaff
chaîne chain
chaînette pole strap // chain
chaleur de poulinage foal heat
chaleur(s) heat
chaleurs discrètes silent heat
chambon chambons
chambrière lunge(ing) whip
chamois (couleur ~) buff
champ field
champ (de pari) mutuel mutuel field
champion en titre defending champion
championnat championship
championnat des conducteurs driving championship

championnat du monde World Championship

chandelier stand (of an obstacle)

chanfrein bridge of the nose

changement d'allure change of gait / pace

changement de diagonal(e) change (of) diagonal(s)

changement de direction change of direction

changement de ligne crossing (on the track)

changement de main change of rein

changement de main (par la diagonale) diagonal change of hand

changement de pied change of lead / leg

changement de pied au temps change (of leg) at every stride (flying ~)

changement de pied en l'air flying change of lead / leg

changement de pied (en l'air) aux X temps flying change (of leg) every X strides

changement de pied simple simple change of lead / leg (through the trot)

changer de main change rein

changer (de main) dans le cercle change of hand in / through the circle

changer de main (sur la diagonale) dans le demi-manège change of hand on a short diagonal (in half of arena)

changer de pied change of leg

changer de pied en l'air change (of lead) in the air

chape de croupière crupper dee on pad

charbon anthrax

charbonné black mark

charge parasitaire worm burden

chariot wagon

charolais Charolais

charrette cart

charrette two-wheeled cart

charrue plough

chartreux Carthusian horse

chasse à courre hunt

chasse au cerf stag-hunting

chasse au renard fox-hunting

chasse au renardeau cubbing ; cub-hunting

chasse-souche point (of a clinch cutter)

chasse sur une piste artificielle / odorante drag-hunting

chasser à courre ride to hounds

chasseur (sur obstacles) hunter (over fences)

châtaigne chestnut

chaude heat

chauffage de tendon tenosynovitis

chef d'écurie head groom / lad

chef d'équipe Chef d'équipe

chef latéral du triceps (brachial) lateral head of triceps

chef long du triceps (brachial) long head of triceps

chef médial du triceps (brachial) medial head of triceps

chemin muletier mule track

chenil kennel

cheval horse

cheval à cinq allures five-gaited horse

cheval à sang chaud warmblood ; warm-blooded horse

cheval à sang froid coldblood ; cold-blooded (horse)

cheval à trois allures three-gaited horse

cheval (accompagnateur) de parade pony (lead ~)

cheval allemand du sud à sang froid South German cold-blooded horse

cheval berçant rocking horse

cheval cendrillon wonder horse

cheval d'arçons pommel horse

cheval d'attelage cart-horse

cheval d'obstacles western trail horse

cheval de bât pack horse ; packhorse

cheval de bataille hobby-horse

cheval de bataille battle horse

cheval de boucherie slaughter horse

cheval de camionnage dray horse

cheval de cavalerie cavalry horse

cheval de chasse hunter

cheval de chasse (à courre) hunter (field ~)

cheval de classe ouverte open horse

cheval de concours competition horse

cheval de concours complet event horse

cheval de course(s) race horse ; racehorse

cheval de courses au galop turf horse

cheval de courses au galop sur gazon grass horse

cheval de cross-country cross-country horse

cheval de dame lady's mount

cheval de dressage dressage horse

cheval de dressage western reining horse

cheval de fond stayer

cheval de frise cheval de frise

cheval de guerre war horse

cheval de haute école high school horse

cheval de la classe invitation invitational horse

cheval de labour plough horse

cheval de longue distance router

cheval de Prjevalski Prjevalski horse ; Przewalski's horse

cheval de promenade hack

cheval de race légère light horse

cheval de rechange / relais second horse

cheval (de saut) d'obstacle(s) jumper

cheval de selle saddle horse

cheval de selle américain American Saddlebred

cheval de tête (du peloton) field leader

cheval de timon wheeler

cheval de trait draught horse

cheval de trait léger light draught horse

cheval de tri / cutting cutting horse

cheval de Troie (le ~) Trojan Horse (the ~)

cheval de troupe charger

cheval de vacher / cow-boy stock horse

cheval de volée leader

cheval débutant green horse

cheval des Murgies Murge / Murgese horse

cheval difficile unruly horse

cheval emballé bolting horse ; bolter

cheval inscrit entry ; entrant

cheval lourd heavy horse

cheval miniature miniature horse

cheval (mis) à l'écurie stabled horse

cheval monté ridden horse

cheval novice de trois ans maiden three

cheval partant starter

cheval qui a fait ses preuves proven horse

cheval qui a participé à beaucoup de courses heavily raced horse

cheval qui se rapproche (de la tête / du meneur) horse that is closing up (on the leader)

cheval qui tire de l'arrière horse trailing the field

cheval réclamé claimed horse

cheval sauvage wild horse

cheval semi-sauvage semiwild horse

cheval vapeur horsepower

cheval venu de l'extérieur ship-in horse

chevalerie chivalry

chevalet (avec pieds en croix) crossed rail

chevalier knight

chevauchement overlapping

cheville ankle

chevron chevron

chevrons chevrons

chickasan Chickasan

chien de meute hound

chiffre d'une amende amount of a fine

chirurgie surgery

chlore chlorine

chlorure chloride

chlorure de sodium sodium chloride

choix des chroniqueurs de courses newspaper picks

chorégraphie choreography

chorioallantoïde chorioallantois

chorion coronaire coronary corium / dermis

chorion de la paroi (du sabot) laminar corium / dermis

choroïde choroid

chromosome chromosome

chronométrage time keeping

chronométré timed

chronomètre (à main) stopwatch

chronomètre électronique automatic timing device

chronométreur timekeeper

chute chute

chute fall

cicatrice scar

cils eyelash

cintré (mors / canon / filet ~) mullen mouth(piece) ; mullen-mouth(ed) bit

circuit circuit

ciseau (à froid // à chaud) chisel (cold // hot ~)

ciseau à sabots hoof chisel

ciseaux shears

ciseaux à fanons fetlock shears

claquage de tendon tendon bow

claquement de langue click (of the tongue)

classé show

classe d'obstacles western western trail class

classe de costume costume class

classe de la course type of race

classe de (présentation au) licou halter class

classement placing

classement des conducteurs drivers' standings

classement individuel individual classification

classement par équipes team classification

classification classification

classique classic

clef centrale de mantelet wheeler's centre terret

clef de sellette saddle terret

clef de surcou breast collar terret

clignoter blink

clinique clinic

clitoris clitoris

cloche bell boot

cloche bell

cloison nasale nasal septum

clôture fence

clôture fence

clôture des engagements closing of declarations

clou (à ferrer) nail (horseshoe ~)

clou de rue nail prick / tread

clou serré close nail

club d'équitation riding club

club des jockeys jockey club

club-house clubhouse

clydesdale Clydesdale (horse)

coagulation coagulation

cob cob

cob gallois Welsh Cob

cob normand Norman Cob

cocarde rosette

cocher coachman

cochlée cochlea

cochlée du tibia cochlea of the tibia

coefficient de consanguinité coefficient of relationship

coefficient poids-vitesse speed-weight

coéquipier team-mate

coeur heart

coffre well-sprung ribs

coffre d'écurie tack box

coin corner

coin corner incisor

coins corner incisors

col utérin cervix of uterus

colique colic

colique vermineuse verminous colic

colite colitis

collet (d'un clou) neck (of a nail)

collier collar

collier avec pointes contre le rot spike cribbing strap

collier contre le rot cribbing strap

collier de chasse hunting breast plate

collier pince-gorge contre le rot nutcracker action cribbing strap

côlon colon

côlon ascendant ascending colon

côlon descendant descending colon

côlon dorsal (gauche // droit) dorsal colon (left // right ~)

côlon transverse transverse colon

côlon ventral (gauche // droit) ventral colon (left // right ~)

colonne vertébrale vertebral column

colostrum colostrum

combat à cheval mounted bullfight

combinaison (d'obstacles) combination (of obstacles)

combinaison gagnante winning combination

commande de portillons de la barrière de départ starting gate door controls

commanditaire sponsor

commerçant de chevaux horse dealer / trader

commerce de chevaux horse-trading

commissaire (d'un concours) steward

commission d'appel appeal committee

commission vétérinaire veterinary commission

commissure commissure

commissure des lèvres corner of the lips

compact short-coupled

compas à mesurer divider

compas d'angularité (pour sabots) hoof gauge

compensation offset

compenser offset

compétiteur competitor

compétition (de saut) d'obstacles (la ~) show jumping

compétition de saut en hauteur high-jump competition

compétition de saut en largeur broad-jump competition

compétitionner compete

comportement behaviour

composé organophosphoré organophosphorus compound

comprimé pellet

comtois Comtois

concave dished (face)

concession (de poids) weight allowance

concession de temps time allowance

concours combiné combined competition

concours complet horse trial

concours complet d'attelage combined driving event

concours complet (de trois jours) three-day event

concours de dressage dressage competition

concours de sauts d'obstacles jumping competition

concours hippique horse show

concours hippique horse show

concours hippique horse show

concours printanier spring show

concours reconnu recognized competition / show

condition de la piste track condition

conditions (de participation à une course) conditions (race ~)

conducteur (d'un attelage) driver

conducteur de relève catch driver / jockey

conducteur-entraîneur driver-trainer

conducteur féminin lady driver

conducteur recrue provisional driver

conduire de manière imprudente do a careless drive

conduire (un cheval) drive (a horse)

conduire un cheval sur le bridon snaffle a horse

conduit déférent deferent duct

conduit éjaculateur ejaculatory duct

conduit naso-lacrymal nasolacrimal duct

conduite à deux mains reins in both hands

condyle (médial // latéral) du fémur condyle of the femur (medial // lateral ~)

condyle (médial // latéral) du tibia condyle of the tibia (medial // lateral ~)

condyle occipital occipital condyle

confiance confidence

conformation conformation

conforme au type de la race true to type

conformité au type de la race trueness to breed

congénital congenital

conjonctive conjunctiva

conjonctivite conjunctivitis

connaisseur expert

connemara Connemara (pony)

consanguinité consanguinity

consignation consignment

constitution d'un syndicat syndication

contact contact

contact direct close contact

contagieux contagious

contrat de location leasing contract

contrat de vente sale contract

contre-changement de main counter-change of hand

contre-indication contraindication

contre-percer back punch

contre-perçure nail hole

contre-sanglon girth strap

contre-sanglon de mancelle point strap (on hame tug buckle)

contre-sanglon de mantelet pad point strap

contrôle de l'impulsion impulsion control

contrôle du cheval control of the horse

contrôle photographique photo patrol

contusion bruise

contusion de la sole bruise (of the sole)

copeaux shavings

copeaux de bois wood shavings

coprologie coprology

coquille spoon

cor anglais hunting-horn (English type)

cor de chasse hunting-horn (French type)

corde à balles baling twine

corde fémoro-métatarsienne peroneus tertius muscle

cordelette snapper

cordes vocales vocal fold / cords

cordon spermatique spermatic cord

cordonnier shoemaker

cornage laryngeal hemiplegia / paralysis

corne horn

corne (de la selle) horn (of a saddle)

corne utérine / de l'utérus uterine horn

cornée cornea

cornet dentaire externe (d'une dent) cup (of a tooth)

cornet dentaire interne (d'une dent) pulp cavity (of a tooth)

cornet (ventral // moyen // dorsal) turbinate (ventral // medial // dorsal ~)

cornets nasaux nasal conchae

coronarite coronitis

corps caverneux du pénis corpus cavernosum of the penis

corps jaune yellow body

correction correction

corrida bullfight

corse Corsica pony

cortex rénal renal cortex

cosaques Cossacks

costaud sturdy

côte rib

cote odds

cote à l'ouverture (des paris) opening odds

cote approximative au départ approximate odds / rating at post time

cote au pari mutuel mutuel odds

cote d'allure pace rating

cote de classe class rating

cote de fermeture (au départ) closing odds (at post time)

côté de la battue take-off side (of an obstacle)

côté de la réception landing side (of an obstacle)

cote de vitesse sur le gazon / turf turf speed rating

cote de vitesse sur piste de terre battue dirt speed rating

côté droit right side

côté gauche left side

cote matinale morning line (odds)

côte (os d'une ~) rib (bone)

côtes ribs

côtes asternales asternal ribs

cotes exorbitantes prohibitive odds

côtes sternales sternal ribs

côtés télescopiques telescope blinds

cou de taureau bull neck

couche externe du sabot stratum externum of the wall

couche germinative stratum germinativum (epidermidis Malpighii)

coude elbow

coudé des jarrets sickle-hocked

coude écarté turned-out elbow

coude serré turned-in elbow

couinement squeal

coulant d'attelles kidney link ; kidney-shaped linking

couleur de fond foundation colour

couleurs (d'une écurie) colours (racing ~)

couloir d'obstacles jumping-lane

coup d'éperon prod with a spur

coup de chaleur heat exhaustion

coup de cravache stroke of the whip

coup de fouet whiplash

coup de hache dip in front of the withers

coup de manchette (donner un ~) winging in

coup de soleil sunburn

Coupe des éleveurs Breeders' Cup

Coupe du monde World Cup

couper à haute vitesse (se ~) speedy cutting

courbette courbette

courbure curvature

courir à bon train bowl along

courir à l'extérieur (du peloton) run (on the) outside

courir à pleine vitesse race on the engine

couronne coronet

courroie d'allure gaiting strap

courroie d'attelles hame strap

Français => English

courroie de la sangle de flanc rear cinch strap

courroie de langue tongue strap / tie

courroie de mors bit jaw strap

courroie de reculement breeching strap

courroie de ruade kicking strap

courroie de sangle (côté droit) off-billet

courroie de sangle (côté gauche) cinch strap

course race

course à / avec conditions condition(ed) race

course à essai dash race

course à mises en nomination hâtives early closing race ; early closer

course à mises en nomination tardives late closer ; late closing race

course à obstacles ; course d'obstacles race over jumps

course à poids pour âge weight for age race

course à réclamer claiming race

course attelée harness race

course au clocher steeplechase

course au / de galop mounted horse race (at the gallop)

course au trot trot race

course avec handicap handicap race

course classifiée classified race

course d'endurance endurance race

course de barils barrel race

course de chevaux horse race

course de courte distance sprint race

course de haies hurdle(s) race

course de qualification qualifying race

course de thoroughbred Thoroughbred race

course déclarée hors programme race declared no contest

course dédoublée divided race

course-école schooling race

course en soirée twilight race

course futurité futurity race

course handicap pour chevaux de deux ans nursery handicap race

course matinée matinee race

course nocturne after dusk race

course non-équilibrée non competitive race

course ordinaire overnight event

course ouverte open race

course parfaite perfect trip

course promotionnelle sans paris not-betting promotional race

course réouverte / rouverte reopened race

course(s) d'ambleurs / à l'amble pacer race(s) / racing

course sans concurrence walk-over

course sans résultats statistiques uncharted race / meeting

course substituée substituted race

course sur invitation invitational race

course sur le plat flat race

course sur piste de gazon / gazonnée turf race

course toutes catégories free-for-all race

courses attelées harness racing

courses (les ~) races (the ~)

court et droit jointé (paturon / cheval ~) short upright pastern

court jointé short pastern

courtauder dock

courte échelle (faire la ~) leg up (to give a ~)

courte foulée short stride

courte queue docked tail(ed) ; docked

coussin de selle saddle pad

coussin de sellette saddle pad

coussinet coronaire coronary cushion

coussinet d'étrier stirrup pad / tread

coussinet (de pieds) pad (shoe ~)

coussinet (de pieds) à degrés graded (shoe) pad

coussinet digital / plantaire digital cushion

couteau de chaleur sweat scraper

couteau (pour les oeufs de mouches) bot (egg) knife

coutures seams

couvert covered up

couverture blanket (horse ~)

couverture à mailles fly sheet (scrim ~)

couverture d'écurie stable sheet

couverture d'épaule shoulder sweat

couverture (d'un fer) width (of a horseshoe)

couverture de refroidissement cooler (horse ~)

couvre-cou neck sweat

couvre-sangle girth cover
couvre-selle saddle cover
coxite coxitis
crampon calk (drive-in ~)
crampon calk ; caulk ; calkin ; caulkin
crampon à vis / vissé calk (screw-in ~)
crampon d'éponge heel calk / cork
crampon de reculement breeching dee
crampons / croupons de bride bridle backs / butts
crâne skull
crapaud canker
crapaud pole head
crapaud (de timon) cross head
cravache crop
cravache de dressage dressage whip
cravacher whip
cravate bolo bolo tie
créole Criollo
crête (de l'encolure) crest
crête du rocher petrosal crest
crête faciale facial crest
creux du flanc hollow of the flank
crevasses scratches
crin (un ~) horsehair (a ~)
crinière mane
crinière rase hogged mane
crinière toilettée trimmed mane
crinière tressée plaited mane
crins blonds flaxen mane and tail
crins de la queue tail hairs
crins lavés washed out mane and tail
crins (les ~) mane and tail (hairs)
cristallin lens
crochet d'enrênement bearing (rein) hook
crochets hooks
croisement cross-breeding ; crossbreeding
croisement entre lignées line crossing
croiser (se ~) walk on a line
croix de Lorraine cross of Lorraine
croix de St-André cross belts
cross (course de ~) cross-country (race)
cross ; cross-country cross-country
crosse de l'aorte aortic arch
crottin droppings
croupade croupade

croupe croup
croupe blanche white blanket over croup
croupe de mulet sharp croup
croupe en pupitre goose rump
croupe horizontale flat croup
croupe inclinée sloping croup
croupe mal conformée badly shaped croup
croupe tachetée spotted blanket over croup
croupière crupper
cruauté cruelty
cryptorchide cryptorchid
cryptorchidie cryptorchidism ; cryptorchism
cuillère ; cuiller cup
cuillère / cuiller (sur le canon d'un mors) spoon (on a mouthpiece)
cuir leather
cuir de cheval horsehide
cuisse thigh
cuivré coppery
cuivre copper
Çukurova Çukurova horse
culeron crupper dock
culottes de chasse beige breeches
culottes Jodhpurs Jodhpurs ; jodhpurs ; Jodhpur breeches
culottier breeches-maker
cunéal cuneal
cure-pieds hoof pick
curée curée
curer un pied / sabot pick out a foot
cuticule cuticle
cuvette basin
cycle direct direct life cycle
cycle indirect indirect life cycle
cysticercoïde bladder worm
cystite cystitis
dales Dales (pony) ; Dale pony
damier check
dans l'ordre (au fil d'arrivée) from top to bottom (at the wire)
dans le droit in the stretch
danubien Danubian horse
dartmoor Dartmoor pony
date d'accouplement / de monte / de saillie breeding date
date de naissance foaling date

date de tombée closing date

débâter put off the pack saddle

débourrer (un cheval) break (a horse)

débrider unbridle

début du dernier droit top of the (home) stretch

déchausser les étriers drop the stirrups

déchets azotés nitrogenous wastes

déclaration des partants runners list

déclencher la barrière de départ spring open the starting gate

décontraction de la mâchoire relaxation of the jaws

défaut defect

défaut de conformation conformation fault

défauts des membres limb faults

déferré unshod

déferrer (un pied) unshoe

degré de dressage schooling level

déharnacher unharness

déjuger (se ~) understep

délégué technique technical delegate

démangeaison itching

demeurer près des meneurs stay in contention

demi-arrêt half-halt

demi-assiette half-seat

demi-cercle half-circle

demi-cercle (d'une serpentine) loop (of a serpentine)

demi-fer half-shoe

demi-frère half-brother

demi-gobelet (d'oeillère) half (blinker) cup

demi-jambières half-chaps

demi-manège half of arena

demi-pirouette half-pirouette

demi-pirouette renversée half pirouette renversée

demi-sang half-bred

demi-soeur half-sister

demi-tour half-turn

demi-tour sur les hanches half-turn on the hocks / haunches / quarters

demi-volte half-volt ; half volte

demi-volte renversée half volte reversed

démonter dismount

dent tooth

dent de loup wolf tooth

dentition dentition

dentition d'adulte permanent (set of) teeth

dents de lait milk teeth

dents de remplacement permanent teeth

départ start

départ (à partir de l'arrêt) move off (from the halt)

départ prévu scheduled start

dépasser (un autre cheval) overtake (another horse)

dépilation depilation

dépistage detection

déposer une réclamation lodge an objection

dépôt d'étalons stud farm

derby derby (jumping ~)

derby derby

derby d'Epsom Epsom Derby

derby de vitesse speed derby

derby du Kentucky Kentucky Derby

dérivoir blade (of a clinch cutter)

dermatite dermatitis

dermatose dermatosis

derme dermis

derme de la fourchette dermis of the frog

derme de la sole dermis of the sole

dermite photosensible au visage bluenose

dernier quart de mille last quarter (mile)

dernier tournant / virage last turn

dernière poussée (dans une course) stretch drive (in a race)

dérobade run-out

dérober (se ~) run out

déroulement d'un programme de courses progress of a race card

déroulement d'une course unfolding of a race

désarçonné (être ~) unseated (to be ~)

désarçonner (le cavalier) throw the rider

descendance (la ~) descendants (the ~)

descendant femelle female descendant

descente de l'encolure full extension of the neck

déshydratation dehydration

déshydraté dehydrated

desmite desmitis

desmotomie patellaire / rotulienne patellar desmotomy

désobéissance disobedience

dessangler ungird

desseller unsaddle

dessinateur de parcours course designer

désuni disunited

dételer unhitch

détenteur d'une licence licensee

détérioration de l'état général loss of condition

détrempée sloppy

deux pistes (sur ~) two tracks (on ~)

deuxième mère second dam

deuxième père grandsire

devancer le mouvement (du cheval) sit too far forward

développement d'un cheval seasoning of a horse

développer un (cheval) gagnant produce a winning horse

dévers banking (of a track)

dévier (de sa course) veer out

diagonale diagonal

diagonale (sur la ~) diagonal (on the ~)

diaphragme diaphragm

diaphragme pelvien pelvic diaphragm

diaphyse diaphysis

diarrhée diarrhoea

dilatation du gland caping

diméthyl sulfoxyde dimethyl sulphoxide / sulfoxide

dioestrus dioestrus / diestrus

directeur de haras stud (farm) manager

directeur des programmes program(me) director

directeur du pari mutuel pari-mutuel director

dislocation de la hanche dislocation of hip joint

dispositif de couleurs racing colour scheme

disqualification disqualification

disqualifié disqualified

disque disk

disque de sécurité (pour une roue de sulky) safety disk (for a sulky wheel)

disque intervertébral intervertebral disc

distance distance

distancer le peloton take a big lead

diverticule nasal nasal diverticulum

diviser une course split a race

djiguite (jeu de ~) Jiggit

docile docile

docilité docility

doigt digit

Döle Gud Brandsal Dole horse

dominant dominant

domptage breaking

dompteur de chevaux horsebreaker

don Don (horse)

donné à bail (cheval ~) under lease (horse ~)

donner le départ give the signal to start

dopage doping

doré golden

dos back

dos abaissé (vers l'arrière) too high at withers

dos convexe arch-back

dos d'âne hog's back

dos droit straight back

dos ensellé saddle-back

dos (fait en) plongeant croup-high (horse being ~)

dos fortement ensellé sway-back

dos mou weak back

dossière back-strap

double à une foulée (obstacle ~) in-and-out (obstacle / combination)

double brisure (embouchure à ~) double jointed mouthpiece

double filet double snaffle

double (obstacle / combinaison ~) double (obstacle)

doubler doubler

doubler sur la longueur down centre line (to go ~)

doubler sur la longueur avec changement de main down centre line with change of rein (to go ~)

douche wash rack

dourine dourine

douve (grande ~ du foie) fluke (common liver ~)

drêche (de brasserie) brewer's draff / grains

dressage (classique) dressage (classical ~)

dressage individuel (compétition de ~) individual dressage (competition)

dressage par équipes (compétition de ~) team dressage (competition)

dressage western reining

dressé (cheval bien ~) well-schooled (horse)

dresser un cheval school a horse

dresseur (de chevaux) trainer (horse ~)

drogue drug

droit homestretch ; home stretch

droit d'inscription entry fee

droit d'inscription moyennant rétribution hitching fee

droit de réclamation claiming allowance

droit jointé ; droit-jointé knuckled over foot / fetlock / pastern

dülmen Dülmen pony

duodénum duodenum

dysenterie dysentery

dysphagie dysphagia

dysplasie de l'articulation de la hanche hip dysplasia

dysurie dysuria

eau water

eau noire azoturia

ébène (noir d'~) ebony

ébonite vulcanite

ébrouement snort

écaille (de l'os temporal) squamous (part of) temporal (bone)

écartelé quartered

échantillon sample

échelle des vitesses (d'un cheval) speed range (of a horse)

échographie ultrasound scanning

éclaircir la crinière thin the mane

éclaircir la queue thin the tail

école d'équitation riding school

École espagnole de Vienne Spanish Riding School in Vienna

écoulement discharge

ectoparasite ectoparasite

écume foam

écume foam

écumer drool

écurie barn

écurie d'attente receiving barn

écurie (de chevaux) de location rental stable

écurie gagnante top winning barn / stable

écurie publique public barn

écuyer riding master

écuyer de cirque circus rider

eczéma eczema

effet de rênes effect of reins

efflanqué lean-flanked

effrayé frightened

effrayer (s'~) shy

égaler un record equal a record

égalité (course à ~) dead heat (race)

égratignure scratch

einsiedler Einsiedler ; Einsiedeln horse

élan take off impulsion

électrolytes electrolytes

élément phospho-calcique trace element

élevage breeding

élevage chevalin / de chevaux horse-breeding

élevage de juments mare keeping

élevage en lignée line breeding ; linebreeding

élévation elevation

éleveur breeder (up)

éleveur (de bétail) cattleman

éleveur (-naisseur) breeder

élimination elimination

émail central / interne (d'une dent) inner enamel ring (of a tooth)

émail (d'une dent) enamel (of a tooth)

émail externe / périphérique (d'une dent) outer enamel ring (of a tooth)

emballement bolting

emballer (s'~) bolt

embauchoir ; embouchoir tree (boot ~)

embolie embolism

embouchure mouth(piece)

embrocation embrocation

empilage pile-up ; pileup

emplacement de la battue d'appel take off point

emplacement de la selle saddle site

empyème empyema

en dedans de la main behind the bit

en main (cheval ~) on the bit (horse ~)

en pleine foulée (cheval ~) in full stride (horse ~)

en tête star

en tête à gauche // droite star inclined to left // right

en tête bordé bordered star

en tête du peloton leading the field

en tête en croissant crescent-shaped star

en tête herminé ermined star

en tête interrompu interrupted star

en tête irrégulier irregular star

en tête mélangé mixed star

en tête prolongé connected star

en tête prolongé par une liste star and stripe conjoined

encadrer (le cheval entre les aides) keep the horse on the aids

encan auction (sale)

encanteur auctioneer

encapuchonné over-bent

encapuchonnement over-bending (of the head)

encapuchonner (s'~) ball-up

encastelure contraction of a hoof

enceinte d'un hippodrome grounds of a race track / course

encéphalite / encéphalomyélite équine de l'est des États-Unis eastern equine encephalomyelitis

encéphalite / encéphalomyélite équine de l'ouest des États-Unis western equine encephalomyelitis

encéphalite / encéphalomyélite équine du Venezuela Venezuelan equine encephalomyelitis

encéphalite japonaise B Japanese B encephalitis

encéphalomyélite (équine) encephalomyelitis (equine viral ~)

enchère bid

enchérir make a higher bid

enchérisseur bidder

enclos retention area

enclos paddock

enclume anvil

enclume (de l'oreille) anvil (of the ear)

encolure neck

encolure de cygne arched neck

encolure droite straight neck

encolure grêle narrow neck

encolure renversée ewe neck

encolure rouée high-crest

endocarde endocardium

endomètre endometrium

endurance endurance

enflure swelling

engagement (de l'arrière-main) engagement (of the hindquarters)

engager (l'arrière-main) engage (the haunches)

engager un cheval (dans une course) declare a horse

engendrer sire

engrais fertilizer

enjeu (à gagner) stake

enjoliveur de roue wheel disc

enlever le licou take off the halter

enlever les crottins remove the droppings

enlever (s'~) take off

enlever (s'~ au trot) post (to the trot)

enquête (d'office) inquiry

enregistrement registration

enregistrement des paris placing of bets / wagers

enregistrer les engagements list declarations

enrênement(s) reins

ensellement hollow

entérite enteritis

entérolithe enterolith

entités de paris distinctes separate betting entities

entorse strain

entraînement training

entraîner à l'obstacle school a jumper

entraîner un autre cheval à l'extérieur (du peloton) carry another horse out

entraîner (un cheval) train (a horse)

entraîneur trainer

entraver (la marche d'un autre cheval) crowd (another horse)

entraves hobbles

entraves d'accouplement breeding hopples / hobbles

entravon hobbles

entrée entry

entropion entropion

enzyme enzyme

enzyme protéolytique proteolytic enzyme

Eohippus Eohippus

éparvin spavin

éparvin aveugle occult spavin
éparvin (calleux) bone spavin
éparvin mou bog spavin
épaule shoulder
épaule chevillée tied-in shoulder
épaule droite upright shoulder
épaule-en-dedans shoulder-in
épaule inclinée / oblique sloping shoulder
épaule noyée loaded shoulder
épaules (d'une selle) swells (of a saddle)
épaulettes epaulettes
éperon spur
éperon à boîte box-spur
éperonner spur
éperonnier spurrier
épi whorl
épi centré convergent simple whorl
épi penné linear whorl
épi penné convergent sinueux sinuous whorl
épicondyle latéral lateral epicondyle
épicondyle médial medial epicondyle
épiderme epidermis
épiglotte epiglottis
épilepsie epilepsy
épine dorsale spine
épine scapulaire spine of the scapula
épiphyse (d'un os) epiphysis
épiphysite epiphysitis
épistaxis epistaxis
épithélium epithelium
épizootie epizooty
éponge capped elbow
éponge sponge
éponge (d'un fer) heel (of a horseshoe)
éponges biseautées penciled heels
éponges nourries wedge heels
épreuve trial
épreuve au chronomètre scurry jumping (with time factor)
épreuve chronométrée time trial
épreuve d'effort stress test
épreuve de dressage dressage test
épreuve de dressage dressage phase
épreuve de dressage élémentaire basic dressage test
épreuve de fond endurance test / phase (speed and ~)

épreuve de maniabilité obstacle driving test
épreuve de parenté parentage test(ing)
épreuve de précision competition with jump-off
épreuve de puissance puissance jumping
épreuve de qualification qualifier
épreuve de qualification pour la Coupe du monde World Cup Qualifier
épreuve (de saut) d'obstacles jumping phase / test
épreuve éliminatoire eliminating heat
épreuve finale final heat
épreuve sur / de la descendance progeny test(ing)
équarrissage knackery
équestre equestrian
équidés (les ~) equines (the ~)
équin equine
équipement equipment
équipement d'écurie stable equipment
équitation horseback riding
équitation à main droite // gauche riding to the right // left
équitation académique / savante academic riding
équitation centrée centered riding
équitation classique classical equitation / riding
équitation d'extérieur cross country riding
équitation de cirque circus riding
équitation thérapeutique therapeutic riding
ergot ergot
erreur de parcours error in the course
espace inter-dentaire interdental space
essai chronométré timed work out
estomac stomach
estrade des spectateurs grandstand
estrade publique public stands
estrapade buck(ing)
étalon stallion
étalon cryptorchide cryptorchid stallion
étalon de base (d'une race) foundation sire
étalon de grande classe leading stallion
étalon de renforcement outside sire
étalon infertile infertile stallion

étalon qui a fait ses preuves proven stallion / sire

étalonnier stallion man

étampe stamp

étampé à maigre // à gras (fer ~) punched fine // coarse

étampure countersunk

état général general condition

étoile radicale (d'une dent) dental star

étoile(s) star(s)

étouffement choking (up / down)

être à l'arrière du peloton trail the field

étrier stirrup

étrier à passant décentré off-set stirrup

étrier (de l'oreille) stirrup (of the ear)

étrier de sécurité safety stirrup

étrille currycomb

étrille circulaire circular metal curry comb

étrille écossaise curling comb (scotch ~)

étrille en caoutchouc rubber curry comb

étrille en métal metal curry comb

étrille pour laver washer comb

étriller curry

étrivière stirrup leather / strap

étui à carabine rifle case

étui à selle saddle carrying bag

évènement / événement spécial special event meet

exacta exacta ; exactor

examen d'achat prepurchase exam

examen médical physical check-up / examination

examen radiographique X-ray examination

examen vétérinaire veterinary examination

examinateur examiner

exanthème coïtal équin equine coital exanthema

exercice à la longe schooling on the lunge line

exmoor Exmoor

exostose exostosis

expérimenté seasoned

exploitant d'un hippodrome race course / track operator

exsudat exudate

extérieur (du cheval) external conformation

extrémités points

face face

face inférieure (d'un fer) ground surface (of a shoe)

face pariétale (de la phalange distale) parietal surface (of the distal phalanx)

face solaire (de la phalange distale) solar surface (of the distal phalanx)

face supérieure (d'un fer) foot surface (of a shoe)

faiblesse weakness

faire la bouche d'un cheval mouthing (process)

faire marcher un cheval walk a horse (hand ~)

faire paître pasture

faire ses preuves prove oneself

faire tomber une barre knock down a rail

faire un examen vétérinaire vet check

faire un // quelques pas de côté step aside

fait sur mesure custom made

falabella Falabella

famille (d'un cheval) family

fanon fetlock (tuft)

fanons feathers

fantasia fantasia

farcin glanders (cutaneous ~)

fascia fascia

fascia fémoral femoral fascia

fascia glutéal gluteal fascia

fascia lata fascia lata

fascia thoraco-lombaire thoracolumbar fascia

fausse gourmette lipstrap

fausse martingale false martingale

fausse rêne overcheck (rein)

fausser une course fix a race

faute fault

fautif offending

faux départ false / foul start

faux-quartier (d'une selle) sweat flap (of a saddle)

faux quartier ; faux-quartier false quarter

favori favourite / favorite

fébantel febantel

Fédération équestre internationale International Equestrian Federation

fell Fell (pony)

femelle female

femme-jockey woman jockey

fémur femur

fenbendazole fenbendazole

fente vulvaire vulvar cleft

fer iron

fer à branches tronquées tip shoe

fer (à cheval) horseshoe

fer à demi-traverse half-bar shoe

fer à éponges nourries wedge-heeled shoe

fer à forte garniture wide-fitted shoe

fer à la florentine beaked shoe

fer (à la) mécanique machine-made shoe

fer à marquer branding iron

fer à pantoufle slipper (heeled) shoe

fer à pantoufle et à oreilles slipper and bar clip shoe

fer à pince tronquée square toe (shoe)

fer à planche bar shoe

fer à poids en dedans // en dehors side weight shoe ; side-weighted shoe

fer à rainure complète full swedge(d) horseshoe

fer à ressort shoe with springs

fer à revêtement d'acier steel-plated shoe

fer correcteur corrective shoe

fer de course (en aluminium // en acier) racing plate (aluminium // steel ~)

fer de mulet mule shoe

fer de polo polo shoe

fer demi-rainure half-swedge shoe

fer demi-rond half-round horseshoe

fer demi-rond demi-rainure half-round half-swedge horseshoe

fer en aluminium aluminium shoe / plate

fer en coeur heart bar shoe

fer en matière plastique plastic shoe

fer en T T (bar) shoe

fer ovale egg-bar shoe

fer pinçard extended-toe shoe

fer plat flat shoe

fer rainé fullered shoe

fer relevé en pince rocker-toed shoe

fer tronqué interfering shoe

fermoir snap

ferrage (à chaud // à froid) shoeing (hot // cold ~)

ferré shod

ferrer shoe

ferrure horseshoeing

ferrure orthopédique corrective shoeing

fesse buttock

fétuque des prés meadow fescue

fétuque élevée tall fescue (grass)

feu firing

feuille de juge judge's sheet

feuille de saillie breeding sheet

feuille de sélection tip sheet

feuille des engagements nomination slip

feuillet de condition condition book

feutre felt

féverole horse bean

fibrillation auriculaire atrial fibrillation

fibro-cartilage parapatellaire (médial // latéral) parapatellar fibrocartilage (medial // lateral ~)

fibrocartilage (complémentaire) de la troisième phalange fibrocartilage of the third phalanx

fibrose fibrosis

fibula fibula

fiche des gains earnings record

fiche signalétique bertillon card

fièvre fever

fièvre de cheval raging fever

fièvre du Potomac Potomac horse fever

figures de manège school figures

filer à toute vitesse streak

filet à aiguilles full-cheek snaffle

filet à chaînette chain snaffle

filet à cuillère(s) spoon mouth snaffle bit

filet à double spatule full spoon cheek

filet à foin hay bag / net

filet à olives egg-butt / eggbutt snaffle

filet américain elevator bit

filet avec pendentifs mouthing bit

filet brisé à aiguilles (et anneaux mobiles) loose-ring cheek snaffle

filet (brisé) Chantilly loose-ring jointed snaffle

filet creux hollow (-mouth snaffle) bit

filet de broche tordue double double (twisted) wire (snaffle) bit

filet de broche tordue simple simple (twisted) wire (snaffle) bit

filet demi-spatule half spoon cheek

filet Dick Christian Dick Christian snaffle bit

filet Dr. Bristol Dr. Bristol snaffle bit

filet (mince / de bride) bridoon

filet releveur gag bit

filet serpentin snake bit

filet tordu / torsadé twisted mouth snaffle bit

filet verdun D-shaped snaffle bit

filet Wilson Wilson snaffle (four-ring ~)

fille daughter

film d'une / de la course patrol film (camera ~)

fils son

filum terminale filum terminale

fin de course en trombe strong finish

fin de course serrée tight finish

finaliste finalist

finlandais de trait lourd Finnish draught horse

finlandais universel Finnish Universal horse

fissure crack

fissure d'un os bone fissure

fistule du garrot fistulous withers

fjord ; fjoring ; fjordhest Fjord pony

flanc flank

flèche (d'attelage) boom

flehmen flehmen

fléole (des prés) timothy (grass)

flexion de la nuque bend at the poll

foetus fetus

foie liver

foin hay

foin chauffé / échauffé heated hay

follicule ovarien ovarian follicle

follicule pileux hair follicle

fonctions vitales vital functions

fond de l'estomac fundus of (the) stomach

fontes weight cloth

foramen magnum foramen magnum

forcer l'allure force the pace

forfait forfeit

forge farriery

forger forging

forger forge

forger en diagonale cross-firing

forgeron blacksmith

forme ringbone ; ring bone ; ring-bone

forme cartilagineuse side bone ; sidebone

forme coronaire low ringbone

forme de l'éminence pyramidale pyramidal disease

forme du paturon high ringbone

forme fausse false ringbone

forme vraie articular ringbone

formol formalin

fornix du vagin vaginal fornix

fortement en tête large star

fossé ditch

fossé barré ditch with rail(s)

fossé ouvert open ditch

fossé sec dry ditch

fouailler de la queue switch the tail

fouet whip

fouet (d'attelage) driving whip

fouet de chasse hunting whip

foulée stride

foulée de galop gallop(ing) stride

fourbure aiguë laminitis (acute ~)

fourbure chronique founder

fourche à foin pitchfork

fourchette frog

fourmilière hollow wall

fourmilière (en pince) seedy-toe

fourrage fodder

fourrage ensilé silage

fourrage grossier roughage

fourrage sec / desséché desiccated fodders

fourrage vert green fodder

fourreau sheath

fox trotteur Fox trotter (Missouri ~)

fracture d'un os bone fracture

frais de saillie stud fee(s)

franc-montagnard Freiberg horse

franchir un obstacle clear an obstacle

frederiksborg Frederiksborg horse

frein brake

frère propre full brother

frison de l'est / oriental East Friesian

frison (occidental) Friesian (West ~)

froid aux jambes cold to the legs

front forehead

frontal browband

fuite flight

fumier manure

furioso Furioso ; Furioso-North Star (horse)

furlong furlong

furosémide furosemide

futurité futurity

gagnant win

gagner par une encolure win by a neck

gain(s) earning(s)

gaine digitale digital sheath

gaine tendineuse fibrous sheath

gains à vie lifetime earnings / winnings

gale chorioptique chorioptic mange

gale d'été (du cheval) summer mange (of horses)

gale (des équidés) mange (horse ~)

gale du croupion tail mange

gale psoroptique psoroptic mange

gale sarcoptique / sarcoptinique sarcoptic mange

galicio-asturien Galician-Asturian horse

galop gallop

galop à droite canter (on the) right (lead)

galop à faux canter counter-lead

galop à faux canter on / at the wrong lead

galop à gauche canter (on the) left (lead)

galop à quatre temps four-beat canter

galop allongé extended canter

galop allongé, demi-assiette extended canter, half-seat

galop d'essai (avant la course) preliminary canter (to the starting post)

galop de course racing gallop

galop de travail working canter

galop désuni disunited canter

galop juste canter / gallop at / on the true lead

galop moyen medium canter

galop ordinaire ordinary canter

galop (petit ~) canter

galop rapide fast gallop

galop rassemblé collected canter / gallop

galoper gallop

galoper à faux canter at the counterlead

galoper (au petit galop) canter

galoper sur le pied droit // gauche canter left // right (lead)

galoper un cheval (faire ~) canter a horse

ganache ventral border of mandible

ganglion ganglion

ganglion lymphatique lymph node

gant glove

gant de massage grooming glove

garçon d'écurie stable boy / man

garde à cheval horse guard

Garde à cheval (le régiment de ~) Horse Guards (the ~)

garde-botte parapet

garde-boue mud guard

garde d'écurie stable fatigue

gardian Gardian

gardien de troupeau cattleman

garniture fullness (of a horseshoe)

garrano Garrano

garrot withers

garrot coupé camel withers

garrot effacé / empâté / enfoncé poorly marked withers

garrot maigre / décharné bony withers

garrot saillant high withers

gastrite gastritis

gastrophile ; gastérophile bot fly (horse ~)

Gastrophilus equi / intestinalis Gasterophilus equi / intestinalis

gastroscopie gastroscopy

gaz carbonique carbon dioxide

gaze gauze

gelderland Gelderland horse

gelée frozen

gencive gingiva

gène gene

généalogie genealogy

génération libre de consanguinité free generation

généreux (cheval ~) willing (horse)

genet jennet

génétique genetic

génotype genotype

genou knee

genou bien sculpté well-defined knee

genou brassicourt goat knee

genou creux calf-knee / calf knee

genouillère knee cap (boot)

genoux de boeuf knock-knees

genoux en pieds de bancs bench knees

genoux // jarrets cambrés bowlegs / bow legs

genoux non-fermés open knees

gestation gestation

gibier quarry

givré frost ; frosty

gland du pénis glans penis

glande bulbo-urétrale bulbo-urethral gland

glande de Meibomius meibomian gland

glande lacrymale lacrimal gland

glande mandibulaire mandibular gland

glande salivaire salivary gland

glande sublinguale sublingual gland

glande surrénale adrenal gland

glande vésiculaire vesicular gland

glandes buccales buccal glands

glandes sébacées sebaceous glands

glandes sudoripares sweat glands

glome bulb (of a heel)

glycérine glycerin

gobelet (d'oeillère) entier full (blinker) cup

gobelet de timon thimble

gobelets d'oeillères blinker cups

gogue gogue

goitre goitre

gonadotrophine chorionique équine equine chorionic gonadotropin

gonite gonitis ; goneitis

gorge throat

gourme strangles

gourmette chin strap

gourmette curb chain

gouttière cutigérale coronary groove

gouttière périoplique perioplic groove

gradins stands

graine de lin linseed

grains grains

grains aplatis rolled grains

graisse à sabots hoof grease

graisser les sabots grease the hooves

graminées grass family

grand galop (au ~) full gallop (at ~)

grand pied broad foot

Grand Prix Grand Prix

Grand prix de dressage Grand Prix de Dressage

Grand prix de sauts d'obstacles Grand Prix Jumping (Event)

Grand prix modifié Modified Grand Prix

Grand prix spécial Grand Prix Special

grand strongle large strongyle

grand trochanter greater trochanter (of the femur)

grande volte circle

grappe (en pince) toe grab

grasset stifle

gravide (jument ~) pregnant

grille (d'un étrier) bottom of a stirrup

grincer des dents grind the teeth

grippe équine influenza (equine ~)

gris grey

gris ardoisé slaty blue grey ; slate-colour(ed) grey

gris argenté silver grey (coat)

gris clair light grey

gris (de) fer blue roan

gris foncé dark grey

gris moucheté flea-bitten grey

gris pommelé dapple(d) grey / gray

grisonné greyish area

groningue Groningen horse

gros breton Breton heavy draught horse

gros côlon large colon

gros intestin large intestine

gros parieur big bettor

gros rire horse-laugh

gros ver rond whiteworm

guérison healing

guêtre boot (for horses)

guêtre complète shin and ankle boot

guêtre d'avant-bras arm boot

guêtre d'avant-jambe shin boot

guêtre de boulet arrière hind ankle boot

guêtre de canon arrière et demi-jarret hind shin and half hock boot

guêtre de canon, boulet et tendon shin, ankle and tendon boot

guêtre de genou et avant-bras knee and arm boot

guêtre de jarret, canon et boulet hock, shin and ankle boot

guêtre de sauteur tendon support boot

guêtre de tendon tendon boot

guêtre de tendon et de canon antérieur front shin and tendon boot

guêtre de transport shipping boot

guêtre haute speedy cut boot

guêtre ouverte open-front boot

Français => English

guêtre pour suros splint boot

guêtre / protecteur de tendon et boulet ankle and tendon boot

guichet de pari (mutuel) mutuel wicket / window

guichetier cashier

guide arrondie beaded line

gymkhana gymkhana

habit d'équitation riding dress

habitude habit

habronémose habronemiasis

habronémose cutanée cutaneous habronemiasis

hache à sabots clinch / clench cutter

hacienda hacienda

hackamore hackamore

hackney Hackney (horse)

hackney (poney) Hackney (pony)

haflinger Haflinger (pony)

haie hedge

haie barrée brush and rails

halte en passant par le pas halt through walk

hanche hip

hanche coulée hip down

hanches en dedans haunches-in

handicap handicap

handicap d'une seule entrée one-factor handicapping

handicap de catégorie handicap according to rating

handicap de poids weight handicap

handicap de temps time handicap

handicap dédoublé divided handicap

handicap libre free handicap

handicap limité limited handicap

handicaper handicap

handicapeur handicapper

handicapeur public public handicapper

hanovrien Hanover horse; Hanoverian (horse)

haras stud farm

haras national national stud

haras privé private stud

harde herd

harnachement tack ; tackle

harnachement tack ; tackle

harnacher harness (up)

harnais à bricole breast-harness

harnais à collier collar-harness

harnais de course racing harness

harper stringhalt

haut-de-forme (chapeau ~) top-hat

haute école haute école

hauteur à la croupe height of rump

helminthe helminth

helminthose ; helminthiase helminthiasis ; helminthinfestation

hématome haematoma

hématurie haematuria

hémoglobinurie azoturia

hémorragie haemorrhage

hennir neigh

hennissement neigh

herbe grass

hérédité heredity

herminé ermined

herminures ermine marks

hernie inguinale inguinal hernia

hernie ombilicale umbilical hernia

hernie scrotale scrotal hernia

herpèsvirus équin de type 1 equine herpesvirus 1

herpèsvirus équin de type 3 equine herpesvirus 3

herpèsvirus équin de type 4 equine herpesvirus 4

heure de / du départ (d'une course) post time

heure de fermeture des engagements closing time for declarations

highland Highland pony

hippisme equestrianism

hippodrome race track ; racetrack

hippodrome hôte host race track

hippodrome satellite satellite race track

hippologie hippology

hippomobile horse-drawn

hipposandale barrier boot

hollandais à sang chaud Dutch warm-blooded (horse)

hollandais de trait Dutch draught horse

holstein Holsteiner; Holstein (horse)

holstein suisse Swiss Holstein horse

homme de cheval horse person

hongre gelding

hongreur gelder

hormone lutéinisante luteinizing hormone

hors concours excluded from competition

hôte intermédiaire intermediate host

huçul Hutsul / Huzul horse

huile de feuilles de cèdre cedar leaves oil

huile de lin linseed oil

huile de pied de boeuf neat's-foot oil ; neatsfoot oil

huile de ricin castor oil

huit (de chiffre) figure (of) eight

humérus humerus

humeurs (de l'oeil) watery fluid (of the eye)

hygroma hygroma

hygroma du genou carpal hygroma

hypertrichose hypertrichosis

hyphomycose du cheval hyphomycosis (equine ~)

hypophyse hypophysis

hypoplasie cérébelleuse cerebellar degeneration / hypoplasia

ichtammol ichthammol

ileum ; iléon ileum

immobilité immobility

immobilité immobility

immunité immunity

immunodéficience combinée combined immuno-deficiency

imposée (amende ~) imposed (fine)

imposer une amende assess a fine

impulsion impulsion

inattentif inattentive

incisives incisors

inclinaison slope

incurvation flexion

incurver l'encolure flex the neck

incurver le corps bend the body

indépendance des aides independence of the aids

indice indicator

indice thérapeutique therapeutic index

industrie de l'élevage (de chevaux) breeding industry (horse ~)

industrie des courses de chevaux horse racing industry

infectieux infectious

infection infection

inflammation inflammation

infraction commise en course driving violation

injection de rappel (d'un vaccin) booster injection (of a vaccination)

innocuité safety margin

inscription entry

inscription jumelée (de deux chevaux) double entry

inscription jumelée (de trois chevaux) triple entry

inscrire des courses au calendrier schedule races

insecte nuisible pest (insect)

insecticide insecticide

insectifuge insect repellent

inséminateur inseminator

insémination artificielle artificial insemination

inséminer inseminate

insertion en acier steel wear insert

insertion pour le genou knee roll

instinct instinct

instinct grégaire herding instinct

instructeur d'équitation riding instructor

instructeur en chef (d'équitation) chief riding instructor

intérieur des arc-boutants seat of corn

interjeter appel appeal a ruling

interrompre une course disrupt a race

intervention d'office automatic claim

intestin intestine

intestin grêle small intestine

intubation nasogastrique nasogastric intubation

iode iodine

iomud lomud

iris iris

iritis iritis

irlandais Irish hunter

irritation chafing

isabelle buckskin

islandais Iceland pony

ivermectin ivermectin

ivoire central (d'une dent) secondary dentine

ivoire (d'une dent) dentine

jabot oesophagien crop

jaca navarra Jacca Navarra horse

jalonnement du parcours marking of the course

jambe gaskin

jambe active active leg

jambe extérieure outside leg

jambe intérieure inside leg

jambe isolée (action d'une ~) action of one leg only

jambe passive inactive leg

jambières chaps

jaquette frock coat

jarde curb

jarret hock

jarret bien sculpté well-defined hock

jarret droit straight hock

jarret(s) coudé(s) sickle hock(s)

jarrets clos / crochus cow-hocks / cow hocks

jarrets droits straight hind legs

jaunisse jaundice

javart cartilagineux quittor (of horses)

jejunum ; jéjunum jejunum

jetage nasal discharge

jeune taureau bull calf

jeunes (produits de l'élevage) young stock

jeux équestres equestrian games

Jeux équestres mondiaux World Equestrian Games

Jeux olympiques Olympic Games

jockey jockey

jockey de relève catch jockey / rider

joue cheek

joueur gambler

jour de relâche dark day

jour franc clear day

juge judge

juge à l'arrivée placing judge

juge associé associate judge

juge au / de départ starting judge

juge aux obstacles obstacle judge

juge auxiliaire assistant judge

juge d'appel appeal judge

juge d'équipement equipment judge

juge de chronométrage time steward

juge de courses race judge

juge de paddock paddock judge

juge de parcours patrol judge

juge en chef presiding judge

juge (responsable) de (la) pesée clerk of the scales

jugement judging

jugement de (la) conformation judgment of (external) conformation

jugement de la production production assessment

juger (se ~) cover the track of the front foot

jumelé quinella

jument mare

jument châtrée spayed mare

jument de base ; jument-base tap root / taproot mare

jument gestante mare in foal

jument saillie served mare

jument suitée lactating mare

jument vide empty mare

jumenterie broodmare station

jupe d'amazone lady's riding skirt

jury jury

jutland Jutland

karacebey Karacebey horse

kéfir kefir

kéraphyllocèle keratoma

kératine keratin

kirghis(e) ; kirghiz(e) Kirghis ; Kirghiz

kladruber Kladrub horse

knabstrup Knabstrup

konik Konik

kur kur

kyste cyst

kyste ovarien ovarian cyst

labyrinthe ethmoïdal / olfactif ethmoid(al) labyrinth

lacé laced

lacertus fibrosus lacertus fibrosus

lacune latérale de la fourchette lateral cleft / groove / furrow of the frog

lacune médiane (de la fourchette) median furrow of frog

ladre flesh mark

ladre au bout du nez snip flesh mark

ladre aux lèvres flesh mark on a lip

ladre bordé bordered flesh mark

ladre mélangé près des naseaux snip

ladrerie cysticercosis

laisse leash

laisse (en fibre tressée) lead rope

laisse / guide en coton cotton lead (rope)

laisse / guide en nylon nylon lead (rope)

laisse / guide en polypropylène poly lead (rope)

laisser distancer (se ~) drop far out of the race

laisser une ouverture (dans le peloton) leave a hole (in the field)

lame d'acier shedding blade

lame (d'un clou) blade (of a nail)

lamelles kéraphylleuses horny laminae / lamellae

lamelles podophylleuses dermal laminae

lampas lampas

landau landau

langue tongue

langue sur l'embouchure (cheval qui passe ~) tongue over the bit (horse getting the ~)

large base de sustentation plenty of ground

large de poitrine wide at the chest

largeur aux hanches width of hips

largeur de la poitrine width of chest

largeur du front breadth of the forehead

larvaire larval

larve larva

larve d'oestre bot (horse stomach ~)

laryngite laryngitis

larynx larynx

lasso lasso

lavallière stock tie

lavé washed-out

lavement lavage

léger à la jambe sensitive to the legs

léger sur l'avant-main light in / on the forehand

légèrement en tête small star

légèreté lightness

lente slow

lente louse egg

léopard leopard

levade levade

lèvre lip

lèvre inférieure lower lip

lèvre supérieure upper lip

lèvres (de la bouche) lips (of the mouth)

lèvres serrées tight mouth

liberté de garrot gullet (of a saddle)

liberté de langue port

licence licence

licol ; licou halter

licou / licol d'écurie stable head collar / stall

ligament ligament

ligament accessoire accessory ligament

ligament accessoire du fémur accessory ligament of the femur

ligament accessoire du fléchisseur profond accessory ligament of the deep digital flexor (tendon)

ligament accessoire du fléchisseur superficiel du doigt accessory ligament of the superficial digital flexor

ligament accessoire plantaire accessory ligament of the deep digital flexor (tendon)

ligament annulaire digital (proximal // distal) digital annular ligament (proximal // distal ~)

ligament annulaire (palmaire // plantaire) annular ligament (palmar // plantar ~)

ligament collatéral collateral ligament

ligament collatéral de l'articulation interphalangienne distale collateral ligament of coffin joint

ligament collatéral latéral / fibulaire (du grasset) lateral collateral ligament of the stifle joint

ligament collatéral médial / tibial du grasset medial collateral ligament of the stifle joint

ligament collatéral radial / médial du carpe medial collateral ligament of carpus

ligament collatéral ulnaire / latéral (du carpe) lateral collateral ligament (of carpus)

ligament commun palmaire palmar carpal ligament

ligament croisé crânial // caudal cruciate ligament (cranial // caudal ~)

ligament de l'ergot ligament of ergot

ligament de la tête fémorale ligament of the femoral head

ligament dorso-scapulaire dorsoscapular ligament

ligament fémoro-patellaire (médial // latéral) femoropatellar ligament (medial // lateral ~)

ligament inguinal inguinal ligament

Français => English

ligament intersésamoïdien intersesamoidean ligament

ligament ménisco-fémoral meniscofemoral ligament

ligament nuchal nuchal ligament

ligament patellaire (médial // intermédiaire // latéral) patellar ligament (medial // middle // lateral ~)

ligament pisi-ulnaire accessorioulnar ligament

ligament plantaire long long plantar ligament

ligament radio-carpien dorsal radiocarpal dorsal ligament

ligament sacro-iliaque dorsal dorsal sacroiliac ligament

ligament sacro-sciatique sacrosciatic ligament

ligament sésamoïdien collatéral collateral ligament of distal sesamoid bone

ligament sésamoïdien distal (impair) distal sesamoid (impar) ligament

ligament sésamoïdien distal moyen / oblique sesamoidean ligament(s) (oblique / middle ~)

ligament sésamoïdien distal superficiel / droit straight sesamoidean ligament

ligament supra-épineux supraspinous ligament

ligament suspenseur du boulet suspensory ligament

ligaments collatéraux médiaux // latéraux collateral ligaments (medial // lateral ~)

ligaments croisés cruciate ligaments

ligaments métacarpo-phalangiens collatéraux collateral carpal ligament (medial // lateral ~)

ligaments sésamoïdiens collatéraux collateral sesamoidean ligaments

ligaments sésamoïdiens courts short sesamoidean ligaments

ligaments sésamoïdiens croisés cruciate sesamoidean ligaments

ligaments sésamoïdiens distaux distal sesamoidean ligaments

ligaments sternaux sternal ligaments

ligne blanche linea alba

ligne blanche (du sabot) white line (of the hoof)

ligne d'arrivée finish(ing) line

ligne de départ starting line

ligne droite straight ; straightaway

ligne du dessus (d'un cheval) topline (of a horse)

ligne du milieu centre / center line

ligne du milieu (sur la ~) centre line (on / down the ~)

ligne semi-lunaire semilunar line

lignée lineage

lignée femelle female line

lignée mâle male line

lime à dents tooth float blade

lime à feu hot-rasp

lime (de finition) file (finishing ~)

limousin Limousin (horse)

liniment liniment

lipizzan Lipizzaner

liste stripe

liste bordée bordered stripe

liste de qualification qualifying list

liste des commissaires stewards' list

liste des retraits scratch list

liste déviée à gauche // droite stripe inclined to left // right

liste du vétérinaire veterinarian's list

liste (fine / petite) stripe (narrow ~)

liste large broad stripe

liste mélangée mixed stripe

liste officielle des partants official starters list

litière litter

liverpool Liverpool bit

liverpool (obstacle comprenant un ~) liverpool

livre de(s) haras stud-book ; stud book

locataire lessee

locateur lessor

locus locus

loge-caméra camera room

loin derrière le peloton way behind the field

long et bas jointé (paturon / cheval ~) long sloping pastern

long et droit jointé (paturon / cheval ~) long upright pastern

long jointé long pastern

longe longeing line

longe d'attache head-rope

longer lunge / longe

longue randonnée long-distance ride

longue rêne long rein

longueur battue beaten length

longueur d'une piste size of a course / track

longueur (de cheval) length

longueur de foulée length of stride

longueur de la tête length of the head

longueur du corps body length

lopin bar stock

losa Losa horse

losange(s) diamond(s)

louvet dark buckskin

lowicz Lowicz horse

lublinois Lublin horse

lunettes contre la boue wire mesh driving goggles

lunettes protectrices goggles

lusitano Lusitanian horse

lustre sheen

lutte ou fuite fight-or-flight

luxation dislocation

luzerne alfalfa

luzerne déshydratée dehydrated alfalfa / lucerne

luzerne en comprimés / cubes alfalfa pellets / cubes

lymphangite lymphangitis

lymphangite épizootique (à Histoplasma farciminosum) epizootic lymphangitis

lymphangite ulcéreuse du cheval et du bovin ulcerative lymphangitis of horses and cattle

lymphe lymph

mâcher le mors champ (the bit)

machine à billets / tickets (de pari mutuel) mutuel machine

mâchoire jaw

mâchoire inférieure mandible

mâchoire supérieure upper jaw

maillet de polo polo mallet

main hand

main manus

main (à ~ droite // gauche) lead (on / at the right // left ~)

mains hands (high)

mains (action des ~) hands (action of the ~)

maintenir les devants be still on top

maïs corn

maître d'équipage master of the hunt

maître de l'arrière-main (être ~) control the hindquarters

maître (en équitation) master rider

majorquin Mallorcan saddle horse

maladie du lundi azoturia

mal attaché badly set (on)

mal de Caderas mal de caderas

mal des transports motion sickness

mal gigoté / gigotté poorly-muscled thigh

maladie disease

maladie de Borna Borna disease

maladie hémolytique du nouveau-né alloimmune haemolytic anaemia of the newborn

maladie(s) des chevaux disease(s) (horse / equine ~)

malakan Malakan horse

malandre mallenders

malléole (médiale // latérale) malleolus (medial // lateral ~)

malopolski Malopolski horse

mamelles (les ~) udder (the ~)

manche round

manche de râpe handle (file / rasp ~)

manège arena

manège extérieur outdoor arena

manège intérieur indoor arena

mangeoire feed tub

mangeoire en coin corner feeder

maniabilité du cheval handiness of the horse

manica flexoria manica flexoria

manteau (d'une selle) skirt

manubrium manubrium

marathon (épreuve de ~) marathon

marbré varnish roan

marché noir de billets / tickets scalping

marcher (au pas) walk

marcher le parcours walk (over) the course

marcheur automatique walker (automatic ~)

maréchal-ferrant horseshoer

maréchalerie farriery

maremme Maremma / Maremmana horse

marquage à froid freeze branding

marquage au fer (rouge / chaud) branding (hot ~)

marque marking

marque à froid cold brand

marque (au fer rouge / au feu) branding (hot ~ mark)

marque de feu cast (bay / chestnut ~)

marquer à froid freeze brand

marquer au fer (rouge) hot brand

marron (cheval ~) feral (horse)

marron d'Inde horse chestnut

marronnier horse chestnut tree

marteau à frapper devant sledge hammer

marteau de forgeron turning hammer

marteau (de l'oreille) hammer (of the ear)

martingale martingale

martingale à anneaux running martingale

martingale-bavette bib martingale

martingale fixe / droite standing martingale

mash mash

mastite mastitis

match match race

matelassure panel (saddle ~)

matricule d'élevage breeding tattoo

mauvaise assiette incorrect seat

mazure Masuren

méat acoustique externe external acoustic / auditory meatus

méat acoustique interne internal acoustic meatus

méats ethmoïdaux ethmoidal meatus

mébendazole mebendazole

mecates mecate

mecklembourg(eois) Mecklemburg (horse)

méconium meconium

médecine vétérinaire veterinary medicine

médiastin mediastinum

médicament medicine

médication medicinal treatment

méjuger (se ~) overstep

mélangé mixed

mélanine melanin

mélanome melanoma

mélanose melanosis

mélasse molasses

mélioïdose melioidosis

melon (chapeau ~) bowler (hat)

membrane nictitante nictitating membrane

membre limb

membre antérieur / de devant forelimb ; foreleg

membre au soutien leg in the air

membre (d'un club) clubber

membre postérieur hind leg / limb

membre (qui est) à l'appui leg on the ground

membres antérieurs forelegs

membres (les ~) limbs (the ~)

membres postérieurs hind-legs

mener (le peloton) lead the field

ménisque (médial // latéral) menisci (medial // lateral ~)

mention des dernières performances chart lines (race ~)

menton (houppe du ~) chin (swelling)

mercurochrome Mercurochrome

mère dam

merens ; mérens Merens pony

Mérychippus Merychippus

mésair ; mézair curvet

mésentère mesentery ; mesenterium

mésocôlon mesocolon

Mésohippus Mesohippus

mesure de hauteur height measurement

métabolite metabolite

métacarpe metacarpus

métacercaire metacercaria

métaphyse metaphysis

métatarse metatarsus

métis crossbred (animal)

métissage hybridization

mètre metre / meter

métrite équine contagieuse contagious equine metritis

mettre à l'encan auction

mettre la charrue avant / devant les boeufs put the cart before the horse

mettre un licou halter

meute (la ~) hounds (the ~)

microfilaire microfilaria

mil en comprimés timothy pellets

milieu (du cheval) barrel (of the horse)

mille mile

mille d'entraînement training mile

millet millet

minorquin Minorcan saddle horse

Miohippus Miohippus

miracidium miracidium

misé bet

mise à l'herbe turning out to grass

mise-à-pied suspension

mise en main bringing in hand

mise en train preliminary warm-up

miser sur le mauvais cheval back the wrong horse

mitoyenne lateral incisor

mitoyennes lateral incisors

moelle épinière spinal cord

moelle osseuse bone marrow

moisissure mildew

molaire molar

molaires molars ; molar teeth

molette (d'un éperon) rowel

molette (d'un mors) roller (of a bit)

mollette articulaire wind gall / puff (articular ~)

mollette ; molette wind puff / windpuff

mollette tendineuse wind gall / puff (tendinous ~)

monorchide monorchid

monorchidie monorchidism ; monorchism

montant brut distribué en prix gross prize money

montant (de bride // muserolle) cheekpiece

montant de rapport pay-out price

montant des paris wagering pool

montant non versé money accruing

montant restant (des paris) break (wagers)

monte mount

monté mounted

monte à cru de chevaux sauvages bare-back bronc riding

monte du taureau bull riding

monte en avant forward seat

monte en selle de chevaux sauvages saddle bronc riding

monter à califourchon ride astride

monter à cru / à poil ride bareback

monter à travers champs ride cross-country

monter (à / un cheval) mount (a horse)

monter au pas ride at the walk

monter en amazone ride side-saddle

monter (en selle) get in the saddle

monter sur ses grands chevaux get on one's high horse

montoir mounting step

montoir service crate

monture mount

mordre bite

moreau jet-black

morgan Morgan

mors bit

mors bits

mors à molette roller bit

mors à pompe slide-cheek (bit)

mors anglais elbow bit

mors anti-cabreur Chifney

mors Buxton Buxton bit

mors d'arrêt / de rétention check bit

mors de bride curb bit

mors (de bride) à pompe slide-cheek Weymouth (curb) bit

mors de filet snaffle bit

mors espagnol kimblewick bit

mors pelham pelham bit

mors Scamperdale Scamperdale pelham bit

morsure bite

morsure de serpent venimeux poisonous snake bite

morve glanders (equine ~)

mouche araignée louse-fly (horse ~)

mouche bleue blowfly

mouche commune / domestique house fly ; housefly

mouche de l'étable stable fly

mouche du cerf / daim deer fly

mouche noire black fly

moucheté flea-bitten

mousqueton de sécurité panic snap

mousse (caoutchouc ~) foam (rubber)

mouton fleece

mouvement movement

moyenne cumulative overall average

mue shedding

mule mule (female ~)

mulet mullet

muletier muleteer

muqueuse mucosa

muqueuse intestinale gut lining

mur wall

Français => English

mur de briques brick-wall

mur de pierres stone wall

muscle (à contraction) volontaire
striated muscle

muscle abaisseur de la lèvre inférieure
depressor muscle of lower lip

muscle anconé anconeus muscle

muscle biceps brachial biceps brachii
muscle

muscle biceps fémoral biceps femoris
muscle

muscle brachial brachialis muscle

muscle brachio-céphalique
brachiocephalic(us) muscle

muscle buccinateur buccinator muscle

muscle canin caninus muscle

muscle cardiaque cardiac muscle

muscle carré fémoral quadratus femoris
muscle

**muscle cervico-auriculaire (superficiel
// moyen // profond)** cervicoauricularis
(superficialis // medius // profundus)
muscle

muscle ciliaire ciliary muscle

muscle cléïdo-brachial cleidobrachialis
muscle

muscle cléïdo-céphalique
cleidocephalicus muscle

muscle coccygien coccygeus muscle

muscle complexus complexus muscle

muscle coraco-brachial
coracobrachialis muscle

muscle crémaster cremaster muscle

muscle cutané du cou cutaneus colli
muscle

muscle cutané du tronc cutaneus trunci
muscle

muscle deltoïde deltoid(eus) muscle

muscle dentelé (ventral) du cou ventral
serrated muscle of neck

muscle dentelé ventral du thorax
ventral serrated muscle of thorax

muscle dilatateur des narines dilatator
nasis apicalis muscle

muscle droit de l'abdomen rectus
abdominis muscle

muscle droit de la cuisse rectus femoris
muscle

muscle droit latéral de la tête rectus
capitis lateralis muscle

muscle élévateur / rétracteur de l'anus
levator ani muscle

muscle épineux du thorax spinalis
thoracis muscle

muscle erector spinae erector spinae
muscle

muscle extenseur extensor muscle

muscle extenseur dorsal du doigt
common digital extensor muscle

muscle extenseur latéral du doigt
lateral digital extensor muscle

muscle extenseur oblique du carpe
extensor carpi obliquus muscle

muscle extenseur radial du carpe
extensor carpi radialis muscle

muscle fessier accessoire gluteus
accessorius muscle

muscle fessier moyen gluteus medius
muscle

muscle fessier profond gluteus
profundus muscle

muscle fessier superficiel superficial
gluteal muscle

muscle fléchisseur flexor muscle

muscle fléchisseur latéral du doigt
lateral head of the deep digital flexor
muscle

muscle fléchisseur médial du doigt
medial head of the deep digital flexor
muscle

**muscle fléchisseur profond du doigt /
des phalanges** deep digital flexor
muscle

**muscle fléchisseur profond du doigt /
des phalanges** deep digital flexor
muscle

muscle fléchisseur radial du carpe
flexor carpi radialis

**muscle fléchisseur superficiel du
doigt** superficial digital flexor muscle

muscle fléchisseur ulnaire du carpe
flexor carpi ulnaris muscle

muscle gastrocnémien gastrocnemius
muscle

muscle gracile gracilis muscle

**muscle grand // court adducteur (de la
cuisse)** adductor magnus // brevis
muscle (of the thigh)

muscle grand dorsal latissimus dorsi
muscle

muscle grand psoas psoas major
muscle

muscle grand rond teres major muscle

muscle iliaque iliacus muscle

muscle ilio-costal iliocostalis muscle

muscle ilio-psoas iliopsoas muscle

muscle infra-épineux infraspinatus muscle

muscle lisse smooth muscle

muscle long de la tête longus capitis muscle

muscle longissimus de l'atlas longissimus atlantis muscle

muscle longissimus de la tête longissimus capitis muscle

muscle longissimus dorsi longissimus (dorsi) muscle

muscle longissimus du thorax longissimus thoracis muscle

muscle masséter masseter muscle

muscle oblique externe de l'abdomen external abdominal oblique muscle

muscle oblique interne de l'abdomen internal oblique (abdominal) muscle

muscle obturateur (interne // externe) obturator (internus // externus) muscle

muscle omo-hyoïdien omohyoideus muscle

muscle omo-transversaire omotransversarius muscle

muscle orbiculaire de la bouche orbicularis oris muscle

muscle parotido-auriculaire parotidoauricularis muscle

muscle pectiné pectineus muscle

muscle pectoral ascendant ascending pectoral muscle

muscle pectoral descendant descending pectoral muscle

muscle pectoral transverse transverse pectoral muscle

muscle petit psoas psoas minor muscle

muscle petit rond teres minor muscle

muscle poplité popliteus muscle

muscle quadriceps fémoral quadriceps femoris muscle

muscle recto-coccygien rectococcygeus / rectococcygeal muscle

muscle releveur de la lèvre supérieure levator muscle of upper lip

muscle releveur naso-labial levator nasolabialis muscle

muscle rétracteur du pénis retractor muscle of penis

muscle rhomboïde rhomboid(eus) muscle

muscle rhomboïde cervical cervical rhomboid muscle

muscle rhomboïde thoracique rhomboideus thoracis muscle

muscle rond pronateur pronator teres muscle

muscle sartorius sartorius muscle

muscle scalène moyen middle scalenus muscle

muscle scalène ventral ventral scalenus muscle

muscle semi-membraneux semimembranous / semimembranosus muscle

muscle semi-tendineux semitendinous / semitendinosus muscle

muscle soléaire soleus muscle

muscle splénius splenius muscle

muscle sterno-céphalique sternocephalicus muscle

muscle subclavier subclavian pectoral muscle

muscle subscapulaire subscapular(is) muscle

muscle supra-épineux supraspinatus muscle

muscle temporal temporal muscle

muscle tenseur du fascia antébrachial tensor fasciae antebrachii muscle

muscle tenseur du fascia lata tensor fasciae latae muscle

muscle tibial caudal tibialis caudalis muscle

muscle tibial crânial tibialis cranialis muscle

muscle transverse de l'abdomen transverse abdominal muscle

muscle trapèze trapezius muscle

muscle triceps (brachial) triceps muscle

muscle ulnaire latéral ulnaris lateralis muscle

muscle vaste intermédiaire vastus intermedius muscle

muscle vaste latéral / externe vastus lateralis muscle

muscle vaste médial / interne vastus medialis muscle

muscle zygomatique zygomaticus muscle

muscles cutanés cutaneus muscles

muscles de l'oreille externe muscles of external ear

muscles dentelés ventraux serratus ventralis muscle

muscles extenseurs de l'avant-bras extensor muscles of forearm

muscles fléchisseurs de l'avant-bras flexor muscles of forearm

Français => English

muscles intercostaux internes // externes intercostales interni // externi muscles

muscles ischio-tibiaux hamstring muscles

muscles jumeaux gemelli muscles

muscles longissimus de l'atlas et de la tête longissimus capitis et atlantis muscles

muscles longs épineux spinalis muscle

museau muzzle

muselière muzzle

muserolle noseband

muserolle allemande drop noseband

muserolle éclair / combinée flash noseband

muserolle en forme de 8 cross-over noseband

muserolle française cavesson (noseband)

musette feed bag

mustang mustang ; Mustang

myase / myiase cutanée cutaneous blowfly myiasis

myoclonie congénitale congenital myoclonus / tremor

myoclonie(s) myoclonia ; myoclonus

myoglobinurie azoturia

myorelaxant muscle-relaxant drug

naissance de la queue tail head

naseau nostril

navet turnip

naviculaire (maladie ~) navicular disease / lameness / bursitis

négligé long shot

neigé snowflake (pattern / marking / coat)

neigeures white spots

nématicide nematocide

nématode nematode

néphrite nephritis

nerf nerve

nerf accessoire accessory nerve

nerf axillaire axillary nerve

nerf brachial cutané (crânial // médial // caudal) cutaneous antebrachial nerve (cranial // medial // caudal ~)

nerf cutané fémoral (latéral // caudal) cutaneous femoral nerve (lateral // caudal ~)

nerf digital digital nerve(s)

nerf facial facial nerve

nerf fémoral femoral nerve

nerf génito-fémoral genitofemoral nerve

nerf glutéal (crânial // caudal) gluteal nerve (cranial // caudal ~)

nerf honteux pudendal nerve

nerf long thoracique long thoracic nerve

nerf mandibulaire mandibular nerve

nerf maxillaire maxillary nerve

nerf médian median nerve

nerf métacarpien palmaire (médial // latéral) palmar metacarpal nerve (medial // lateral ~)

nerf métatarsien plantaire (médial // latéral) plantar metatarsal nerve (medial // lateral ~)

nerf musculo-cutané musculocutaneous nerve

nerf obturateur obturator nerve

nerf ophtalmique ophthalmic nerve

nerf optique optic nerve

nerf palmaire (médial // latéral) palmar nerve (medial // lateral ~)

nerf périnéal (superficiel // profond) perineal nerve (superficial // deep ~)

nerf péronier (commun // superficiel // profond) peroneal nerve (common // superficial // deep ~)

nerf phrénique phrenic nerve

nerf plantaire (médial // latéral) plantar nerve (medial // lateral ~)

nerf pneumogastrique vagus nerve

nerf radial radial nerve

nerf saphène externe caudal cutaneus sural nerve

nerf saphène interne saphenous nerve

nerf sciatique sciatic nerve

nerf spinaux spinal nerves

nerf subscapulaire subscapular nerve

nerf thoraco-dorsal thoracodorsal nerve

nerf tibial tibial nerve

nerf trijumeau trigeminal nerve

nerf ulnaire ulnar nerve

nerfs cervicaux cervical nerves

nerfs crâniens cranial nerves

nerfs métatarsiens dorsaux dorsal metatarsal nerves

nerfs pectoraux pectoral nerves

nerfs pelviens pelvic nerves

nerfs rectaux caudaux caudal rectal nerves

nerfs sacraux / sacrés sacral nerves

nerveux nervous

nervosité nervousness

nettoyeur (d'étable, automatique) barn cleaner (automatic ~)

névrectomie neurectomy

new-forest New-Forest (pony)

nez nose

nez coupé (d'une selle) cut back head (of a saddle)

nez qui coule running nose

nitrate d'argent silver nitrate

nitrofural nitrofurazone

niveau d'entraînement degree of training

noir black

noir d'été summer black

noir franc coal black

noir mal teint black-brown

noir pie piebald

noir zain solid black (whole coloured)

noisette (couleur ~) hazel (colour)

nombril navel

non-conforme au type de la race not true to type

non-partant non-starter

non signalé (sur d'autres pistes) non reported (on other tracks)

nonius Nonius

norique Noric horse

norme de qualification qualifying standard

norme de qualification d'une piste track qualifying standard

norme de vitesse time standard

northland Northland horse

nourrir feed

novice maiden

nu bare (horse)

nuire (à la progression d'un autre cheval) impede (the progress of another horse)

numération des oeufs egg count

numéro de position de départ post position number

nuque poll

nutriment nutrient ; nutriment

nutrition nutrition

obéissance obedience

oberland Oberland horse

objection objection

obstacle obstacle

obstacle d'entraînement / d'essai practice obstacle

obstacle étroit skinny obstacle

obstacle fixe solid fence

obstacle large spread fence / jump

obstacle naturel natural obstacle

obstacle sautant attractive-looking fence

obstacle simple simple obstacle

obstruction interference

oedème oedema

oeil eye

oeil bleu blue eye

oeil cerclé (de blanc) visible white sclera

oeil de boeuf buck eye

oeil de cochon pig(gy) eye

oeil de perdrix lip strap ring

oeil (globe de l'~) eyeball

oeil porte-outils hardy / hardie hole

oeil rond hole (pritchel / punching ~)

oeil vairon silver eye

oeillère blinker

oesophage oesophagus

oeufs par gramme eggs per gram

officiel de courses race course / track official

oldenbourg ; oldenburg Oldenburg (horse)

olécrane / olécrâne olecranon

ombrageux spooky

omphalite omphalitis

ongulés (les ~) ungulates (the ~)

orbite (de l'oeil) eye socket

ordonnance des juges judge's ruling

ordre d'arrivée order of finish

ordre d'arrivée (des trois premiers chevaux) best company line

ordre de départ starting order

oreillard lop-eared

oreille ear

oreille wing (standard)

oreille fendue nicked ear

oreille (interne // moyenne // externe) ear (internal // middle // external ~)

oreille (pavillon de l'~) auricle

oreille pointée prick ear

oreilles d'âne mule ears

oreilles de cochon lop ears

oreillette (droite // gauche) atrium (right // left ~)

organe génital genital organ
organiser des paris conduct betting
orge barley
orloff ; orlov Orloff / Orlov (horse / trotter)
orthosome leg brace
os bone
os accessoire du carpe accessory carpal bone
os carpal I first carpal bone
os carpal II second carpal bone
os carpal III third carpal bone
os carpal IV fourth carpal bone
os coxal hip bone
os cunéiforme médial tarsal bone 1 and 2
os du canon cannon bone
os du carpe (les ~) carpal bones
os du métacarpe (les ~) metacarpal bones
os du métatarse (les ~) metatarsal bones
os du tarse (les ~) tarsal bones
os ethmoïde ethmoid bone
os frontal frontal bone
os grands sésamoïdes proximal sesamoid bones
os ilium ilium
os incisif incisive bone
os intermédiaire du carpe intermediate carpal bone
os interpariétal interparietal bone
os ischium ischium
os lacrymal lacrimal bone
os métacarpien principal metacarpal bone (large / third ~)
os métacarpien rudimentaire small metacarpal (bone)
os métacarpiens rudimentaires splint bones (front limb medial and lateral ~)
os métatarsien principal metatarsal bone (large / third ~)
os métatarsien rudimentaire splint bone
os métatarsiens rudimentaires splint bones (hind limb medial and lateral ~)
os nasal nasal bone
os naviculaire central tarsal bone
os occipital occipital bone
os palatin palatine bone
os pariétal parietal bone
os petit sésamoïde distal sesamoid bone
os ptérygoïde pterygoid bone

os pubis pubis (bone)
os radial (du carpe) radial carpal bone
os sphénoïde sphenoid bone
os tarsal III third tarsal bone
os tarsal IV fourth tarsal bone
os temporal temporal bone
os ulnaire ulnar carpal bone
os zygomatique zygomatic bone
osselet osselets
osselets de l'ouïe auditory ossicles
ossifier (s'~) ossify
ostéite osteitis
ostéite de la troisième phalange pedal osteitis
ostéo-arthrite osteo-arthritis
ostéochondrite disséquante / dissécante osteochondritis dissecans
ostéopériostite osteoperiostitis
otite otitis
ouraque urachus
ouvert (du devant // du derrière) base wide
ouverture dans le peloton hole in the field / pack
ouverture (dans le peloton) le long de la clôture hole on the rail
ouvrier de ranch ranch hand
ovaire ovary
oxer oxer
oxer ascendant ascending oxer
oxer carré square oxer
oxer suédois Swedish oxer
oxfendazole oxfendazole
oxybendazole oxibendazole
oxyure pinworm (horse ~)
paddock paddock
paiement illicite bribe
paille straw
paille hachée chopped straw
palais palate
palais dur hard palate
palais osseux bony palate
palanque(s) plank(s)
palefrenier groom
palefroi palfrey
palette (filet à ~) tongue grid (snaffle with a ~)
palissade stockade
palomino palomino
palonnier swing-tree

palpation rectale rectal palpation

panard du pied (cheval ~) toed-out

pancréas pancreas

pansage grooming

pansement dressing

panser groom

pantalons d'équitation breeches

pantoufles (d'un fer) beveled heels (of a shoe)

papilles papillae

paquetage (pour les pieds des chevaux) hoof packing

par la ligne du centre down the centre line

paracentèse abdominale abdominal paracentesis

parade halt

parade parade

parage (de la corne) trimming (of the hoof)

paralysie caudale caudal paralysis

paralysie du nerf suprascapulaire suprascapular paralysis

paralysie périodique hyperkaliémique hyperkalaemic / hyperkaliemic / hyperkalemic periodic paralysis

parasite parasite

parasite interne internal parasite

parasitose parasitosis

parc à moutons sheep-pen

parc équestre equestrian park

parcours course

parcours d'obstacles course of obstacles

parcours d'une piste racing strip

parcours de cross cross-country course

parcours routier roads and tracks

parcours sans fautes clear (round)

parenchyme parenchyma

parer (un sabot) pare (a hoof)

pari bet

pari anticipé advance bet / wager(ing)

pari combiné / en combinaison combination bet

pari double daily double

pari exécuté placed bet

pari exotique gimmick wagering

pari hors-piste off-track bet(ting)

pari inter-hippodrome inter track bet / wager(ing)

pari mutuel pari-mutuel

pari progressif parlay bet / wager(ing)

pari simple single bet / wager(ing)

pari spécial feature bet

pari spéculatif overlay

pari uniforme flat bet

parier bet

parieur bettor

parieurs (les ~) betting public

paris (montant total des ~) handle

paroi (du sabot) wall (of the hoof)

paroi gastrique stomach wall

parotide (glande ~) parotid gland

part d'une bourse share of a purse

partager les rênes separate the reins

partager une bourse share in a purse

partant de seconde ligne (cheval ~) trailer

partie cléïdo-basilaire / occipitale cleido-occipitalis

partie mastoïdienne / cléïdo-mastoïdienne mastoid part

partir au galop start at the canter

partir au galop de pied ferme strike off at the canter from the halt

partir au trot start at a trot

pas walk

pas step

pas allongé extended walk

pas de côté side step

pas de deux pas de deux

pas de pied, pas de cheval no foot, no horse

pas espagnol Spanish walk

pas, les rênes abandonnées walk on a loose rein

pas, les rênes longues walk on a long rein

pas libre free walk

pas libre, rênes longues free walk on a long rein

pas moyen / ordinaire medium walk

pas raccourci, rassemblé shortened walk, collected

pas rassemblé collected walk

pas, sur la main walk with contact

pas vers l'arrière step backwards

paso fino Paso Fino

passage passage

passage de route sunken road

passage des sangles girth place

passer l'examen vétérinaire vet clean

passer la langue sur l'embouchure get the tongue over the bit

passer / partir au galop break into canter / gallop

pâturage pasture

pâturage alternatif / en alternance alternate grazing

pâturage d'été summer pasture

pâturage propre clean pasture

pâturin du Kentucky Kentucky blue grass

paturon pastern

paupière (inférieure // supérieure) eyelid (lower // upper ~)

paupières eyelids

peau skin

peau de couleur pâle light hide

peau de mouton sheepskin

peau foncée dark hide

pedigree pedigree

Pégase Pegasus

peigne comb

peigne à crinière mane comb

peigne à tirer la crinière mane pulling comb

peigner la crinière comb the mane

pelage à la naissance birth coat

pelage (le ~) coat

pelham SM SM pelham

pelle à charbon shovel (for coal)

peloton field

pelouse public enclosure

pelvis pelvis

pénalité penalty

pénalité de temps time penalty

pénicilline penicillin

pénis penis

pension board

pension (montant de la ~) boarding fee

pensionnaire boarder

pepsine pepsin

perche de tête head pole

percheron Percheron

perdre de la vitesse lose momentum

perdre du terrain lose ground

perdre son allure break stride

perdre un fer throw a shoe

perdre un fer lose a shoe

père sire

performance performance

péricarde pericardium

périnée perineum

période de réchauffement warm-up (period)

périople periople

périoste periosteum

périostite periostitis ; periosteitis

périostose periostosis

péritoine peritoneum

péritonite peritonitis

permis de monte covering permit

persan Persian (horse)

persistance de l'ouraque patent urachus (still-~)

pesade pesade

pesage weighing

pesage / pesée (avant la course) weighing-out

pesage (salle de ~) weighing room

pesant sur / à la main heavy on the hand

pesée (de sabot) weight (toe-~ // side-~)

pesée / pesage (après la course) weigh-in ; weighing-in

peser weigh

peser (après la course) weigh in

peste équine africaine African horse sickness

pétéchie petechia

petit-fils grandson

petit quartier skirt

petit strongle small strongyle

petit trot jogging

petit trot rassemblé jog

petite-fille granddaughter

peu généreux (cheval ~) unwilling (horse)

peur fear

phalange phalanx

phalange distale distal phalanx

phalange intermédiaire middle phalanx

phalange proximale proximal phalanx

phalanges des postérieurs phalanges of pelvic appendage

pharynx pharynx

phase de cross-country cross-country phase

phénylbutazone phenylbutazone
phosphore phosphorus
photo d'arrivée photo finish
photophobie photophobia
phycomycose phycomycosis (equine ~)
piaffé ; piaffer piaffé ; piaffer ; piaffe
piaffer paw the ground
piano step (obstacle)
pica pica
picador picador
pie pinto ; pintado
pie noir piebald
pie (sauf noir) skewbald
pied foot
pied à talons trop bas foot broken back
pied arrière back foot
pied avant forefoot
pied comble dropped sole
pied comble retained sole
pied de travers foot broken in // out
pied dérobé brittle foot / hoof
pied encastelé contracted foot
pied évasé flaring / flared foot
pied gras wet hoof
pied maigre dry hoof
pied plat flat foot
pigment pigment
piliers pillars
pinçard (cheval / pied ~) club foot
pince central incisor
pince à émasculer emasculator
pince arrache-clous / tire-clous crease nail puller
pince coupante / à parer nipper(s) (hoof ~)
pince (d'un fer) toe (of a shoe)
pince (d'un sabot) toe (of a hoof)
pince exploratrice hoof tester(s)
pince(s) à river clincher(s) / clencher(s) (nail ~)
pinces central incisors
pinces à feu tongs (blacksmith's / farrier's ~)
pinçon clip
pinçon en pince toe clip
pinçon en quartier quarter clip
pinçon latéral side clip
pindos Pindos pony
pipérazine piperazine

piqué (de coton) quilted cotton
piqueux huntsman
piqûre quicking
pirouette pirouette
pirouette au galop pirouette at a canter
pirouette au pas pirouette at walk
pirouette renversée reversed pirouette
piscine pour chevaux horse swimming pool
pissenlit dandelion
piste à main droite // gauche track to the right // left
piste (dans un manège) track (in a riding arena)
piste (de course) track (race ~)
piste de gazon grass course / track
piste de terre battue dirt course / track
piste en sable sand track
piste extérieure (dans un manège) track (around a riding arena)
pivot sur le centre turn on the centre
placé place(d)
placenta allantoïdien chorioallantoic placenta
placenta chorio-vitellin choriovitelline placenta
placer collect
placer de la tête head placement
placer les chevaux (dans les stalles de la barrière de départ) load the horses (into the starting boxes)
placer (un cheval) d'aplomb make a horse stand correctly
plaie wound
plaie de sangle girth gall
plaie de selle saddle sore
plaie par morsure bite wound
plaies d'été summer sores
plaignant complainant
plainte complaint
plainte de non-paiement unpaid claim
plaisance pleasure
plan de course pre-race strategy
plan du parcours plan of the course
planer suspension
plantain plantain
plaque patch
plaque d'écurie stable-plaque
plaque de tête numérotée head number plate

plasma (sanguin) plasma (blood ~)

plat (au-dessus de l'obstacle) flat (over an obstacle)

plat dans ses arceaux flat-sided

pleurésie pleuritis ; pleurisy

pleuropneumonie contagieuse du cheval equine contagious pleuropneumonia

pleven Pleven horse

plèvre pleura

plexus brachial brachial plexus

plexus céliaque / coeliaque celiac plexus

plexus lombaire lumbar plexus

plexus lombo-sacré lumbosacral plexus

plexus mésentérique (crânial // caudal) mesenteric plexus (cranial // caudal ~)

plexus pulmonaire pulmonary plexus

plexus sacré / sacral sacral plexus

plexus solaire solar plexus

plexus veineux coronaire coronary venous plexus

pli du genou hollow of knee

pli du paturon hollow of heel

pli latéral flank fold

Pliohippus Pliohippus

plonger rake

pneumonie pneumonia

poche gutturale guttural pouch

poids de handicap handicap weight

poids de lestage extra weight

poignée hand grip

poignée de guide hand hold ; handhold

poignets étranglés derrière tied in (at / below the) knees

poignets étranglés devant cut out under the knees

poil d'été summer coat

poil d'hiver winter coat

poil (un ~) hair (a ~)

poinçon punch

poinçon à calibrer drift

poinçon à contre-percer pritchel for back punching

poinçon emporte-pièce pritchel (hot work ~)

point de bonification bonus point

point de départ starting point

point de pénalité penalty point

point de repère marker letter

pointe (d'un clou) point (of a nail)

pointe de l'épaule point of shoulder

pointe de l'épaule (région de la ~) shoulder joint region

pointe de la fesse point of buttock

pointe de la fourchette apex of frog

pointe de la hanche point of hip

pointe de vitesse brush

pointe du coude point of elbow

pointe du jarret point of hock

pointer point

pointes de feu pin firing (scars)

pointeur pointer

poire face drop

pois spots

poitevin mulassier Poitou horse

poitrail breast

poitrail de chèvre pigeon breast

poitrine chest

poitrine étroite narrow chest

poitrine large wide chest

polo polo

polydipsie polydipsia

pomme apple

pommeau pommel

pommelé dapple(d)

poney pony

poney albanien Albanian pony

poney bosnien Bosnian pony

poney d'Amérique Pony of America

poney d'Esperia Esperia pony

poney de la Giara Giara pony

poney de Mongolie Mongolian pony

poney de Pénée Peneia pony

poney de polo polo pony

poney de selle riding pony

poney des montagnes yougoslaves Yugoslav mountain pony

poney du Gotland Gotland pony

poney galicien Galician pony

poney galicien portugais Portuguese pony

poney macédonien Macedonian pony

poney welsh Welsh pony

population chevaline horse population

port carriage

port de tête head carriage

porte-billets ticket rack

porte-brancard tug (open ~)

porte-étrivière (couteau ~) stirrup bar

porte-queue tail holder

porter le fer à chaud (sur le pied) hot fit the shoe (on the hoof)

porter le nez au vent star-gaze

porter plainte lay a complaint

portillon (de la barrière de départ) door (of the starting gate)

poser landing

position au départ post position

position dans le dernier droit stretch position

position de course jockey seat

position de départ intérieure inside post position

position de dressage dressage seat

position de rapport / rendement pay-off position

position du cavalier position of the rider

position du cheval de tête lead horse position

position idéale golden spot

position officielle au fil d'arrivée official finish position

position sur le troussequin position in the back of the saddle

posologie dosage

poste de contrôle des courses race control station

postérieur droit right hind-leg

postérieur gauche left hind-leg

postier post horse

poteau pole

poteau au demi-mille half-mile pole / post

poteau au quart de mille quarter-mile pole / post

poteau aux trois quarts de mille three-quarter-mile pole / post

poteau d'attache hitching post

poteau de départ fair start pole / post

poteau de faux départ false start pole / post

potentiel / possibilités (d'un cheval) capabilities (of a horse)

pottok Pottok pony

pou louse (biting ~)

pouce inch

poulain (mâle entier) colt

poulain // pouliche d'un an yearling (colt // filly)

poulain // pouliche de lait milk foal

poulain // pouliche (de moins d'un an) foal (colt // filly ~)

poule pool

poule pool (betting ~)

poule de chevaux de deuxième place place pool

poule de paris séparés separate betting pool

poule de première place win pool

poule de troisième place show pool

poule des paris doubles daily double pool

pouliche filly (foal)

poulinage foaling

pouliner foal

poulinière broodmare ; brood mare

pouls pulse

poumon lung

pourcentage de retour selon les cotes odds payoff ratio

pourcentage de victoires win percentage

pourriture de la fourchette thrush

poursuite run

pourvoi appeal

poussée des postérieurs driving action of hind legs

poussée en début de course early speed

pousser un conducteur à la sortie flush out a driver

poussière dust

poussif broken winded

poux lice

poznan Poznan horse

pré (au ~) grass (at ~)

Preakness Preakness (Stakes)

prêle horsetail

prêle des champs common horsetail

prêle des marais marsh horsetail

prêle fluviale water horsetail

prélèvement d'échantillon taking of sample

prélèvement d'urine urine sample

prélèvement de sang blood sample

prélèvement (du gouvernement) government levy / take-out

prélever un échantillon take a sample

premier commissaire presiding steward

premier quart (de mille) first quarter (mile)

premier tournant / virage first turn

première dentition milk (set of) teeth

première position win position

premiers soins first aid

prémolaires premolars ; premolar teeth

prendre au lasso lasso

prendre le départ start

prendre le mors aux dents take the bit in the teeth

prendre position move into position

prendre soin d'un cheval groom a horse

prendre soin de(s) chevaux groom horses

preneur aux livres bookmaker ; bookie

préposé à l'identification des chevaux horse identifier

préposés à la barrière gate crew

prépotent prepotent

près de terre (cheval qui est ~) close to the ground (horse being ~)

présentation (épreuve de ~) presentation

présenter (un cheval) en main show (a horse) in hand

président du jury president of the jury

pression de la jambe leg pressure

prime à l'éleveur ; prime d'élevage breeder's premium

prince de galles (éperon ~) Prince of Wales spur

principe de balzane white coronet

pris à l'extérieur (du peloton) parked out

pris dans le panier boxed in

prise de longe rope burn

prise du veau au lasso calf roping

prix prize

prix price

Prix Caprilli Prix Caprilli

prix de réclamation (d'un cheval) claiming price (of a horse)

Prix des nations Nations' Cup

prix (en argent) prize (cash / money ~)

prix payé / versé (par le pari mutuel) mutuel payoff / return

Prix Saint Georges Prix St. George

pro-oestrus pro-oestrus / proestrus

procaïne procaine

processus basilaire basilar process

processus épineux spinous process

processus extensorius extensor process

processus palmaire (de la phalange distale) palmar process (of the distal phalanx)

processus rétrossal retrossal process

processus transverse transverse process

production (d'un cheval en particulier) progeny (of a particular horse)

profondeur de la poitrine depth of chest

profondeur des flancs / de l'abdomen depth of flank

prognathisme / prognathie (mandibulaire) prognathism / prognathia (mandibular ~)

programme programme

programme de courses race card / program(me)

programme double double program(me)

programme quotidien (des courses) daily race / racing card / program(me)

propriétaire owner

propriétaire de ranch ranchman

propriété ownership

prostate prostate

protecteur de coude elbow boot

protecteur de genou knee boot / guard

protecteur de tête head bumper

protecteur en deux parties pour couronne et pied hinge(d) quarter boot

protège-boulet ankle boot

protège-couronne coronet boot

protège-jarret hock boot

protège-queue tail wrap

protège-talon quarter boot

protéine protein

provision retainer ; retaining fee

pulpe de betteraves sugar beet pulp

pulpe dentaire pulp tooth

punir punish

punition punishment

pupe pupa

pupille pupil

pur-sang ; pur sang purebred ; pure bred

pureté des allures purity of strides

purpura hémorragique haemorrhagic purpura

purulent purulent

pus pus

pylore pylorus

pyramide rénale renal pyramid

pyrantel pyrantel

pyréthrine pyrethrin

quadrille quadrille

qualification qualification

quarantaine quarantine

quarté (pari ~) quarté bet / wager(ing)

quarterhorse ; quarter horse Quarterhorse / Quarter Horse (American ~)

quartier arrière (du cheval) hindquarter

quartier (d'un fer) quarter (of a shoe)

quartier (d'une selle) flap (of a saddle)

quartier (du sabot) quarter (of a hoof wall)

quatrième dame fourth dam

quelques poils en tête faint star

queue tail

queue à l'anglaise cocked tail

queue attachée bas low set tail

queue attachée haut high set tail

queue collée / vissée badly set tail

queue d'aronde hook (of a corner incisor)

queue-de-cheval horse tail

queue de rat rat tail

queue de renard brush

queue toilettée trimmed tail

qui n'a pas fait ses preuves unproven

raccourcir les rênes shorten the reins

race breed

race équine / de chevaux horse breed

rachitisme rickets

racine d'une dent tooth root

radius radius

rage rabies

raideur stiffness

raie de mulet dorsal stripe / list / band

raies de feu strip firing (scars)

raifort horseradish

raineur creaser

rainure groove

rainure (d'un fer) fuller(ing)

rainure de Galvayne Galvayne's groove

ralentir son allure normale lay off one's normal pace

ramener ramener

ranch ranch

randonnée ride (trail ~)

randonnée à cheval trail riding

rangée(s) de chevaux tier(s) of horses

râpe rasp

râper rasp

râper les dents float the teeth

rapide fast

rapport amount paid out

rapport officiel de courses official race report

rapport officiel des juges judge's official report

rapprocher du meneur (se ~) close ground on the leader

rassemblé collected

rassemblement de bétail cattle drive

rassembler (d'un cheval) collection (of a horse)

rassembler (le bétail) round up (the cattle)

rassembler (le bétail) par équipes team pen

rassembler (un cheval) collect (a horse)

rate spleen

râtelier (à fourrage) hay rack

râtelier mural (pour le foin) wall hay rack

rater une fin de course blow up a finish

ration d'entretien maintenance ration

ration de travail working ration

ration journalière daily ration

ration supplémentaire supplementary ration

rattraper le meneur catch up the leader

rayon (de roue de sulky) spoke (of a sulky wheel)

réception landing

récessif recessive

recevoir (se ~) land

réchauffement (exercice de ~) warm-up (exercise)

réchauffer un cheval warm-up a horse

réclamant claimant

réclamation claim

réclamer claim

récolter la part du lion d'une bourse collect the front end of a purse

récompense award

récompense reward

récompenser reward

record à vie lifetime record

record de piste track record

record de vitesse time record

rectangle de dressage dressage ring / arena

rectification par les juges correction (made) by the judges

rectum rectum

reculer rein-back ; reinback

reculer back

rédhibition annulment

redingote (à la française) de chasse à courre French hunting-coat

redresseur de guide rein straightener

refouler upset

refroidissement cooling out

refus refusal

refus d'engagement rejection of declaration

refus de conduire failure to drive

refuser refuse

régie management

région du carpe carpal region

région du métacarpe metacarpal region

région glutéale gluteal region

région lombaire lumbar region

registre (général) stud-book (general ~)

règlement dérogatoire overriding rule

règlements de la piste track rules

régularité regularity

rein kidney

rein(s) loin(s)

rejeton offspring

relevé des billets / tickets remboursés summary of cashed tickets

relever un fer reset a shoe

remède de cheval drastic medication

remonter dans le peloton gain ground

remorque (à chevaux) trailer (horse ~)

remorque (à) deux places two-horse trailer

remporter x victoires notch x victories / wins

renâclage snort (warning ~)

renardière fox hole ; foxhole

rendement (sur un pari) payoff

rendre à la barrière de départ (se ~) go to the post

rêne rein

rêne abandonnée completely loose rein

rêne allemande draw rein

rêne contraire indirect rein

rêne contraire d'opposition indirect rein of opposition

rêne contraire d'opposition en arrière des épaules indirect rein of opposition behind the withers

rêne contraire d'opposition en avant des épaules indirect rein of opposition in front of withers

rêne d'appui neck rein

rêne d'ouverture opening rein

rêne de filet snaffle-rein

rêne (de mors) de bride curb-rein

rêne directe direct rein

rêne directe d'opposition direct rein of opposition

rêne extérieure outside rein

rêne fixe side rein

rêne flottante hanging rein

rêne intérieure inner rein

rênes reins

rênes dans une seule main reins in one hand

rênes longues (les ~) long rein (on / at a ~)

rênes tressées braided reins

rénette ; reinette hoof knife

renouvellement des dents changing the teeth

renvers renvers

renversement d'un obstacle knocking down an obstacle

renverser un obstacle knock down an obstacle

renverser une décision quash a decision

reprendre les devants be back on top

reprendre une course restart a race

reprise dressage test

reprise d'un départ recall of a race

reprise olympique Olympic dressage test

reproducteur (mâle) stud horse

reproducteurs (sujets ~) breeding stock

reproduction breeding

reproductrice (jument ~) producing mare

résistance resistance

résistant tough

responsable du pari mutuel mutuel manager

restrictions de vitesse time bars

résultat cumulatif (des paris) progressive aggregate wagers

résultat (d'une course) outcome (of a race)

résultat statistique charted line

retarder sur le mouvement (du cheval) behind the motion

retenir un cheval hold back a horse

rétif stubborn

rétinacle ; rétinaculum retinaculum

rétinaculum des extenseurs extensor retinaculum

rétinaculum des fléchisseurs flexor retinaculum

rétine retina

retiré scratched

retirer withdraw

retirer d'une position back off position

retour sur pari double double pay-off

retrait scratch(ing)

retrait de dernière heure late scratching

rétrograder un cheval set back a horse

réunion (de courses) meeting (race ~)

revêche ill-tempered

rhabdomyolyse d'effort / induite à l'exercice azoturia

Rhinoestrus purpureus Rhinoestrus purpureus

rhinopneumonie (virale du cheval) rhinopneumonitis (equine viral ~)

rhume d'été summer cold

rigide (filet / canon ~) straight bar bit / snaffle

rive (d'un fer) rim (of a horseshoe)

river clinch / clench

rivetage (des clous) clinch / clench

rivière water jump (open ~)

riz rice

robe coat (colour)

robe bigarrée odd-coloured (coat / horse)

robe brillante / lustrée glossy coat

robe mixte mixed colour

robe primitive foal colour

robe simple simple colour

robe terne dull coat

robes et particularités colours and markings

rocher petrous part (of temporal bone)

rodéo rodeo

rogne-pied sole knife

rompre break into

rompre au pas start at a walk

rond walking ring

rondelle de mors cheek guard

rondelles de mors bit guards

rotation des pâturages pasture rotation

roteux crib-biter ; cribber

rotule patella

rouan bay roan

rouanné blood marks

roue (de sulky) pleine disk wheel

roulette wheel

roulette partielle partial wheel

roumain Romanian horse

routier roadster

routine routine

ruade kick

ruban rosette

ruban ribbon

ruban à mesurer measuring tape

ruban adhésif en vinyle electrical insulating tape

rubican grey-ticked

ruer kick

rupture d'équipement equipment break

rupture de tendon break down of tendon

rythme pace

sabot hoof

sabot rayé striped hoof

sac à harnais harness bag

sacoche (de selle) saddle bag

sacrum (os ~) sacrum

saignée blood-letting

saillie service

saillie assistée hand service

saillie au champ pasture breeding

saillie naturelle natural service

saillie sans conditions straight (service) fee

saillir (une jument) cover (a mare)

sain sound

Français => English

saison de mise bas foaling season
saison de monte service season
salernitain Salerno horse
salière supraorbital fossa
salive saliva
salle de quarantaine isolation unit
salut salute
san fratello San Fratello
sang blood
sangle girth
sangle girth
sangle coulissante sliding girth / strap
sangle, coupe sans friction chafeless girth
sangle croisée balding girth
sangle de flanc flank cinch
sangle de selle saddle girth
sangle en corde de nylon nylon cord girth
sangle portefeuille three fold girth
sangle sous-ventrière belly band
sangler girth
sans bouche dead mouth
sarrasin buckwheat
saut jump
saut d'obstacles jumping
saut de pied ferme standing jump
saut de volée flying jump
saut en hauteur high jump
saut en largeur spread jump
saut par équipes (compétition de ~) team jumping (competition)
saut (parties du ~) jumping action (parts of the ~)
sauter jump
sauter juste / net clear (jump ~)
sauts d'école school jumps
sauver du peloton (se ~) distance the field
savon de selle saddle soap
scalper (se ~) scalping
scapula scapula
schleswig Schleswig (horse) ; Schlesinger horse
sclérotique sclera
scrotum scrotum
scutum distal scutum distale
scutum moyen scutum medium
scutum proximal scutum proximale

seau pail
sébum sebum
secouer la tête shake the head
secrétaire adjoint des courses assistant racing secretary
secrétaire de concours show secretary
secrétaire des courses racing secretary
secrétariat des courses racing office
sectionner un nerf nerve
seigle rye
seime sandcrack / sand crack
seime en pince toe crack
seime en quartier quarter crack
seime en talon heel crack
sel salt
sélection par note de passage minimum culling level
sélection (pour l'élevage) breeding selection
sélectionner (pour élimination) cull
sélénium selenium
selle saddle
sellé saddled
selle anglaise English saddle
selle australienne Australian stock saddle
selle d'amazone sidesaddle
selle de baril barrel racing saddle
selle de chasse hunting saddle
selle de course racing saddle
selle de dressage dressage saddle
selle de polo polo saddle
selle de saut jumping saddle
selle français French Saddle (horse)
selle pour le concours complet eventing saddle
selle tout-usage all-purpose saddle
selle western western saddle
seller saddle
sellerie saddlery; saddler's shop
sellerie (de l'écurie) saddle room
sellerie (de l'écurie) tack room
sellette saddle (harness ~)
sellier saddler
semence semen
semi-remorque gooseneck trailer
sentier trail
séreuse serosa
seringue syringe

serpentine serpentine

serré de poitrail / poitrine narrow at the chest

serré des genoux knock-kneed

serré des jarrets cow-hocked

serré (du devant // du derrière) base narrow

sérum serum

sérum antitétanique antitetanus serum

sérum antivenimeux antivenene ; antivenin

sérum équin equine serum

service de paris par messager messenger betting service

service de surveillance des courses patrol service

service du pari mutuel pari-mutuel department

serviette de selle saddle cloth / towel

servir l'animal kill

sevrage weaning

sevrer wean

shagya arabe Shagya (Arab) horse

shetland Shetland (pony) ; Shetlie

shire Shire (horse)

siège (d'une selle) seat (of a saddle)

signal d'arrêt des mises / paris signal for the closing of bets / wagers

signalement description

silésien à sang chaud Silesian warm-blooded

sillon carpien carpal groove

sillon jugulaire jugular groove

sillon pariétal (de la phalange distale) parietal sulcus (of the distal phalanx)

sinus du cornet moyen middle conchal sinus

sinus frontal frontal sinus

sinus maxillaire maxillary sinus

sinus maxillaire caudal / postérieur caudal maxillary sinus

sinus maxillaire rostral / antérieur rostral maxillary sinus

sinus paranasaux paranasal sinuses

sinus sphénoïdal sphenopalatine sinus

sirop contre la toux cough syrup

six barres (épreuve des ~) six bars

skyros Skyros pony

smegma (préputial) smegma

société d'élevage breed society

sodium sodium

soeur propre full sister

soin(s) aux / des sabots care of hooves

soirée spéciale special evening meet

sokolsk Sokolka horse

solandre sallenders

sole sole

somme d'argent fixée à l'avance designated amount

sommes ajoutées added money

son bran

son de blé wheat bran

sonner le signal d'une reprise sound a recall

sonnerie de clairon bugle call

sorgho sorghum

sorraïa ; sorraia ; sorraiano Sorraya horse ; Sorraia

sortie outing

sortie préliminaire (des résultats d'une course) preliminary score (of a race)

sortir la langue hang out the tongue

soubresaut double expiration

souche (de l'élevage) foundation stock

souffle broken wind

soufre sulphur

soumettre un cheval à une analyse test a horse

souplesse suppleness

souris mouse-dun ; mouse-coloured

sous-évaluer un cheval underrate a horse

sous-gorge throatlash ; throatlatch

sous-lui standing under

soutien swing phase (of a stride)

spéculum speculum

sperme sperm

sperme congelé frozen semen

sporocyste sporocyst

sport équestre equestrian sport

sprint au dernier quart (de mille) final quarter (mile) sprint

sprinter sprinter

squelette skeleton

squelette appendiculaire appendicular skeleton

squelette axial axial skeleton

squelettique skeletal

stabulation stabling

Français => English

stabulation entravée stall housing

stabulation libre open housing

stake(s) (prix / courses ~) stakes ; stake race

stalle (d'écurie) stall (standing ~)

standardbred Standardbred

station de monte service station

stationata post and rail (vertical fence)

statisticien chart maker

steeple (phase de ~) steeplechase phase

stère stack of logs

sternèbres sternebrae

sternum sternum

strongle strongyle

strongle respiratoire lungworm ; lung worm

strongylose strongylosis

style libre freestyle

suc gastrique gastric juice

sucre sugar

sudation sweating

suédois du nord North Swedish horse

sueur sweat

suffolk Suffolk (Punch)

sujet à des hémorragies bleeder

sulfamide sulfonamide

sulfate de cuivre copper sulphate / sulfate

sulky sulky

super-couplé (pari ~) super-couplé

support hanger

support d'étalon stallion support / shield

support d'oeillère winker stay

supports d'entraves hobble hangers / strap

supports pour protecteurs de coude elbow boots suspenders

suppression d'appui trimmed area

sur les épaules heavy on the forehand

surcou neck strap

surentraîné (cheval ~) sour

surévaluer un cheval overrate a horse

surface footing

surface articulaire articular surface

surface d'insertion (de la phalange distale) flexor surface (of the distal phalanx)

surface portante (de la paroi du sabot) bearing edge (of the wall of the hoof)

surface solaire (de la phalange distale) planum cutaneum (of the distal phalanx)

surfaix surcingle

suros splint

suros médial / interne medial splint

surra surra

sursangle pour longer lungeing surcingle

suspension (temps de ~) suspension (moment of ~)

sustentaculum tali sustentaculum of talus

suture suture

syndrome convulsif neonatal maladjustment syndrome

synoviale carpo-métacarpienne carpometacarpal joint capsule

synoviale de l'articulation interphalangienne distale distal interphalangeal joint capsule

synoviale (de la gaine) digitale digital (synovial) sheath

synoviale (de la gaine) tarsienne tarsal sheath (synovial ~)

synoviale fémoro-patellaire femoropatellar (synovial) compartment

synoviale fémoro-tibiale (médiale // latérale) femorotibial (synovial) compartment (medial // lateral ~)

synoviale interphalangienne proximale proximal interphalangeal joint capsule

synoviale intertarsienne distale distal intertarsal sac

synoviale médio-carpienne midcarpal joint capsule

synoviale médio-tarsienne proximal intertarsal sac

synoviale (membrane ~) synovial membrane

synoviale métacarpo-phalangienne metacarpophalangeal joint capsule

synoviale métatarso-phalangienne metatarsophalangeal joint capsule

synoviale radio-carpienne radiocarpal joint capsule

synoviale tarso-métatarsienne tarsometatarsal sac

synoviale tibio-talienne talocrural sac

synoviale vaginale synovial sheath

synovie synovial fluid

synovite synovitis

système de classement placing system

système digestif digestive system

système électronique de perception des paris electronic wagering system

système lymphatique lymphatic system

système nerveux autonome / végétatif autonomic nervous system

système nerveux central central nervous system

système nerveux parasympathique parasympathetic nervous system

système nerveux sympathique sympathetic nervous system

systole systole

table table

table (d'une enclume) face (of an anvil)

table dentaire dental table

tableau central des cotes totalizator ; tote board

tableau des cotes odds board

tableau des départs infield board

tableau des résultats results chart

tablier à boue mud apron

tablier à porte-queue crupper apron

tablier à poussière dust apron

tablier (de maréchal-ferrant) apron (shoeing / farrier's ~)

tablier tombant avant front drop apron

tache accidentelle acquired mark

taches blanches sous le ventre white markings underneath the body

tacheté speckled

tacheté américain American Spotted horse

tacheture speckle

tact du cavalier equestrian tact

taenia tapeworm

taille (au garrot) height (at withers)

tailleur tailor

talon heel

talon (d'une enclume) heel (of an anvil)

talonnette heel wedge

talons chevauchés sheared heels

talons crevassés cracked heels

talons encastelés contracted heels

talons fuyants sloping heels

talons trop bas heels too low

talus talus

talus (en rive interne // externe) high (inside // outside) rim

tandem (attelage en ~) tandem

tantième levy

tantième de la piste track percentage

taons horseflies

tapis de caoutchouc stall mat

tapis de selle saddle blanket

tapis de selle saddle pad

tarbais Tarbenian (horse)

tare héréditaire inborn defect

tarpan Tarpan

tas de fumier manure heap

tatouage tattooing

tatoué à la lèvre lip-tattooed

taureau bull

taureau de combat bull (fighting ~)

taux de rotation des paris de la cagnotte pool betting turnover

technique d'équitation riding technique

teigne ringworm

tempe temple

tempérament temperament

température temperature

temps time

temps accordé time allowed

temps (au ~) every stride (at ~)

temps de perfusion capillaire capillary refill time

temps du gagnant winner's time

temps du meneur leader's time

temps expérimental experimental speed rating

temps fractionnaire du cheval en première position fractional time of the leader

temps limite time limit

tenaille(s) à clous nail nipper(s)

tenailles à arracher puller (shoe ~)

tenailles à mettre au feu pick-up tongs

tenailles pour élargir les fers shoe spreader

tendinite tendinitis

tendon tendon

tendon calcanéen commun common calcanean tendon

tendon claqué bowed tendon

tendon de l'extenseur dorsal du doigt common (digital) extensor tendon

tendon de l'extenseur latéral du doigt lateral (digital) extensor tendon

tendon (du) fléchisseur profond (des phalanges / du doigt) deep (digital) flexor tendon

tendon (du) fléchisseur superficiel (des phalanges / du doigt) superficial (digital) flexor tendon

tendon extenseur extensor tendon

tendon fléchisseur flexor tendon

tendon gastrocnémien gastrocnemius tendon

tendon prépubien prepubic tendon

tendon tibial crânial tibialis cranialis tendon

ténia taenia / tenia

tenir ferme (se ~) stand square

tenir immobile (se ~) stand still

tenir le coup hold on good

tenir les hanches hold in the haunches

tenue de course racing attire

tenue (de rênes) classique classic manner (of holding the reins)

tenue des rênes manner of handling / holding reins

térébenthine turpentine

terminal (imprimeur-lecteur) de billets / tickets ticket (issuing-reading) terminal

terminer sur le pied gauche // droit finish on the left // right leg

terminer une course à essai finish a dash

terminer une course sans être placé finish a race out of the money

terpinéol terpineol

terrain d'entraînement training grounds

terrassement du bouvillon steer wrestling

test d'acuité visuelle sight test

test de Coggins Coggins test

test de consanguinité inbreeding test

test de flexion flexion test

test de l'éparvin bone-spavin test

test de vers worm test

test sanguin blood test

testicule testicle ; testis

tétanie de lactation lactation tetany

tétanos tetanus

tête head

tête (d'un clou) head (of a nail)

tête moutonnée sheep's profile (head with a ~)

têtière headpiece

tétrahydropyrimide tetrahydropyrimidine

tétrathlon tetrathlon

thermocautère firing iron

thermothérapie heat therapy

thiabendazole thiabendazole

thorax thorax

thoroughbred Thoroughbred

thrombose thrombosis

thrombus thrombus

thymus thymus

thyroïde (glande ~) thyroid (gland)

tibia tibia

tic aérophagique (à l'appui) crib biting

tic aérophagique (sans appui) wind-sucking

tic de l'ours weaving

tiercé tiercé

tige américaine trim gauge

tigrures leopard pattern / marking

timon pole

tiques ticks

tirage au sort draw

tirage au sort des positions de départ draw for post position

tirailler (un cheval) seesaw (the reins)

tire-botte bootjack

tire-botte (crochet ~) boot hook

tirer (sur la main) pull

tirer un pinçon draw a clip

tisonnier poker

tissu cicatriciel cicatricial tissue

tissu cicatriciel (excédentaire) granulation tissue (excess ~)

tocard worthless horse

toile sous-cutanée subcutis

toilettage mutuel mutual grooming

toilette ; toilettage trimming

tondage clipping

tondeuse clipper

tondre clip

tondu clipped

tonte clip

tonte de chasse hunter clip

tonte de course blanket clip

torchon rubber stable

tord-nez (avec chaîne) twitch (chain ~)

tord-nez (casse-noisettes) twitch (nutcracker action ~ / humane ~)

toucher (légèrement un obstacle) rub (an obstacle)

toupet forelock

tour-caméra camera tower

tour de sangle / poitrine girth's circumference

tour du canon cannon's circumference

tournant du pavillon clubhouse curve / turn

tourner court turn short / sharply

tourner large turn wide

tourner sur les antérieurs turn on the forehand

tourner (sur les antérieurs // postérieurs) turn (on the forehand // haunches)

tourner sur les postérieurs turn on the haunches / quarters / hocks

tournoi tournament

tournure (d'un fer) shape (of a horseshoe)

tousser cough

tout le manège (utilisant ~) all of arena (using ~)

toux cough

trac show nerves

trace scent

trace de balzane partly white coronet

trace de balzane aux deux talons white heels

trace de balzane demi-circulaire half-white coronet

trace de balzane en pince white marking at front of coronet

trace de balzane en talon (gauche // droit) white (left // right) heel

trace de feu firing mark / scar

tracé de la piste lay-out of the track

tracé du parcours line of the course

trachée trachea

trafiquer des billets scalp (tickets)

trafiqueur de billets / paris scalper

traînard distanced horse

trait trace

trait hongrois Hungarian draught horse

trait irlandais Irish draught horse

trait italien Italian heavy draught horse

trait lourd (cheval de ~) heavy draught / draft horse

trait lourd de Rhénanie Rhenish heavy draught horse

trait nivernais Nivernais draught horse

trait suédois Swedish warm-blooded horse

trait yougoslave Yugoslavian draught horse

trajectoire du pied foot flight arc

trakehner Trakehner ; Trakehnen horse

tranche (d'une élimination) leg (of an elimination race)

tranche(t) à froid // à chaud hardy for cold // hot cutting

tranche(t) (d'enclume) hardy

tranquillisant tranquillizer

transfert d'embryon embryo transfer

transition transition

transition dans une même allure transition within a pace

transition entre des allures transition from pace to pace

trapu stocky

travail blowing out

travail frame

travail à la main work in hand

travail entre (les) piliers work between the pillars

travail monté work under saddle

travail sur / aux longues rênes work in long reins

travail sur deux pistes work on two tracks

travers travers

trèfle clover

trématode trematode

tremper soak

très boueuse heavy

tresse (de crinière et / ou de queue) plait

tresser plait

tri (du bétail) cutting

tribune de la presse press gallery / row

tribune des commissaires stewards' stand

tribune des juges judges' stand

tricher cheat

tricherie cheating

tricorne tricorne

trier les engagements seed entries

trio trio

Triple couronne Triple Crown

triple (obstacle ~) triple (combination)

tripoter un cheval tamper with a horse

trochlée du fémur femoral trochlea

troïka troika

trois pour une three in one

trois-quarts frère // soeur three-quarters brother // sister

troisième mère third dam

troisième trochanter third trochanter

trompe auditive auditory tube

trompe (d'attelage à l'anglaise) crab

trompe utérine uterine tube

tronc trunk

tronc bicarotidien bicarotid trunk

tronc brachio-céphalique brachiocephalic trunk

tronc sympathique sympathetic trunk

tronc vagal (ventral // dorsal) vagal trunk (ventral // dorsal ~)

tronc vago-sympathique vagosympathetic trunk

trophée trophy

Trophée de la reine Queen's Plate

trot trot

trot allongé extended trot

trot allongé assis extended trot sitting

trot allongé enlevé extended trot rising

trot assis sitting trot

trot de course flying trot

trot de service / route utility trot

trot de travail working trot

trot de travail, assis working trot sitting

trot de travail, enlevé working trot rising

trot enlevé posting trot

trot espagnol Spanish trot

trot moyen medium trot

trot moyen assis medium trot sitting

trot rassemblé collected trot

trot rassemblé assis collected trot sitting

trotter trot

trotter assis trot sitting

trotter enlevé trot rising

trotteur trotter

trotteur espagnol Spanish trotter

trotteur français French trotter

trotteur italien Italian trotter horse

trottiner jig

troupeau d'élevage breeding herd

trousse de médicaments medicine box

troussequin cantle

trypanosomiase trypanosomiasis

tube digestif digestive tract

tuber coxae coxal tuber

tuber sacrale sacral tuber

tubercule supraglénoïdal supraglenoid tubercle

tubérosité de l'épine scapulaire tuber of scapula

tubérosité deltoïdienne deltoid tuberosity (of humerus)

tubérosité du calcanéus calcanean tuber

tubérosité du tibia tibial tuberosity

tubérosité ischiatique ischial tuber

tubes cornés (de la paroi du sabot) horn tubes / tubules (of the hoof wall)

tubules rénaux renal tubules

tunique abdominale abdominal tunic

turkmène Turkoman horse

tutoiement (d'un obstacle) rub

tympan tympanic membrane

typage des antigènes des globules rouges blood typing

type de (la) race breed type

ulcère ulcer

ulna ulna

ultime poussée final all-out dash

uni plain

unité animale animal unit

unité de mise wagering unit

unité fourragère feed unit

uretère ureter

urètre urethra

urine urine

urticaire urticaria

utérus uterus

uvéite (récidivante) equine recurrent uveitis

vaccin vaccine

vaccination vaccination

vaccination obligatoire compulsory vaccination

vache cow

vacher cowboy

vacillement des jarrets twisting of the fetlocks

vaciller sur ses jarrets rock out over his hocks

vagin vagina

vagin artificiel artificial vagina

vainqueur winner

vaisseau lymphatique lymphatic vessel

vaisseau sanguin blood vessel

valet valet (jockey ~)

valet-de-chiens whipper-in

valvule mitrale mitral valve

variables de la piste track variants

variole équine horse pox ; horsepox

varron warble

veau calf

véhicule de la barrière de départ starting gate (vehicle)

veine vein

veine axillaire axillary vein

veine brachiale brachial vein

veine cave (crâniale // caudale) vena cava (cranial // caudal ~)

veine céphalique cephalic vein

veine céphalique accessoire accessory cephalic vein

veine faciale facial vein

veine fémorale femoral vein

veine iliaque (interne // externe) iliac vein (internal // external ~)

veine jugulaire (interne // externe) jugular vein (internal // external ~)

veine médiale du coude median cubital vein

veine mésentérique (crâniale // caudale) mesenteric vein (cranial // caudal ~)

veine porte portal vein

veine radiale radial vein

veine rénale renal vein

veine(s) hépatique(s) hepatic vein(s)

veine(s) pulmonaire(s) pulmonary vein(s)

veine saphène externe lateral saphenous vein

veine saphène interne medial saphenous vein

veine sous-cutanée thoracique superficial thoracic vein

veine vertébrale vertebral vein

vendre à l'encan auction

vente à l'amiable private sale

vente aux enchères publiques public auction sale

vente avec redevance conditional sale

vente mixte mixed sale

vente publique public sale

vente sélectionnée selected sale

ventilation des enjeux spreading of bets / wagers / stakes

ventre belly

ventre avalé cow-belly

ventre de levrette herring gut

ventricule (droit // gauche) ventricle of heart (right // left ~)

ver worm

ver capillaire hairworm

ver du ligament de la nuque neck threadworm

ver du sang bloodworm

ver en vis screw worm

ver filiforme filaria

ver filiforme intestinal intestinal threadworm

ver gastrique à grande bouche large-mouthed stomach worm

verge yard

vermifugation deworming

vermifuge anthelmintic (drug)

vermifuger deworm

verrou latch

vers de l'estomac stomach worms

vertèbre vertebra

vertèbres caudales / coccygiennes caudal vertebrae

vertèbres cervicales cervical vertebrae

vertèbres lombaires lumbar vertebrae

vertèbres sacrées / sacrales sacral vertebrae

vertèbres thoraciques thoracic vertebrae

vertex de la vessie vertex of (the) bladder

vertical (obstacle ~) vertical

vésicatoire blister ; blistering

vessie bladder (urinary ~)

vessigon tendineux de la gaine tarsienne thoroughpin

veste de chasse à courre hunting-coat

veste / veston d'équitation riding coat

vestibule de l'oreille vestibule of ear

vestibule du vagin vestibule of vagina

vétérinaire veterinary

vétérinaire veterinarian

vétérinaire de chevaux equine veterinarian

viande de cheval horse meat

vibrisses moustache hairs

vice vice

vice rédhibitoire redhibitory defect

victoire win

victoire décisive decisive victory / win

victoire écrasante lopsided victory / win

vif lively

vigueur stamina

virage turn

virage en plan incliné banked curve

virus de l'artérite équine equine arteritis
   pestivirus

virus de la rage rabies rhabdovirus / virus

vitamine vitamin

vitesse speed

voile du palais soft palate

voiture d'entraînement training cart /
   bike

voix voice

voleur de chevaux horse thief

volte volte ; volt

volte (à gauche // droite) volte (to the left
   // right)

volte au pas volte at the walk

voltige vaulting

volutes ethmoïdales turbinate bone

volvulus volvulus

vomer vomer

vrille spin

vulve vulva

waler Waler

walking horse du Tennessee
   Tennessee Walking horse

welsh Welsh

westphalien Westphalian (warm-blooded
   horse)

wielkopolski Wielkopolski horse

wobbler (syndrome de ~) wobbler
   syndrome

wurtemberg Württemberg horse

yeux eyes

zain whole colour(ed)

zèbre zebra

zébrures zebra stripes / marking(s)

zéro-pâturage zero-grazing

zigzaguer swerve

zone d'exploitation exclusive (d'un
   hippodrome) home market area

zone des écuries stable area

zonula zonula ciliaris

zweibrücker Zweibrücken horse

LATIN

Index

Arteria pulmonalis (dextra // sinistra) pulmonary artery (right // left ~)

Arteria radialis radial artery

Arteria renalis renal artery

Arteria saphena saphenous artery

Arteria subclavia subclavian artery

Arteria subscapularis subscapular artery

Arteria suprascapularis suprascapular artery

Arteria tarsea perforans perforating tarsal artery

Arteria thoracica (interna // externa) thoracic artery (internal // external ~)

Arteria tibialis (cranialis // caudalis) tibial artery (cranial // caudal ~)

Arteria transversa cubiti transverse cubital artery

Arteria umbilicalis umbilical artery

Arteria uterina uterine artery

Arteria vaginalis vaginal artery

Arteria vertebralis vertebral artery

arteriae caudales / coccygeae caudal arteries

Arteriae metacarpeae palmares II et III palmar metacarpal artery (medial // lateral ~)

Arteriae metatarseae plantares II et III plantar metatarsal artery (medial // lateral ~)

Articulatio joint

Articulatio antebrachiocarpea antebrachiocarpal joint

Articulatio atlantoaxialis atlanto-axial articulation

Articulatio coxae hip joint

Articulatio cubiti elbow joint

Articulatio femoropatellaris femoropatellar articulation

Articulatio femorotibialis femorotibial articulation

Articulatio genus stifle joint

Articulatio humeri shoulder joint

Articulatio(nes) carpi carpal joint(s)

Articulatio(nes) tarsi hock joint(s)

Articulatio sacroiliaca sacroiliac joint

Articulatio tarsocruralis tarsocrural joint

Articulationes costochondrales costochondral articulations

Articulationes metacarpophalangeae // metatarsophalangeae fetlock joint

Articulationes sternocostales sternocostal articulations

Ascaris equorum ; Ascaris megalocephala whiteworm

Atlas atlas

Atrium (dextrum // sinistrum) atrium (right // left ~)

Auricula auricle

Auris ear

Auris (interna // media // externa) ear (internal // middle // external ~)

Avena sativa oats

Axilla axilla

Axis axis

badius bay

Brachium arm (upper / true ~)

Bronchus bronchus

Bronchus principalis principal bronchus

Bucca cheek

Bulbus oculi eyeball

bursa podotrochlearis podotrochlear bursa

Bursa synovialis synovial bursa

Bursa synovialis subcutaneus subcutaneous synovial bursa

Bursa trochanterica m. glutei medii trochanteric bursa (of gluteus medius)

Calcaneus calcaneus

Canales semicirculares semicircular canals

Canalis analis anal canal

Canalis carpi carpal canal

Canalis inguinalis inguinal canal

Canalis sacralis sacral canal

Canalis vertebralis vertebral canal

Capsula articularis joint capsule

Capsula ungulae horny box

Caput head

Carpus knee

Cartilago articularis articular cartilage

Cartilago costalis costal cartilage

Cartilago manubrii cartilage of manubrium

Cartilago scapulae scapula(r) cartilage

Cartilago ungularis (medialis // lateralis) fibrocartilage of the third phalanx

Cartilago xiphoidea xiphoid cartilage

castanea chestnut

Cauda tail

Cavum abdominis abdominal cavity

Cavum cranii cranial cavity

Cavum nasi nasal cavity

Cavum oris buccal cavity

Cavum pelvis pelvic cavity

Cavum pleurae pleural cavity

Cavum thoracis thoracic cavity

Cavum tympani tympanic cavity

Cecum ; Caecum cecum / caecum

Cementum cement (of a tooth)

Cerebellum cerebellum

Cervix uteri cervix of uterus

Cestoda cestodes

Choroidea ; Chorioidea choroid

Chrysops discalis deer fly

Cingulum membri pelvini pelvic girdle

Cirrus capitis forelock

Cirrus caudae tail hairs

Cirrus metacarpeus // metatarseus fetlock (tuft)

Clitoris clitoris

Coccyx tail

Cochlae tibiae cochlea of the tibia

Cochlea cochlea

Collum neck

Colon colon

Colon ascendens ascending colon

Colon descendens descending colon

Colon dorsale (sinistrum // dextrum) dorsal colon (left // right ~)

Colon tenue descending colon

Colon transversum transverse colon

Colon ventrale (sinistrum // dextrum) ventral colon (left // right ~)

Columna vertebralis vertebral column

commissura commissure

Commissura labiorum corner of the lips

Compes pastern

Concha nasalis (ventralis // media // dorsalis) turbinate (ventral // medial // dorsal ~)

Conchae nasales nasal conchae

Condylus (medialis // lateralis) condyle of the tibia (medial // lateral ~)

Condylus (medialis // lateralis) condyle of the femur (medial // lateral ~)

Condylus occipitalis occipital condyle

Cor heart

Corium dermis

Cornea cornea

Cornu uteri (sinistrum // dextrum) uterine horn

Corona coronet

Corpus cavernosum penis corpus cavernosum of the penis

Corpus luteum yellow body

Costa rib

Costae ribs

Costae asternales / spuriae asternal ribs

Costae verae sternal ribs

Coxa hip

Cranium skull

Crista facialis facial crest

Crista partis petrosae petrosal crest

Crus gaskin

Cubitus elbow

Cuneus ungulae frog

Cutis skin

Daucus carota carrot

Dens tooth

Dens lupinus wolf tooth

Dentes canini canine teeth

Dentes decidui milk teeth

Dentes incisivi incisors

Dentes molares molars ; molar teeth

Dentes permanentes permanent teeth

Dentes premolares premolars ; premolar teeth

Dentinum dentine

Dermis dermis

Dermis / Corium coronae coronary corium / dermis

Dermis / Corium cunei dermis of the frog

Dermis / Corium limbi perioplic ring

Dermis / Corium parietis laminar corium / dermis

Dermis / Corium soleae dermis of the sole

Diaphragma diaphragm

Diaphragma pelvis pelvic diaphragm

Diaphysis diaphysis

Digitus digit

Discus intervebralis intervertebral disc

Diverticulum nasi nasal diverticulum

Dorsum back

Dorsum nasi bridge of the nose

Ductus deferens deferent duct

Ductus ejaculatorius ejaculatory duct

Ductus nasolacrimalis nasolacrimal duct

Duodenum duodenum

Latin => English

Elaeophora bohmi Onchocerca bohmi

Enamelum enamel (of a tooth)

Endocardium endocardium

Epicondylus lateralis lateral epicondyle

Epicondylus medialis medial epicondyle

Epidermis epidermis

Epiglottis epiglottis

Epiphysis epiphysis

Equidae equines (the ~)

Equisetum horsetail

Equisetum arvense common horsetail

Equisetum fluvialis / fluviatale water horsetail

Equisetum maximum / palustre marsh horsetail

Equus asinus donkey

Equus caballus horse

Equus przewalskii Prjevalski horse ; Przewalski's horse

Equus zebra zebra

Esophagus oesophagus

Ethmoturbinalia turbinate bone

Facies face

Facies articularis articular surface

Facies flexoria flexor surface (of the distal phalanx)

Facies parietalis parietal surface (of the distal phalanx)

Facies solearis cervical rhomboid muscle

Facies solearis solar surface (of the distal phalanx)

Fagopyrum esculentum buckwheat

Fascia glutea gluteal fascia

Fascia lata fascia lata

Fascia thoracolumbalis thoracolumbar fascia

Fasciola hepatica fluke (common liver ~)

Femur thigh

Festuca arundinacea tall fescue (grass)

Festuca eliator var. arundinacea tall fescue (grass)

Festuca pratensis meadow fescue

Fibrocartilagines parapatellares parapatellar fibrocartilage (medial // lateral ~)

Fibula fibula

Filum terminale filum terminale

Foramen magnum foramen magnum

Fornix vaginae vaginal fornix

Fossa paralumbalis hollow of the flank

Fossa supraorbitalis supraorbital fossa

Frons forehead

Fundus ventriculi fundus of (the) stomach

Funiculus spermaticus spermatic cord

Ganglion ganglion

Gaster stomach

Gasterophilus bot fly (horse ~)

Genu stifle

Gingiva gingiva

Glandula bulbourethralis bulbo-urethral gland

Glandula lacrimalis lacrimal gland

Glandula mandibularis mandibular gland

Glandula parotis parotid gland

Glandula pituitaria hypophysis

Glandula salivaria salivary gland

Glandula suprarenalis adrenal gland

Glandula thyroidea / thyreoidea thyroid (gland)

Glandula vesicularis vesicular gland

Glandulae buccales buccal glands

Glandulae sebacea sebaceous glands

Glandulae suduriferae sweat glands

Glandulae tarsales meibomian gland

Glans penis glans penis

glycerinum glycerin

Gramineae grass family

Habronema muscae large-mouthed stomach worm

Hepar liver

hernia scrotalis scrotal hernia

hinnire neigh

hinnus hinny

Hippobosca equina louse-fly (horse ~)

Hordeum barley

Humerus humerus

Hypophysis hypophysis

Ileum ileum

Incus anvil (of the ear)

Intestinum crassum large intestine

Intestinum tenue small intestine

Iris iris

Jejunum jejunum

Juba mane

Jugulum throat

Labia oris lips (of the mouth)

labium lip

Labium inferius lower lip

216

Labium superius upper lip

Labyrinthus ethmoidalis ethmoid(al) labyrinth

Lacertus fibrosus lacertus fibrosus

Lamellae dermales / coriales dermal laminae

Lamellae epidermales horny laminae / lamellae

Lamina femoralis femoral fascia

Larynx larynx

Latus flank

Lens lens

ligamenta anularia digiti digital annular ligament (proximal // distal ~)

Ligamenta cruciata genus cruciate ligament (cranial // caudal ~)

Ligamenta sacroiliaca dorsalia dorsal sacroiliac ligament

Ligamenta sesamoidea brevia short sesamoidean ligaments

Ligamenta sesamoidea collateralia collateral sesamoidean ligaments

Ligamenta sesamoidea cruciata cruciate sesamoidean ligaments

Ligamenta sesamoidea distalia obliqua sesamoidean ligament(s) (oblique / middle ~)

Ligamenta sterni sternal ligaments

Ligamentum accessorium accessory ligament

Ligamentum accessorium accessory ligament of the deep digital flexor (tendon)

Ligamentum accessorium accessory ligament of the deep digital flexor (tendon)

Ligamentum accessorium ossis femoris accessory ligament of the femur

Ligamentum anulare (palmare // plantare) annular ligament (palmar // plantar ~)

Ligamentum capitis femoris ligament of the femoral head

Ligamentum collaterale carpi laterale lateral collateral ligament (of carpus)

Ligamentum collaterale carpi mediale medial collateral ligament of carpus

Ligamentum collaterale laterale lateral collateral ligament of the stifle joint

Ligamentum collaterale mediale medial collateral ligament of the stifle joint

Ligamentum cruciatum craniale // caudale cruciate ligament (cranial // caudal ~)

Ligamentum dorsoscapulare dorsoscapular ligament

Ligamentum femoropatellare (mediale // laterale) femoropatellar ligament (medial // lateral ~)

Ligamentum inguinale inguinal ligament

Ligamentum meniscofemorale meniscofemoral ligament

Ligamentum nuchae nuchal ligament

Ligamentum patellae (mediale // intermedium // laterale) patellar ligament (medial // middle // lateral ~)

Ligamentum pisoulnare accessorioulnar ligament

Ligamentum plantare longum long plantar ligament

Ligamentum radiocarpeum dorsale radiocarpal dorsal ligament

Ligamentum sacrospinotuberale sacrosciatic ligament

Ligamentum sacrotuberale latum sacrosciatic ligament

Ligamentum sesamoideum distale impar distal sesamoid (impar) ligament

Ligamentum sesamoideum distale rectum straight sesamoidean ligament

Ligamentum supraspinale supraspinous ligament

Linea alba linea alba

Linea pilorum convergens // divergens linear whorl

Linea semilunaris semilunar line

Lingua tongue

Lumbus loin(s)

Lympha lymph

Lymphonodus lymph node

Mala cheek

Malleolus (medialis // lateralis) malleolus (medial // lateral ~)

malleus glanders (equine ~)

Malleus hammer (of the ear)

Mandibula mandible

Manica flexoria manica flexoria

Manubrium sterni manubrium

Manus manus

Margo coronalis coronary border (of the hoof wall)

Margo solearis solar border (of the distal phalanx)

Margo solearis bearing edge (of the wall of the hoof)

Maxilla upper jaw

Meatus acusticus externus external acoustic / auditory meatus

Meatus acusticus internus internal acoustic meatus

Meatus ethmoidales ethmoidal meatus

Medicago sativa alfalfa

Medulla ossium bone marrow

Medulla spinalis spinal cord

Membra limbs (the ~)

Membrana synovialis synovial membrane

Membrana tympani tympanic membrane

Membrum pelvinum hind leg / limb

Meniscus (medialis // lateralis) menisci (medial // lateral ~)

Mentum chin (swelling)

Mesenterium mesentery ; mesenterium

Metacarpus metacarpus

Metaphysis metaphysis

Metatarsus metatarsus

mula mule (female ~)

mulus mullet

Musca domestica house fly ; housefly

Musculi cutanei cutaneous muscles

Musculi flexores digitorum profundi deep digital flexor muscle

Musculi gemelli gemelli muscles

Musculi intercostales interni // externi intercostales interni // externi muscles

Musculus adductor magnus // brevis adductor magnus // brevis muscle (of the thigh)

Musculus anconeus anconeus muscle

Musculus biceps brachii biceps brachii muscle

Musculus biceps femoris biceps femoris muscle

Musculus brachialis brachialis muscle

Musculus brachiocephalicus brachiocephalic(us) muscle

Musculus buccinator buccinator muscle

Musculus caninus caninus muscle

Musculus cervicoauricularis (superficialis // medius // profundus) cervicoauricularis (superficialis // medius // profundus) muscle

Musculus cleidobrachialis cleidobrachialis muscle

Musculus cleidocephalicus cleidocephalicus muscle

Musculus coccygeus coccygeus muscle

Musculus complexus complexus muscle

Musculus coracobrachialis coracobrachialis muscle

Musculus cremaster cremaster muscle

Musculus cutaneus colli cutaneus colli muscle

Musculus cutaneus trunci cutaneus trunci muscle

Musculus deltoideus deltoid(eus) muscle

Musculus depressor labii inferioris depressor muscle of lower lip

Musculus dilatator nasis apicalis dilatator nasis apicalis muscle

Musculus erector spinae erector spinae muscle

Musculus extensor carpi obliquus extensor carpi obliquus muscle

Musculus extensor carpi radialis extensor carpi radialis muscle

Musculus extensor carpi ulnaris ulnaris lateralis muscle

Musculus extensor digitorum communis common digital extensor muscle

Musculus extensor digitorum lateralis lateral digital extensor muscle

Musculus flexor carpi radialis flexor carpi radialis

Musculus flexor carpi ulnaris flexor carpi ulnaris muscle

Musculus flexor digitorum / digitalis lateralis lateral head of the deep digital flexor muscle

Musculus flexor digitorum / digitalis medialis medial head of the deep digital flexor muscle

Musculus flexor digitorum profundus deep digital flexor muscle

Musculus flexor digitorum superficialis superficial digital flexor muscle

Musculus gastrocnemius gastrocnemius muscle

Musculus gluteus accessorius gluteus accessorius muscle

Musculus gluteus medius gluteus medius muscle

Musculus gluteus profundus gluteus profundus muscle

Musculus gluteus superficialis superficial gluteal muscle

Musculus gracilis gracilis muscle

Musculus iliacus iliacus muscle

Musculus iliocostalis iliocostalis muscle

Musculus iliopsoas iliopsoas muscle

Musculus infraspinatus infraspinatus muscle

Musculus latissimus dorsi latissimus dorsi muscle

Musculus levator ani levator ani muscle

Musculus levator labii superioris levator muscle of upper lip

Musculus levator nasolabialis levator nasolabialis muscle

Musculus longissimus longissimus (dorsi) muscle

Musculus longissimus atlantis longissimus atlantis muscle

Musculus longissimus capitis longissimus capitis muscle

Musculus longissimus thoracis longissimus thoracis muscle

Musculus longus capitis longus capitis muscle

Musculus masseter masseter muscle

Musculus obliquus externus abdominis external abdominal oblique muscle

Musculus obliquus internus abdominis internal oblique (abdominal) muscle

Musculus obturatorius (internus // externus) obturator (internus // externus) muscle

Musculus omohyoideus omohyoideus muscle

Musculus omotransversarius omotransversarius muscle

Musculus orbicularis oris orbicularis oris muscle

Musculus parotidoauricularis parotidoauricularis muscle

Musculus pectineus pectineus muscle

Musculus pectoralis ascendens / profundus ascending pectoral muscle

Musculus pectoralis descendens descending pectoral muscle

Musculus pectoralis transversus transverse pectoral muscle

Musculus peroneus tertius peroneus tertius muscle

Musculus popliteus popliteus muscle

Musculus pronator teres pronator teres muscle

Musculus psoas major psoas major muscle

Musculus psoas minor psoas minor muscle

Musculus quadratus femoris quadratus femoris muscle

Musculus quadriceps femoris quadriceps femoris muscle

Musculus rectococcygeus rectococcygeus / rectococcygeal muscle

Musculus rectus abdominis rectus abdominis muscle

Musculus rectus capitis lateralis rectus capitis lateralis muscle

Musculus rectus femoris rectus femoris muscle

Musculus retractor penis retractor muscle of penis

Musculus rhomboideus rhomboid(eus) muscle

Musculus rhomboideus thoracis rhomboideus thoracis muscle

Musculus sartorius sartorius muscle

Musculus scalenus medius middle scalenus muscle

Musculus scalenus ventralis ventral scalenus muscle

Musculus semimembranosus semimembranous / semimembranosus muscle

Musculus semitendinosus semitendinous / semitendinosus muscle

Musculus serratus ventralis cervicis ventral serrated muscle of neck

Musculus serratus ventralis thoracis ventral serrated muscle of thorax

Musculus soleus soleus muscle

Musculus spinalis spinalis muscle

Musculus spinalis thoracis spinalis thoracis muscle

Musculus splenius splenius muscle

Musculus sternocephalicus sternocephalicus muscle

Musculus subclavius subclavian pectoral muscle

Musculus subscapularis subscapular(is) muscle

Musculus supraspinatus supraspinatus muscle

Musculus temporalis temporal muscle

Musculus tensor fasciae antebrachii tensor fasciae antebrachii muscle

Musculus tensor fasciae latae tensor fasciae latae muscle

Musculus teres major teres major muscle

Latin => English

Musculus teres minor teres minor muscle

Musculus tibialis caudalis tibialis caudalis muscle

Musculus tibialis cranialis tibialis cranialis muscle

Musculus transversus abdominis transverse abdominal muscle

Musculus trapezius trapezius muscle

Musculus triceps brachii triceps muscle

Musculus ulnaris lateralis ulnaris lateralis muscle

Musculus vastus intermedius vastus intermedius muscle

Musculus vastus lateralis vastus lateralis muscle

Musculus vastus medialis vastus medialis muscle

Musculus zygomaticus zygomaticus muscle

Myocardium cardiac muscle

Nares nostril

Nasus nose

Nervi cervicales cervical nerves

Nervi digitales digital nerve(s)

Nervi metacarpei palmares palmar metacarpal nerve (medial // lateral ~)

Nervi metatarsei dorsales dorsal metatarsal nerves

Nervi metatarsei plantares plantar metatarsal nerve (medial // lateral ~)

Nervi pectorales pectoral nerves

Nervi pelvini pelvic nerves

Nervi rectales caudales caudal rectal nerves

Nervi sacrales sacral nerves

Nervus accessorius accessory nerve

Nervus axillaris axillary nerve

Nervus cutaneus antebrachii (cranialis // medialis // caudalis) cutaneous antebrachial nerve (cranial // medial // caudal ~)

Nervus cutaneus femoris (lateralis // caudalis) cutaneous femoral nerve (lateral // caudal ~)

Nervus cutaneus surae caudalis caudal cutaneus sural nerve

Nervus cutaneus surae lateralis lateral cutaneus sural nerve

Nervus digitalis palmaris communis (II // III) palmar nerve (medial // lateral ~)

Nervus facialis facial nerve

Nervus femoralis femoral nerve

Nervus fibularis / peronaeus/peroneus (communis // superficialis // profundus) peroneal nerve (common // superficial // deep ~)

Nervus genitofemoralis genitofemoral nerve

Nervus gluteus / glutaeus (cranialis // caudalis) gluteal nerve (cranial // caudal ~)

Nervus ischiadicus sciatic nerve

Nervus mandibularis mandibular nerve

Nervus maxillaris maxillary nerve

Nervus medianus median nerve

Nervus musculocutaneus musculocutaneous nerve

Nervus obturatorius obturator nerve

Nervus ophtalmicus ophthalmic nerve

Nervus opticus optic nerve

Nervus palmaris (medialis // lateralis) palmar nerve (medial // lateral ~)

Nervus perinealis (superficialis // profundus) perineal nerve (superficial // deep ~)

Nervus phrenicus phrenic nerve

Nervus plantaris (medialis // lateralis) plantar nerve (medial // lateral ~)

Nervus pudendus pudendal nerve

Nervus radialis radial nerve

Nervus saphenus saphenous nerve

Nervus splanchnicus splanchnic nerve

Nervus subscapularis subscapular nerve

Nervus thoracicus longus long thoracic nerve

Nervus thoracodorsalis thoracodorsal nerve

Nervus tibialis tibial nerve

Nervus trigeminus trigeminal nerve

Nervus ulnaris ulnar nerve

Nervus vagus vagus nerve

Nucha poll

Oculus eye

Oesophagus oesophagus

Olecranon olecranon

oleum lini linseed oil

Onchocerca bohmi Onchocerca bohmi

Onchocerca cervicalis neck threadworm

Orbita eye socket

Oryza sativa rice

Os mouth

Os capitatum third carpal bone

Os carpale I first carpal bone
Os carpale II second carpal bone
Os carpale III third carpal bone
Os carpale IV fourth carpal bone
Os carpi accessorium accessory carpal bone
Os carpi intermedium intermediate carpal bone
Os carpi radiale radial carpal bone
Os carpi ulnare ulnar carpal bone
Os compedale proximal phalanx
Os coronale middle phalanx
Os costale rib (bone)
Os coxae hip bone
Os cuboideum fourth tarsal bone
Os cuneiforme laterale third tarsal bone
Os cuneiforme mediointermedium tarsal bone 1 and 2
Os ethmoidale ethmoid bone
Os femoris femur
Os frontale frontal bone
Os hamatum fourth carpal bone
Os hyoideum hyoid apparatus / bone
Os ilium ilium
Os incisivum incisive bone
Os interparietale interparietal bone
Os ischii ischium
Os lacrimale lacrimal bone
Os nasale nasal bone
Os naviculare central tarsal bone
Os occipitale occipital bone
Os palatinum palatine bone
Os parietale parietal bone
Os pisiforme accessory carpal bone
Os pterygoideum pterygoid bone
Os pubis pubis (bone)
Os sacrum sacrum
Os scaphoideum radial carpal bone
Os sesamoideum distale distal sesamoid bone
Os sphenoidale sphenoid bone
Os tarsale I et II tarsal bone 1 and 2
Os tarsale III third tarsal bone
Os tarsale IV fourth tarsal bone
Os tarsi centrale central tarsal bone
Os temporale temporal bone
Os trapezium first carpal bone
Os trapezoideum second carpal bone

Os triquetrum ulnar carpal bone
Os ungulare distal phalanx
Os zygomaticum zygomatic bone
Ossa carpi carpal bones
Ossa metacarpalia metacarpal bones
Ossa metatarsalia metatarsal bones
Ossa sesamoidea proximalia proximal sesamoid bones
Ossa tarsi tarsal bones
Ossicula auditus auditory ossicles
osteochondritis dissecans osteochondritis dissecans
Ovarium ovary
Oxyuris equi pinworm (horse ~)
Palatum durum hard palate
Palatum molle soft palate
Palatum osseum bony palate
Palpebra III nictitating membrane
Palpebra (inferior // superior) eyelid (lower // upper ~)
Palpebrae eyelids
Pancreas pancreas
Parascaris equorum whiteworm
paravederus post horse
Pars cardiaca cardia
Pars inflexa (medialis // lateralis) bar (hoof ~)
Pars mastoïdea mastoid part
Pars occipitalis cleido-occipitalis
Pars parasympathica parasympathetic nervous system
Pars petrosa petrous part (of temporal bone)
Pars squamosa squamous (part of) temporal (bone)
Pars sympathica sympathetic nervous system
Patella patella
Pectus chest
Pelvis pelvis
Pelvis renalis renal pelvis
Penis penis
Pericardium pericardium
Perineum perineum
Perioplum periople
Periosteum periosteum
Peritoneum peritoneum
Pes foot
pestis equorum African horse sickness

Latin => English

Phalanx distalis distal phalanx

Phalanx media middle phalanx

Phalanx proximalis proximal phalanx

Pharynx pharynx

Phleum pratense timothy (grass)

Pilus hair (a ~)

Planum cutaneum planum cutaneum (of the distal phalanx)

Pleura pleura

Plexus brachialis brachial plexus

Plexus celiacus / coeliacus celiac plexus

Plexus lombosacralis lumbosacral plexus

Plexus lumbalis lumbar plexus

Plexus mesentericus (cranialis // caudalis) mesenteric plexus (cranial // caudal ~)

Plexus pulmonalis pulmonary plexus

Plexus sacralis sacral plexus

Plica lateralis flank fold

Plica semilunaris conjunctivae nictitating membrane

Plica vocalis vocal fold / cords

pododermatitis acuta diffusa aseptica laminitis (acute ~)

pododermatitis chronica diffusa aseptica founder

pododermatitis circumscripta bruise (of the sole)

Praeputium ; Preputium sheath

Processus extensorius extensor process

Processus palmaris (medialis // lateralis) palmar process (of the distal phalanx)

Processus spinosus spinous process

Processus transversus transverse process

Prostate prostate

pruritus itching

Psoa loin(s)

Pudendum femininum vulva

Pulmo (dexter // sinister) lung

Pulvinus digitalis digital cushion

Pupilla pupil

purpura haemorrhagica haemorrhagic purpura

Pylorus pylorus

Pyramis renalis renal pyramid

Radius radius

Radix dentis tooth root

Rectum rectum

Regio articulationis humeri shoulder joint region

Regio carpi carpal region

Regio glutea / glutaea gluteal region

Regio intermandibularis intermandibular region / space

Regio lumbalis lumbar region

Regio metacarpi metacarpal region

Regio metacarpophalangea // metatarsophalangea fetlock

Regio presternalis / praesternalis breast

Regio sternalis brisket

Regio tuberis ischiadici point of buttock

Ren kidney

Retina retina

Retinaculum extensorum extensor retinaculum

Retinaculum flexorum flexor retinaculum

Rhinoestrus purpureus Rhinoestrus purpureus

Rima oris oral cleft / aperture

Rima pudendi / vulvae vulvar cleft

Saliva saliva

Sanguis blood

Scapula scapula

Sclera sclera

Scrotum scrotum

Scutum distale scutum distale

Scutum medium scutum medium

Scutum proximale scutum proximale

Sebum sebum

Secale cereale rye

Semen sperm

Septum nasi nasal septum

Serum serum

Sinus conchae mediae middle conchal sinus

Sinus conchofrontalis frontal sinus

Sinus maxillaris maxillary sinus

Sinus maxillaris caudalis caudal maxillary sinus

Sinus maxillaris rostralis rostral maxillary sinus

Sinus paranasales paranasal sinuses

Sinus sphenoidalis sphenopalatine sinus

Skeleton appendiculare appendicular skeleton

Skeleton axiale axial skeleton

Solea sole

Sperma sperm

Spina scapulae spine of the scapula

Spinea cunei spine of frog

Stapes stirrup (of the ear)

Sternebrae sternebrae

Sternum sternum

Stomoxys calcitrans stable fly

Stratum externum stratum externum of the wall

Strongyloides westeri intestinal threadworm

Strongylus vulgaris bloodworm

Sudor sweat

Sulcus carpi carpal groove

Sulcus coronalis coronary groove

Sulcus cunealis centralis median furrow of frog

Sulcus jugularis jugular groove

Sulcus paracunealis (medialis // lateralis) lateral cleft / groove / furrow of the frog

Sulcus parietalis (medialis // lateralis) parietal sulcus (of the distal phalanx)

Sustentaculum tali sustentaculum of talus

sutura suture

Synovia synovial fluid

Systema lymphaticum lymphatic system

Systema nervosum autonomicum autonomic nervous system

Systema nervosum centrale central nervous system

Systema skeletale skeleton

Tabanidae horseflies

Taenia tapeworm

Taenia taenia / tenia

Talus talus

Taraxacum officinalis dandelion

Tarsus hock

Tela subcutanea subcutis

Tendo calcaneus communis common calcanean tendon

Tendo prepubicus prepubic tendon

Tenia taenia / tenia

Testis testicle ; testis

Thorax thorax

Thymus thymus

Tibia tibia

Torus carpeus // tarseus chestnut

Torus corneus bulb (of a heel)

Trachea trachea

Trichostrongylus axei hairworm

Trifolium clover

Trochanter major greater trochanter (of the femur)

Trochanter tertius third trochanter

Trochlea ossis femoris femoral trochlea

Truncus trunk

Truncus bicaroticus bicarotid trunk

Truncus brachiocephalicus brachiocephalic trunk

Truncus sympathicus sympathetic trunk

Truncus vagalis (ventralis // dorsalis) vagal trunk (ventral // dorsal ~)

Truncus vagosympathicus vagosympathetic trunk

Tuba auditiva auditory tube

Tuba uterina uterine tube

Tuber calcanei calcanean tuber

Tuber coxae coxal tuber

Tuber ischiadicum ischial tuber

Tuber sacrale sacral tuber

Tuber spinae scapulae tuber of scapula

Tuberculum supraglenoidale supraglenoid tubercle

Tuberositas deltoidea deltoid tuberosity (of humerus)

Tuberositas tibiae tibial tuberosity

Tubuli renales renal tubules

Tunica conjunctiva conjunctiva

Tunica flava abdominis abdominal tunic

Tunica serosa serosa

Uber udder (the ~)

ulcus ulcer

Ulna ulna

Umbilicus navel

Ungula hoof

Ungulata ungulates (the ~)

Ureter ureter

Urethra (feminina // masculina) urethra

Urina urine

Uterus uterus

Vagina vagina

Vagina fibrosa tendinis fibrous sheath

Latin => English

Vagina synovialis tendinis synovial sheath

vagina synovialis tendinum digiti manus // pedis digital (synovial) sheath

Valva atrioventricularis sinistra mitral valve

Vas capillare capillary (vessel)

Vas lymphaticum lymphatic vessel

Velum palatinum soft palate

Vena axillaris axillary vein

Vena brachialis brachial vein

Vena cava (cranialis // caudalis) vena cava (cranial // caudal ~)

Vena cephalica cephalic vein

Vena cephalica accessoria accessory cephalic vein

Vena facialis facial vein

Vena femoralis femoral vein

Vena iliaca (interna // externa) iliac vein (internal // external ~)

Vena jugularis (interna // externa) jugular vein (internal // external ~)

Vena mediana cubiti median cubital vein

Vena mesenterica (cranialis // caudalis) mesenteric vein (cranial // caudal ~)

Vena portae portal vein

Vena renalis renal vein

Vena saphena lateralis / parva lateral saphenous vein

Vena saphena medialis / magna medial saphenous vein

Vena thoracica superficialis superficial thoracic vein

Vena vertebralis vertebral vein

Venae hepaticae hepatic vein(s)

Venae pulmonales pulmonary vein(s)

Venae radiales radial vein

Ventriculus stomach

Ventriculus (dexter // sinister) ventricle of heart (right // left ~)

Vertebrae cervicales cervical vertebrae

Vertebrae coccygeae / caudales caudal vertebrae

Vertebrae lumbales lumbar vertebrae

Vertebrae sacrales sacral vertebrae

Vertebrae thoracicae thoracic vertebrae

Vertex vesicae vertex of (the) bladder

Vesica urinaria bladder (urinary ~)

Vestibulum auris vestibule of ear

Vestibulum vaginae vestibule of vagina

Vibrissae moustache hairs

Vicia faba horse bean

Vomer vomer

Vulva vulva

Zea mays corn

Zona alba white line (of the hoof)

Zonula ciliaris zonula ciliaris